普通高等教育应用技能型精品规划教材·会计系列

成本会计基础

理论·实务·案例·实训

徐 哲 李 贺 张红梅 赵 丹 编著

上海财经大学出版社

图书在版编目(CIP)数据

成本会计基础:理论·实务·案例·实训/徐哲等编著.—上海:
上海财经大学出版社,2017.6
(普通高等教育应用技能型精品规划教材·会计系列)
ISBN 978-7-5642-2763-0/F·2763

Ⅰ.①成… Ⅱ.①徐… Ⅲ.①成本会计-高等学校-教材
Ⅳ.①F234.2

中国版本图书馆 CIP 数据核字(2017)第 129272 号

□ 责任编辑　汝　涛
□ 封面设计　张克瑶

CHENGBEN KUAIJI JICHU

成本会计基础
理论·实务·案例·实训

徐　哲　李　贺　张红梅　赵　丹　编著

上海财经大学出版社出版发行
(上海市中山北一路369号　邮编200083)
网　　址:http://www.sufep.com
电子邮箱:webmaster@sufep.com
全国新华书店经销
启东市人民印刷有限公司印刷装订
2017年6月第1版　2017年6月第1次印刷

787mm×1092mm　1/16　22印张　563千字
印数:0 001—4 000　定价:45.00元

前　言

　　成本会计是继基础会计和财务会计课程后的又一门会计专业核心课程。成本会计以工业企业产品成本核算过程及产品成本核算方法为主线,将全书按成本会计核算流程分为若干项目,主要阐述成本会计核算的基本方法和程序,完成从料、工、费开始的证—账—表的会计循环。鉴于成本会计是一门实务性较强、核算内容较多的课程,为了使学生领会成本会计的精髓,深刻理解成本的内涵与实质,掌握成本核算与分析的方法,学会各种成本核算方法的应用技能和技巧,不断提高学生分析问题和解决问题的能力,我们根据"项目引导、任务驱动、实操技能"基于以工作过程为导向的课程体系的要求,组织了具备"双师型"资格的教师,凭借多年的成本会计实践工作经验和丰富的教学经验编写了这本最新的应用技能型教材《成本会计基础(理论・实务・案例・实训)》。

　　本书的编写紧紧围绕着高等教育和应用技能型人才培养目标,坚持创新创业和教改的精神,体现新的课程体系、新的教学内容和新的教学方法,以提高学生整体素质教育为基础,以能力为本位,兼顾知识教育、技能教育、职业教育和能力教育;力求做到:从项目引导出发,提出问题,引入概念,设计情境,详尽解读。全书共分为11个项目、35个任务,涵盖了成本会计总论、成本核算的要求和程序、要素费用的归集和分配、综合要素费用的归集和分配、生产费用在完工产品和在产品之间的核算、产品成本核算的品种法、产品成本核算的分批法、产品成本核算的分步法、产品成本核算的辅助方法、标准成本法和作业成本法、成本报表与分析。全书在结构安排上,每一个项目都有"知识目标"、"技能目标"、"素质目标"、"项目引列";内容上含有"知识精讲"、"拓展阅读";课后编排了"应知考核"(包括单项选择题、多项选择题、判断题、简答题)、"应会考核"(包括"观念应用"、"技能应用"、"案例分析")、"项目实训"(包括"实训项目"、"实训目的"、"实训任务")。这样进行本书结构框架编排的目的是使学生在学习每一项目内容时做到有的放矢,增强学习效果;"应知考核"和"应会考核"练习对学生所学的内容知识巩固加深大有裨益,同时"项目实训"有助于学生加深对成本会计的理解,学会在实际工作中把成本会计的基本理论和应用技能付诸实践,塑造成本会计人员职业生涯和道德素养。

　　根据培养普通高等教育应用技能型人才的需要,本书力求体现如下特色:

　　1. 结构合理,体系规范。本书针对高等教育会计专业课程的特点,将内容庞杂的成本会计基础知识系统性地呈现出来,力求做到理论知识必需、够用,体系科学规范,内容简明实用,帮助学生为今后从事成本会计核算工作打下基础。

　　2. 突出应用,实操技能。本书从高等教育的教学规律出发,与实际接轨,介绍了最新的会计准则和企业核算制度、理论知识和教学案例,在注重成本会计必要理论的同时,强调成本会计基本技能的应用;主要引导学生"学中做"和"做中学",一边学理论,一边将理论知识加以应用,实现成本会计理论和实训一体化,使课后的成本实训得以体现。

　　3. 与时俱进,紧跟准则。会计始终是处于发展与变化之中的,而教材也应该紧跟这种发展与变化。本书结合了财政部于2014年陆续修订的《企业会计准则第30号——财务报表列报》《企业会计准则第9号——职工薪酬》等准则和财政部最新的《企业产品成本核算制度(试行)》的相关内容和实务变化要求,对教材进行了编写。

4. 栏目丰富,形式生动。本书栏目形式丰富多样,每个项目设有知识目标、技能目标、素质目标、项目引例、拓展阅读、应知考核、应会考核、项目实训等栏目,丰富了教材内容与知识体系,也为教师教学和学生更好地掌握知识内容提供了首尾呼应、层层递进的可操作性教学方法。

5. 职业培养,素质教育。为方便职业培养并坚持应用技能型教育特色,我们力求在内容上有所突破,激发学生的学习兴趣和学习热情,鉴于成本会计涉及较多的计算和图表,我们精心设计了适合学生所掌握的考核要点,以期培养和提升学生的职业素养。

6. 课程资源,配套上网。为了配合课堂教学,我们将设计制作精美的教师课件、课程教学大纲、配套实训大纲、配套实训习题以及课后习题参考答案、模拟试卷等实现网上运行,充分发挥网络课程资源的作用,探索课堂教学和网络教育有机结合的新途径。

本教材由徐哲、李贺、张红梅、赵丹编著,其中:徐哲执笔项目一和项目二,张红梅执笔项目三和项目四,李贺执笔项目六至项目十,赵丹执笔项目五和项目十一。最后由李贺总纂并定稿。李明明、赵昂、李林海、美荣四位负责全书资料的收集和整理,以及相关教学资源的制作。本教材适用于应用技能型教育层次的会计学、财务管理、审计、资产评估、会计电算化、财税等财会类专业方向的学生使用,同时也适用于专升本层次学生考试的辅助教材。本书在编写过程中,参阅了参考文献中所涉及作者的教材、著作,同时得到了上海财经大学出版社的大力支持,谨此一并表示衷心的感谢! 由于编写时间仓促,加之编者水平有限,本书难免存在一些不足之处,恳请专家、学者批评指正,以便改进与完善。

编著者
2017年4月

目 录

前言 1

模块一　成本会计基础知识

项目一　成本会计总论 3
　任务一　成本和成本会计的内涵 4
　任务二　成本会计的职能和任务 12
　任务三　成本会计的工作组织 14
　　应知考核 17
　　应会考核 19
　　项目实训 20

项目二　成本核算的要求和程序 21
　任务一　成本核算的原则和要求 22
　任务二　成本核算的基本程序 27
　任务三　成本核算的账户设置与账务处理程序 31
　任务四　成本核算方法的确定 35
　　应知考核 38
　　应会考核 40
　　项目实训 41

项目三　要素费用的归集和分配 42
　任务一　材料费用的归集和分配 43
　任务二　外购动力费用的归集和分配 57
　任务三　工资费用的归集和分配 61
　任务四　折旧及其他费用的归集和分配 71
　　应知考核 74
　　应会考核 76
　　项目实训 77

项目四　综合要素费用的归集和分配 ········· 80
任务一　辅助生产费用的归集和分配 ········· 81
任务二　制造费用的归集和分配 ········· 91
任务三　损失性费用的归集和分配 ········· 94
应知考核 ········· 100
应会考核 ········· 102
项目实训 ········· 106

项目五　生产费用在完工产品和在产品之间的核算 ········· 109
任务一　在产品核算 ········· 110
任务二　生产费用在完工产品和在产品之间的分配方法 ········· 112
应知考核 ········· 126
应会考核 ········· 128
项目实训 ········· 131

模块二　成本会计核算方法

项目六　产品成本核算的品种法 ········· 139
任务一　品种法概述 ········· 139
任务二　品种法产品成本核算案例 ········· 141
应知考核 ········· 153
应会考核 ········· 155
项目实训 ········· 161

项目七　产品成本核算的分批法 ········· 167
任务一　分批法概述 ········· 167
任务二　分批法产品成本核算案例 ········· 170
任务三　简化分批法概述 ········· 172
任务四　简化分批法产品成本核算案例 ········· 175
应知考核 ········· 178
应会考核 ········· 180
项目实训 ········· 182

项目八　产品成本核算的分步法 ········· 191
任务一　分步法概述 ········· 192
任务二　逐步结转分步法概述 ········· 194
任务三　逐步结转分步法——分项结转产品成本核算案例 ········· 196
任务四　逐步结转分步法——综合结转产品成本核算案例 ········· 203

任务五　平行结转分步法概述 ·················· 213
　　任务六　平行结转分步法产品成本核算案例 ·············· 218
　　　应知考核 ······························ 223
　　　应会考核 ······························ 225
　　　项目实训 ······························ 229

项目九　产品成本核算的辅助方法 ···················· 236
　　任务一　分类法概述 ························· 236
　　任务二　定额法概述 ························· 246
　　　应知考核 ······························ 255
　　　应会考核 ······························ 257
　　　项目实训 ······························ 260

项目十　标准成本法和作业成本法 ···················· 264
　　任务一　标准成本法 ························· 265
　　任务二　作业成本法 ························· 272
　　　应知考核 ······························ 283
　　　应会考核 ······························ 285
　　　项目实训 ······························ 287

模块三　成本会计报表与分析

项目十一　成本报表与成本分析 ····················· 293
　　任务一　成本报表 ·························· 294
　　任务二　成本分析 ·························· 296
　　任务三　成本报表的编制与分析 ··················· 317
　　　应知考核 ······························ 334
　　　应会考核 ······························ 336
　　　项目实训 ······························ 337

参考文献 ································ 343

模块一

成本会计基础知识

项目一　成本会计总论

【知识目标】
理解：成本的经济实质、成本的概念和分类、成本的作用。
熟知：支出、费用与产品成本之间的关系；成本会计工作组织。
掌握：成本会计的概念、对象和种类；成本会计的职能和任务。

【技能目标】
能够正确地划分支出、费用、成本项目，掌握成本会计的对象、职能，以及所涉及的相关技能活动。

【素质目标】
能够运用所学的理论与实务知识研究相关案例，培养和提高学生在特定业务情境中分析问题与解决问题的能力，分析企业与会计人员行为的动机，强化学生的职业道德素质。

【项目引例】

大华机床厂的成本会计机构

大华机床厂主要生产Ⅰ型机床和Ⅱ型机床两种产品，产品销往全国各地。厂内设有铸造、机械加工和装配三个基本生产车间，同时设有机修和配电两个辅助生产车间。

该企业经两年的建设准备开始生产，在2017年3月的筹建会上，对成本会计机构设置进行讨论，大家各抒己见形成两种不同意见：

第一种意见：由厂部的成本会计机构集中负责本企业所有的成本会计核算、成本计划编制、成本信息分析等，车间等其他部门通常只配备成本核算人员，负责登记原始记录、填制原始凭证，并对原始资料进行初步审核、整理和汇总，及时报送企业成本会计机构。这样有利于企业管理层及时掌握企业有关成本的全面信息，减少成本会计机构设置的层次和成本会计人员的人数。

第二种意见：将成本会计的各项具体工作分散开来，由车间等基层单位的成本会计机构来进行，企业的成本会计机构只负责对成本会计工作的指导、监督和成本会计数据的最后汇总，以及处理不便于分散核算的成本会计工作。这样有利于直接从事生产经营的基层部门及时掌握成本信息，调动他们自我控制成本和费用的积极性。

【讨论】应选择哪种呢？通过以下学习，您将会有明确的答案。

成本会计基础

知识精讲

任务一 成本和成本会计的内涵

企业作为市场经济体制中的经济实体,要进行生产经营活动,就必须耗费一定的资源(人力、物力和财力),其所耗费资源的货币表现及其对象化便形成了成本。

一、成本的经济实质

成本是商品经济中的一个价值范畴,是商品价值的组成部分。它是企业为生产商品和提供劳务等所耗费的物化劳动和活劳动中必要劳动价值的货币表现,是企业在生产过程中的劳动耗费的尺度。马克思曾指出:"商品的价值 W,用公式来表示是 $W=C+V+M$。如果我们从这个产品价值中减去剩余价值 M,那么,在商品中剩下来的只是一个在生产要素上耗费的资本价值 $C+V$ 的等价物或补偿价值。"也就是说,商品的价值 W 由三部分组成:一是已消耗的生产资料的转移价值 C;二是劳动者的必要劳动所创造的价值 V;三是劳动者的剩余劳动所创造的价值 M。从成本的经济性质上可以看出,成本就是商品价值中的 C 和 V,它是衡量商品成本的客观依据。

成本是再生产过程中的补偿尺度,是维持企业简单再生产的前提。在市场经济中,企业作为自主经营、自负盈亏的商品生产者和经营者,其基本的经营目标就是向社会提供商品,满足社会需求的同时,获取商品的销售收入,从而抵偿其在商品生产经营中所支出的各种费用,并取得盈利。也就是说,在一定的产品数量和销售价格条件下,产品成本水平的高低,不但影响简单再生产,而且制约着企业的生存,从而影响到企业扩大再生产的可能性。因此,企业在商品流通过程中,只有实现了成本足额补偿,企业扩大再生产才有可能。

综上所述,从理论上可以对成本的经济实质概括为:生产经营过程中所耗费的生产资料转移的价值和劳动者为自己劳动所创造的价值的货币表现,也就是企业在生产经营中所耗费的资金的总和。

在现实经济生活中,成本的内涵在不断发展变化之中。在我国,成本的实际内容一方面要反映成本的客观经济内涵,另一方面又要按国家的分配方针和《企业会计准则》、《企业财务通则》的规定,把某些不属于 $C+V$ 的内容列入成本。例如,为了减少损失,对于一些不形成产品价值的损失性支出(废品损失、季节性和修理期间的停工损失)列入产品成本,对于应从社会创造的价值中进行分配的部分(企业为职工支付的基本医疗、基本养老、失业、工伤等社会保险费)也列入成本费用。

在实际工作中,按照现行工业企业会计制度的规定,企业应采取制造成本法计算产品成本,企业生产经营中所发生的全部劳动耗费按照一定的标准分类,部分计入产品成本,部分计入期间费用直接计入当期损益。因此,在实务中,对于已发生的成本费用,必须遵循国家统一规定的成本开支范围,以此作为国家对企业加强成本管理的依据,防止企业乱挤乱摊成本,影响利润的计算和所得税的上缴。

二、成本的概念和分类

(一)成本的概念

成本是指企业为生产经营商品或提供劳务等发生的按照一定对象所归集的各项支出。成本有广义和狭义之分。广义的成本泛指取得资产的代价,如取得原材料的代价构成材料成本,取得固定资产的代价构成固定资产成本,生产过程中发生的直接材料、直接人工、制造费用等构成产品成本等。而狭义的成本主要是指产品生产成本。本教材所指的成本是指狭义的成本。

产品的成本是指企业在一定时期(如一个月)内发生的为生产一定种类、一定数量的产品所支出的各种生产费用的总和。我国产品成本采用制造成本法,是将管理费用、销售费用、财务费用作为期间费用直接计入当期损益,将制造费用和生产产品所发生的原材料、燃料和动力、工资薪酬一起计入产品成本。

按照我国现行的企业会计准则和相关会计制度,产品成本的开支范围应包括以下内容:为制造产品所耗用的原材料、辅助材料、外购半成品和燃料的原价及运输费、装卸费、挑选整理费、途中合理损耗等;为制造产品而耗用的动力费;企业生产单位支付给生产工人和车间管理人员的工资等职工薪酬;车间房屋建筑物和机器设备的折旧费、租赁费、低值易耗品的摊销费等;其他为组织、管理生产所发生的制造费用。

(二)成本的分类

1. 成本按其经济用途或职能可划分为制造成本和非制造成本

制造成本是指产品在制造过程中所发生的成本,一般包括直接材料、直接人工和制造费用三个项目。非制造成本是与产品制造过程没有联系的非生产性成本耗费,包括营业费用、管理费用和财务费用三类。

2. 成本按其与特定产品的关系分类可分为直接成本和间接成本

直接成本是指与某一特定产品之间具有直接联系,能够经济而又方便地直接计入该产品的成本。构成产品实体的原材料成本、生产工人工资等,均属于直接成本。只生产一种产品的企业,所有产品成本都是直接成本。

间接成本是指与某一特定产品之间没有直接联系,或者虽有直接联系但不能用经济合理的方式计入成本对象的成本。车间管理人员工资、厂房的折旧等,都属于间接成本。

对于直接成本应直接计入各相关产品成本中,而对间接成本则应采用适当的方法分配计入各种产品成本中。

3. 成本的其他分类

除了前两种主要分类方法外,成本还可有多种分类方法。例如,成本按其习性或可变性分类,可分为变动成本、固定成本和混合成本;按成本是否与决策相关,可将成本分为相关成本和无关成本;按成本可控性,可将成本分为可控成本和不可控成本。

三、成本的作用

(一)产品成本是企业生产耗费的补偿尺度

产品成本明确揭示了企业为生产产品实际耗费的资本数量,因此只有按产品成本数额足额补偿,才能保证企业再生产的正常进行,否则企业就不能按原有规模进行再生产。同时,产品成本也是划分企业生产耗费和盈余的标准。

(二)产品成本是制定产品价格的重要依据

产品价格的制定应当体现价值规律的要求,使产品的价格与价值相符。同时,还要考虑市场供求关系、国家经济政策、各种产品比价等相关因素,以及产品的价格能否补偿成本的耗费,产品的价格应不小于产品的成本,这是企业生存的起码条件。在市场经济条件下,人们还不能直接计算产品的价格,只能借助于产品成本间接地、相对地反映,所以产品成本是制定产品价格的重要依据。

(三)产品成本是反映企业经营管理水平的综合指标

企业为了获得利润,就必须以尽可能少的投入,产出尽可能多的符合社会需要的产品和劳务。产品成本是反映企业生产经营管理工作水平的综合指标。通过成本计算,可以对生产过程中的材料利用程度、生产设备利用率、产品质量的优劣、产品结构是否合理、产品产量的大小及供产销是否衔接等状态做出直接或间接的评价。

(四)产品成本是企业进行经营决策的重要依据

企业经营管理的出发点和归宿是提高经济效益。要提高经济效益就必须做出正确的经营决策,而影响经济效益的决定因素是成本。在一定的产品价格和税负情况下,企业在市场上的竞争,实质上就是成本费用的竞争,因此企业在进行经营决策时,都要运用成本数据,从若干个可行方案中选择最优方案,使决策建立在可靠的基础之上,所以,产品成本是企业进行经营决策的重要依据。

四、成本会计的概念、对象和种类

(一)成本会计的概念

成本会计是一种专业会计,它的基本职能与会计的基本职能相同,即具有核算和监督的两个基本职能。监督职能又可以扩展为预测、决策、控制、分析、考核和检查等诸多职能。在成本会计的诸多职能中,成本核算是基础,没有成本核算,其他各项职能都无法实现。因此,狭义的成本会计仅指进行成本核算的会计;广义的成本会计是指进行成本的预测、决策、计划、控制、核算、分析和检查等管理活动的会计。

(二)成本会计的对象

成本会计对象是指成本会计核算和监督的内容。产品的成本并不包括生产经营过程中发生的所有费用,如工业企业为销售产品而发生的销售费用,为组织和管理生产而发生的管理费用,为筹集生产经营资金而发生的财务费用。由于这些费用大多随时间发生,很难按产品归集,为了简化成本核算工作,都作为期间费用处理,直接计入当期损益,从当期利润中扣除,不计入产品成本。为了促使生产经营者增加利润、降低费用,这些费用与产品成本都列为成本会计的对象。

因此,成本会计对象可以概括为企业的生产成本和有关的经营管理费用。可见,成本会计实际上是成本、费用会计。

随着商品经济的发展,成本的内涵和外延在不断地变化和发展。美国会计学会所属的标准委员会将成本定义为:成本是指为达到特定目的而发生的或应当发生的价值牺牲,它可以用货币单位加以衡量。这一成本定义的外延很广泛,大大超出了产品成本概念的范围,将劳务成本、开发成本、质量成本、资金成本都包括在内。根据管理的目的不同,对信息的要求不同,还出现了许多新的成本概念,如变动成本、固定成本、边际成本、机会成本、标准成本、可控成本、责任成本等,从而构成了多元化的成本概念体系。随着成本概念的发展变化,成本会计对象也在发展变化。所以,现代成本会计对象包括各行业生产经营业务成本、经营管理费用及各项专项成本。

(三)成本会计的种类

1. 按制度分类,成本会计分为实际成本制度、估计成本制度和标准成本制度

(1)实际成本制度

实际成本制度是根据实际发生的各项支出计算成本的一种成本会计制度,也称为历史成本会计制度。采用实际成本会计制度进行成本核算时,产品成本是在实际费用的基础上进行计算的。在计算时,有时存货等可采用计划成本计算,产品成本也可采用定额成本计算,但在最后,都要将其调整为实际成本。计算出来的产品的实际成本,可为企业正确计算当期损益提供重要的资料。

(2)估计成本制度

估计成本是在产品生产前预先估算单位产品成本,凭以确定售价,然后将算出的估计成本与账面实际成本比较,据以修改估计成本的一种成本会计制度。它是过去所采用的一种不是十分完整的成本会计制度。采用估计成本会计制度时,主要是因为有些企业往往在产品生产前需要定价,并以估计的成本作为定价的基础,同时,估计成本会计制度也可以减轻会计核算的工作量。

(3)标准成本制度

标准成本制度是以预先制定的产品标准成本为基础,用标准成本与其实际相比较并记录和分析成本差异的一种成本会计。采用标准成本制度时,应根据产品的标准数量和标准单价制定产品的标准成本。至于标准成本与实际成本之间的差异数额,应采取全部计入当期损益或在各种标准产品中进行分配的方式处理。标准成本制度是将成本计算、成本控制等结合起来的一种方法,它是进行成本控制、衡量生产效率高低的一种成本会计。应注意标准成本与估计成本之间的不同。

2. 按成本计算模式分类,成本会计分为全额成本计算模式和变动成本计算模式

(1)全额成本计算模式

全额成本计算模式也称吸收成本计算模式。它是在计算产品成本时,不仅包括变动成本,而且包括固定成本,以此来确定存货估价和确定已售商品成本的一种成本计算模式。采用全额成本模式计算时,将本期发生的期间费用,如财务费用和管理费用列入当期损益,不计入产品成本中。

(3)变动成本计算模式

变动成本计算模式是指产品成本只按变动成本计算而不包括固定成本的一种成本计算模式。采用变动成本计算模式计算产品成本时,需将生产过程中发生的费用,区别为固定费用和变动费用。在计算产品成本时,只将变动费用列入产品成本中,变动费用包括直接材料、直接工资和变动制造费用等,而将本期发生的固定费用列入当期损益中。由于将固定费用全部列入当期损益,使得当期利润相应地减少,会影响国家的财政收入,因此,它主要用于企业内部在进行成本分析和成本考核时使用,并为成本预测和决策提供信息。

五、支出、费用与产品成本之间的关系

支出、费用和产品成本都是企业生产经营过程中发生的耗费,是资产的转换,但它们之间又有一定的区别。本书以工业企业为例,介绍支出、费用和产品成本的联系与区别。

(一)支出、费用和成本

1. 支出

支出是企业在经济活动中发生的一切开支和耗费。企业的支出分为资本性支出、收益性支出、投资支出、所得税支出、营业外支出、利润分配支出,如图1-1所示。

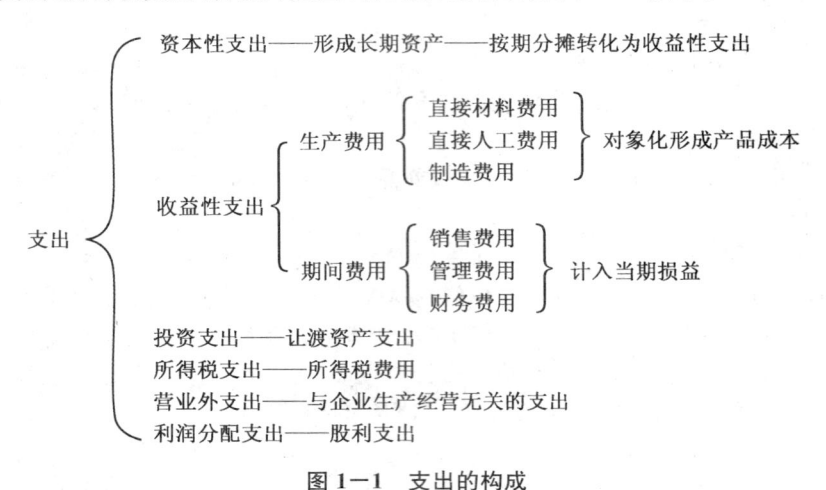

$$
支出\begin{cases} 资本性支出——形成长期资产——按期分摊转化为收益性支出 \\ 收益性支出\begin{cases} 生产费用\begin{cases} 直接材料费用 \\ 直接人工费用 \\ 制造费用 \end{cases}对象化形成产品成本 \\ 期间费用\begin{cases} 销售费用 \\ 管理费用 \\ 财务费用 \end{cases}计入当期损益 \end{cases} \\ 投资支出——让渡资产支出 \\ 所得税支出——所得税费用 \\ 营业外支出——与企业生产经营无关的支出 \\ 利润分配支出——股利支出 \end{cases}
$$

图1-1 支出的构成

(1)资本性支出是指一项支出的发生不仅与本期收入有关,还与后期收入有关,且该项支出的发生会形成长期资产,如企业购建的固定资产、无形资产和对外投资等。

(2)收益性支出是指一项支出的发生仅与本期收益有关,由当期收益给予补偿,如企业生产经营中耗费的原材料、支付的职工工资、支付的水电费等。

(3)投资支出是企业为通过分配增加财富,或为谋求其他利益取得其他企业资产而让渡本企业资产的支出,包括股权投资支出和债权投资支出。

(4)所得税支出是指企业在取得经营所得和其他所得后,根据国家税法的规定向政府缴纳的税金支出。所得税支出作为企业的一项费用直接冲减当期收益。

(5)营业外支出是指与企业生产经营业务没有直接联系的各项支出,如企业支付的罚款、滞纳金、违约金、赔偿金、捐赠、非常损失等。

(6)利润分配支出是指在利润分配过程中发生的支出,如支付的现金股利等。

2. 费用

我国《企业会计准则》中的表述是:费用是企业在日常活动中发生的、会导致所有者权益减少的、与向所有者分配利润无关的经济利益的总流出。生产费用可以按不同的标准分类,其中最基本的是按费用的经济内容和经济用途不同进行分类。

(1)按费用要素(费用的经济内容或性质)分类

费用是指企业在日常活动中发生的、会导致所有者权益减少的、与向所有者分配利润无关的经济利益的总流出。费用要素是指生产费用的构成要素,也就是生产经营费用按其经济内容进行的分类,如图1-2所示。

各种生产经营费用,一方面,按照经济内容的要素加以反映,便于考察生产经营费用中物化劳动消耗和活劳动消耗情况,揭示企业发生了哪些费用开支,从而为企业计算工业增加值指标提供依据。另一方面,却不能反映生产经营费用的用途和发生地点,不能确定费用支出和各

生产经营费用 {
- 外购材料：指企业为进行生产经营活动而耗费的一切由外部购入的原料及主要材料、半成品、辅助材料、包装物、修理用备件和低值易耗品等
- 外购燃料：指企业为进行生产经营活动而耗用的一切外部购入的各种燃料
- 外购动力：指企业为进行生产经营活动而耗用的一切由外部购入的各种动力
- 应付职工薪酬：指企业为进行生产经营活动而发生的职工工资和根据规定按工资总额一定比例计提的应付职工福利费
- 折旧费：指企业按照规定方法计提的固定资产折旧费用
- 修理费：指企业为修理固定资产而发生的修理费用
- 利息支出：指企业为借入生产经营资金而发生的利息支出（扣除利息收入）
- 税金：指企业发生的应交房产税、车船使用税、土地使用税和印花税等
- 其他支出：指不属于以上各要素的费用支出，如邮电费、差旅费、租赁费、外部加工费、保险费等

图1—2　按费用要素分类

种产品之间的关系，不便于分析成本升降的原因以及费用支出是否节约、是否合理。因此，还必须按其用途加以归类。

（2）按费用用途分类

费用按其经济用途分类，首先应分为生产经营管理费用和非生产经营管理费用。生产经营管理费用还应分为计入产品成本的生产费用和不计入产品成本的经营管理费用。

计入产品成本的生产费用在生产过程中的用途也各不相同，有的直接用于产品生产，有的间接用于产品生产。为了具体地反映计入产品成本的生产费用的各种用途，还应进一步划分为若干个项目，即产品生产成本项目，简称成本项目，如图1—3所示。

上述按生产经营费用的用途加以归类反映，可以划清产品制造成本和期间费用的界限；企业按照其生产的特点和成本管理的要求设置成本项目，可以反映成本结构，考核各项消耗定额、费用标准、费用预算、成本计划的执行情况，分析费用支出是否节约合理，便于企业采取有效措施，挖掘降低成本的潜力。

成本的经济内容，按用途加以归类反映，是会计核算配比原则的要求。按配比原则要求，与销售收入相配比的生产经营费用，可分为产品制造成本和期间费用。列入当期损益的产品制造成本，只能是当期实现的销售收入，即销售了的产品的制造成本；列入当期损益的期间费用，只能是当期发生的全部期间费用。前者，符合直接配比原则；后者，符合期间（或间接）配比原则。

（3）费用的其他分类方法

①生产经营费用按照计入产品成本的方法分类

按照计入产品成本的方法划分，生产经营费用可以分为直接计入费用和间接计入费用。

直接计入费用是指为生产某种产品而发生的费用，在计算产品成本时，可根据费用发生的原始凭证直接计入该种产品成本，如直接用于某种产品生产的原材料、生产工人的计件工资等，就可以根据领料单和有关工资凭证直接计入该种产品成本。

间接计入费用是指几种产品共同发生的费用，这种费用无法根据费用发生的原始凭证直接计入各种产品成本，需要采用适当的方法在几种产品之间进行分配。

将生产经营费用划分为直接计入费用和间接计入费用，对于正确计算产品成本有重要作

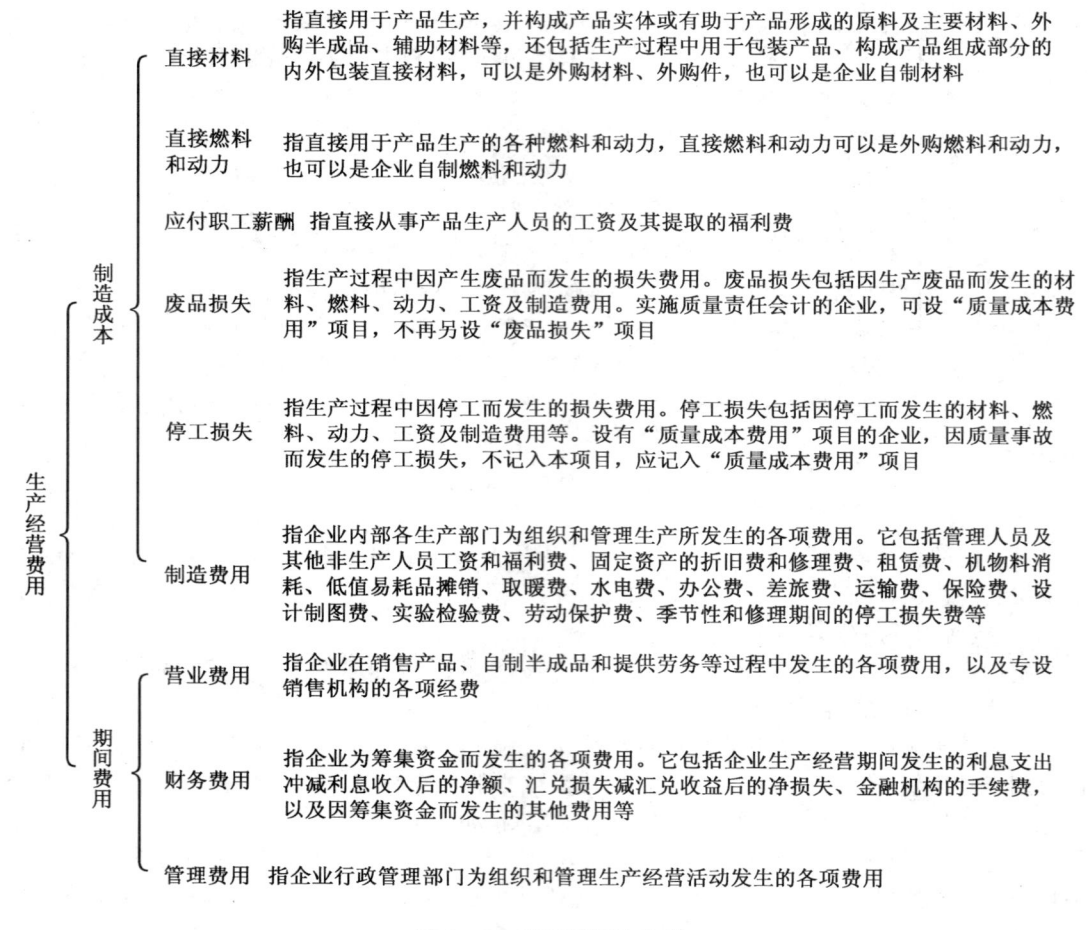

		直接材料	指直接用于产品生产,并构成产品实体或有助于产品形成的原料及主要材料、外购半成品、辅助材料等,还包括生产过程中用于包装产品、构成产品组成部分的内外包装直接材料,可以是外购材料、外购件,也可以是企业自制材料
生产经营费用	制造成本	直接燃料和动力	指直接用于产品生产的各种燃料和动力,直接燃料和动力可以是外购燃料和动力,也可以是企业自制燃料和动力
		应付职工薪酬	指直接从事产品生产人员的工资及其提取的福利费
		废品损失	指生产过程中因产生废品而发生的损失费用。废品损失包括因生产废品而发生的材料、燃料、动力、工资及制造费用。实施质量责任会计的企业,可设"质量成本费用"项目,不再另设"废品损失"项目
		停工损失	指生产过程中因停工而发生的损失费用。停工损失包括因停工而发生的材料、燃料、动力、工资及制造费用等。设有"质量成本费用"项目的企业,因质量事故而发生的停工损失,不记入本项目,应记入"质量成本费用"项目
		制造费用	指企业内部各生产部门为组织和管理生产所发生的各项费用。它包括管理人员及其他非生产人员工资和福利费、固定资产的折旧费和修理费、租赁费、机物料消耗、低值易耗品摊销、取暖费、水电费、办公费、差旅费、运输费、保险费、设计制图费、实验检验费、劳动保护费、季节性和修理期间的停工损失费等
	期间费用	营业费用	指企业在销售产品、自制半成品和提供劳务等过程中发生的各项费用,以及专设销售机构的各项经费
		财务费用	指企业为筹集资金而发生的各项费用。它包括企业生产经营期间发生的利息支出冲减利息收入后的净额、汇兑损失减汇兑收益后的净损失、金融机构的手续费,以及因筹集资金而发生的其他费用等
		管理费用	指企业行政管理部门为组织和管理生产经营活动发生的各项费用

图 1-3 按费用用途分类

用。凡是直接计入费用的必须根据费用的原始凭证直接计入产品成本,间接计入费用要选择合理的分配方法分配计入产品成本。分配方法选择是否妥当,直接影响成本核算的正确性,这是成本核算中的一个重要问题。

②生产经营费用按照与产品产量的关系分类

按照与产品产量的关系,生产经营费用可以分为变动费用和固定费用。

变动费用是指费用总额随着产品产量(或业务量)的变动而成正比例变动的费用。若就单位产品成本而言,则是固定的,无论产量(或业务量)如何变动,每一单位产品应包含的这类费用不变,如原材料及主要材料费用、生产工人计件工资等。

固定费用是指在一定产量(或业务量)范围内,费用总额不随产品产量(或业务量)的变动而变动的相对固定的费用。若就单位产品成本而言,这一类费用则是变动的,随着产量(或业务量)的增加,每一单位产品应负担的费用数额将随之减少。

区分固定费用与变动费用,是为了研究费用与产量的依存关系,寻找降低成本的途径。

③生产经营费用按费用与生产工艺的关系分类

按照费用与生产工艺的关系,生产经营费用可以分为基本费用和一般费用。

基本费用是指由于生产工艺本身引起的各种费用,如工艺技术过程用原材料、辅助材料、燃料和动力、生产工人工资及提取的福利等。

一般费用是企业内部各生产单位为组织和管理生产所发生的各项费用。

划分基本费用与一般费用,有助于考察和分析企业的管理水平。管理水平越高,产品成本中一般费用比重就越低。

3. 成本

广义的成本是指企业发生的全部费用,包括生产费用和期间费用。狭义的成本是指产品成本,即对象化的生产费用。

拓展阅读 1—1　　　　　　　不得列入产品成本的内容

为了严肃纪律、加强产品成本管理,财务会计制度还明确规定,下列各项开支不得列入产品成本的内容:

1. 购置和建造固定资产、无形资产和其他非流动资产的支出。这些支出属于资本性支出,应计入资产的价值,在财务上不能一次列入产品成本,只能按期根据资产的耗费水平并采取合理的方法,通过分配,逐月摊入产品成本。

2. 对外投资的支出以及分配给投资者的利润支出。

3. 被没收的财物、支付的滞纳金、罚款、违约金、赔偿金以及企业赞助、捐赠等支出。

4. 在公积金中开支的支出。

5. 期间费用。包括销售费用、管理费用和财务费用等。

(二)支出、费用和成本的关系

支出、费用和成本的联系是:三者都是企业经济资源的耗费。区别在于:支出是企业在经营活动中所发生的全部开支和耗费;费用是支出的主要组成部分;成本是生产费用的对象化。具体表现在以下几个方面。

1. 内容构成不同

成本由对象化的生产费用构成,支出在发生时不能划分出生产费用、非生产费用。

2. 归集的原则不同

产品成本是按权责发生制原则归集各种生产耗费,凡是本期产品应负担的耗费,即使本期没有支付,也应计入该产品成本中,如预提费用;凡是本期产品不应负担的耗费,即使本期已经支付,也不能计入该产品成本中,如待摊费用。支出是按收付实现制原则归集的各种耗费。

3. 数量不一致

产品成本反映的是本期完工产品应负担的生产耗费,本期生产费用并不完全形成本期完工产品的成本,它还包括应由本期未完工产品负担的费用,同理,本期完工产品成本可能包括上期结转过来的未完工产品成本。

任务二　成本会计的职能和任务

一、成本会计的职能

成本会计的职能是指成本会计在企业经营管理中所具有的功能。现代成本会计的职能包括成本预测、成本决策、成本计划、成本控制、成本核算、成本分析、成本考核七项职能。

（一）成本预测

成本预测是根据过去的成本资料结合企业计划期内经营环境的变化及企业将要采取的措施，通过一定的程序和方法对未来的成本水平及其变化趋势做出科学的估计。成本预测可以就单个产品成本进行预测，也可以就企业的总体水平进行预测。成本预测既要在计划期开始之前进行，还要在成本计划执行过程中经常进行。通过成本预测，可以正确确定目标成本，正确编制成本计划，减少经营管理的盲目性，掌握成本费用的变化趋势，提高降低成本的自觉性。

（二）成本决策

成本决策是指在成本预测的基础上结合其他数据，运用专门的方法，对有关方案进行比较、分析、判断，从中选出最优方案。

进行成本决策前，应在成本预测的基础上，拟订若干个提高生产、改进技术、改善经营管理、降低成本的方案，采取专门的方法对各个方案进行可行性研究，做出最优化的成本决策，确定目标成本。做好成本决策是编制成本计划的前提，是实现成本事前控制、提高经济效益的重要途径。

（三）成本计划

成本计划是根据成本决策所确定的成本目标和成本预测资料将决策方案具体化，具体规定计划期内产品的生产耗费和各种产品的成本水平，并提出为达到规定成本水平应采取的措施。

成本计划是建立成本管理责任制的基础，是成本控制、成本分析和成本考核的依据，对挖掘降低成本潜力有着重要的作用。

（四）成本控制

成本控制是依据成本计划对实际发生的成本、费用进行审核、控制，及时揭示实际成本与标准成本之间的差异，采取措施将成本限制在计划成本内。

成本控制包括事前控制和事中控制。事前控制是在进行成本预测、成本决策和编制成本计划时进行的成本控制，以保证确定的成本目标和成本计划既先进又切实可行。事中控制是根据成本计划，具体制定原材料、燃料、动力和工时的消耗定额和各种费用定额，明确国家或主管部门规定的成本的开支范围、标准。在生产经营过程中根据这些规定进行控制。通过成本控制，可以防止超支、浪费和损失的发生，保证成本计划的执行。

（五）成本核算

成本核算是对生产经营过程中所发生的成本费用进行审核，按照一定的成本计算对象，采用适当的成本计算方法，按规定的成本项目，对费用要素进行归集和分配，计算出各成本对象的总成本和单位成本。

成本核算既是对生产经营过程中发生的生产耗费进行如实反映的过程,也是成本控制的事后反映。通过成本核算,可以考核成本计划的执行情况,揭露生产经营中存在的问题,为制定价格提供依据。

（六）成本分析

成本分析是采用专门方法,利用成本核算及其他有关资料与本期计划成本、上年同期实际成本、本企业历史先进成本以及国内外同类产品先进成本进行比较,确定成本差异,分析产生差异的原因,查明成本超支的责任以便采取措施,改进生产经营管理,降低耗费,提高经济效益。

成本分析一般是在期末（如月末、季末、年末）进行,也有企业在成本费用发生的当时就计算其差异。成本分析中得到的信息应及时反馈,对实际成本费用中存在的超支和浪费要及时采取措施给予修正；对成本计划、消耗定额本身存在的问题,应按规定进行计划和定额的修订。通过成本分析可以正确认识和掌握成本变动的规律,并为编制未来成本计划和制定新的经营决策提供依据。

（七）成本考核

成本考核是在成本核算、分析的基础上,定期对成本计划及其有关指标实际完成情况进行总结和评价。

企业为了实行成本计划管理,将计划成本或目标成本进行分解,落实到企业各单位以至职工个人,作为各单位或个人的责任成本指标,由其负责完成。企业内部逐级定期进行考核,成本考核要将责权利紧密结合,以调动各责任者完成责任成本的积极性。

综上所述,成本会计的各个职能是相互联系、相互补充的。成本预测是成本决策的前提；成本决策是成本预测的结果；成本计划是成本决策的具体化；成本控制是对成本计划实施的监督；成本核算是对成本计划是否完成的检验；成本分析是实现成本决策和成本计划目标的检查；成本考核是实现成本计划的重要手段。

二、成本会计的任务

成本会计的根本任务是促进企业尽可能地节约生产经营过程中的活劳动和物化劳动的消耗,不断降低成本,以取得最佳经营效益。成本会计的具体任务体现在以下几点。

（一）正确计算产品成本,及时提供成本信息

计算产品成本是成本管理的最基本的任务,它是完成成本管理其他任务的前提条件。没有产品成本资料,就无法进行成本管理的其他方面的工作。所以,成本管理的首要任务就是要计算出产品的成本,向有关方面提供有关成本的信息。在进行成本计算工作中,应根据国家的有关规定、制度进行,按照规定的方法计算,使成本资料真实、可靠。

（二）加强成本预测,优化成本决策

成本预测和成本决策是成本管理的重要职能。成本决策应建立在可靠的成本预测的基础之上。只有成本预测准确,成本决策才能实现优化。所以,成本预测与优化成本决策是密切相联的,它们相互联系地在成本管理中发挥着作用。把两者有机地结合起来,可以为企业挖掘降低成本的潜力、提高经济效益服务。

（三）制定目标成本,加强成本控制

目标成本是指企业在一定时期内为保证目标利润的实现而制定的成本控制指标。目标成本一般包括计划成本、定额成本和标准成本三类。制定目标成本的目的是为了进行有效的成

本控制。因此，目标成本制定的准确与否，直接关系到成本控制能否达到目的。所以，制定目标成本应根据其特点，采用科学的方法和可靠的数据计算，使制定的目标成本先进合理、切实可行、经过努力能够达到。

（四）建立成本责任制，加强成本控制

成本责任制是对企业内部各部门和人员在成本方面的权责利所作的规定。成本责任制的建立，可以提高企业内部各部门以及全体职工努力降低成本的责任心和积极性。在建立成本责任制时，应在划清各部门、各位职工职责的前提下，将成本责任指标按一定的方式进行分解，并具体落实到相关的部门和每位职工。建立成本责任制的核心是要将权责利结合起来，以增强各部门、职工降低成本的责任心和积极性，从而增强企业的活力。

任务三　成本会计的工作组织

企业要充分发挥成本会计的职能作用，保证成本会计顺利完成工作任务，必须科学地组织成本会计工作。成本会计组织主要包括三个方面：成本会计机构、成本会计人员、成本会计制度。

一、成本会计机构

成本会计机构是在企业中直接从事成本会计工作的职能部门，是企业会计机构的有机组成部分。设置成本会计的组织机构时必须考虑的因素主要是企业的生产类型、业务规模、组织体制等。在大中型企业一般单独设置成本会计机构，专门从事成本会计工作；在规模较小、业务量不大的企业，可以在会计部门中指定专人负责成本会计工作。

成本会计机构内部，可以按成本会计所担负的任务分工，如分成成本预测决策组、成本核算组、成本分析组等；也可以按成本会计的对象分工，如分成产品成本组、经营管理费用组、专项组等。在分工的基础上建立岗位责任制，使每一位成本会计成员都明确自己的职责，每一项成本会计工作都有人负责。

企业内部各级成本会计机构之间的组织分工，有集中工作和分散工作两种方式。

1. 集中工作方式

集中工作方式是指将企业所有的成本核算、成本计划、成本考核等工作，主要由企业成本会计机构集中进行，车间等其他部门中的成本会计机构或人员只负责原始记录和原始凭证的填制，并对它们进行初步的审核、整理和汇总，为企业成本会计机构进一步工作提供资料。其优点是：企业成本会计机构可以及时地掌握有关成本的全面信息；便于集中使用计算机进行成本数据处理；可减少成本会计机构的层次和成本会计人员的人数。缺点是：不利于实行责任成本核算；不利于直接从事生产经营活动的各部门和职工及时掌握本单位的成本信息。

2. 分散工作方式

分散工作方式是指成本会计工作中的计划、控制、核算和分析由车间等其他部门的成本会计机构或人员分别进行。成本考核工作由上级成本会计机构对下一级成本会计机构逐级进行。企业成本会计机构除对企业成本进行综合的计划、控制、分析、考核和汇总核算外，还应对下级成本会计机构或人员进行业务上的指导和监督。成本预测和决策工作仍由企业成本会计

机构集中进行。其优缺点与集中工作方式的优缺点正好相反。

企业确定采用哪种工作方式应考虑自身规模的大小、内部各部门经营管理的要求，以及这些部门成本会计人员的数量和素质等因素。一般情况下，大中型企业由于规模较大、组织结构复杂、会计人员数量多，为了调动各部门控制成本、提高经济效益的积极性可采用分散工作方式；小型企业为了提高成本工作效率、降低成本，可采用集中工作方式。

二、成本会计人员

成本会计人员素质的高低直接影响成本会计工作质量。在成本机构中，配备适当数量品德优秀、精通业务的成本会计人员是做好会计工作的关键。

成本会计机构和成本会计人员应在企业总会计师和会计主管人员的领导下，按照有关的法规制度，结合企业的实际情况，拟定本企业的成本会计制度，参与制定企业的生产经营决策，督促成本会计人员和职工贯彻执行，认真执行成本计划和各项定额。成本会计人员要不断地学习有关的业务理论和业务技术，不断更新知识，提高业务素质，以适应新形势的要求。

三、成本会计制度

成本会计法规与制度是成本会计工作的规范，是会计法规和制度的重要组成部分。与成本会计有关的法规和制度可以分为以下三个层次。

1.《中华人民共和国会计法》

《中华人民共和国会计法》是全国人民代表大会常务委员会制定的会计法，是我国会计工作的基本法。有关会计，包括成本会计的一些法规、制度，都应按照它的要求制定。

2.《企业财务通则》《企业会计准则》和《小企业会计准则》

《企业财务通则》《企业会计准则》和《小企业会计准则》是经国务院批准，由财政部发布的企业进行财务、会计工作的基本准则，它们对企业各类经济业务的会计处理进行了规范，其中包含与成本会计相关的具体准则。

3. 企业自己制定的《企业财务制度》与《企业成本核算制度》

企业应根据上述各种法规和制度，结合本企业不同的生产工艺和成本管理要求，具体制定本企业的成本会计制度、规程和办法，是企业进行成本会计工作的依据。企业内部成本会计制度一般应包括以下内容：

(1) 成本预测和成本决策制度；
(2) 成本定额和成本计划制度；
(3) 成本控制、成本分析和考核制度；
(4) 成本核算规程制度；
(5) 成本报表制度；
(6) 成本岗位责任制；
(7) 其他有关成本会计的规定。

四、成本会计的基础工作

做好成本会计的基础工作是搞好成本管理的前提条件。这些基础工作主要包括以下几点：

(一)原始记录制度

原始记录是企业最初记载各项业务实际情况的书面凭证。它是编制成本计划、制定各项定额的主要依据,也是成本管理的基础。企业应建立健全材料、生产、成品、人事工资、财务会计、设备动力等方面的原始凭证,统一规定各种原始凭证的格式、内容和计算方法,以及填写、签署、报送、传递、存档等制度,训练职工掌握原始记录的填制方法,做到及时准确地反映生产经营活动的情况。原始记录要符合企业管理和成本管理的要求,要有利于开展班组经济核算,力求简便易行,讲求实效,并根据实际使用情况和提高企业管理的要求,随时补充和修改,以充分发挥原始记录的作用。

(二)定额管理制度

定额是企业在一定的生产技术和组织条件下,在充分考虑人的能动性的基础上,对生产过程中消耗的人力、物力和财力所作的规定和应达到的数量标准。定额是企业进行成本决策、制定定额成本、编制成本计划的基础,是进行成本控制、分析、考核的依据,也是评价和衡量企业经营活动好坏的尺度。因此,定额工作要求做到全、准、快。"全"就是定额要全面;"准"就是要正确地确定定额水平,提高定额的准确性;"快"就是要及时地制定定额,适时地修正定额,以保持定额的先进性。

(三)计量验收制度

计量和验收工作是企业管理的必要条件。从购置、采购材料到产品出厂各个环节,都离不开计量和验收工作。计量和验收为企业生产、科学实验、经济核算提供可靠数据,对保证生产、提高质量、降低成本都有重要作用。

(四)企业内部计价制度

企业应当根据进行内部经济核算和成本管理的需要,对原材料、辅助材料、燃料、动力、工具、配件、在产品、半成品、其他劳务等,制定合理的厂内计划价格,以便划分经济责任,计算经济效果。计划价格要尽可能符合实际,并定期进行修订,使之在计划、核算和内部结算过程中更好地发挥作用。

拓展阅读1—2　　　　　成本会计的岗位职责

(1)负责生产成本的核算,认真进行成本、开支的事前审核。

(2)严格控制成本,促进增产节约、增收节支,提高企业的经济效益。

(3)负责对生产成本进行监督和管理;督导成本控制及清点存货,审查原材料的采购。

(4)认真核对各项原料、物料、成品、在制品收付事项;负责编制原料转账传票;负责编制工厂成本转账传票。

(5)随时抽查企业原材料供应情况。

(6)根据成本报表预测成本,就产品的销售价格编制报告,向财务经理提供资料。

(7)保管好各种凭证、账簿、报表及有关成本计算资料,防止丢失或损坏,按月装订并定期归档。

(8)参与存货的清查盘点工作,企业在财产清查中盘盈、盘亏的资产,要根据不同情况进行不同的处理。

(9)负责编制材料的领用分配表,进行会计核算,实行分口、分类管理。

(10)负责核算企业工资、基金情况:

①每月对生产部提供的工资核算原始资料进行审核,包括加班工资和员工工伤、探亲、事

假的按比例扣款计算是否准确;负责督促新员工的现金工资计算、离开公司员工的工资消除、员工各时期的工资增减变动等是否准确无误;

②将审核无误的工资原始资料经主管领导签章后,编制员工工资汇总表;按时将工资输入存储器送交主管,经领导审阅后送交出纳员,以保证工资的及时发放;

③根据上级规定的提取比例,以工资总额为基数,正确计算工会经费、娱乐活动经费、员工福利基金,按列支科目填制记账凭证;

④核算个人所得税及其他应扣款项;

⑤配合生产部做好人工费用的统计工作,提供奖金计算依据;

⑥定期核对各部门实发奖金数,核对发放人数和发出数是否一致,并妥善保管当年工资、奖金发放资料,计算工资的各种会计凭证、报表及工资晋级表等;

⑦掌握非在册人员的劳务费支出情况,严格按支付手续支出。

(11) 每月月底按时分摊各部门待摊、递延费用以及各项预提费用。

(12) 办理其他与成本计算有关的事项。

(13) 公证和诚实地履行职责,并做好企业的有关保密工作。

(14) 完成财务经理安排的其他工作。

关键术语

成本　成本会计　资本性支出　收益性支出　投资支出　所得税支出　营业外支出　利润分配支出　变动费用　固定费用　成本预测　成本决策　成本控制　成本核算　成本分析　成本考核

◎ **应知考核** ◎

一、单项选择题

1. 成本的经济内涵是(　　)。
   A. 已耗费的生产资料的转移价值
   B. 劳动者为自己劳动所创造的价值
   C. 劳动者为社会劳动所创造的价值
   D. 已耗费的生产资料的价值和劳动者为自己劳动所创造的价值

2. 下列各项中可以列入产品成本的支出是(　　)。
   A. 购置和建造固定资产的支出　　B. 购置经营无形资产的支出
   C. 废品损失和停工损失　　D. 企业行政管理部门发生的各项费用

3. 构成产品制造成本的项目是(　　)。
   A. 燃料和动力费用　　B. 管理费用
   C. 营业费用　　D. 固定资产重置费用

4. 下列各项中应计入管理费用的是(　　)。
   A. 企业专设销售机构人员的工资　　B. 销售产品发生的广告费用
   C. 企业的职工教育经费　　D. 生产单位管理和组织生产发生的各项费用

5. 下列各项中属于产品成本项目的是(　　)。
   A. 原材料　　B. 外购燃料　　C. 外购动力　　D. 折旧费用

6. 企业在成本分析的基础上,定期对成本计划及其有关指标的实际完成情况进行考核和评价的环节是(　　)。

A. 成本预测　　　　B. 成本决策　　　　C. 成本考核　　　　D. 成本控制
7. 下列各项费用中,计入产品成本的是(　　)。
A. 财务费用　　　　B. 制造费用　　　　C. 管理费用　　　　D. 销售费用
8. 对生产经营过程中发生的费用进行归集和分配,计算出有关成本计算对象的实际总成本和单位成本的是(　　)。
A. 成本预测　　　　B. 成本核算　　　　C. 成本考核　　　　D. 成本控制
9. 生产费用的发生总与一定的(　　)相关。
A. 期间　　　　　　B. 产品　　　　　　C. 企业　　　　　　D. 经济活动
10. 下列各项中属于产品成本项目的是(　　)。
A. 废品损失　　　　B. 管理费用　　　　C. 职工薪酬　　　　D. 销售费用

二、多项选择题

1. 成本的作用是(　　)。
A. 成本是生产耗费的补偿尺度　　　　B. 成本是制定价格的重要依据
C. 成本是进行经营预测的重要依据　　D. 成本是进行经营决策和分析的重要依据
2. 成本会计的职能主要包括(　　)。
A. 成本预测和成本决策　　　　　　　B. 成本计划和成本控制
C. 成本核算和成本分析　　　　　　　D. 成本考核和成本检查
3. 下列不能计入生产经营费用的有(　　)。
A. 企业对外投资　　　　　　　　　　B. 企业购置和建造固定资产,购买无形资产
C. 企业的固定资产盘亏损失、报废清理损失　D. 公益性捐赠的支出
4. 下列各项中,属于直接计入费用的有(　　)。
A. 几种产品共同耗用的制造费用　　　B. 一种产品所发生的生产工人工资
C. 几种产品共同负担的机器设备折旧费　D. 一种产品所耗用的原材料费用
5. 成本会计的基础工作主要是建立健全(　　)。
A. 原始记录制度　　　　　　　　　　B. 计量、验收、领退和盘点制度
C. 内部结算价格制度　　　　　　　　D. 定额管理制度

三、判断题

1. 成本的经济内涵,就是生产过程中所耗费生产资料转移价值的货币表现。(　　)
2. 生产费用是指企业在生产经营过程中发生的全部支出。(　　)
3. 为了保持成本的可比性,应由国家统一规定产品成本开支范围。(　　)
4. 废品损失不应计入产品成本。(　　)
5. 期间费用是企业在生产经营过程中发生的费用,应在其发生时计入产品成本。(　　)
6. 生产费用按经济用途所进行的分类称为生产费用要素。(　　)
7. 直接成本是为某一特定产品所消耗,可以直接计入该产品的成本。(　　)
8. 制造费用是企业在生产过程中发生的各项可以直接计入产品成本的费用。(　　)
9. 企业除对外投资的支出以及分配给投资者的利润支出外,其他各项支出均可计入成本中。
(　　)
10. 废品损失可以计入产品成本,但季节性和修理期间发生的停工损失不能计入产品成本。(　　)

四、简答题

1. 简述成本的作用。
2. 简述支出、费用和成本的关系。
3. 简述成本会计的职能。
4. 简述成本会计的任务。
5. 简述成本会计的基础工作。

◎ 应会考核 ◎

★ 观念应用
【背景资料】

明确产品成本项目构成内容

某厂生产甲、乙产品,本月发生甲产品直接材料费1 500元,甲产品直接人工费3 000元,车间管理人员职工薪酬800元,订购下年度的报刊费支出1 200元。

【考核要求】

请你根据上述资料分析应计入甲产品成本的项目是哪些。

★ 技能应用

了解产品成本、价格与利润的关系

福达公司接受一项业务,加工10 000件乙零件,每个零件耗费圆钢的成本是0.9元,加工人员每件的工资是1元,每个零件负担的间接费用是0.8元,该公司定价决策方法是在成本的基础上加价25%。

请确定这批零件的成本和销售价格。如果订货的数量增加或减少,该公司的利润会与之同步变动吗?

★ 案例分析
【情景与背景】

熟悉各种费用的划分

乙企业2017年5月份有关支出资料如下:生产耗用原材料80 000元,辅助材料1 000元,燃料2 000元,照明用电5 000元,生产工人工资10 000元,车间管理人员工资5 000元,车间办公费500元,生产用机器修理费500元,企业管理人员工资40 000元,电话费1 000元,支付购买原材料所借款项利息5 000元,支付购买车间用设备所借款项利息30 000元,固定资产报废清理损失1 000元。小王是到该企业进行顶岗实习的会计专业的大学生,企业要求她对上述费用进行分类。小王将此费用的分类列示如下:

生产经营管理费用　　　　　　　　　　190 000元
生产费用　　　　　　　　　　　　　　 15 000元
产品成本　　　　　　　　　　　　　　104 000元
期间费用　　　　　　　　　　　　　　 55 000元

【考核要求】

根据资料分析小王对这些费用所做的分类是否正确,并说明理由。

◎ 项目实训 ◎

【实训项目】

熟悉和理解成本项目

【实训目的】

通过对成本相关理论的理解,明确成本在企业组织管理中的重要性;塑造自己的成本会计职业生涯和职业素养。

【实训任务】

某企业在本会计期间内发生的部分经济业务内容如下:

(1)为制造产品消耗了材料费用 250 000 元,消耗的全部材料均为前期储备材料;

(2)为制造产品支付工资费用 150 000 元;

(3)生产设备和生产用房屋计提折旧费用 80 000 元,行政管理部门办公设备和办公用房屋计提折旧费用 30 000 元;

(4)生产过程中发生废品损失 5 000 元;

(5)购买新的生产设备支付银行存款 500 000 元;

(6)维修生产用厂房支付现金 3 000 元;

(7)对外投资支付现金 20 000 元;

(8)向投资者分配利润 30 000 元;

(9)以现金支付办公费用 4 000 元;

(10)以银行存款支付广告费 50 000 元;

(11)因违反税法有关规定被处罚,支付现金 6 000 元;

(12)支付财产保险费 8 000 元,其中生产车间保险费 5 000 元,行政管理部门保险费 3 000 元;

(13)支付本期利息支出 600 元;

(14)支付生产车间水电费 1 000 元;

(15)向长期合作单位捐赠现金 40 000 元。

该企业将上述各项支出,按照其用途分别计入当期生产的甲、乙两种产品成本中。

要求:对该企业的上述会计处理进行评述,请说明原因。

项目二　成本核算的要求和程序

【知识目标】
理解:成本核算的原则和要求;成本核算对象。
熟知:成本核算的基本程序。
掌握:成本核算方法的确定;成本核算的账户设置与账务处理程序。

【技能目标】
能够掌握产品成本报表、主要产品单位成本报表、制造费用明细表、期间费用明细表的填列方法及编制;掌握成本分析方法在实际中的运用。

【素质目标】
能够运用所学的理论与实务知识研究相关案例,培养和提高学生在特定业务情境中分析问题与决策设计能力,分析企业与会计人员行为的善恶,强化学生的职业道德素质。

【项目引例】

大华机床厂的成本核算

大华机床厂主要生产Ⅰ型机床和Ⅱ型机床两种产品,产品销往全国各地。厂内设有铸造、机械加工和装配三个基本生产车间。另设有机修和配电两个辅助生产车间。

该企业经过半年多的建设于2017年10月正式生产运营,在成本核算方法选择、成本核算账户确定以及成本核算要求讨论会上,大家各抒己见,最后达成共识。

第一,根据企业车床产品的生产特点,管理上要求各车间进行成本控制,成本效益与经济效益挂钩,所以,企业成本核算采用分步法核算。

第二,企业成本核算明细账设置到车间、到产品,将"基本生产成本"、"辅助生产成本"和"制造费用"设为一级账户,各自下设明细账。明细账账页均采用多栏式账页格式。

第三,辅助车间生产费用和辅助生产车间的制造费用均在"辅助生产成本"账户中归集。

第四,根据有关经济业务的原始凭证,在准确、审核无误的情况下,汇总原始凭证、分配材料费用、分配工资及相关费用、分配其他费用、分配辅助生产成本费用、分配制造费用、计算产品成本以及产品成本结转;填制记账凭证,登记与生产成本核算相关的明细账和总账。成本核算按国家相关要求和实际成本进行核算。

2017年3月、4月,按照上述成本核算方法、成本核算账户以及成本核算要求的相关规定,企业财务部完成成本核算任务,并为企业各车间下一步成本控制提供了可靠依据,得到了工作奖励。

【讨论】　你认为该企业成本核算的相关做法正确吗？应该奖励吗？

知识精讲

任务一　成本核算的原则和要求

一、企业类型

企业类型是决定成本计算方法的基础。企业类型由工艺技术与生产组织两方面决定。

(一)企业生产类型按工艺技术分类

工业企业的生产类型,从工艺技术过程来看,基本上可分为连续式生产和装配式生产两大类型。

1. 连续式生产

连续式生产是指产品的生产过程要经过若干个连续的生产步骤。其特点是原材料从第一个生产步骤投入,经第一个生产步骤制造加工后,依次转移到第二、第三等后续生产步骤继续进行加工制造,直到最后一个步骤加工成为最终的产成品。发电、采煤、自来水、化工、炼油、造纸、食品、水泥等是连续式生产的典型。这种类型的生产又可根据其生产过程是否可以间断,分为连续式的简单生产和连续式的复杂生产。

(1)连续式简单生产也称单步骤生产,是指在生产工艺技术要求上,各个生产步骤之间不可以中断,即自原材料投入生产后,各个生产步骤之间在时间上是不可以中断的,直到最终生产出产成品为止。这种连续式生产一般表现为单步骤生产。其特点是,各个中间生产步骤加工完成的在制品必须全部转移到下一个生产步骤继续加工。发电厂电力产品的生产过程是典型的单步骤生产类型。

(2)连续式复杂生产,是指在生产工艺技术要求上,各个生产步骤之间可以中断,即完成了某一个加工步骤后不一定马上转移到下一个生产步骤,在时间上可以是不连续的。这种连续式生产属于多步骤的复杂生产。其特点是,除最后一个生产步骤完工的产成品外,其他各个中间生产步骤生产完成的都是半成品。如纺织企业从棉花到棉纱再到棉布的生产、钢铁厂从铁矿石到铁锭再到钢产品的生产,都属于这种生产类型。

2. 装配式生产

所谓装配式生产,是指原材料平行地投入各个生产车间,加工为产品的某一部分,如产品的零部件等,然后再集中到其他生产车间(如总装车间)进行装配,最终制造出产成品。这种生产类型也属于多步骤的复杂生产,只是其各个步骤的生产是同时进行或平行进行的,这样,其各个生产步骤在会计期末都将有期末在产品。所谓在产品,是指仍然处于加工中的产品。例如,机械厂对机械产品的制造、自行车厂对自行车的制造、汽车制造厂对各种汽车的制造、服装生产企业的服装生产等,都属于这种类型的生产。

(二)企业生产类型按生产组织分类

所谓生产组织,是指企业产品生产的方式,它体现着企业生产专业化和生产过程重复程度的高低。企业的生产组织分为大量生产、成批生产和单件生产三种不同的类型。

1. 大量生产

大量生产是指企业在某一会计期间重复大量地生产某一种或几种特定的产品。这种生产类型的企业所生产的产品品种往往比较少,但每种产品的产量比较大,而且每种产品的规格比较单一。所以,这类企业的生产专业化水平一般比较高。例如自来水厂、面粉厂、化工厂、采掘企业、钢铁制造企业、造纸企业等,都属于这种生产组织类型。

2. 成批生产

成批生产是指企业在某一会计期间按照不同品种、规格生产一定批量的产品。这种生产类型的企业所生产的产品品种一般比较多,而且不同品种的产品又有不同的规格,至于每种产品的生产数量视不同的企业和不同品种的产品而有所不同,产品产量的大小不固定。例如,服装厂服装的生产、机械厂机械产品的生产等,都是属于这种生产组织类型。

3. 单件生产

单件生产是指企业在某会计期间所生产数量少、种类多的产品。它一般是按客户要求的规格和数量来组织生产。由于不同客户对产品有不同的规格要求,所以产品的品种可能就比较多,但每种产品的数量一般很少,而且生产完成后,该规格产品一般就不再重复生产。例如造船厂船舶的生产、重型机械厂重型机械的生产、飞机制造等,都属于这种生产组织类型。

(三)生产工艺技术与生产组织的结合

不同的生产工艺技术与生产组织的结合,就形成不同类型的生产企业,体现为各自不同的生产特点。一般来说,连续式生产的企业从生产组织方面看,不论是连续式的简单生产还是连续式的复杂生产,往往是大量生产的企业。装配式生产企业的情况比较复杂,由于这种企业的各生产车间平行地加工产品的某一个或某些零部件,然后再由总装车间装配成产品,那么各种零部件往往根据不同产品的特定要求而具有不同的规格,而且产品往往是根据客户的需要来组织生产的。所以,它一般是属于单件生产或成批生产。但有些企业的产品则根据市场的需求情况组织生产的,其批量一般比较大,所以又属于大量生产。可见,企业生产特点,可以由于工艺技术和生产组织的结合,表现为如下几种情况:

(1)连续式大量大批单步骤生产;
(2)连续式大量大批多步骤生产;
(3)装配式大量大批多步骤生产;
(4)装配式单件小批多步骤生产。

上述工艺技术与生产组织结合形成的不同生产特点,如图2—1所示。

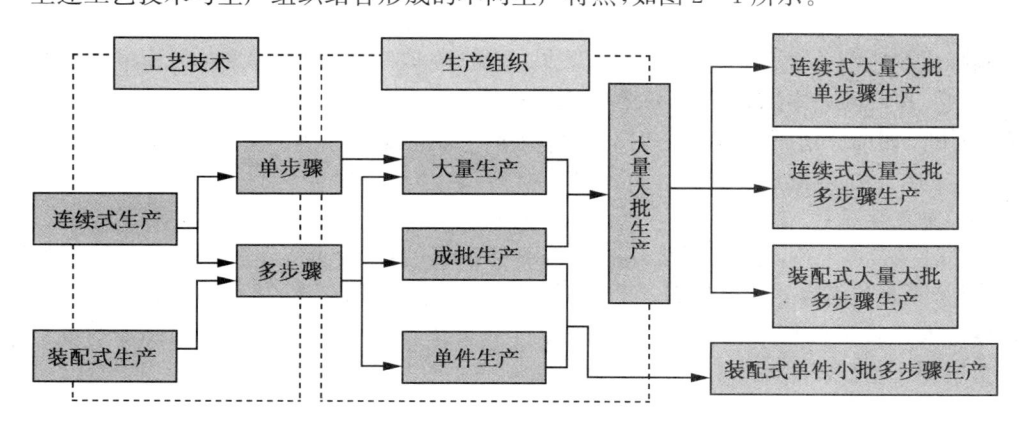

图2—1 工艺技术与生产企业结合图

二、成本核算的原则

为了保证成本核算的质量,提供合理、合法的管理信息,充分发挥成本会计的职能,更好地完成成本会计的主要工作任务,企业在成本核算时必须遵循以下原则:

(一)合法性原则

合法性原则是指企业进行成本核算时,计入成本的费用必须遵循国家的方针政策、法律、法规和制度的规定,如《会计法》、《企业财务通则》、《企业会计制度》等,并且结合企业生产经营特点和管理的要求,制定企业内部成本管理制度,作为企业进行成本会计工作的依据。

(二)分期性原则

企业生产经营活动是一个持续不断的过程,为了确定一定期间所生产产品的成本,企业成本核算必须与会计期间(月、季、年)一致,定期进行成本的归集和分配,按期计算产品生产成本。企业成本费用的归集、汇总和分配按月进行,产成品成本的计算期则与企业的生产类型有关,可能与生产周期一致,但与会计报告期不一定一致。

(三)一致性原则

一致性原则是指企业成本核算在各个会计期间所采用的会计处理方法前后各期应该一致,不得随意变动,使各期成本资料有一个统一的口径,以便分析比较与考核。例如,耗用材料成本的计价方法、辅助生产成本和制造费用的分配的标准和方法、产成品成本的计算方法等。但为了适应客观环境的变化变更成本核算方法,企业必须在成本报表的附注中说明原因,并在成本报表中将由于方法变更对成本水平的影响予以揭示。

(四)权责发生制原则

权责发生制原则是指在成本核算时要明确划分本期产品成本和下期产品成本的界限,从而正确地计算产品的成本和利润水平。

(五)划分资本性支出和收益性支出原则

资产的资本性支出,要在使用过程中逐渐转入成本费用,收益性支出计入当期产品成本或期间费用。如果将资本性支出列作收益性支出,其结果是少计资产价值,多计当期成本费用;反之,可能多计资产价值,少计当期成本费用。无论何种情况,都会影响产品成本计算的准确性,对企业的会计核算将产生不利影响。

(六)实际成本原则

实际成本原则是指企业的资产在取得或购建时按实际成本入账,并在会计报告中按实际成本反映。按实际成本原则要求,成本核算时对于生产耗用的原材料、燃料、动力等费用,按实际成本计价,如按计划成本计价,在计入产品成本时,需将计划成本调整为实际成本,对完工产成品成本的结转按实际成本进行计价。

(七)重要性原则

重要性原则是指对成本有重要影响的内容和项目,要作为重点单独设立项目进行核算和反映,对于次要的内容和项目从简核算。例如,构成产品主要成分的原材料、生产工人的薪酬要直接记入产品成本中"直接材料"、"直接人工"项目单独反映,对于一般性耗用的数额不大的材料费用计入制造费用,在综合项目中合并反映。

三、成本核算的要求

（一）正确划分各种成本费用界限

1. 正确划分各项支出的界限

在企业生产经营过程中，应依照成本开支的有关规定，严格遵守成本开支范围，把与当期生产经营活动有关的各种耗费计入成本费用，对于资本性支出或不是企业日常生产经营活动所发生的支出，不应计入成本费用。

企业发生的下列支出，不应列入成本费用：企业购置和建造固定资产、无形资产和其他资产的支出；企业对外投资支出；企业向投资者支付股利或利润；企业被没收的财物以及违反法律支付的各项滞纳金、罚款；企业发生的非流动资产处置损失、非货币性资产交换损失、债务重组损失、公益性捐赠支出、非常损失、盘亏损失等；企业支付职工福利费、缴纳的社会保险费和住房公积金等的支出；国家规定不得列入成本的其他支出等。

为了正确计算产品成本，企业既不能将不应计入产品成本的支出计入产品成本，虚增成本，减少利润，少纳税；也不能将应计入产品成本的支出少计或不计入产品成本，虚减成本，虚增利润，粉饰财务报告。

2. 正确划分产品制造成本与期间费用的界限

产品制造成本是指企业为制造产品在生产过程中所消耗的直接材料、直接人工和制造费用。期间费用是指在会计期间内用于组织和管理生产经营活动、销售产品、筹集资金而发生的费用，如管理费用、销售费用、财务费用。期间费用应计入当期损益。

3. 正确划分各个会计期间的费用界限

企业应当按照权责发生制原则划分各个会计期间的费用界限，准确反映各期产品成本和期间费用的水平，正确计算各期营业损益，从而分析考核企业生产经营计划和产品成本计划的完成情况。

4. 正确划分不同产品成本的界限

在生产多种产品的企业，应该按照成本计算对象分别计算产品成本，将计入本期产品成本的各项生产费用，在各种产品之间进行分配。应由某种产品负担的生产费用，直接计入该产品成本；应由几种产品共同负担的生产费用，则需要采用科学、合理、简便的分配方法，分别计入各种产品的成本。

5. 正确划分在产品和产成品成本的界限

月末，企业应将各项生产费用计入各种产品的成本。如果某种产品已全部完工，那么计入这种产品的生产费用就是该种产品的完工产品成本；如果某种产品全部未完工，那么计入这种产品的生产费用就是该种产品的在产品成本；如果某种产品既有完工产品又有未完工的在产品，那么计入这种产品的生产费用，应采取适当的方法，将生产费用在完工产品与月末在产品之间进行分配，分别计算完工产品和月末在产品成本。

（二）做好成本核算的基础工作

1. 健全原始记录

原始记录是按照规定的格式，对企业的生产经营活动中的具体情况所做的最初书面记载。它是进行各项成本核算的前提条件，是编制费用预算、控制成本费用支出的重要依据。原始记录必须真实准确、内容完整、手续齐全、要素完备，才能为成本计算、控制、预测和决策提供客观的依据。

在成本核算中，企业应建立健全的原始记录主要有：反映生产经营过程中的材料物资耗用的原始记录（如原材料的验收入库单、领料单、废料回收单、自制材料入库单、多余材料退库单等原始记录）；反映劳动耗费的原始记录（如职工考勤记录、劳动工时记录、职工调动通知单、职工薪酬结算单、职工薪酬费用分配表等记录）；反映产品生产的原始记录（如生产计划任务书、生产记录表、停工通知单、半成品入库单、产品入库单、产品出库单、报废报告单等记录）；其他原始记录。

2. 建立材料物资的计量、验收、领退和盘点制度

为了进行成本管理和成本核算，企业应建立和健全材料物资的计量、验收、领退和盘点制度，对材料物资收发、领退和结存进行计量，按规定的内容和手续填写有关凭证。库存的材料、半成品和产成品，以及车间的在产品和半成品，均应按照规定进行盘点、清查，防止丢失、积压、损坏变质和被贪污盗用。

3. 制定各项消耗定额

定额是企业在生产经营活动中，对人力、物力、财力的配备、利用和消耗等方面所应遵循的标准和应达到的水平。企业制定原材料、燃料、动力和工时等消耗定额，不仅是编制车间、部门的成本计划和费用计划，分析和考核成本费用水平，控制各项实际消耗的依据，而且在计算产品成本时，往往以产品的原材料和工时的定额消耗量或定额费用作为分配实际费用的标准。因此，制定各项消耗定额是企业准确进行成本核算、审核和控制成本的前提。

4. 制定企业内部的结算价格

为了分清企业内部各单位的经济责任，明确各单位工作业绩，评价与考核企业内部各单位成本计划的完成情况，在生产经营过程中，企业内部各部门之间对相互提供半成品、材料、劳务制定企业内部结算价格，作为内部结算的依据和考核的标准。

5. 采用适当的成本计算方法

产品成本计算方法是指企业对生产经营过程中所发生的费用，按照一定的对象和标准进行归集和分配，以确定产品的总成本和单位成本的方法。企业根据各产品生产组织、生产工艺特点以及管理的需要来选择产品成本计算方法，确保产品成本计算的准确、合理，为企业进行成本核算和管理提供有用的信息。

（三）合理确定财产物资的计价和价值结转方法

企业在生产经营过程中所消耗的财产物资的价值，应转移到产品成本和期间费用中去。因此，选择不同的财产物资的计价和价值结转方法，将直接影响产品成本和期间费用的水平。例如，材料成本的构成、材料按计划成本计价进行核算时材料成本差异率（如个别差异率、分类差异率、综合差异率、上月差异率、本月差异率）的确定、材料按实际成本计价进行核算发出材料单位成本的计算方法（如先进先出法、全月一次加权平均法）等；固定资产原值的计算方法、折旧方法、折旧率等；固定资产与低值易耗品的划分标准、低值易耗品的摊销方法、摊销期限等。为了正确计算产品成本和期间费用，对于各种财产物资的计价和价值结转，应采取合理的方法，国家有统一规定的，按国家统一规定的方法确定，国家没有统一规定的，企业应根据管理需要和财产物资的特点，选择合理的方法。方法一经确定，不得随意变更，以确保成本信息的可比性。

（四）审核和控制费用

按照国家规定的法规和制度，根据企业的成本计划和制定的各项消耗定额，对企业的各项费用进行审核，是否符合开支范围，是否符合生产经营管理费用开支范围，是否符合产品成本

开支范围。对于不合法、不合理、不利于提高经济效益的开支要进行调整；对于已经造成的损失和浪费要追究责任并采取措施改进；对于定额或计划不符合实际情况产生的差异，应该按照规定程序加以修订。

任务二　成本核算的基本程序

成本核算的基本程序是指根据成本核算的基本要求，对生产费用进行分类归集和分配，并按成本项目分别反映，直至计算出完工产品成本的基本工作过程。工业企业的产品成本核算程序包括以下工作过程。

一、确定成本核算对象

（一）成本核算对象的含义及构成要素

成本核算对象是依照一定的时间和空间范围而存在的成本核算实体，是生产费用汇集和分配的对象，即生产费用承担的客体。它由三个因素构成，即成本核算实体（什么产品）、成本核算空间范围（成本发生的部门）、成本核算时间范围（成本发生的时间，一般表现为成本核算期）。不仅不同企业生产同一产品的成本不同，而且同一企业生产的同一产品其不同月份的成本也不尽相同。因此，不能认为成本核算对象就是指什么产品而言的，而应该在确定计算什么产品的成本的同时，确定该种产品是在什么地点、什么时期生产出来的，也就是说，确定成本核算对象一定要有"时空观"。

（二）生产特点对成本核算对象的影响

尽管各工业企业生产的产品多种多样，生产规模有大有小，生产周期有长有短，生产特点千差万别，但根据工业生产的一般特点，可分为以下几类，如图 2-2 所示。

工业企业生产类型
- 按生产工艺过程分类
  - 单步骤生产，如发电、采掘等
  - 多步骤生产
    - 连续式生产，如冶金、纺织、造纸、服装等
    - 装配式生产，如机械制造、仪表等
- 按产品生产组织特点分类
  - 大量生产 ┐
  - 成批生产 ┤ 大批生产 — 大量大批生产
  - 　　　　 └ 小批生产 ┐
  - 单件生产 ─────────┴ 单件小批生产

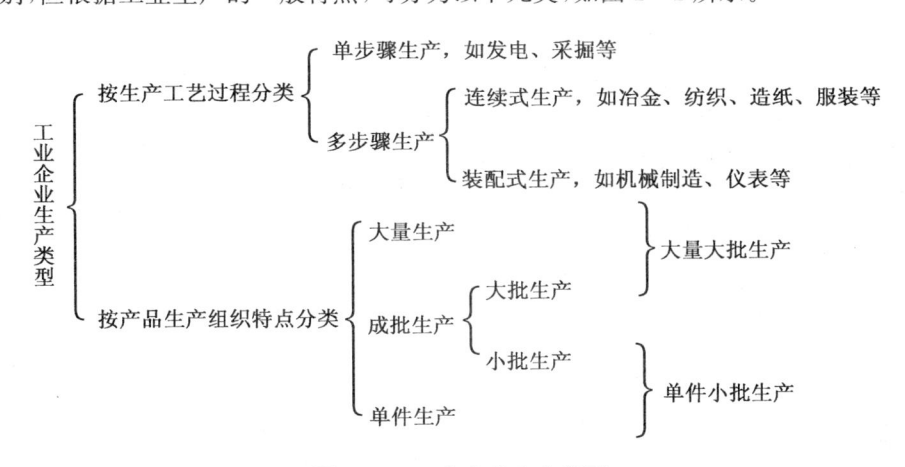

图 2-2　工业企业生产类型

1. 工业企业产品生产按其生产工艺过程可分为单步骤生产与多步骤生产两种类型

单步骤生产是指工艺过程不可间断，或者不能分散在不同地点进行的生产。前者如发电

企业,后者如采掘企业。这类生产的周期较短,通常只能由一个企业整体进行,而不能由几个企业协作进行。

多步骤生产也称复杂生产或多阶段生产,是指生产工艺过程是由许多在工艺上可以间断的加工步骤组成的,这种生产可以由几个车间或企业,在不同的时间和地点协作进行。多步骤生产按其产品加工方式,又可进一步分为连续式生产和装配式生产。连续式生产是指对投入生产的原材料,要顺序依次经过各生产步骤的加工,才能成为产成品,如冶金、纺织、造纸、服装、搪瓷等。装配式生产是指先将原材料分别加工为零件、部件,再将零件、部件装配为产成品的生产,如机械制造、车辆制造、仪表制造等。

2. 工业企业生产按其产品生产组织特点可分为单件生产、成批生产和大量生产三种类型

单件生产是指按照用户的要求,生产个别的、性质特殊的产品的生产,如重型机械制造、大型电机制造、船舶制造、精密仪器制造、专用设备制造等。单件生产的企业或车间,生产的产品品种规格较多,而且很少重复生产。

成批生产是指按预先规定的数量,分批生产一定种类的产品的生产。在成批生产的企业或车间中,通常生产的品种较多,而且各种产品的生产往往成批地重复进行,如机械制造、工具制造、服装生产等。成批生产按产品批量的大小,可以分为大批生产和小批生产,大批生产的性质接近于大量生产,小批生产的性质接近于单件生产。

大量生产是指不断地重复生产相同产品的生产。在这种生产企业或车间中,生产的产品品种较少,且生产的品种比较稳定,产量较多,如冶金、纺织、发电、采掘、造纸、酿酒等生产。

(三)成本管理要求对成本核算对象的影响

成本管理要求对成本核算对象的影响主要表现在:企业在组织成本核算时,要以满足企业经营管理的需要为前提,从成本管理要求出发确定成本核算的对象,分清主次,区别对待。如在单步骤生产情况下,企业只能以"全厂"或"某一封闭式车间"作为成本核算的"空间"范围;在多步骤生产情况下,企业根据成本管理的要求,有可能以各步骤(在工业企业中通常表现为按车间)作为成本核算的"空间"范围。但是有些多步骤生产,如果管理上不要求按步骤核算,也可简化核算程序,扩大其空间范围,笼统地以"全厂"作为成本核算的空间范围。因此,从成本核算的空间范围(成本发生的部门)来看,有"全厂"和"生产步骤"之分。

在以"全厂"作为成本核算空间范围时,计算的是完工产品的制造成本,但在以"生产步骤"作为成本核算的空间范围时,除了计算产成品的成本以外,还要计算各步骤半成品(最后一个生产步骤为产成品)的成本,因此,产品成本核算的实体又有"半成品"与"产成品"之分。

从产品生产组织特点看,单件小批生产的产品其品种、规格、交货时间等均有各自的特殊要求。因此,只能以一件或一批产品的"生产期"作为成本核算的时间范围。在大量大批生产情况下,一种产品的生产连续不断地进行。一方面,同样的原材料不断地投入生产,另一方面,同样的产品不断产出,不可能等该产品停产再计算产品成本。因此,有必要人为地划分若干相等的时间单位作为成本核算的时间范围,以计算该时间范围内产出产品的成本。习惯上,以会计期间即日历"月份"作为大量大批生产时的成本核算时间范围。所以,从成本核算的时间范围(成本核算期)来看,又有"一批产品的生产期"和"月份"之分。

以上各种不同因素的组合,就构成了不同的成本核算对象。

在大量大批单步骤生产,或大量大批多步骤生产但成本管理上不要求按步骤核算成本时,成本核算对象就是全厂某月份生产的某种产成品。这一成本核算对象如图2-3所示。

在大量大批多步骤生产,成本管理要求按步骤核算成本时,成本核算对象就是各步骤某月

```
         全厂            某月份生产的某种产成品
          ↓                      ↓
         地点           时间         产品
```

图2—3　大量大批单步骤生产的成本核算对象

份生产的半成品和产成品。这一成本核算对象如图2—4所示。

```
        各步骤          某月份生产的半成品和产成品
          ↓                      ↓
         地点           时间         产品
```

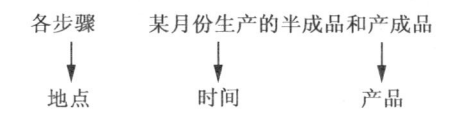

图2—4　大量大批多步骤生产的成本核算对象

单件小批生产,不论单步骤还是多步骤生产,成本核算对象通常是全厂生产的某一批产成品。这一成本核算对象如图2—5所示。

```
              全厂生产的某一批产成品
          ↓           ↓           ↓
         地点        时间        产品
        (从投产到完工)
```

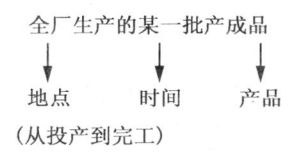

图2—5　单件小批生产的成本核算对象

二、设置成本项目

成本项目,即产品生产成本项目,是指计入产品生产成本的生产费用,按其具体用途所作的进一步分类。成本项目是对生产费用的经济内容按其用途的重新组合。

生产费用按其经济内容分类,可分为若干生产费用要素,如原材料、辅助材料、备用配件、外购半成品、燃料、动力、职工薪酬、折旧费、保险费等。

为了全面、系统地反映产品的成本耗费情况,在计算产品成本时,不仅要计算产品的总成本和单位成本,还要对各种成本的生产费用按用途进行分类,以反映产品成本的构成,便于管理者对成本进行控制和考核评价。在实务中,工业企业使用的成本项目由国家财政部门统一规定,在计算产品成本时,一般把成本分为直接材料、直接人工和制造费用三个成本项目。有的企业规模比较大,生产过程复杂,成本项目可以划分得更细。如果企业的规模较小,生产过程较简单,也可以只划分为材料费用和其他费用两个成本项目。

成本项目与生产费用要素,是既有联系又有区别的两个概念。各成本项目所包括的生产费用要素如下:

(1)直接材料。直接材料包括企业生产经营过程中实际消耗的原材料、辅助材料、备品配件、外购半成品、燃料、动力、包装物以及其他直接材料。

(2)直接人工。直接人工包括企业直接从事产品生产人员的工资及其他职工薪酬等。

(3)制造费用。制造费用包括企业各个生产部门(分厂、车间等)为组织和管理生产所发生的各种费用。一般包括:生产单位管理人员职工薪酬、社会保障费用、生产单位的固定资产折旧费、租入固定资产租赁费、机物料消耗、低值易耗品、取暖费、水电费、办公费、差旅费、运输费、保险费、设计制图费、试验检验费、劳动保护费、季节费、修理期间的停工损失费以及其他制造费用。

将生产费用按经济用途划分为成本项目,便于反映产品成本的构成,以考核各项费用定额或计划执行情况,查明费用节约或超支的原因,加强对成本的控制和管理。

企业主管部门可根据所属企业的生产特点和管理要求,对统一规定的成本项目作适当的增减变动,在"直接材料"、"直接人工"、"制造费用"成本项目的基础上,增加或调整一些项目,如燃料或动力在产品成本中占的比重较大,可增设"燃料与动力"成本项目;再如废品较多且废品损失在产品成本中占的比重较大的情况下,可增设"废品损失"成本项目等。这样便于组织同行业产品进行成本比较和分析。

三、确定成本计算期

所谓成本计算期,是指多长时间计算一次成本。一般按会计期间或产品的生产周期作为成本计算期。

从理论上说,产品成本计算期应该与产品的生产周期相一致。但这种情况只适合于企业的生产过程为一批(件)接一批(件)地生产,即第一批(件)完工了再生产第二批(件)的情况。而事实上,生产企业大多采用流水线的形式,不是一批接一批地生产,而是不断投产,不断完工,绵延不断,无法分清前后批次。在这种情况下,要求所有企业按产品生产周期计算成本显然是困难的。通常情况下,大批大量生产的产品,一般按月计算产品生产成本,成本计算期与会计期间相一致;单件、小批量生产的产品,一般在产品完工验收入库后,计算产品生产成本,成本计算期与产品生产周期相一致,而与会计期间不一致。

四、审核生产费用

审核生产费用,是指根据国家规定的成本开支范围和企业有关规定,对不符合规定和制度的支出应当制止,对超计划、超定额的费用严格控制。对于允许开支的各项费用,分清列支渠道,如划分生产经营费用和非生产经营费用的界限、划分各个月份的费用界限、划分生产费用和期间费用的界限。

五、归集和分配生产费用

归集和分配生产费用,是指将应计入产品生产成本的生产费用,直接或分配后记入各种产品的生产成本账户,即划分不同产品的生产费用界限。

产品成本的计算过程实际上就是生产费用的归集和分配过程。

分配和归集生产费用必须按成本项目进行,分配和归集的生产费用只能是应由本月承担的生产费用,分配生产费用应按"受益原则"进行。

六、计算完工产品成本和期末在产品成本

计算完工产品成本和期末在产品成本,是指当某种产品月末既有完工产品又有在产品时,应当将该产品的生产费用,在本期完工产品和期末在产品之间进行分配,计算出完工产品成本和月末在产品成本,即划分本期完工产品和期末在产品的费用界限。

生产费用在完工产品成本和期末在产品成本之间的分配,也必须按成本项目进行,所分配的生产费用的数额,是该产品的本月期初在产品成本加上本月发生的生产费用合计数(或称为

累计生产费用)。

完工产品成本核算公式如下:

完工产品成本＝月初在产品成本＋本月生产费用－月末在产品成本

任务三 成本核算的账户设置与账务处理程序

一、设置有关的成本计算账户

为了计算产品的生产成本,需要设置"生产成本"和"制造费用"等总账账户及其相关的明细分类账户。

(一)生产成本账户的设置

"生产成本"账户是成本类账户,用来核算企业生产的各种产品(包括产成品、自制半成品、提供劳务等)、自制材料、自制工具、自制设备等。"生产成本"总账账户下可设置"基本生产成本"和"辅助生产成本"两个明细账户。在会计实务中,也可以将"基本生产成本"和"辅助生产成本"两个明细账户,分别提升为总账账户,同时不再设置"生产成本"总账账户。如图2－6所示。

登记:企业生产过程中发生的各项直接材料、直接人工,并登记结转的制造费用	登记:生产完工的产成品实际成本
期末余额:尚未加工完成的在产品成本	

图2－6 "生产成本"账户结构

(二)"基本生产成本"账户及其明细账户的设置

基本生产是指工业企业中直接为完成主要产品而进行的生产,如棉纺厂的纺纱、织布;钢铁厂的炼铁、炼钢和轧钢。基本生产成本,是企业为生产主要产品而发生的成本,包括直接人工、直接材料和制造费用。

"基本生产成本"账户应当分别按照基本生产车间和成本核算对象(如产品的品种、类别、订单、生产阶段等)设置明细账(或成本计算单),在明细账中再按规定的成本项目设置专栏。

"基本生产成本"账户核算企业基本生产车间生产各种产成品、自制半成品等所发生的各项费用。按成本核算对象和成本项目分别归集,属于直接材料、直接人工等直接费用以及分配转入的制造费用,记入该账户的借方;结转完工入库的产品或自制半成品成本时,记入该账户的贷方;期末如有余额在借方,反映基本生产车间月末在产品成本。账户应按产品品种、投产批别、生产步骤等成本计算对象分设基本生产成本明细账,按成本项目设置专栏,一般称为产品成本明细账或产品成本计算单、成本计算单。

"基本生产成本明细账"、"产品生产成本明细账"等格式,如表2－1、表2－2、表2－3所示。

表 2—1　　　　　　　　　　　基本生产成本明细账

车间:××基本生产车间　　　　　　　　　　　　　　　　　　　　　单位:元

月	日	摘　要	直接材料	直接人工	制造费用	合　计
		月初在产品成本				
		本月生产费用				
		合　计				
		结转完工产品成本				
		月末在产品成本				

表 2—2　　　　　　　　　　　基本生产成本明细账

车间名称:基本生产车间　　　　　　　产品名称:甲产品

2017年		凭证		摘　要	借　方				贷方	余　额
月	日	种类	号数		直接材料	直接人工	制造费用	……		
	31			(上月末在产品成本)	12 500	12 000	5 500			30 000
	1~30			(本月生产费用发生额)	126 000	100 000	60 000			286 000
	30			生产费用合计	138 500	112 000	65 500			316 000
	30			完工产品成本结转	117 000	88 000	47 400		252 400	63 600
				月末在产品成本	21 500	24 000	18 100			63 600

表 2—3　　　　　　　　　产品生产成本明细账(产品成本计算单)

车间:××基本生产车间　　　产品:××产品　　　产量:××件　　　　　　单位:元

月	日	摘　要	直接材料	直接人工	制造费用	合　计
		月初在产品成本				
		本月生产费用				
		合　计				
		结转完工产品成本				
		完工产品单位成本				
		月末在产品成本				

"基本生产成本"账户的借方登记月份内发生的全部生产费用;贷方登记应结转的完工产品的实际生产成本。月末的借方余额,表示生产过程中尚未完工的在产品生产成本。

(三)"辅助生产成本"账户及其明细账户的设置

辅助生产是指工业企业中主要为基本生产车间、企业行政管理部门等单位服务而进行的产品生产和劳务供应,如钢铁厂的发电、纺织厂的机修。辅助车间生产的产品和劳务,有时也可对外销售和服务。

辅助生产成本是辅助生产车间为生产产品或提供劳务而发生的原材料费用、动力费用、人工费用以及辅助生产车间的制造费用。

"辅助生产成本"账户分别按照辅助生产车间和成本核算对象(如动力、修理、运输、自制工

具、自制材料等)设置明细账,在明细账中再按规定的成本项目设置专栏。

"辅助生产成本"账户的借方登记月份内发生的全部辅助生产费用,其贷方登记:①月末按一定标准分配给各受益单位的无实物形态的产品和劳务;②辅助生产车间生产完工验收入库或移交给各受益单位的自制材料、自制工具、自制设备的生产成本月末的借方余额,表示生产过程中尚未完工的自制材料、自制工具、自制设备在产品生产成本。

"辅助生产成本明细账"格式如表2—4所示。

表2—4　　　　　　　　　　　　辅助生产成本明细账
车间:××辅助生产车间　　　　　　　　　　　　　　　　　　　　　　　　单位:元

月	日	摘要	材料	动力	工资	福利费	折旧费	水电费	其他	合计
		耗用材料								
		支付电力费用								
		支付工资费用								
		计提福利费								
		计提折旧费								
		支付水费								
		支付其他费用								
		合　计								

(四)其他账户及其明细账户的设置

1."制造费用"账户

制造费用是企业生产产品和提供劳务而发生的各项间接成本。如果企业只生产一种产品,则直接费用和间接费用并没有差别,都应该直接计入产品成本。但是,企业一般会生产多种产品。这样,直接费用仍可以直接计入产品成本,而间接费用就必须先汇集起来,然后再分配摊入各个不同的成本计算对象。因此,需要单独设置"制造费用"账户,用于汇集各种间接费用,月末再分配转入产品成本账户。

"制造费用"账户核算企业为生产产品和提供劳务而发生的各种间接费用,包括生产车间的职工薪酬、折旧费、办公费、水电费、机物料消耗、劳动保护费、季节性和修理期间的停工损失等。该科目的借方登记实际发生的制造费用;贷方登记分配转出的制造费用。除季节性生产企业外,该科目月末应无余额。该账户应按车间、部门设置明细账,并按费用项目设立专栏。如果辅助生产车间规模小、费用少,为了简化核算工作,可不单独设置制造费用明细账,发生的制造费用直接记入"辅助生产成本"科目及其明细账的借方。如图2—7所示。

登记:各车间、各部门发生的制造费用	登记:月末分配结转的制造费用

图2—7　"制造费用"账户结构

2."废品损失"和"停工损失"账户

若废品和停工的情况比较多,可以专门设置"废品损失"和"停工损失"两个总账账户,把废品和停工损失分别汇集到"废品损失"和"停工损失"账户的借方,月末报经处理后转出,再根据具体情况分别转入"生产成本"、"管理费用"或"营业外支出"账户。

此外,与计算生产成本有关的账户还有"原材料"、"周转材料"、"库存商品"、"应付职工薪酬"、"累计折旧"、"管理费用"、"销售费用"、"财务费用"等账户。

拓展阅读2—1　　成本的总分类核算和明细分类核算程序

1. 成本总分类核算的程序

成本总分类核算使用的会计科目包括"生产成本"、"制造费用"、"待摊费用"和"预提费用"等。在"生产成本"科目下,还应设置"基本生产成本"和"辅助生产成本"两个明细科目进行核算;在"制造费用"科目下,还应按不同的车间、部门设置明细账进行明细核算。

成本总分类核算的程序是:分配要素费用、分配待摊费用和预提费用、分配辅助生产车间的制造费用、分配辅助生产费用、分配基本生产车间的制造费用、计算完工产品和在产品成本。

2. 成本明细分类核算的程序

(1)一级成本核算体制

在一级成本核算体制下应设置的明细账包括"基本生产成本明细账"、"产品成本计算单"、"辅助生产成本明细账"、"制造费用明细账"等。其核算程序是:登记用于产品生产的直接材料、燃料及动力、直接工资等费用;分配辅助生产车间的制造费用;分配辅助生产费用;分配基本生产车间的制造费用;结转完工产品成本。

(2)两级成本核算体制

两级成本核算体制下明细账应分别按车间和厂部设置。两级成本核算体制下,各基本生产车间应设置"基本生产成本明细账"、"产品成本计算单"和"制造费用明细账";辅助生产车间应设置"辅助生产成本明细账"。

厂部财会部门应设置"厂部基本生产成本明细账"、"厂部辅助生产成本明细账"、"厂部制造费用明细账"、"厂部完工产品成本汇总计算单"等。

两级成本核算体制下成本核算的程序包括登记和分配材料、工资等要素费用;分配辅助生产车间的制造费用;分配辅助生产费用;分配基本生产车间的制造费用;结转完工产品成本;厂部财会部门汇总完工产品成本。需要注意的是,在两级成本核算体制下,费用的汇集和分配需要在厂部和车间分别进行。

二、成本核算的账务处理程序

成本核算的账务处理程序包括以下方面:

(1)分配各项要素费用。根据各项要素费用的原始凭证及其他有关资料,编制相关费用分配表,登记有关成本费用明细账。

(2)分配辅助生产成本。编制辅助生产费用分配表,登记有关成本费用明细账。

(3)分配制造费用。编制制造费用分配表,登记有关基本生产成本明细账。

(4)结转废品损失和停工损失。对单独设置"废品损失"和"停工损失"总账账户的企业,编制生产损失分配表,结转废品损失和停工损失。也就是说,将不可修复废品成本从"基本生产成本"账户转入"废品损失"账户,将废品净损失从"废品损失"账户转入"基本生产成本"的"废品损失"项目单独核算。

（5）计算完工产品成本。编制"成本计算单"，根据完工产品总成本和完工产品数量，计算单位完工产品成本。

（6）结转完工产品成本。将完工产品成本从"基本生产成本"账户转入"库存商品"账户。

（7）成本报表的编制与分析。根据产品成本和期间费用的日常核算资料以及其他有关资料来编制成本报表，并分析企业一定期间产品成本和期间费用水平。

成本核算的账务处理程序如图2—8所示。

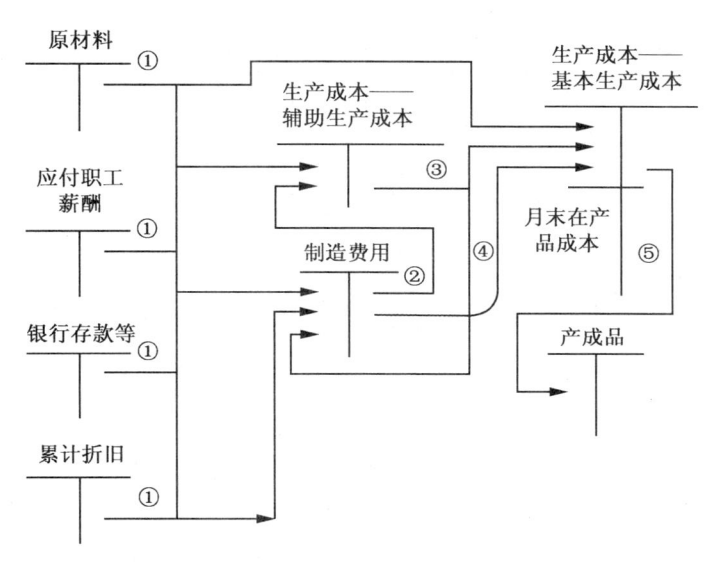

注：① 各项费用要素的结转和分配；② 分配辅助生产费用；③ 分配制造费用；④ 结转废品损失；⑤ 结转完工产品成本。

图2—8　成本核算账务处理程序图

任务四　成本核算方法的确定

一、成本核算对象

在工业企业中存在着各种不同的成本核算方法，各种成本核算方法的区别在于如何确定成本核算对象、如何确定成本核算期、生产费用在完工产品和期末在产品之间是否分配及如何分配三个方面，其中主要区别在于成本核算对象的不同。各企业应根据本单位成本核算对象的特点确定成本核算方法。

在大量大批单步骤生产的企业中，由于大量重复生产一种或几种产品，成本核算对象就是该种或几种产品；成本核算期一般固定在每月月末。生产过程简单、生产周期短的单步骤生产企业，一般没有在产品，或在产品很少可不予计算，因而生产费用不需要在完工产品与在产品之间进行分配。

在大量大批连续式多步骤生产的企业中，一般要求提供各步骤半成品的成本资料，成本核算对象是最终产品和各步骤半成品，成本核算期固定在每月月末。在这类企业中，月末一般有在产品，因而需要在完工产品与在产品之间进行费用分配。

在大量大批装配式多步骤生产的企业中，如果成本管理不要求提供各零件、部件的成本，成本核算对象为最终的各种产成品，如果管理上要求提供各步骤半成品（零部件）成本，则成本核算对象为最终产品和各步骤半成品；成本核算期固定在每月月末。在这类企业中，经常存在月末在产品，因而需要在完工产品与在产品之间进行费用分配。

在单件小批多步骤生产的企业中，一般按产品批次、件别组织生产，成本核算对象就是各批次或件别的产品；在这样的企业中，只有该件或该批次产品完工，才能计算成本，所以成本核算期不固定，与生产周期一致，因而不需要在完工产品与在产品之间分配费用。

二、成本核算的基本方法

前述三种成本核算对象，决定了三种成本核算基本方法。

（一）品种法

在大量大批单步骤或多步骤不要求按步骤核算成本的生产企业中，只能以"全厂某月份生产的某种产成品"作为成本核算对象，设立成本核算单，登记其费用和产量，计算其总成本和单位成本，这就形成了"品种法"。

（二）分步法

在大量大批多步骤生产，并且要求按步骤核算成本的企业中，要以"各步骤某月份生产的半成品和产成品"作为成本核算对象，按步骤分产品设立成本核算单、汇集费用，分别按各自的产量计算半成品或产成品的总成本和单位成本，这就形成了"分步法"。

（三）分批法

在单件小批生产的企业，对用户的订货（或企业主要产品以外的新产品试制、自制设备、来料加工、修理作业等）有不同的数量和质量要求，以及对不同的交货日期的要求，为此，企业必须按批来组织生产。因此，要以"全厂（或某一封闭车间）生产的某一批产成品"作为成本核算对象，设立成本核算单，登记其费用和产量，以计算该批产成品的总成本和单位成本，这就形成了"分批法"。

以上三种方法的区别不在于什么产品，而在于什么时空。成本核算对象的确定与成本核算基本方法的形成如表2-5所示。

表2-5　　　　　　成本核算对象的确定与成本核算基本方法的形成

生产组织特点	生产工艺过程	成本管理要求	成本核算对象 空间范围	成本核算对象 计算期	成本核算对象 计算实体	成本核算方法
大量大批	单步骤	全厂核算成本	全厂	某月份	生产的某种产成品	品种法
大量大批	多步骤	不要求按步骤核算成本	全厂	某月份	生产的某种产成品	品种法
大量大批	多步骤	要求按步骤核算成本	各个步骤（车间）	某月份	生产的半成品与产成品	分步法
单件小批	单步骤或多步骤	全厂核算成本	全厂	生产的某一批（从投产到完工）	产成品	分批法

三、成本核算的其他方法

实际工作中,在以上三种成本核算基本方法的基础上,还有两种辅助方法,即分类法和定额法。

(一)分类法

分类法是以产品类别为成本核算对象,将生产费用先按产品的类别进行汇集,计算各类产品成本,然后再按照一定的分配标准在类内各种产品之间分配,以计算各种产品成本的方法。分类法主要是为了解决某些企业产品品种规格繁多,成本核算工作繁重,而在成本核算基本方法基础上设计的一种简化的成本核算方法。此法适用于产品品种、规格繁多,但每类产品的结构、所用原材料、生产工艺过程基本相同的企业。

(二)定额法

定额法是以产品定额成本为基础,加上(或减去)脱离定额差异和定额变动差异,来计算产品成本的一种方法。定额法是在定额管理基础较好的工业企业,为了加强生产费用和产品成本的定额管理,加强成本控制而采用的成本核算方法。此法适用于定额管理制度比较健全、定额管理基础工作较好、产品生产定型、消耗定额合理且稳定的企业。

分类法和定额法均不是一种独立的成本核算方法,必须结合品种法、分步法、分批法等基本方法使用。

四、成本核算方法的应用

前已述及,各种成本核算方法分别适用于不同类型企业产品生产的特点和成本管理的要求。在实际工作中,一个工业企业单独采用一种成本核算方法组织成本核算工作的情况并不多,往往同一个企业里的各个生产单位,因其生产特点和管理要求不同,常常同时采用几种成本核算方法,或把几种不同的成本核算方法结合起来加以综合应用。

(一)几种成本核算方法同时应用

在工业企业中,一般既有基本生产车间,又有辅助生产车间。基本生产车间主要生产产品,辅助生产车间主要为基本生产车间和其他部门服务。基本生产车间和辅助生产车间的生产特点和管理要求不同,采用的成本核算方法也不同。例如,在纺织企业,其基本生产车间主要产品的生产特点是连续、多步骤,半成品可以对外销售。因此,基本生产车间采用逐步结转分步法进行成本核算。但在辅助生产的机修车间,主要的生产活动是维修机器设备和为生产车间制造某些设备,为了正确计算机器设备的维修成本和设备的制造成本,可采用分批法进行成本核算。在辅助生产的供气车间,主要生产活动是为企业供应蒸汽,可采用品种法计算车间提供蒸汽的成本。就这一个企业来说,同时采用了多种成本核算方法进行成本核算。

再如,同时生产定型产品与非定型产品的企业,定型产品是大量大批生产,非定型产品是单件或小批生产,这两种类型的产品应采用不同的成本核算方法。对大量大批生产的定型产品,采用分步法或品种法进行成本核算;对非定型产品,采用分批法进行成本核算。

(二)几种成本核算方法的结合应用

有些工业企业,除同时应用几种成本核算方法外,还有以一种成本核算方法为主,结合其他成本核算方法的某些特点加以综合应用成本核算方法的情况。例如,在单件小批生产的机械制造企业,其主要产品的生产过程由铸造、机械加工、装配等相互关联的各个生产阶段所组成,其最终产品应采用分批法进行成本核算。但从各个生产阶段看则有所不同,如在铸造阶段,其产品品种较少,并可直接对外销售,可采用品种法进行成本核算;从铸造到机械加工阶段,属于连续式多步骤生产,其成本结转可采用逐步结转分步法进行;从机械加工到装配阶段,属于装配式多步骤生产,其成本结转可采用平行结转分步法进行。就企业来说,成本核算是以分批法为主,结合使用品种法、分步法的某些特点加以综合应用的。

又如,在定额管理基础工作较好、定额管理制度较完善的企业,为了加强成本的定额管理和控制,可在品种法、分批法、分步法的基础上,结合定额法进行成本核算,以满足企业成本管理的要求。

综上所述,工业企业的生产情况是复杂的,因而管理要求是多方面的,成本核算的方法也是多种多样的。企业应当根据其生产特点、管理要求、规模大小、管理水平高低等实际情况,将成本核算方法灵活地加以应用。

关键术语

连续式生产 装配式生产 合法性原则 分期性原则 一致性原则 权责发生制原则 划分资本性支出和收益性支出原则 实际成本原则 重要性原则 成本核算对象 成本项目 成本计算期 审核生产费用

◎ 应知考核 ◎

一、单项选择题

1. 企业对于一些主要产品、主要费用应采用比较复杂、详细的方法进行分配和计算,而对于一些次要的产品、费用采用简化的方法进行合并计算和分配的原则称为(　　)。
   A. 实际成本计价原则　　　　　　　B. 成本分期原则
   C. 合法性原则　　　　　　　　　　D. 重要性原则

2. 企业成本核算在各个会计期间所采用的会计处理方法前后各期应该一致,不得随意变动,体现了(　　)。
   A. 一致性原则　　　　　　　　　　B. 权责发生制原则
   C. 分期性原则　　　　　　　　　　D. 合法性原则

3. 为了正确核算企业各种产品、自制半成品生产过程中所发生的各项费用,应设置(　　)账户。
   A. "产品成本"　　　　　　　　　　B. "生产费用"
   C. "生产成本——基本生产成本"　　D. "生产成本——辅助生产成本"

4. 在各个成本核算对象之间分配的生产费用数额是(　　)。
   A. 期末在产品成本　　　　　　　　B. 期初在产品成本
   C. 本期发生的生产费用　　　　　　D. 月初在产品成本加上本期发生的生产费用

5. 制造费用应分配记入(　　)账户。
   A. "基本生产成本"和"辅助生产成本"　B. "基本生产成本"和"期间费用"
   C. "生产成本"和"管理费用"　　　　　D. "财务费用"和"营业费用"

6. 为了及时、正确计算产品成本,企业应做好的各项基础工作不包括(　　)。
   A. 选择适当的成本计算方法　　　　B. 材料物资的计量、收发、领退和盘点
   C. 做好各项原始记录工作　　　　　D. 定额的制定和修订

7. 为了保证按每个成本计算对象正确地归集应负担的费用,必须将应由本期产品负担的生产费用正确地在(　　)。

A. 各种产品之间进行分配　　　　　　　　B. 完工产品和在产品之间进行分配
C. 盈利产品与亏损产品之间进行分配　　　D. 可比产品与不可比产品之间进行分配
8. 在成本核算中,必须正确核算待摊费用和预提费用,这是贯彻了会计核算的(　　)原则。
A. 历史成本　　　　B. 权责发生制　　　C. 配比　　　　　D. 重要性
9. 下列各项中,不计入产品成本的费用是(　　)。
A. 直接材料费用　　　　　　　　　　　　B. 辅助车间管理人员工资
C. 车间厂房折旧费　　　　　　　　　　　D. 厂部办公楼折旧费
10. 直接人工费用成本项目是(　　)。
A. 全体职工的工资和按规定比例计提的职工福利费
B. 直接参加产品生产的工人工资及福利费
C. 车间管理人员工资及福利费
D. 企业管理人员工资及福利费

二、多项选择题

1. 属于工业企业成本核算中使用的会计账户有(　　)。
A."基本生产成本"　　　　　　　　　　B."辅助生产成本"
C."制造费用"　　　　　　　　　　　　D."营业外支出"
2. 要素费用中的工资费用,可能记入的会计科目有(　　)。
A."制造费用"　　　　　　　　　　　　B."产品销售费用"
C."财务费用"　　　　　　　　　　　　D."基本生产成本"
3. 下列各项中属于销售费用的有(　　)。
A. 广告费　　　　　　　　　　　　　　B. 委托代销手续费
C. 展览费　　　　　　　　　　　　　　D. 专设销售机构的办公费
4. 下列各项中属于管理费用的有(　　)。
A. 工会经费　　　　　　　　　　　　　B. 职工教育经费
C. 无形资产摊销　　　　　　　　　　　D. 业务招待费
5. 下列各项中属于财务费用的有(　　)。
A. 金融机构手续费　　　　　　　　　　B. 利息费用
C. 汇兑损失　　　　　　　　　　　　　D. 坏账损失

三、判断题

1. 为了正确地计算产品成本,应该绝对正确地划分完工产品和在产品的费用界限。　　　　(　　)
2. 制定和修订定额,只是为了进行成本审核,与成本计算没有关系。　　　　　　　　　　(　　)
3. 企业生产经营的原始记录,是进行成本预测、编制成本计划、进行成本核算的依据。　　(　　)
4. 成本核算的分期,不一定与会计制度的分月、分季、分年相一致。　　　　　　　　　　(　　)
5. 生产车间发生的制造费用应由本车间生产的产品负担,因此,期末时"制造费用"科目期末一定没有余额。　　　　　　　　　　　　　　　　　　　　　　　　　　　　　　　　　　　(　　)
6. "基本生产成本"科目应该按成本计算对象设置明细分类账,账内按成本项目分设专栏或专行。
　　　　　　　　　　　　　　　　　　　　　　　　　　　　　　　　　　　　　　　(　　)
7. 为了核算企业的期间费用应该设置"销售费用"、"管理费用"和"制造费用"科目。　　(　　)
8. "辅助生产成本"科目月末应无余额。　　　　　　　　　　　　　　　　　　　　　　(　　)
9. 在会计实务中,也可以将"基本生产成本"和"辅助生产成本"两个明细账户,分别提升为总账账户,同时不再设置"生产成本"总账账户。   (   )
   10. 如果企业只生产一种产品,那么企业全部生产费用都是这种产品的生产费用。 (   )

四、简答题
1. 简述成本核算的原则。
2. 简述成本核算的要求。
3. 简述成本核算的账务处理程序。
4. 简述成本核算的基本方法。
5. 简述进行产品成本的核算需要设置的会计科目。

◎ 应会考核 ◎

★ 观念应用
【背景资料】

明确成本核算的意义

李明、张飞和王华三人是好朋友,他们立志要干一番大事业。经过紧张的筹备,他们三人合办了一家公司,专门从事电脑硬件的销售业务。第一年,他们购进电脑硬件100万元,购买办公设备70万元(当年折旧总额为7万元),日常办公费用5万,房屋租金15万元,发放工资30万元。截至当年12月31日,该公司主营业务收入为200万元,已销商品成本为80万元。元旦那天,王华说今年公司开业大吉,建议办一个庆祝会,邀请过去的同窗好友和合作伙伴参加。李明和张飞不同意,认为公司今年不过是盈亏平衡,今年的聚会就不要办了。王华一听就知道问题出在哪里。

【考核要求】
你能算出该公司的当年的利润吗?张飞和李明的算法错在哪里,他们为什么会发生这样的错误呢?你能指导他们吗?

★ 技能应用
陈西和林南在大学时是同一宿舍的好朋友,大学毕业以后,由于对玩具很感兴趣。就合伙开办了一家玩具厂,专门生产玩具,销往国外。根据需要,他们选定了厂址后,购置了一批新型的生产设备,招聘了20多名技术工人和管理人员。玩具厂开张后,摆在两个人面前的第一道难题就是,在设厂之前,他们每天只记流水账,就能知道每天发生的费用,可是,现在玩具厂正式成立之后,每天因为产品生产会有各种成本费用的发生,只靠登记流水账,根本无法分清各种类别,不同型号的玩具成本分别是多少,很难控制每个月的成本费用,到底如何计算产品成本?产品定价又是多少?如何做好成本的核算工作?以及如何设置成本核算岗位?这些都让他们感到很茫然。如何能解决这些问题呢?

★ 案例分析
【情景与背景】

帮助吴晓东分析问题

大学生吴晓东2017年6月毕业应聘到北方机械公司当成本会计员。财务部成本科刘科长向小吴介绍了公司的有关情况。东方机械公司的基本情况如下:
1. 产品情况
该公司主要生产大型重型机械,用于矿山等企业,是国内矿山机械的龙头企业。
2. 车间设置情况

该公司设有7个基本生产车间,分别生产矿山机械的各种零部件以及零部件的组装;另外,还设有4个辅助生产车间,为基本生产车间及其他部门提供服务。

3. 成本核算的现状

该公司现有会计人员36人,其中成本会计人员8人(不包括各个生产车间的成本会计人员)。由于该公司规模较大,现在实行二级成本核算体制,厂部和车间分别设置有关的成本费用明细账进行核算。

【考核要求】

刘科长让小吴再了解几天企业成本核算及其他方面的情况后书面回答以下问题:

(1)根据本企业的具体情况应采用什么核算体制(一级还是二级)?

(2)企业和车间应设置哪些成本会计核算的岗位?

(3)企业和车间应设置哪些成本总账和明细账?

(4)成本费用应按什么程序进行归集和分配?

(5)对企业现在成本核算模式提出进一步改进的意见。

◎ 项目实训 ◎

【实训项目】

成本核算的原则和程序

【实训目的】

通过成本核算的原则和程序的理解,明确成本核算在企业经营管理的重要性;塑造自己的成本会计职业生涯和职业素养。

【实训任务】

小店是盈利还是亏损

小华根据自己的特长,完成学业后进行自主创业,筹资24万元(贷款20万元,贷款年利率6%,自筹资金4万元),在某大学附近开办一家学习用品零售小店。店面房屋投资21万元,然后到工商行政管理部门办理了个体工商户营业执照,正式开始营业。经营之初,商店雇用1名营业员(月工资1 500元),购买2万元学习用品。一个月经营下来,卖出进价为5 000元的学习用品,获得营业收入8 400元,同时,支付了进货费用100元,缴纳工商管理费200元,营业税费320元,支付商店雇员的工资,小华一算账,认为自己盈利280元,初战有点成绩,又不放心自己的计算,找来做会计的朋友小张再算一算,结果亏损70元。

请问小店为什么由盈利变为亏损了?运用成本核算要求的理论回答。

项目三　要素费用的归集和分配

【知识目标】
理解:要素费用的主要内容。
熟知:要素费用归集的业务处理。
掌握:材料费用的归集与分配;外购动力费用的归集与分配;职工薪酬的归集与分配;折旧费用的归集与分配。

【技能目标】
能够熟练掌握材料费用、外购动力费用、职工薪酬和折旧费用等要素费用的归集和分配的账务处理方法;能够运用定额法分配材料费用,运用生产工时分配法分配职工薪酬和外购动力费用、计提折旧费用,进行成本类明细账的登记;能够编制材料费用分配表;编制职工薪酬分配表;运用所学的知识,规范要素费用内容和分配相关的技能活动。

【素质目标】
能够运用所学的理论与实务知识研究相关案例,培养和提高学生在特定业务情境中分析问题与决策设计能力,分析企业与会计人员行为的善恶,强化学生的职业道德素质。

【项目引例】

大华机床厂的成本核算

大华机床厂主要生产Ⅰ型机床和Ⅱ型机床两种产品,产品销往全国各地。厂内设有铸造、机械加工和装配三个基本生产车间,另设有机修和配电两个辅助生产车间。

企业成本核算采用分步法核算,管理上要求各车间进行成本控制,成本效益与经济效益挂钩,同时,企业有Ⅰ型机床和Ⅱ型机床两种产品的材料消耗定额,有Ⅰ型机床和Ⅱ型机床两种产品的生产工人工时定额和生产工人工资资料,有两个辅助生产车间相关资料。

企业成本核算员对实际发生的各项生产费用是这样处理的:领用的材料费用,能分清成本核算对象的直接记入相应的账户中,两种产品共同消耗的原材料,能取得第一手资料的,就按该资料显示的标准分配,确实没有相应资料的,就按产品数量分配;支付的人工费用分配,能分清成本计算对象的直接记入相应的账户中,两种产品共同消耗的计时工资形式下的人工费用,按工人的人数进行分配;消耗的燃料动力费用,按电表记录的耗电度数进行分配,两种产品共同消耗的电费,各自一般平均分配电费;各部分使用固定资产的折旧费,按各使用部分分配,基本生产车间固定资产折旧费直接记入"制造费用"账户,不直接分配给两种产品;归集的辅助生产费用,因为企业管理上要求各车间进行成本控制,成本效益与经济效益挂钩,采用交互分配法进行分配;归集的制造费用,按各生产车间采用生产工人工时比例法进行分配。

【讨论】 各生产车间负责人认为成本核算员对实际发生的各项生产费用的处理符合实际,没有意见,但是财务负责人对成本核算员的处理提出了质疑。如果你是企业成本核算员,你想怎么样分配各项生产费用?

知识精讲

任务一　材料费用的归集和分配

工业企业的会计核算中一般设有"直接材料"、"直接人工"和"制造费用"三个成本项目,即"基本生产成本"明细账中有这三个成本项目的专栏。由于基本生产成本明细账按成本项目登记,因此在发生材料、工资等用于产品生产或专门设有成本项目的费用时,直接记入成本明细账中相应的成本项目栏;如果不能直接记入某种产品的生产成本,则采用适当的分配方法,分别记入受益产品基本生产成本明细账中相应的成本项目。

一、材料概述

材料按其生产用途可分为:原料及主要材料、辅助材料、外购半成品、燃料、修理用备件、包装物、低值易耗品等。

(一)原料及主要材料

原料及主要材料是指加工后能构成产品主要实体的原材料和主要材料。

原材料是指人们从自然界取得的劳动对象,如纺织厂用的原棉、家具厂用的原木、钢铁企业用的铁矿石、制糖厂用的甘蔗、面粉厂用的小麦等。

主要材料指的是已经过加工的原料尚需继续加工的劳动对象,如机器制造厂用的生铁或钢材、纺织企业用的棉纱、服装厂用的布匹等。

(二)辅助材料

辅助材料是指直接用于生产经营,有助于产品的形成或便于生产顺利进行,但不构成产品主要实体的各种材料。

辅助材料一般包括三类:一是加入产品实体与主要材料相结合,使主要材料发生变化或使产品具有某种性能的辅助材料,如催化剂、油漆、染料等;二是被劳动工具所消耗的辅助材料,如维护机器设备用的润滑油、防锈剂;三是为创造正常劳动条件而消耗的辅助材料,如工作地点清洁用的各种用具及管理、维护用的各种材料等。

(三)外购半成品

外购半成品是指从外单位购入,已经过加工或装配仍需要本企业进一步加工或装配的,构成产品主要实体的半成品及配套件,如纺织厂外购的棉纱、钢铁厂外购的生铁等。

为了管理上的需要,将外购半成品从原材料中分出,单独列为一类。

(四)燃料

燃料是指企业为进行生产消耗的各种液体、固体、气体燃料。

燃料按其在生产过程中所起的作用,属于辅助材料;但它在供应、保管和领用方面均有自己的特点,因此把它从辅助材料中分出,单独列为一类。

（五）修理用备件

修理用备件是指为修理本企业机器设备和运输设备的各种备件。

（六）包装物

包装物是指为了用于包装本企业产品、商品而储备的各种桶、箱、瓶、坛、袋等包装容器。

（七）低值易耗品

低值易耗品是指不作为固定资产核算的各种工具、管理用具、玻璃器皿，以及在经营过程中周转使用的包装容器等各种用具物品。

拓展阅读3—1　　　　　生产费用和产品成本间的联系和区别

联系：两者就其经济内容来说基本一致，即都是耗费，企业在一定时期的生产费用发生额是企业计算该期间完工产品成本的基础。

区别：核算的范围不同，计算的基础也不同。

二、收入、发出材料的确定

（一）收入材料的构成和确定

1. 外购材料的成本

外购材料的成本即材料的采购成本。它是指企业的物资从采购到入库前所发生的全部支出，包括购买价款、相关税费、运输费、装卸费、保险费以及其他可归于材料采购成本的费用。

2. 加工取得材料的成本

企业通过进一步加工取得的材料，主要包括在产品、半成品、委托加工物资等，其成本由采购成本和加工成本构成。

3. 其他方式取得材料的成本

企业取得材料的其他方式包括接受投资者投资、非货币性资产交换、债务重组、企业合并等。

（二）发出材料的确定

材料收、发、存的日常核算，可以按实际成本计价进行，也可以按计划成本计价进行。如果采用计划成本核算，会计期末应调整为实际成本。

1. 材料按实际成本核算时发出材料成本的确定

材料按实际成本计价是指每种材料的收、发、存都按采购过程中所发生的实际支出进行计价。按实际成本法计价时，企业可以采用先进先出法、加权平均法、个别计价法确定发出材料的成本。其具体核算方法在财务会计课程中已经有详细介绍，此处不再赘述。

采用实际成本核算发出材料成本，使材料费用的流转与其实物的流转完全一致，便于确定每批材料盘盈或盘亏的数量，但工作量很大，对存货管理的要求较高。这种方法适用于能分清批次、品种数量不多、单位成本较高的材料。

2. 材料按计划成本核算时发出材料成本的确定

材料计划成本的构成内容与材料实际成本相同。材料按计划成本计价是指每种材料的收、发、存都按预先确定的计划单位成本计价。材料计划成本应尽可能接近实际。计划单位成本确定后，在一个会计年度内一般不予变动。其具体核算方法在财务会计课程中已经有详细介绍，此处不再赘述。

采用计划成本核算发出材料成本，适用于材料品种规格繁多，收发材料频繁，材料计划成

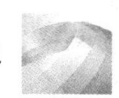

本比较准确、稳定的企业。

三、材料的计量与计价

（一）材料消耗的原始记录

材料的发出应依据"领料单"、"限额领料单"、"领料登记表"、"退料单"等领料凭证进行。

1. 领料单

领料单是一次性有效的领料凭证，每领一次材料填写一份。领料单主要是针对难以用消耗定额控制和不经常领用的材料所采用的一种领料凭证。领料单由领料单位填写，一式三联。其中一联留领料单位备查，一联留存发料仓库登记材料明细账，另一联送交会计部门据以进行材料收发和材料费用的核算。领料单格式如表3－1所示。

表3－1　　　　　　　　　　　　　　　领料单

材料类别	材料编号	材料名称及规格	计量单位	数量 请领	数量 实发	单价	金额

记账：　　　　　　发料：　　　　　　领料部门负责人：　　　　　　领料：

2. 限额领料单

限额领料单是对经常领用并有消耗定额的材料采用的一种领料凭证。限额领料单是多次有效凭证，只要在有效期间（一般为一个月）内，可以连续领料。限额领料单是生产计划部门和供应部门，根据生产计划和材料消耗定额等资料核定并编制的，单中事先填明领料单位、材料用途、领料限额，是有效控制材料消耗的一种领料形式。限额领料单的一般格式如表3－2所示。

表3－2　　　　　　　　　　　　　　　限额领料单

材料编号	材料名称	材料规格	计量单位	领用限额	实际领用 数量	实际领用 单位成本	实际领用 金额	备注

日期	请领 数量	请领 领料单位领导签章	实发 数量	实发 发料人签章	实发 领料人签章	退回 数量	退回 收料人签章	退回 退料人签章	限额结余
合计									

3. 领料登记表

企业在生产经营过程中经常需要的某些零星材料，领发次数多，但金额不大的，可以在仓库设置"领料登记表"。领料时应在领料登记表中登记领用数量，注明用途并签章，仓库据以发料。采用领料登记表不仅便于全月物资消耗的汇总计算，而且能够大量减少日常领料凭证的填制工作,简化物资领发手续。领料登记表的一般格式如表3-3所示。

表3-3　　　　　　　　　　　　领料登记表

日　　期	领用数	用　　途	收料人签字	领料人签字	备　　注

4. 退料单

退料单一般一式三联,一联留退料部门,作为退料依据;仓库留下一联,作为收料的依据;另一联交财会部门入账。

生产所剩余的材料应该编制"退料单",否则本期成本会虚增。退料单是使用单位领取的材料,月末没有完全被消耗掉,这些剩余材料应及时退回仓库办理退料手续,填制"退料单"。对于车间已领未用、下月仍需继续消耗的材料,为了避免本月末交库下月初又领用的手续,可以用"假退料"的办法,即本月填制"退料单",下月初填制"领料单",仓库办理一退一领手续,材料并不实际交回仓库。"退料单"的一般格式如表3-4所示。

表3-4　　　　　　　　　　　　退料单

材料编号	材料名称	规格	计量单位	数量		成本	
				退库	实收	实际成本	实际金额
备注							

(二)材料消耗量的计算方法

1. 永续盘存制

永续盘存制也称"账面盘存制"、"连续记录法",它是对于材料的增加和减少,根据各种有关凭证,在账簿中逐日逐笔进行登记,并随时结算出各种材料账面结存数额的一种方法。

计算公式:

$$期末结存数＝期初结存数＋本期增加数－本期减少数$$

采用这种方法,要按材料设置明细账,对各类材料收发、结存数量予以记录。其优点是:通过为每一种材料设置明细账,存有详细记录,可以及时反映和掌握各种材料收发、结存的数量和金额,有利于对材料的监督和管理。其缺点是:工作量大,尤其对那些品种规格繁多的材料。

由于自然和人为的原因,可能发生账实不符的现象,所以在永续盘存制下,仍需对财产物资进行实地盘点,以便查明是否发生盘盈或盘亏。一般情况下,各企业都应采用永续盘存制。

2. 实地盘存制

实地盘存制也称"定期盘存制"、"盘存计算法",是对各项材料,平时在账簿中只登记增加数,不登记减少数,月末根据实地盘存的结存数来倒推当月材料的减少数,再据以登记有关账簿的一种方法。

计算公式:

$$本期材料消耗量＝账面期初余额＋本期收入数－期末实际结存数$$

采用这种方法的优点是：明细分类核算比较简便。缺点是：各项材料的减少数没有严密的核算，不便于实行会计监督，倒推出的各项材料的减少数中成分复杂，除了正常消耗的外，可能还有损毁的和丢失的。该方法适用于一些单价低、品种杂、进出频繁的材料物资的核算。

（三）材料核算会计处理方法

材料收发结存的日常核算，可以按照材料的实际成本进行，也可以按材料的计划成本进行，月末计算材料成本差异，将发出材料的计划成本调整为实际成本。

1. 材料按实际成本计价

采用实际成本进行材料日常核算时，由于材料是分批购进分批入库的，所以每次收入的材料的单位成本也不一样，确定发出材料的实际单位成本必须按照一定的方法计算。通常采用的方法有先进先出法、个别计价法、加权平均法（包括移动加权平均法）确定其成本，不得采用后进先出法。企业可根据具体情况选择使用，但一经确定运用某种方法，就应该在各个会计期间保持前后一致，不得随意变更；如果由于实际需要必须变更核算方法时，应在会计报告的附注中予以说明。

拓展阅读 3—2　　　　　存货实际成本计价方法的比较

发出存货按实际成本计价，一般方法包括：先进先出法、全月一次加权平均法、移动加权平均法、个别计价法。

在先进先出法下，发出存货成本较接近于最近购货成本。在通货膨胀条件下，销售成本偏低，利润虚增。采用全月一次加权平均法，使得本期销货成本介于早期购货成本与当期购货成本之间。这种方法因计算的销售成本不易被操纵而被广泛采用。但这种方法的计算，会使当期销售利润大于与当期实际进货成本配比得到的销售利润。计算得到的销售成本既不能与当期销售利润配比，也不能完全消除通货膨胀的影响，损害了前后两个会计期间会计信息的真实性。

采用移动加权平均法能够使企业管理层及时了解存货的结存情况，计算的平均单位成本以及发出和结存的存货成本比较客观。但由于每次收货都要计算一次平均单价，计算工作量较大，对收发存货较频繁的企业不适用。个别计价法由于在实际操作中工作繁重、成本较高，对大多数存货品种来说并不适用。

2. 材料按计划成本计价

材料按计划成本计价时，材料的收发凭证都是按材料的计划单位成本计价。为了反映材料成本的实际数，应及时计算材料实际成本与计划成本的差异，正确计算发出材料应分摊的材料成本差异，将发出材料的计划成本调整为实际成本。

（1）材料成本计算

$$材料成本差异率 = \frac{月初结存材料的成本差异 + 本月收入材料的成本差异}{月初结存材料的计划成本 + 本月收入材料的计划成本} \times 100\%$$

$$发出材料应负担的差异额 = 发出材料的计划成本 \times 材料成本差异率$$

$$发出材料的实际成本 = 发出材料计划成本 \pm 发出材料应负担差异额$$
$$= 发出材料计划成本 \times (1 + 材料成本差异率)$$

（2）按计划成本计价的特点及适用范围

按计划成本计价，可以考核和分析材料采购成本的计划执行情况，有利于考核和分析各车间、部门的成本，也可以简化和加速材料核算以及产品成本的核算工作。

按计划成本进行材料发出核算的方法一般适用于材料品种或规格多、材料计划成本比较准确、稳定的企业。

四、材料费用的归集和分配

(一)材料费用的归集

材料费用的归集是将生产过程中领用的材料,按照费用发生的地点和经济用途,归集到有关成本、费用账户及所属各明细账的直接材料项目或材料费项目中。工业制造企业各种产品、各个车间、各个部门消耗的材料,无论是外购材料还是自制材料,都要根据审核无误的领、退料凭证,通过汇总、编制"发料凭证汇总表",按照材料的用途进行归集。其中:

(1)直接用于产品生产、构成产品实体或有助于产品形成的材料费用,直接记入"生产成本——基本生产成本——××产品"明细账中"直接材料"成本项目,其中:为生产某一种产品直接发生的材料费用应直接记入,为生产几种产品共同发生的材料费用应分配记入。

(2)基本生产车间一般性消耗的材料费用,记入"制造费用"账户及其所属明细账"材料费"项目。

(3)辅助生产车间消耗的材料费用,记入"生产成本——辅助生产成本——××辅助车间"明细账"直接材料"成本项目或"材料费"项目。

(4)企业行政、管理部门消耗的材料费用记入"管理费用"账户及其所属明细账"材料费"项目。

(5)销售部门消耗的材料费用记入"销售费用"账户及其所属明细账"材料费"项目。

(6)将用于建造固定资产的材料费用,记入在建工程支出。

(7)用于维护生产设备的材料费用,应由产品或劳务负担,但是由于不能直接记入"基本生产成本"或"辅助生产成本"账户,先在"制造费用"账户中归集,然后再分别记入"基本生产成本"或"辅助生产成本"账户。

【案例3—1】 某工业企业2017年9月份根据领料单汇总编制的"发料凭证汇总表"如表3—5所示。

表3—5　　　　　　　　　　　发料凭证汇总表

2017年9月

领料部门	合　计
基本车间生产甲产品消耗	42 000
基本车间生产乙产品消耗	25 000
机修车间领用	5 800
基本车间一般消耗	15 400
销售部门消耗	8 600
行政管理部门消耗	8 000
合　计	104 800

要求:根据资料进行直接材料费用归集的核算。

分析:根据表3—5,发生的材料费用既有产品生产消耗、车间一般消耗,又有销售部门

和行政管理部门消耗。应根据不同的对象分别加以归集,编制会计分录如下:

  借:生产成本——基本生产成本——甲产品(直接材料) 42 000
         ——乙产品(直接材料)   25 000
     ——辅助生产成本——机修车间(直接材料) 5 800
    制造费用——基本生产车间(材料费)   15 400
    销售费用(材料费)   8 600
    管理费用(材料费)   8 000
    贷:原材料   104 800

(二)材料费用的分配

上例中,产品消耗的材料均为直接消耗材料,即为某一种产品直接领用材料。但是,在生产实践中,多品种产品生产的企业,常常发生这样的材料领用情况:不仅每一种产品各自直接消耗不同的材料,还会与其他品种的产品共同消耗同一种材料。在这种情况下,各种产品应负担的材料费用,不仅包括直接消耗的材料成本,而且负担一部分共同消耗的材料成本。所以,如果几种产品共同领用同一种材料,必须采用适当的分配方法进行分配,分别计入各种产品成本。

多品种产品共同消耗同种材料费用的分配,常用的方法有重量比例分配法、定额消耗量比例法、定额费用比例分配法等多种方法。这里,材料费用的分配,就是指的多品种产品共同消耗同种材料费用的分配。现针对不同的分配方法分述如下:

1. 重量比例分配法

重量比例分配法是根据共同消耗同种原材料的各种产品重量比例,在各产品之间分配共同消耗的原材料费用的方法。这种方法适用于原材料消耗数量与产品重量有直接联系的材料费用分配。其计算公式如下:

$$共同消耗材料费用分配率 = \frac{共同消耗同种材料费用总额}{共同消耗同种材料的各种产品重量合计}$$

某产品应分配共同消耗材料费用 = 该种产品的重量 × 共同消耗材料费用分配率

某产品直接材料成本 = 该产品直接消耗材料费用 + 该产品分配的共同消耗材料费用

【案例3—2】 某企业生产甲、乙两种产品。甲产品直接消耗A材料28 000元,乙产品直接消耗B材料32 000元;甲、乙产品共同消耗C材料8 000千克,C材料单位成本为5元/千克。甲产品的重量为6 000千克,乙产品的重量为4 000千克。企业采用重量比例分配法分配共同消耗材料费用。

要求:用重量比例分配法分配甲、乙产品共同消耗的材料费用。

分析:本例材料费用分配结果编制材料费用分配表如表3—6所示。

表3—6中,甲、乙产品共同消耗材料费用分配的计算过程如下:

$$共同消耗材料费用分配率 = \frac{8\ 000 \times 5}{6\ 000 + 4\ 000} = 4(元/千克)$$

甲产品应分配的材料费用 = 6 000 × 4 = 24 000(元)

甲产品直接材料成本 = 28 000 + 24 000 = 52 000(元)

乙产品应分配的材料费用 = 4 000 × 4 = 16 000(元)

乙产品直接材料成本 = 32 000 + 16 000 = 48 000(元)

表3—6　　　　　　　　　"材料费用分配表"（重量比例分配法）　　　　　　　　单位：元

| 应借账户 ||| 共同消耗费用 ||| 直接消耗费用 | 合　计 |
总账账户	明细账户	成本(费用)项目	产量(kg)	分配率	应分配费用		
基本生产成本	甲产品	直接材料	6 000		24 000	28 000	52 000
	乙产品	直接材料	4 000		16 000	32 000	48 000
	小　计		10 000	4	40 000	60 000	100 000
⋮	⋮	⋮	⋮	⋮	⋮	⋮	⋮
合　计			—	—	(略)	(略)	(略)

编制会计分录如下：

借：生产成本——基本生产成本——甲产品（直接材料）　52 000
　　　　　　　　　　　　　　　——乙产品（直接材料）　48 000
　贷：原材料　　　　　　　　　　　　　　　　　　　　100 000

2. 定额消耗量比例法

定额消耗量比例法是以材料定额消耗量为分配标准进行材料费用分配的方法。计算过程如下：

第一步，计算各种产品的材料定额消耗量：

$$\text{某种产品材料定额消耗量} = \text{该种产品实际产量} \times \text{单位产品材料消耗定额}$$

第二步，计算材料费用分配率：

$$\text{共同消耗材料费用分配率} = \frac{\text{共同消耗材料费用总额}}{\text{各种产品材料定额消耗量合计}}$$

第三步，计算出各种产品应分配的材料费用：

$$\text{某产品应分配共同消耗材料费用} = \text{该种产品材料定额消耗量} \times \text{共同消耗材料费用分配率}$$

$$\text{某产品直接材料成本} = \text{该产品直接消耗材料费用} + \text{该产品分配的共同消耗材料费用}$$

【案例3—3】　某企业基本生产车间生产甲、乙两种产品，共同消耗材料费用合计162 400元，8月份甲产品产量1 000件，单位产品材料消耗定额16千克；乙产品产量650件，单位产品材料消耗定额20千克。企业采用定额消耗量比例法分配共同消耗材料费用。

要求：采用定额消耗量比例法分配甲、乙产品共同消耗的材料费用。

分析：材料费用分配计算如下：

甲产品材料定额消耗量=1 000×16=16 000（千克）

乙产品材料定额消耗量=650×20=13 000（千克）

$$\text{共同耗用材料费用分配率} = \frac{162\ 400}{16\ 000 + 13\ 000} = 5.6（元/千克）$$

甲产品应分配共同消耗材料费用=16 000×5.6=89 600（元）

乙产品应分配共同消耗材料费用=13 000×5.6=72 800（元）

3. 定额费用比例分配法

定额费用是指企业预先制定的各种产品材料消耗价值标准。定额费用比例法是以产品材料消耗的定额费用比例为分配依据，进行共同消耗材料费用分配的方法。在产品消耗材料种类较多的情况下，可以按照材料定额费用的比例分配材料费用，以简化分配计算工作。其分配

计算程序及公式如下：

第一步,计算各种产品的材料消耗定额费用：

$$某种产品材料定额费用 = \sum(该产品实际产量 \times 单位产品材料定额费用)$$

或：
$$= \sum(该产品实际产量 \times 单位产品材料消耗定额 \times 材料单价)$$

第二步,计算材料费用分配率：

$$共同消耗材料费用分配率 = \frac{共同消耗材料费用总额}{各种产品材料定额费用合计}$$

第三步,计算出各种产品应分配的材料费用：

某产品应分配共同消耗材料费用 = 该产品材料定额费用 × 共同消耗材料费用分配率

某产品直接材料成本 = 该产品直接消耗材料费用 + 该产品分配的共同消耗材料费用

【案例3—4】 假定某企业10月份投产甲、乙两种产品,甲产品产量800件、乙产品产量400件。甲产品生产需消耗A、B、C三种材料,单位消耗定额为：A材料7千克、B材料9千克、C材料12千克。乙产品生产需消耗A、B两种材料,单位消耗定额为：A材料10千克、B材料15千克。A、B、C三种材料的单价分别为5元/千克、12元/千克、6元/千克。甲、乙产品共同消耗的材料费用为1 193 280元。

要求：采用定额费用比例法分配甲、乙产品共同消耗的材料费用。

分析：材料费用分配计算如下：

材料定额费用计算：

甲产品材料定额费用：

A材料：800×7×5＝28 000(元)

B材料：800×9×12＝86 400(元)

C材料：800×12×6＝57 600(元)

甲产品材料定额费用小计：172 000元

乙产品材料定额费用＝400×10×5＋400×15×12＝92 000(元)

材料费用分配率计算：

$$材料费用分配率 = \frac{1\ 193\ 280}{172\ 000 + 92\ 000} = 4.52$$

产品应分配材料费用计算：

甲产品应分配材料费用＝172 000×4.52＝777 440(元)

乙产品应分配材料费用＝92 000×4.52＝415 840(元)

根据上述计算结果,编制会计分录如下：

借：生产成本——基本生产成本——甲产品　　　　　　　777 440
　　　　　　　　　　　　　　　　——乙产品　　　　　　　415 840
　　贷：原材料　　　　　　　　　　　　　　　　　　　1 193 280

（四）材料费用分配表的编制方法

1. 实际成本计价法下的材料费用分配汇总表的编制

材料采用实际成本计价下,在编制材料费用分配汇总表时,可以根据领料凭证、退料凭证、材料明细账等汇总出领用的数量和单价,计算出消耗材料的实际成本并汇总填列。实际成本计价的材料费用分配汇总表如表3—7所示。

表 3—7　　　　　　　　　**材料费用分配汇总表（按实际成本计价）**
2017 年 7 月 31 日

应借账户	成本(费用)项目	直接计入实际(元)	分配计入实际 定额消耗量	分配率	分配金额(元)	合计(元)
生产成本——基本生产成本	A 产品 直接材料	30 000	3 500		52 500	82 500
	B 产品 直接材料	10 000	4 500		67 500	77 500
	小计	40 000	8 000	15	120 000	160 000
生产成本——辅助生产成本	供电车间 原材料	3 000				3 000
	供水车间 原材料	2 500				2 500
	小计	5 500				5 500
制造费用	机物料消耗	2 100				2 100
销售费用		1 500				1 500
管理费用		1 000				1 000
在建工程		1 000				1 000
合　计		51 100			120 000	171 100

2. 计划成本计价法下的材料费用分配汇总表的编制

材料按计划成本计价时，材料费用分配汇总表除了要设置"计划成本"栏外，还要设"差异率"和"差异额"栏。计划成本计价的材料费用分配汇总表如表 3—8 所示。

表 3—8　　　　　　　　　**材料费用分配汇总表（按计划成本计价）**
2017 年×月×日

应借账户	成本费用	直接计入计划成本(元)	分配计入计划成本 定额消耗量	分配率	分配金额(元)	计划成本(元)	差异率	差异额(元)
生产成本——基本生产成本	直接材料							
生产成本——辅助生产成本	原材料							
制造费用	机物料消耗							
销售费用								
管理费用								
在建工程								
合　计								

（五）材料费用分配的账务处理

在实际工作中，根据审核后的领料凭证，按照材料的具体用途，编制"材料费用分配表"，进行材料费用的分配。账务处理如下：

1. 材料按实际成本计价的账务处理

借：生产成本——基本生产成本——直接材料（直接用于产品生产、专设成本项目的各

种材料费用)
　　　　——辅助生产成本(直接用于辅助生产、专设成本项目的各种材料费用)
　　制造费用(用于基本生产和辅助生产但没有专设成本项目的各种材料费用)
　　销售费用(用于产品销售)
　　管理费用(用于组织和管理生产经营活动方面的各种材料费用)
　　在建工程(用于建造固定资产的材料费用)
　　　贷：原材料(已发出的各种材料费用总和)
　　　　　应交税费——应交增值税(进项税额转出)
注意：在建工程领用生产用原材料，其购进时的进项税额不允许抵扣。

【案例3－5】 根据材料费用分配汇总表(见表3－7)，编制会计分录如下：

借：生产成本——基本生产成本——A产品(直接材料)　　　　82 500
　　　　　　　　　　　　　　　——B产品(直接材料)　　　　77 500
　　　　　　——辅助生产成本——供电车间　　　　　　　　　3 000
　　　　　　　　　　　　　　　——供水车间　　　　　　　　2 500
　　制造费用——机物料消耗　　　　　　　　　　　　　　　　2 100
　　销售费用　　　　　　　　　　　　　　　　　　　　　　　1 500
　　管理费用　　　　　　　　　　　　　　　　　　　　　　　1 000
　　在建工程　　　　　　　　　　　　　　1 170[1 000×(1+17%)]
　　　贷：原材料　　　　　　　　　　　　　　　　　　　　171 100
　　　　　应交税费——应交增值税(进项税额转出)　　　　　　170

2. 材料按计划成本计价的账务处理

根据材料费用分配汇总表(见表3－8)，编制会计分录如下：

(1)分配各部门消耗材料的计划成本

借：生产成本——基本生产成本
　　　　　　——辅助生产成本
　　制造费用——机物料消耗
　　销售费用
　　管理费用
　　在建工程
　　　贷：原材料

(2)调整发出材料的成本差异

借：生产成本——基本生产成本
　　　　　　——辅助生产成本
　　制造费用——机物料消耗
　　销售费用
　　管理费用
　　在建工程
　　　贷：材料成本差异
借：在建工程
　　　贷：应交税费——应交增值税(进项税额转出)

【案例3—6】 宏发公司2017年6月材料费用分配资料如表3—9所示。

表3—9　　　　　　　　　　　　**材料费用分配表**

2017年6月　　　　　　　　　　　　　　　　　　　　　　单位:元

应借账户	成本明细	间接计入 产量	间接计入 分配率	间接计入 分配额	直接计入	合　计
基本生产成本	乙产品	70	10	700	7 000	7 700
	丙产品	100	10	1 000	8 500	9 500
辅助生产成本	机修车间				500	500
	供电车间				300	300
制造费用	基本生产				200	200
销售费用	销售部门				300	300
管理费用	管理部门				200	200
合　计		170		1 700	17 000	18 700

根据上述材料费用分配表,编制会计分录如下:

　　借:基本生产成本——乙产品　　　　　　　　　　　7 700
　　　　　　　　　　——丙产品　　　　　　　　　　　9 500
　　　　辅助生产成本——机修车间　　　　　　　　　　500
　　　　　　　　　　——供电车间　　　　　　　　　　300
　　　　制造费用——基本生产　　　　　　　　　　　　200
　　　　管理费用　　　　　　　　　　　　　　　　　　200
　　　　销售费用　　　　　　　　　　　　　　　　　　300
　　　贷:原材料　　　　　　　　　　　　　　　　　　18 700

拓展阅读3—3　　　　成本费用中常见的材料费用错误做法

1. 基本建设领用材料,计入产品生产成本

有些企业将不属于产品成本的费用支出列入直接材料费等成本项目。如有的企业为调节基建工程成本和产品生产成本,通过人为多计或少计辅助生产费用的错误做法,达到其目的。例如,某生产企业将自营建造工程领用的材料,直接列入"直接材料费"做"借:生产成本,贷:原材料"的账务处理,这样处理,把不应计入成本、费用的支出计入了成本、费用,虚减了利润,违反了成本、费用开支范围的规定。

2. 多期材料,一期分摊

根据权责发生制的原则,会计核算应正确划分各月份的界限,但有的企业违反规定,将不属于本期产品成本负担的材料费用支出一次全部列入本期成本项目。例如,某企业3月购入原材料100吨,计12万元。当月领用该原材料2.5吨,但企业却将12万元全部计入产品成本,由此造成该企业少计当月利润的后果。

3. 未用材料,不做退库

有些企业为了调节本期损益,对车间领用原材料采用以领代耗的办法,将投入产品生产的材料全部计入产品成本,期末有剩余材料,不管下期是否需用,均不做退库处理。如某企业

基本生产车间10月多领用原材料20多万元,期末车间未办理材料退回和"假退料"手续,财会部门也未做扣减材料费用的账务处理。由此,该企业造成多计费用少计利润的结果。

4. 随意调节成本差异率

有些采用计划成本核算的企业,在结转产品成本差异时,通过调高或压低成本差异率的方式,多计算或少计算结转的产品成本差异,以达到虚减或虚增利润的目的。例如,某企业为了压低利润,有意提高产品成本差异率,多转产品销售成本,以达到虚减利润的目的。

四、燃料费用的分配

其程序和方法与材料费用分配基本相同。

（一）在燃料费用占产品成本比重较大的情况下

该情况下,产品成本明细账中应单独设置"燃料及动力"成本项目;增设"燃料"一级账户;燃料费用分配表应单独编制。

直接用于产品生产的燃料费用,应记入"基本生产成本";车间管理消耗的燃料费用、辅助生产消耗的燃料费用、厂部进行生产经营管理消耗的燃料费用、进行产品销售消耗的燃料费用等,应分别记入"制造费用（基本生产）"、"辅助生产成本"、"管理费用"和"销售费用"等;已领用的燃料费用总额,应记入"燃料"账户。

（二）在燃料费用占产品成本比重较小的情况下

该情况下,产品成本明细账中无须单独设置"燃料及动力"成本项目,可将燃料费用记入"直接材料"成本项目;存货核算中"燃料"可作为"原材料"账户的二级账户进行核算;燃料费用分配在材料费用分配表中加以反映。

五、周转材料

周转材料主要包括低值易耗品、包装物。周转材料是企业存货的一部分,而且是比较特殊的一部分。从实物形态上看,它们在生产经营过程中可以多次使用并保持其原有实物形态不变,它们的价值随着使用而逐渐损耗,与原材料等一经领用就一次性消耗或转化为其他资产不同;同时,在使用过程中低值易耗品和包装物还需要修理,而报废时又有残值,与作为劳动资料的固定资产相类似。

包装物按其用途分为:生产过程中用于包装产品而作为产品组成部分的包装物;随同产品出售而不单独计价的包装物;随同产品出售的而单独计价的包装物;出租和出借购买单位使用的包装物。

低值易耗品是指不作为固定资产核算的各种用具物品。一般用比较简单的方法将其费用转入成本费用。

（一）账户设置

为总括地反映包装物及低值易耗品的收、发和结余情况,应设置"周转材料——包装物"、"周转材料——低值易耗品"科目,或者直接设置"包装物"、"低值易耗品"一级科目。本科目按照包装物及低值易耗品的种类设置明细科目,进行明细分类核算;包装物及低值易耗品价值较高,采用"五五摊销法"核算的还应分别设置"在库"、"在用"和"摊销"进行明细核算。余额在借方,反映企业包装物及低值易耗品的计划成本或实际成本。

(二)账务处理

账务处理具体如下:

(1)企业购入、自制、委托外单位加工完成验收入库的包装物及低值易耗品等,应当比照"原材料"科目进行处理。

(2)包装物及低值易耗品可以采用"一次转销法"、"五五摊销法"进行摊销。

①一次转销法。一次摊销法是指在领用低值易耗品时,将其价值一次全部计入有关成本、费用。

在领用时,借记"生产成本——辅助生产成本"、"制造费用"、"管理费用"等账户,贷记"周转材料——低值易耗品"账户。

在低值易耗品报废时,将残料价值冲减当月有关的成本、费用,借记"原材料"等账户,贷记"生产成本——辅助生产成本"、"制造费用"、"管理费用"等账户。

采用一次摊销法进行摊销比较简便,但可能会使各月成本、费用负担不太合理,由于低值易耗品摊销后就注销了账面价值,会产生账外财产,容易造成财产散失,不利于实物的管理与控制。该方法一般适用于单位价值较低、使用期限较短或者容易损坏的管理用具和小型工具、卡具,以及在单件小批生产方式下,为制造某批次订货所需的专用工具。

②五五摊销法。采用"五五摊销法"的,领用时借记"周转材料——包装物(低值易耗品)——在用"账户;贷记"周转材料——包装物(低值易耗品)——在库"账户;领用摊销时应按其账面价值的50%,记入"制造费用"、"管理费用"、"其他业务成本"等账户,贷记"周转材料——包装物(低值易耗品)——摊销"账户;报废时,按其账面价值,借记"制造费用"、"管理费用"、"其他业务成本"等账户,贷记"周转材料——包装物(低值易耗品)——摊销"账户。

(3)随同产品或商品出售、单独计价核算的包装物,在实现商品销售结转销售成本时,应按包装物的账面价值,借记"其他业务成本"账户,贷记"周转材料——包装物"、"周转材料——低值易耗品"账户。

(4)采用计划成本核算包装物及低值易耗品的企业,月末结转生产领用、出售、出租包装物和生产领用的低值易耗品应分摊的成本差异,借记"制造费用"、"管理费用"、"其他业务成本"等账户,贷记"周转材料——包装物"、"周转材料——低值易耗品"账户;实际成本小于计划成本的差异,做相反的会计分录。

(5)包装物及低值易耗品的报废,有残值收入的,借记"库存现金"、"银行存款"、"原材料"等账户,贷记有关成本费用账户。

采用"五五摊销法"时,在低值易耗品报废之前的账面上一直保留其价值的一半,有利于对实物进行管理,以防止出现大量的账外物资。"五五摊销法"方法比较简便,但它使产品成本负担不够合理,不符合配比原则。因此,适用于价值较低或每月领用和报废的数量比较均衡的低值易耗品。

【案例3-7】 宏达公司基本生产车间2017年6月领用包装物一批,计划成本为2 000元,本月材料成本差异率为-2%。另有一批生产工具在该月报废,残料入库作价50元。采用一次转销法。要求:做出必要的会计分录。

(1)领用生产工具时

借:制造费用　　　　　　　　　　　　　　　　　　　　　2 000
　　贷:周转材料——包装物　　　　　　　　　　　　　　　　　2 000

(2)结转低值易耗品成本差异时

借：制造费用　　　　　　　　　　　　　　　　　　40(-2%×2 000)
　　　　贷：材料成本差异——低值易耗品成本差异　　　　　　　　40
(3)报废生产工具残料入库时
　　借：原材料　　　　　　　　　　　　　　　　　　　　　　　50
　　　　贷：制造费用　　　　　　　　　　　　　　　　　　　　50

【案例3-8】 宏达公司2017年6月生产车间领用专业工具一批，实际成本为3 600元，这批低值易耗品采用"五五摊销法"报废，残料入库作价50元。要求：做出相关的会计分录。

(1)领用时
　　借：周转材料——低值易耗品——在用——专业工具　　　3 600
　　　　贷：周转材料——低值易耗品——在库——专业工具　　　3 600
(2)领用时摊销
　　借：制造费用　　　　　　　　　　　　　　　　　　　　1 800
　　　　贷：周转材料——低值易耗品——摊销　　　　　　　　1 800
(3)报废时摊销
　　借：制造费用　　　　　　　　　　　　　　　　　　　　1 800
　　　　贷：周转材料——低值易耗品——摊销　　　　　　　　1 800
(4)将报废低值易耗品从账上转销
　　借：周转材料——低值易耗品——摊销　　　　　　　　　3 600
　　　　贷：周转材料——低值易耗品——在用——专业工具　　3 600
(5)报废低值易耗品的残值收入
　　借：原材料　　　　　　　　　　　　　　　　　　　　　　50
　　　　贷：制造费用　　　　　　　　　　　　　　　　　　　50

任务二　外购动力费用的归集和分配

一、外购动力费用的支出

外购动力费用是指向外部购买的各种动力，如电力、热力等所支付的费用。外购动力费用支出的核算一般分以下两种情况。

(1)每月支付动力费用的日期基本固定，而且每月付款日到月末的应付动力费用相差不多，将每月支付的动力费用作为应付动力费用，在付款时直接借记有关成本、费用账户和"应交税费——应交增值税(进项税额)"账户，贷记"银行存款"账户。在这种情况下，各月付款日到月末的应付动力费用基本上可以互抵，不影响各月动力费用核算的正确性。

(2)一般情况下，外购动力费一般不是在每月末支付，而是在每月下旬的某日支付。如3月21日支付的电费是2月20日到3月20日期间所耗电费，而3月份的实际电力耗费只有到3月末才能计算分配，二者金额往往不一致。根据权责发生制原则的要求，要通过"应付账款"账户核算，即在付款时先作为暂付款处理，借记"应付账款"和"应交税费——应交增值税(进项税额)"账户，贷记"银行存款"账户，月末按外购动力的用途和数量分配费用时，再借记有关成本、费用账户,贷记"应付账款"账户,冲销原来记入"应付账款"账户借方的暂付款。按照这种方法核算,"应付账款"账户借方所记本月所付动力费用与贷方所记本月应付动力费用,往往不相等,从而出现月末余额。如果"应付账款——应付外购动力费"账户月末的余额在贷方,表示本月应付款大于支付款的应付未付动力费用,可以在下月支付;如果是借方余额,为本月支付款大于应付款的多付动力费用,可以抵冲下月应付费用。

二、外购动力费用的分配

（一）分配方法

外购动力费用按用途进行分配,分为不计入产品成本的外购动力费用和计入产品成本的外购动力费用。

1. 不计入产品成本的外购动力费用

企业行政管理部门为组织和管理生产经营活动消耗的动力,应记入"管理费用"总账账户和所属明细账的借方;销售部门照明或取暖用的动力费用,应记入"销售费用"总账账户和所属明细账的借方;在建工程消耗,应记入"在建工程"总账账户和所属明细账的借方;同时,贷记"应付账款"账户。

2. 计入产品成本的外购动力费用

有些直接用于产品生产,如生产工艺用电力;有些间接用于产品生产,如生产车间照明用电。这些外购动力费用的分配,在有仪表记录的情况下,应根据仪表所示消耗动力的数量以及动力的单价计算;在没有仪表的情况下,可按生产工时的比例、机器功率时数(机器功率×机器时数)的比例,或定额消耗量的比例分配。

> **拓展阅读3—4　　"燃料及动力"成本项目的运用**
>
> 　　在专门设置"燃料及动力"成本项目时,对于产品生产消耗的燃料及动力费用,能够分清由哪种产品消耗的,则直接记入该产品成本的"燃料及动力"成本项目,对于几种产品共同消耗而分不清哪种产品消耗的燃料及动力费用,则应采用适当的分配标准,在各种产品之间进行分配。

（二）账务处理

外购动力费用的分配通过编制外购动力费用分配表进行。在设有"燃料及动力"成本项目的情况下,直接用于产品生产的动力费用,单独记入"基本生产成本"总账账户和所属有关产品成本明细账的借方(在明细账中记入"燃料及动力"成本项目);直接用于辅助生产的动力费用,记入"辅助生产成本"总账账户和所属明细账的借方;间接用于基本生产和辅助生产的外购动力费用(例如生产车间照明用电费),记入"制造费用"总账账户和所属明细账的借方。外购动力费用总额,应根据有关转账凭证或付款凭证记入"应付账款"或"银行存款"账户的贷方。

产品成本明细账是否单设"燃料及动力"成本项目,视情况而定。如果外购动力费、燃料费占产品成本的比重较大,应单设"燃料及动力"成本项目;如果外购动力费、燃料费占产品成本的比重较小,不需单设"燃料及动力"成本项目。如果生产工艺用的燃料和动力没有专门设立成本项目,直接用于产品生产的燃料费用和动力费用,可以分别记入"原材料"成本项目和"制造费用"成本项目,作为原材料费用和制造费用进行核算。

【案例3—9】 美泰公司2017年6月生产甲、乙两种产品,用电总度数14 800度,电费总额

为5 920元,没有分产品安装电表,规定按机器工时比例分配。机器工时为:甲产品2 130小时,乙产品1 370小时。电力费用分配如表3—10所示。要求:计算各产品应负担的费用,并进行相关的账务处理。

表3—10　　　　　　　　　　外购动力(电力)费用分配表
2017年6月　　　　　　　　　　　　　　　　　　　　　　　　单位:元

应借科目		成本或费用项目	动力费用分配		动力分配	
			机器工时	分配金额 分配率:1.3	用电度数	分配金额 分配率:0.4
基本生产成本		甲产品	燃料及动力	2 130	2 769		
		乙产品	燃料及动力	1 370	1 781		
		小　计		3 500	4 550	11 375	4 550
辅助生产成本		修理车间	燃料及动力			1 900	760
制造费用		基本车间	水电费			400	160
		修理车间	水电费			225	90
		小　计				625	250
管理费用			水电费			900	360
合　计						14 800	5 920

分析:

(1)电费分配率。

电费分配率 = $\dfrac{5\,920}{14\,800}$ = 0.4

(2)甲、乙产品应分配的动力费用 = 11 375×0.4 = 4 550(元)。

(3)动力费用分配率。

动力费用分配率 = $\dfrac{\text{动力费用总和}}{\text{分配标准总和}}$ = $\dfrac{4\,550}{2\,130+1\,370}$ = 1.3

(4)各受益部门应分配费用。

甲产品分配的动力费用 = 2 130×1.3 = 2 769(元)

乙产品分配的动力费用 = 1 370×1.3 = 1 781(元)

辅助生产应分配的动力费用 = 1 900×0.4 = 760(元)

基本生产车间应分配的动力费用 = 400×0.4 = 160(元)

修理车间应分配的动力费用 = 225×0.4 = 90(元)

行政部门应分配的动力费用 = 900×0.4 = 360(元)

(5)账务处理。

借:基本生产成本——甲产品　　　　　　　　　　　　　　2 769
　　　　　　　　——乙产品　　　　　　　　　　　　　　1 781
　　辅助生产成本——修理车间　　　　　　　　　　　　　760
　　制造费用　　　　　　　　　　　　　　　　　　　　　250

管理费用　　　　　　　　　　　　　　　　　　　360
　　　贷：应付账款　　　　　　　　　　　　　　　　　　　　5 920

【案例3—10】 永泰公司生产甲、乙、丙产品,共消耗外购电力4 480度,电价0.5元,三种产品机器功率分别为1、0.8、1.1,三种产品在相同功率上实际开动的机器工时分别为9 000小时、6 000小时、5 000小时,要求:采用机器功率比例分配计算产品应负担的费用。

分析:

电费 = 4 480 × 0.5 = 2 240(元)

$$分配率 = \frac{2\ 240}{9\ 000 \times 1 + 6\ 000 \times 0.8 + 5\ 000 \times 1.1} = \frac{2\ 240}{19\ 300} \approx 0.116\ 06$$

甲产品负担 = 9 000 × 1 × 0.116 06 = 1 044.54(元)

乙产品负担 = 6 000 × 0.8 × 0.116 06 = 557.088(元)

丙产品负担 = 5 000 × 1.1 × 0.116 06 = 638.33(元)

【案例3—11】 韵达公司2017年6月26日通过银行支付外购电费及其增值税共计15 912元。6月末查明各车间、部门耗电度数为:基本生产车间24 000度,其中车间照明用电4 000度;辅助生产车间6 000度,其中车间照明用电1 000度;企业行政管理部门4 000度。

要求:(1)按所耗电度数分配电力费用,甲、乙产品按人工工时分配电费。甲产品人工工时为20 000小时,乙产品人工工时为12 000小时。

(2)编制该月份支付、分配外购电力费的会计分录。该企业基本生产成本和辅助生产成本设有燃料及动力成本项目。

分析:

电力费用 = 15 912 ÷ (1 + 17%) = 13 600(元)

(1)分配电力费用。

$$电费分配率 = \frac{13\ 600}{24\ 000 + 6\ 000 + 4\ 000} = 0.4$$

基本生产车间产品用电费 = 20 000 × 0.4 = 8 000(元)

基本生产车间照明用电费 = 4 000 × 0.4 = 1 600(元)

辅助生产车间产品用电费 = 5 000 × 0.4 = 2 000(元)

辅助生产车间照明用电费 = 1 000 × 0.4 = 400(元)

企业行政管理部门照明用电费 = 4 000 × 0.4 = 1 600(元)

(2)分配甲、乙两种产品动力费。

$$分配率 = \frac{8\ 000}{20\ 000 + 12\ 000} = 0.25$$

甲产品应负担的动力费 = 20 000 × 0.25 = 5 000(元)

乙产品应负担的动力费 = 12 000 × 0.25 = 3 000(元)

(3)编制本月份支付外购电力费的会计分录。

　　借：应付账款　　　　　　　　　　　　　　　　　　　13 600
　　　　应交税费——应交增值税(进项税额)　　　　　　　2 312
　　　贷：银行存款　　　　　　　　　　　　　　　　　　　15 912

(4)编制6月份分配电力费会计分录。

　　借：基本生产成本——甲产品(燃料及动力)　　　　　　5 000

——乙产品(燃料及动力)	3 000
辅助生产成本(燃料及动力)	2 000
制造费用——基本车间(水电费)	1 600
——辅助车间(水电费)	400
管理费用——水电费	1 600
贷:应付账款	13 600

任务三　工资费用的归集和分配

一、职工薪酬的组成

职工薪酬是指企业为获得职工提供的服务而给予各种形式的报酬以及其他相关支出。它包含职工在职期间和离职后提供给职工的全部货币性薪酬和非货币性薪酬,以及提供给职工配偶、子女或其他被赡养人的福利等。它不仅包括企业一定时期支付给全体职工的劳动报酬总额,也包括按照工资的一定比例计算并计入成本费用的其他相关支出。

职工薪酬主要包括以下几个方面的内容:
(1)职工工资、奖金、津贴和补贴;
(2)职工福利费;
(3)社会保险费,指企业为职工支付给有关部门的社会性保险费,包括医疗保险费、养老保险费、失业保险费、工伤保险费和生育保险费等;
(4)工会经费和教育经费,指有工会组织的企业按规定应提取的工会经费以及职工接受教育应由企业负担的各种培训费用;
(5)住房公积金,指为职工缴纳的职工住房公积金;
(6)非货币性福利;
(7)因解除与职工的劳动关系给予的补偿;
(8)其他与获得职工提供的服务相关的支出。

拓展阅读3—5　　　　　工资费用不包括的内容

工资费用不包括的内容包括:根据国家有关规定颁发的创造发明奖;劳动保险和职工福利方面的各项费用;有关离休退休人员待遇的各项支出、劳保支出;出差伙食补助;支付给承租人的风险性补偿收入。

二、工资核算的原始记录

(一)工资卡

工资卡是记录企业职工的工资级别和工资标准的原始记录。它反映每个职工的基本情况,如参加工作的时间、工资级别、工资标准、职务、津贴等。工资卡按每个职工设立,通常由劳动工资部门或人事部门统一管理,并按车间、部门归类保管。

(二)考勤记录

考勤记录是记载和反映每个职工出勤和缺勤时间的原始记录。它是计算职工工资的主要依据。考勤记录应由各车间、班组和部门负责人或考勤员逐日登记,定期汇总并经单位负责人审查签章后,送财会部门作为计算应付职工薪酬的依据。计算计时工资费用,应以考勤记录中的工作时间记录为依据。

具体形式包括:考勤簿、考勤卡片(考勤钟打卡)、考勤磁卡(刷卡)。

(三)产量记录

产量记录也称产量及产品工时记录,是记载生产工人或生产小组在出勤时间内消耗工时和完成产品的数量、质量的原始记录。通过产量记录,可以考核企业生产计划的完成情况和工时定额的执行情况。产量记录是计算计件工资的主要依据,同时也是统计产量和工时的依据。

具体形式包括:派工单、加工路线单、产量通知单等。

三、工资的计算与结算

工业企业可以根据具体情况采用各种不同的工资制度,其中最基本的工资制度是计时工资制度和计件工资制度。

工资的计算包括应付职工薪酬的计算、代扣款项的计算和实发工资的计算。

应付职工薪酬＝计时工资＋计件工资＋奖金＋津贴和补贴＋加班加点工资＋其他工资

(一)计时工资制下的应付职工薪酬的计算

计时工资计算的主要依据是职工的基本工资和工作时间。基本工资有按年计算的年薪,有按月计算的月薪,还有按日计算的日薪和按小时计算的小时工资等。因此,计时工资的计算方法也不同,主要有月薪制和日薪制两种形式。

1. 月薪制

月薪制是根据职工固定月工资标准,按照职工缺勤日数扣减应付计时工资的方法。采用月薪制计算计时工资,不论当月实际日历天数多少,只要职工按规定出全勤,每月都可以获得相同的月标准工资。如果有缺勤,则应按有关规定从全勤月标准工资中扣除缺勤工资。其计算公式如下:

$$应付计时工资 = 全勤月标准工资 - 缺勤应扣工资$$

$$缺勤应扣工资 = 缺勤日数 \times 日工资 \times 扣款比例$$

缺勤日数包括职工旷工、事假及病假期日数。日工资是指每个职工平均每天的标准工资。其计算公式为:

$$日工资 = \frac{月标准工资}{月工作日数}$$

拓展阅读3—6　　　　　月薪制计时工资的计算

职工的计时工资,是根据考勤记录登记的每位职工出勤或缺勤日数,按照规定的工资标准计算的。工资标准按计算的时间不同,有月薪制、日薪制等。企业较少采用日薪制计算应付计时工资。

月薪制是指职工如果当月出全勤,无论该月是大月还是小月,都可以取得固定的月标准工资。如果发生缺勤,则在月标准工资中相应减去缺勤的工资。因此月薪制又称扣缺勤方式。

其计算公式如下:

某职工本月应得工资＝该职工月标准工资－(事假天数×日工资率)－(病假天数×日工资率×病假扣款率)

公式中的日工资率,在实际工作中主要按以下两种方法计算:

1. 月标准工资除以平均每月的工作日数

$$日工资率＝\frac{月标准工资}{平均每月工作日数}$$

$$平均每月工作日数＝\frac{365－52×2－11}{12}＝20.83(天)$$

按照这种方法计算的日工资率一般情况下是固定不变的。节假日不发工资,缺勤期间的节假日也不扣工资。

2. 月标准工资除以平均每月的日历天数

平均每月日历天数＝365÷12＝30(天)

按照这种方法计算的日工资率全年也是不变的。但节假日照发工资,缺勤期间的节假日也要照扣工资。

由于各月日历天数不同,有的月份30日,有的月份31日,二月份则只有28或29日。因而,同一职工各月的日工资率不相同。在实际工作中,为了简化日工资率的计算工作,日工资率一般按以下两种方法之一计算。

(1)每月按固定日数30天计算。

采用这种方法计算日工资,月份内的双休日和法定节假日应按出勤日,照付工资,事假、病假等而缺勤期间的双休日和节假日也按缺勤日,照扣工资。

$$日工资＝\frac{月标准工资}{30}$$

(2)每月按平均法定工作日数20.83天计算。

20.83天是全年的日历天数365日减去104个双休日和11个法定节假日(春节3天,国庆节3天,元旦、清明节、端午节、中秋节各1天),再除以12个月计算出的平均数。

$$日工资＝\frac{月标准工资}{20.83}$$

采用这种方法计算日工资,不论大月小月,每月工作日数都按20.83天计算。月份内的双休日和法定节假日不付工资,因而缺勤期间的双休日和法定的节假日也不扣工资。

扣款比例的确定:计算缺勤扣款时,应按国家的劳动法规、劳动保险条例的有关规定执行。对旷工和事假缺勤按100%的比例扣发工资;对因公负伤、婚丧假、探亲假、女工产假等缺勤应视同出勤,不扣工资。对因病假,则应根据国家的劳动保险条例的规定,按病假期限和工龄长短扣发一定比例的工资。病假工资扣发标准如表3-11和表3-12所示。

表3-11　　　　　　　　　6个月以内病假工资扣发标准

工　龄	不满2年	2～4年	4～6年	5～8年	8年以上
扣款比例(%)	40	30	20	10	0
发放比例(%)	60	70	80	90	100

表 3—12　　　　　　　　　　6 个月以上病假工资扣发标准

工　龄	不满 1 年	1～3 年	3 年以上
扣款比例(%)	40	30	20
发放比例(%)	60	70	80

【案例 3—12】　AA 公司职工李娜 2015 年 12 月份月标准工资 2 640 元,本月请病假 5 天,(其中一天为星期天),请事假 2 天,工龄 5 年。

(1)日工资按每月 30 天计算。

$$日工资 = \frac{2\,640}{30} = 88(元/天)$$

应付计时工资 = 2 640 − (5×88×20% + 2×88) = 2 376(元)

(2)日工资按每月 20.83 天计算。

$$日工资 = \frac{2\,640}{20.83} = 126.74(元/天)$$

应付计时工资 = 2 640 − (4×126.74×20% + 2×126.74) = 2 285.13(元)

2. 日薪制

日薪制是根据职工出勤日数和日工资标准计算应付计时工资的一种方法。对于职工的病假按前述有关规定计算发放一定比例的工资。其计算公式为:

$$应付计时工资 = 月出勤日数 \times 日工资 + 应发缺勤工资$$

$$应发缺勤工资 = 缺勤日 \times 日工资 \times 发放比例$$

【案例 3—13】　依案例 3—12 资料,12 月份日历天数为 31 天,其中有 8 个法定休息日。

(1)日工资按每月 30 天计算。

应付计时工资 = (31−4−2)×88 + 5×88×80% = 2 552(元)

(2)日工资按每月 20.83 天计算。

应付计时工资 = [31−7−(4−1)−2]×126.74 + (4−1)×126.74×80% = 2 712.24(元)

通过上述实例计算可见,采用不同的计算方法计算应付计时工资,在相同的情况下,计算出的月计时工资可能不同,但从全年来看,其计算结果是相同的。因此,企业采用何种方法计算计时工资,方法一经选定,不得随意变更。

(二)计件工资制下的应付职工工资的计算

计件工资是根据每人(或班组)当月产量记录中的产品数量和规定的计件单价计算的工资。产品数量包括实际完成的合格品数量和生产过程中因原材料不合格而造成的废品(料废)数量,由于加工人员的过失造成的废品(工废),则不计算支付工资。其计算公式如下:

$$应付计件工资 = \sum[(合格品数量 + 料废品数量) \times 计件单价]$$

计件工资的计算通常有个人计件工资和集体计件工资两种形式。

1. 个人计件工资的计算

个人计件工资是以个人为对象进行计算的计件工资。

【案例 3—14】　BCD 公司职工李敏 2016 年 12 月份生产加工 A 零件 300 件,计件单价 4 元;生产加工 B 零件 500 件,计件单价 1.8 元。经检验 A 零件料废品 5 件,B 零件工废品 2 件,其余为合格品。

李敏应得的计件工资为:

应付计件工资＝300×4＋(500－2)×1.8＝2 096.4(元)

2. 集体计件工资的计算

集体计件工资是以班组为对象进行计算的计件工资。具体方法：第一步先按个人计件工资计算的相同方法，计算出集体小组应得的计件工资总额；第二步按照一定的分配标准，将小组计件工资总额在小组成员之间进行分配。

【案例3－15】 BB公司李明、王朝和张力三人组成小组，共同完成某项生产任务，本月份该三人小组共得应付计件工资4 050元。考勤记录记载李明工作时数为140小时，王朝工作时数150小时，张力工作时数为160小时。该小组每个人应得的计件工资计算如下：

小组内部计件工资分配率＝$\frac{4\ 050}{140+150+160}$＝9

李明应得计件工资＝140×9＝1 260(元)

王朝应得计件工资＝150×9＝1 350(元)

张力应得计件工资＝160×9＝1 440(元)

(三)工资实发金额的计算

企业实际发放给职工的工资数额，不一定是职工实际应得工资的全部，因为还有应由职工个人负担的费用，需要由企业代扣代缴。如企业为职工个人代垫的水电费、由企业代扣代缴的个人所得税等。此时企业属于代理人的身份，这些由企业代扣、职工个人负担的费用，应该从职工应得的工资中扣除，因此职工得到的实发工资并不等于应付职工薪酬。

实发工资＝应付职工薪酬－代扣款项

【案例3－16】 CC公司职工李军2016年12月基本工资1 680元，本月超产奖600元，副食品价格补贴120元，加班费450元；本月份代扣的款项有：水电费135元，房租400元。则李军本月份的应付职工薪酬和实发工资的计算如下：

应付职工薪酬＝1 680＋600＋(120＋450)＝2 850(元)

实发工资＝2 850－(135＋400)＝2 315(元)

(四)工资结算凭证的编制

在实际工作中，企业与职工进行工资结算，是通过编制"工资结算表"即"工资表"进行的。

1. 工资结算表

工资结算表一般分车间、部门按每个职工进行编制，每月编制一次。在编制过程中要根据工资卡、考勤记录、产量记录及代扣款项等资料，按职工姓名填列"应付职工薪酬"、"代扣款项"、"实发工资"三大部分。工资结算表一式三份：一份由劳动工资部门存查；一份按每一职工裁成"工资条"，连同工资一起发放给职工，以便核对；一份在发放工资时由职工签章后，留财会部门作为工资核算的凭证。工资结算表如表3－13所示。

2. 工资结算汇总表

工资结算汇总表是根据工资结算单编制的，用以反映企业全部职工工资结算情况，并且是进行工资结算总分类核算的依据，也是企业进行工资费用分配的依据。工资结算汇总表的一般格式如表3－14所示。

表 3-13

工资结算单
20××年×月

部门：　　　　　　　　　　　　　　　　　　　　　　　　　　　　　　　　单位：元

组别	姓名	级别	计时工资	缺勤应扣工资			计件工资	津贴和补贴		奖金	应付工资	代扣代垫款项				实发金额	签章
				病假		事假		夜班津贴	地区补贴			养老保险	住房公积金	个人所得税	小计		
				天数	扣款率	应扣金额	天数	应扣金额											
略																	
…	…	…	…	…	…	…	…	…	…	…	…	…	…	…	…	…	…
合计																		

表 3-14

工资结算汇总表
20××年×月

单位：元

车间及部门		计时工资	缺勤应扣工资		计件工资	津贴和补贴		奖金	应付工资	代扣代垫款项			合计	实发金额
			病假	事假		夜班津贴	地区补贴			养老保险	住房公积金	个人所得税		
基本生产一车间	生产工人	18 000	120	230	5 600	480	592	2 700	27 022	958	560	600	2 118	24 904
	管理人员	4 800				93	260	546	5 699	330	256	214	800	4 899
基本生产二车间	生产工人	13 800	189	364	4 985	380	430	2 200	21 242	567	426	315	1 308	19 934
	管理人员	3 980	90			160	240	420	4 710	287	173	189	649	4 061
机修车间	生产工人	3 600		54		198	229	640	4 667	260	140	83	483	4 184
	管理人员	2 900	56	78		60	145	587	3 638	136	116	79	331	3 307
行政管理部门		9 750				369	785	10 770	532	356	447	1 335	9 435
医务及福利部门		4 300				218	255	4 773	184	169	81	434	4 339
专设销售机构		3 710	50			163	473	4 296	157	104	63	324	3 972
合计		64 840	505	726	10 585	1 371	2 646	8 606	86 817	3 411	2 300	2 071	7 782	79 035

66

四、职工薪酬的核算

（一）账户设置

为了核算企业根据有关规定应付给职工的薪酬，应设立"应付职工薪酬"总账账户。该账户为负债类账户，期末余额在贷方，反映企业应付职工薪酬的结余。该账户按照"工资"、"职工福利"、"社会保险费"、"住房公积金"、"工会经费"、"职工教育经费"、"非货币性福利"、"辞退福利"和"股份支付"等应付职工薪酬项目进行明细核算。

（二）账务处理

1. 支付职工薪酬

（1）按照有关规定向职工支付工资、奖金、津贴等，借记"应付职工薪酬"账户，贷记"银行存款"、"库存现金"等账户。

（2）从应付职工薪酬中扣还的各种款项（代垫的家属药费、个人所得税等），借记"应付职工薪酬"账户，贷记"其他应收款"、"应交税费——应交个人所得税"等账户。

（3）向职工支付困难补助，为职工支付的免费餐费，借记"应付职工薪酬"账户，贷记"银行存款"、"库存现金"等账户。

（4）支付工会经费和职工教育经费用于工会运作和职工培训，借记"应付职工薪酬"账户，贷记"银行存款"等账户。

（5）按照国家有关规定缴纳社会保险费和住房公积金，借记"应付职工薪酬"账户，贷记"银行存款"等账户。

（6）企业以其自产产品发放给职工的，借记"应付职工薪酬"账户，贷记"主营业务收入"账户，涉及增值税销项税额的，还应贷记"应交税费——应交增值税（销项税额）"；同时还应结转产成品成本。支付租赁住房等资产供职工无偿使用所发生的租金，借记"应付职工薪酬"账户，贷记"银行存款"等账户。

（7）企业以现金与职工结算的股份支付，在行权日借记"应付职工薪酬"账户，贷记"银行存款"、"库存现金"等账户。

（8）企业因解除与职工的劳动关系向职工给予的补偿，借记"应付职工薪酬"账户，贷记"银行存款"、"库存现金"等账户。

2. 职工薪酬的分配

（1）生产部门人员的职工薪酬，借记"基本生产成本"、"制造费用"、"劳务成本"账户，贷记"应付职工薪酬"账户。

（2）管理部门人员的职工薪酬，借记"管理费用"账户，贷记"应付职工薪酬"账户。

（3）销售人员的职工薪酬，借记"销售费用"账户，贷记"应付职工薪酬"账户。

（4）应由在建工程、研发支出负担的职工薪酬，借记"在建工程"、"研发支出"账户，贷记"应付职工薪酬"账户。

（5）企业以其自产产品发放给职工作为职工薪酬的，借记"基本生产成本"、"制造费用"、"管理费用"账户等账户，贷记"应付职工薪酬"账户。

（6）租赁住房等资产供职工无偿使用的，按每期应支付的租金，借记"基本生产成本"、"制造费用"、"管理费用"等账户，贷记"应付职工薪酬"账户。无偿向职工提供住房等固定资产使用的，按应计提的折旧额，借记"基本生产成本"、"制造费用"、"管理费用"等账户，贷记"应付职工薪酬"账户；同时，借记"应付职工薪酬"账户，贷记"累计折旧"账户。

(7)因解除与职工的劳动关系给予的补偿,借记"管理费用"账户,贷记"应付职工薪酬"账户。

【案例3—17】 DD企业2017年6月份工资结算汇总,如表3—15所示。

表3—15　　　　　　　　　　2017年6月份工资结算汇总表　　　　　　　　　　单位:元

项　目	应付工资							代扣款项		实发金额
^	计时工资	计件工资	奖金	津贴和补贴	加班加点工资	其他工资	合计	水费	电费	^
生产工人	280 000	120 000	40 000	9 000	5 000	1 000	455 000	12 000	18 000	425 000
车间管理人员	64 000		15 000	5 000			84 000	3 000	3 000	78 000
企业管理人员	80 000		25 000	5 000			110 000	1 500	3 000	105 500
医务人员	20 000		6 000	2 000			28 000	1 000	1 000	26 000
合　计	444 000	120 000	86 000	21 000	5 000	1 000	677 000	17 500	25 000	634 500

从该企业2017年6月份的"工资结算汇总表"中可以看出:本月应付职工薪酬总额677 000元,代扣水费17 500元、电费25 000元,实发工资634 500元。则该企业相关的账务处理如下:

(1)从银行提取现金634 500元。

借:库存现金　　　　　　　　　　　　　　　　　　　　634 500
　　贷:银行存款　　　　　　　　　　　　　　　　　　　　634 500

(2)以现金发放工资。

借:应付职工薪酬——工资　　　　　　　　　　　　　　634 500
　　贷:库存现金　　　　　　　　　　　　　　　　　　　　634 500

(3)代扣款项。

借:应付职工薪酬——工资　　　　　　　　　　　　　　 42 500
　　贷:其他应付款——水费　　　　　　　　　　　　　　　17 500
　　　　　　　　——电费　　　　　　　　　　　　　　　25 000

(三)工资分配的账务处理

企业应当在职工为其提供服务的会计期间,根据职工提供服务的受益对象,将应确认的职工薪酬全部计入相关资产成本或当期费用,同时确认为应付职工薪酬负债。

【案例3—18】 接案例3—17,DD企业2017年6月份工资结算汇总表,本月份应付职工薪酬总额为677 000元,表中列示的产品生产人员工资为455 000元,车间管理人员工资为84 000元,企业行政管理人员工资为110 000元,医务人员工资为28 000元。则该企业应付职工薪酬的账务处理如下:

借:基本生产成本　　　　　　　　　　　　　　　　　　455 000
　　制造费用　　　　　　　　　　　　　　　　　　　　 84 000
　　管理费用　　　　　　　　　　　　　　　　　　　　110 000
　　应付职工薪酬——职工福利　　　　　　　　　　　　 28 000
　　贷:应付职工薪酬——工资　　　　　　　　　　　　　　677 000

(四)职工福利费的核算

职工福利费是企业准备用于职工个人福利方面的资金。它是企业根据国家有关规定计提

形成的。

【案例3—19】 接案例3—18,在DD企业2017年6月份工资结算汇总表中按各部门工资合计数的14%比例计提本月份职工福利费总计94 780元。

借:基本生产成本　　　　　　　　　　　　　　　　　　63 700
　　制造费用　　　　　　　　　　　　　　　　　　　　11 760
　　管理费用　　　　　　　　　　　　　　　　　　　　19 320
　　贷:应付职工薪酬——职工福利　　　　　　　　　　　　　94 780

【案例3—20】 2017年6月30日,DD企业开出转账支票,支付6月份的餐费每人200元,共支付26 000元,企业提供免费午餐。其账务处理如下:

借:应付职工薪酬——职工福利　　　　　　　　　　　　26 000
　　贷:银行存款　　　　　　　　　　　　　　　　　　　26 000

一般情况下,企业根据原始凭证编制工资计算表,根据工资计算表编制工资结算表,根据工资结算表编制工资结算汇总表,根据工资结算汇总表编制工资费用分配表,根据相应资料编制其他职工薪酬分配表。工资及其他职工薪酬等费用的分配,通过编制工资及其他职工薪酬等费用分配表进行,其他职工薪酬分配表如表3—16所示。

表3—16　　　　　　　　　　其他职工薪酬分配表
　　　　　　　　　　　　　　　　2017年6月　　　　　　　　　　　　　　　　单位:元

应借账户	明细账户	生产工时	分配率	工　资	社会保险费	……	合　计
基本生产成本	×产品						
	×产品						
制造费用	基本生产						
管理费用							
销售费用							
合　计							

（五）工会经费的核算

根据国家规定,企业应在每月末按单位职工工资总额的2%计提工会经费,按期拨付给企业工会使用。其计算公式为:

$$计提的工会经费 = 工资总额 \times 2\%$$

企业计提的工会经费应列为管理费用核算,借记"管理费用"账户,贷记"应付职工薪酬——工会经费"账户。

【案例3—21】 接案例3—18,DD企业2017年6月份按规定计提工会经费13 540元。应做如下账务处理:

借:基本生产成本　　　　　　　　　　　　　　　　　　9 100
　　制造费用　　　　　　　　　　　　　　　　　　　　1 680
　　管理费用　　　　　　　　　　　　　　　　　　　　2 200
　　应付职工薪酬——职工福利　　　　　　　　　　　　560
　　贷:应付职工薪酬——工会经费　　　　　　　　　　　　13 540

下月初向工会拨付工会经费时做如下处理:

借:应付职工薪酬——工会经费　　　　　　　　　　　　　　　　　13 540
　　　　贷:银行存款　　　　　　　　　　　　　　　　　　　　　　　　　　13 540

(六)职工教育经费的核算

为了提高企业职工文化素质和科技水平,同时在一定程度上保证企业开展职工教育的经费来源。企业可以根据国家有关规定按职工工资总额的2.5%计提职工教育经费,用于本单位职工的教育培训。

$$计提的职工教育经费=应付职工薪酬总额×2.5\%$$

企业计提的职工教育经费应列入管理费用,借记"管理费用"账户,贷记"应付职工薪酬——职工教育经费"账户。

【案例3-22】 接案例3-18,DD企业2017年6月份按规定计提职工教育经费13 540元。应做如下账务处理:

　　借:基本生产成本　　　　　　　　　　　　　　　　　　　　　　11 375
　　　　制造费用　　　　　　　　　　　　　　　　　　　　　　　　　2 100
　　　　管理费用　　　　　　　　　　　　　　　　　　　　　　　　　2 750
　　　　应付职工薪酬——职工福利　　　　　　　　　　　　　　　　　　700
　　　　贷:应付职工薪酬——职工教育经费　　　　　　　　　　　　　16 925

企业职工李峰参加技能培训,共计报销培训费1 420元,以现金支付。

　　借:应付职工薪酬——职工教育经费　　　　　　　　　　　　　　　1 420
　　　　贷:库存现金　　　　　　　　　　　　　　　　　　　　　　　　1 420

(七)住房公积金的核算

设置"应付职工薪酬——住房公积金"账户,用于核算职工住房公积金的缴纳、使用和结存情况。借方反映职工支取、转出公积金数额;贷方反映单位从职工工资中代扣的住房公积金和单位应负担的为职工缴纳的住房公积金以及住房公积金的存款利息收入;余额反映职工个人住房公积金的累计结存数额。应按人设明细账进行明细核算。

(1)单位代扣职工个人住房公积金。

　　借:应付职工薪酬——工资
　　　　贷:应付职工薪酬——住房公积金

(2)单位按规定应负担的职工住房公积金。

　　借:基本生产成本(制造费用、管理费用等)
　　　　贷:应付职工薪酬——住房公积金

(3)单位将代扣的和应负担的住房公积金缴存。

　　借:应付职工薪酬——住房公积金
　　　　贷:银行存款

(4)单位支付给职工住房公积金。

　　借:应付职工薪酬——住房公积金
　　　　贷:库存现金(银行存款)

【案例3-23】 接案例3-18,DD企业2017年6月份按照工资薪酬10%的比例缴存住房公积金,共计提公积金67 700元。

(1)按规定应负担的职工住房公积金。

　　借:基本生产成本　　　　　　　　　　　　　　　　　　　　　　45 500

制造费用	8 400
管理费用	11 000
应付职工薪酬——职工福利	2 800
贷：应付职工薪酬——工资	67 700

(2)代扣职工个人住房公积金。

 借：应付职工薪酬——工资   67 700
  贷：应付职工薪酬——住房公积金   67 700

(3)企业缴存时。

 借：应付职工薪酬——住房公积金   135 400
  贷：银行存款   135 400

任务四 折旧及其他费用的归集和分配

工业企业的固定资产在长期的使用过程中，虽然保持着原有的实物形态，但其价值会随着固定资产的损耗而逐渐减少，也就是固定资产的折旧，固定资产的折旧应作为折旧费用计入产品成本和经营管理费用。进行折旧费用的核算，首先要计算折旧，然后分配折旧费用。

一、固定资产折旧的计算

(一)固定资产应计折旧额

折旧是指固定资产使用寿命内，按照确定的方法对应计折旧额进行系统分摊。固定资产在全部使用年限内的应计折旧额，并不等于固定资产的全部原值。

$$固定资产的应计折旧额＝原值－预计净残值－累计减值准备$$

预计净残值是指，假定固定资产的预计使用寿命已满并处于使用寿命终了时的预期状态，企业目前从该项资产的处置中获得的扣除预计处置费用后的金额。

$$净残值＝预计的残值收入－预计的清理费用$$
$$＝固定资产原值×(1－预计净残值率)$$
$$预计净残值率＝预计净残值/原值$$

企业应当根据固定资产的性质和使用情况，合理确定固定资产的使用寿命和预计净残值。固定资产的使用寿命、预计净残值一经确定，不得随意变更。

(二)折旧方法

企业应当根据与固定资产有关的经济利益的预期实现方式，合理选择固定资产折旧方法。我国目前可选用的折旧方法：年限平均法、工作量法、双倍余额递减法、年数总和法等。固定资产的折旧方法一经确定，不得随意变更。各种固定资产折旧具体计算方法，在财务会计中已有讲述，这里不再重复。

(三)计提折旧应注意的问题

(1)已达到预定可使用状态的固定资产。无论是否交付使用，尚未办理竣工决算的，应当按照估计价值确认为固定资产，并计提折旧；待办理了竣工决算手续后，再按实际成本调整原来的暂估价值，但不需要调整原已计提的折旧额。

符合固定资产确认条件(与该固定资产有关的经济利益很可能流入企业;该固定资产的成本能够可靠地计量)的固定资产装修费用,应当在两次装修期间与固定资产剩余使用寿命两者中较短的期间内计提折旧。

融资租赁方式租入的固定资产发生的装修费用,符合固定资产确认条件的,应当在两次装修期间、剩余租赁期与固定资产剩余使用寿命三者中较短的期间内计提折旧。

(2)处于修理、更新改造过程而停止使用的固定资产。符合固定资产确认条件的,应当转入在建工程,停止计提折旧;不符合固定资产确认条件的,不应当转入在建工程,照提折旧。

(3)企业应当对所有固定资产计提折旧。固定资产提足折旧(指已经提足该项固定资产的应计折旧额)后,不管能否继续使用,均不再计提折旧;提前报废的固定资产,也不再计提折旧。

资产减值损失确认后,减值资产的折旧或者摊销费用应当在未来期间作相应调整,以使该资产在剩余使用寿命内,系统地分摊调整后的资产账面价值(扣除预计净残值)。

(4)企业至少应当于每年年度终了,对固定资产的使用寿命、预计净残值和折旧方法进行复核。

使用寿命预计数与原先估计数有差异的,应当调整固定资产使用寿命。

预计净残值数与原先估计数有差异的,应当调整预计净残值。

与固定资产有关的经济利益预期实现方式有重大改变的,应当改变固定资产折旧方法。

二、折旧费用的分配

(一)分配原则

(1)车间的机器设备与其他固定资产的折旧费用记入"制造费用";

(2)行政部门的折旧费用记入"管理费用";

(3)用于其他经营业务的固定资产折旧费用记入"其他业务成本"。

(二)实务操作

折旧费用的分配一般通过编制折旧费用分配表进行。折旧费用按固定资产使用的车间、部门分别记入"制造费用"和"管理费用"等总账账户和所属明细账的借方,折旧总额记入"累计折旧"账户的贷方。

根据新企业会计准则规定,确定固定资产成本时,应当考虑预计弃置费用因素,在计提折旧时,应加上预计的弃置费用一起计算计提折旧,借记"制造费用"、"管理费用"、"销售费用"、"其他业务成本"等科目,贷记"累计折旧"科目。弃置费用仅适用于特定行业的特定固定资产,如石油天然气和企业油气水井及相关设施的弃置、核电站核废料的处置等。

【案例3-24】 假设FF公司采用平均年限法计提固定资产折旧,2017年6月计提折旧3 760元。其折旧费用分配表如表3-17所示。

表3-17　　　　　　　　　　　折旧费用分配表

2017年6月　　　　　　　　　　　　　　　　　　　　　　　单位:元

应借科目	车间部门	本月固定资产折旧额
制造费用	基本生产车间	1 900
辅助生产成本	修理车间	1 200
管理费用	企业管理部门	660
合　计		3 760

借:制造费用(基本生产)	1 900
辅助生产成本	1 200
管理费用	660
贷:累计折旧	3 760

三、利息费用

(一)利息费用的账务处理

利息费用是经营管理费用中的一项,即财务费用项目,应记入"财务费用",而不计入产品成本。

利息费用一般按季结算支付。季内各月应付的利息,分月进行预提,并于季末实际支付时冲减应付利息。实际费用与应付利息的差额,调整计入季末月份的财务费用。

对本月发生的,但尚未支付的利息费用,通过"应付利息"科目核算。

(1)季内每月预提利息费用。

　借:财务费用
　　贷:应付利息

(2)季末实际支付全季利息费用时,直接将预提的财务费用与实际支付的财务费用的差额记入当期"财务费用"。实际支付的利息多于预提的,则借记"财务费用",反之,则贷记"财务费用"。

　借:应付利息(本季度三个月预提利息之和)
　　财务费用(实际支付的利息大于预提金额)
　　贷:银行存款
　　　财务费用(实际支付的利息小于预提金额)

(3)对于季度末这一个月份的利息费用,可以不通过"应付利息"科目,将本季度(三个月)应计的利息费用,减去已计提的应付利息(即前两个月已经预提的利息费用)所得到的差额,直接记入第三个月的"财务费用"。

　借:应付利息(前两个月之和)
　　财务费用(本季度应计利息－已计提的应付利息)
　　贷:银行存款

(二)其他注意事项

(1)利息费用如果数额较大,为体现权责发生制原则,应按各月预提计入各月的利息费用。

(2)利息费用如果数额不大,为简化核算工作,可不作为应付利息处理,在前两个月中不予反映,在季末实际支付时全部计入当月的财务费用。即于支付时直接借记"财务费用"科目,贷记"银行存款"科目。

(3)对于存款的利息收入,则应作为利息费用的抵减数处理。即取得利息收入时,借记"银行存款"科目,贷记"财务费用"科目。

四、税金和其他费用

这里税金的核算是指经营管理费用的组成部分,包括房产税、车船税、土地使用税和印花税等。

(一)印花税的核算

印花税是对经济活动和经济交往中书立、领受的凭证征收的一种税。征税对象为税法列举的各类经济合同、产权转移书据、营业账簿和权利许可证照等。由凭证的书立人、领受人在书立、领受凭证时缴纳。

企业缴纳的印花税不必通过"应交税费"账户，而是直接或间接计入管理费用。

(1)购印花税票，金额较小时，直接记入"管理费用"科目。

(2)印花税票是一次购买，分月使用，如果金额较大，购买时，先记入"待摊费用"费用，然后分月摊销记入"管理费用"。

(二)房产税、车船税、土地使用税的核算

房产税是指以城市、县城、镇、工矿区的房屋为征税对象，依照房屋的余值(即房屋原值一次减去10%～30%后的剩余价值)或出租房屋的租金收入征收的一种税。房产税的纳税人为房屋产权的所有人、经营人管理单位、承典人、房产代管人或者使用人，但个人所有非营业用房屋等免交房产税。

车船税是指国家对行驶于境内公共道路的车辆和航行于境内河流、湖泊或者领海的船舶，依法征收的一种税。按其车船种类、数量、吨位等实行定额征收的一种财产税。

土地使用税是指对在城市、县城、建制镇、工矿范围内使用土地的单位和个人，按其实际占用土地的面积征收的一种税。土地使用税的纳税人为拥有土地使用权的单位和个人，其应纳的土地使用税额，按实际占用的土地面积乘以单位税额计算求得。

房产税、车船税、土地使用税的核算需通过"应交税费"账户进行。预先计算应交金额时借记"管理费用"科目，贷记"应交税费"科目。缴纳时借记"应交税费"科目，贷记"银行存款"科目。

(三)其他费用的核算

在发生其他费用时，应按照发生的车间、部门、用途，分别借记"制造费用"、"管理费用"、"其他业务成本"以及"待摊费用"、"预提费用"等科目，贷记"库存现金"等其他有关科目。

拓展阅读3—7　　　　　　　　可控成本

可控成本是指能被某个责任单位或个人的行为所制约的成本。一般来讲，可控成本的确定应具备三项条件：有关的责任单位或个人有办法了解所发生耗费的性质；有关的责任单位或个人有办法对所发生耗费加以计量；有关的责任单位或个人有办法对所发生耗费加以控制和调节。

关 键 术 语

原料　主要材料　辅助材料　外购半成品　燃料　修理用备件　包装物　低值易耗品　永续盘存制　实地盘存制　外购动力费用　职工薪酬　折旧

◎ 应知考核 ◎

一、单项选择题

1. 直接用于产品生产并构成产品实体的原材料费用，应记入的账户是(　　)。
   A."制造费用"　　　B."生产成本"　　　C."管理费用"　　　D."销售费用"
2. 基本生产车间用于产品生产的一般机物料消耗应记入(　　)账户。

A. "基本生产成本" B. "辅助生产成本" C. "制造费用" D. "管理费用"

3. 在单独设置"燃料与动力"成本项目时,基本生产车间照明消耗的电费,应记入的成本项目是( )。

A. "直接材料" B. "直接人工" C. "制造费用" D. "燃料与动力"

4. 企业管理机构发生的电费应记入的账户是( )。

A. "基本生产成本" B. "管理费用" C. "销售费用" D. "制造费用"

5. 下列不属于工资总额的有( )。

A. 计时工资 B. 计件工资 C. 夜班津贴 D. 退休金

6. 企业为生产产品发生的原料及主要材料的耗费,应通过( )账户核算。

A. "生产成本——基本生产成本" B. "制造费用"
C. "管理费用" D. "财务费用"

7. 产品生产领用低值易耗品时,应记入( )账户。

A. "基本生产成本" B. "制造费用"
C. "辅助生产成本" D. "管理费用"

8. 在不单独设立"燃料与动力"成本项目的企业,产品生产应承担的外购燃料和动力费用应记入( )账户。

A. "基本生产成本" B. "制造费用"
C. "辅助生产成本" D. "管理费用"

9. 下列项目中,不属于工资总额的是( )。

A. 生产工人的工资 B. 管理人员的工资
C. 退休人员的生活费 D. 福利机构人员的工资

10. 产品成本中的"直接人工"项目不包括( )。

A. 直接参加生产的工人薪酬 B. 按生产工人薪酬计提的福利费
C. 直接参加生产的工人计件薪酬 D. 生产车间管理人员的薪酬

二、多项选择题

1. 生产经营过程中领用的材料,按照用途进行归类,生产产品消耗、生产车间一般消耗、企业行政管理部门消耗,消耗的数额应分别记入的账户是( )。

A. "生产成本" B. "制造费用" C. "管理费用" D. "销售费用"

2. 企业在生产经营过程中使用周转材料,应当采用( )摊销。

A. 一次转销法 B. 先进先出法 C. 加权平均法 D. 五五摊销法

3. 职工工资、奖金、津贴和补贴,包括( )。

A. 计时工资 B. 计件工资、奖金
C. 津贴和补贴 D. 加班加点工资

4. 计时工资的计薪方式有( )。

A. 年薪制 B. 月薪制 C. 周薪制 D. 日薪制

5. 住房公积金应当用于职工( )房屋。

A. 购买 B. 建造 C. 翻建 D. 大修自住住房

三、判断题

1. 企业用于维护保养机器设备的材料费用,应记入"生产成本——基本生产成本"账户。( )
2. 企业月末如有已领未用、下月继续使用的材料,需办理"假退料"。( )

3. 限额领料单内填写实发数量并结出限额余额。（　　）
4. 如果企业没有设置"燃料及动力"成本项目,则发生的动力费用可记入"直接材料"或"制造费用"成本项目。（　　）
5. 外购动力费用是指向外单位购买电力、蒸汽等动力所支付的费用。（　　）
6. 外购动力费用支付时间与分配时间一般不一致。（　　）
7. 对于按规定计提的折旧费用,应根据固定资产的使用地点和用途进行归集与分配。（　　）
8. 当月增加的固定资产,当月应计提折旧;当月减少的固定资产,当月应停止计提折旧。（　　）
9. 发出材料采用先进先出法计价,平时可以计算出发出材料的实际成本。（　　）
10. 企业以自产产品的白酒作为福利发放给职工,不应作为职工薪酬核算内容。（　　）

四、简答题

1. 简述材料费用分配标准与原则是什么。
2. 简述包装物与低值易耗品摊销有哪几种方法。
3. 简述固定资产的折旧范围是怎样的,固定资产的折旧方法有哪几种。
4. 简述按现行会计制度规定,发出材料按实际成本计价有哪些方法。
5. 简述几种产品共同消耗的材料费用有哪些分配方法。

◎ 应会考核 ◎

★观念应用

【背景资料】

飞龙公司的要素费用归集和分配

飞龙公司是一家生产壁炉、面包机、烧烤炉等小家电的企业,产品主要销往欧洲和美国市场,2016年实现销售收入7 000万元。这天,业务员小何在阿里巴巴网站上碰到一个加拿大的客户,正在洽谈2017年价值1 000万元的烧烤炉订单,但是烧烤炉的款式与以前的产品不一样,小何心急如焚,前往财务部门和生产技术部门求助:"能不能马上核算这款烧烤炉的成本是多少?原材料选用哪一种?怎样开料最经济?材料成本是多少?人工需要增加吗?新增的模具费用怎样计算?折旧费用怎样分摊?"

【考核要求】

（1）这款烧烤炉的成本如何核算?产品成本是由哪些项目组成的?每个项目又应该如何进行归集和分配?

（2）生产烧烤炉的单位成本为1 100元,如果你是市场部经理,请问你对这款烧烤炉确定的单位售价是多少?盈利情况如何?

（3）如果这款烧烤炉在市场上单位售价只能是2 500元,假设你是生产部经理,你如何组织生产才能使企业盈利更多?

★技能应用

技能1:材料费用的分配

【资料】A生产车间2017年6月生产甲、乙两种产品,领用原材料16 800元。其中甲产品实际产量为160件,单位产品材料消耗定额为1千克;乙产品实际产量为100件,单位产品材料消耗定额为4.75千克。

【要求】按定额消耗量比例法计算分配材料费用(直接编制材料费用分配如表3—18所示)并写出有关会计分录。

表 3—18　　　　　　　　　　　　　材料费用分配表

产品名称	消耗定额	分配率	分配金额
甲产品			
乙产品			
合　计			

技能 2：人工费用的分配

【资料】宏运公司的基本生产车间 2017 年 6 月生产 A、B、C 三种产品。已知产量：A 产品 600 件，B 产品 400 件，C 产品 750 件。已知产品单位工时定额为：A 产品 3 小时，B 产品 4 小时，C 产品 6 小时。本月发生工资费用：A、B 两种产品生产工人工资（计时工资）总额为 144 500 元，C 产品按计件单价 33 元计付计件工资；车间管理人员 2 750 元，企业行政管理部门人员 13 250 元。

【要求】根据以上资料分配本月工资费用并编制有关会计分录（分配结果直接填入工资费用分配表，如表 3—19 所示）。

表 3—19　　　　　　　　　　　　　工资费用分配表

应借科目	明细账户	成本项目	定额工时	分配率	应付工资
基本生产成本	A 产品	直接人工			
	B 产品	直接人工			
	小　计				
	C 产品	直接人工			
制造费用	工资				
管理费用	工资				
合　计					

★ 案例分析

【情景与背景】

腾飞制造厂的材料费用分配是否恰当

腾飞制造厂是当地的一家制造企业，拥有职工 2 000 多名，企业的经济效益一直很好。该企业生产的产品成本中原材料占有很大的比重，对于间接计入的材料费用，该企业一直使用定额消耗量比例法进行分配，虽然材料实际消耗量的资料也比较容易获得，而他们宁愿在每期期末根据实际消耗量调整定额消耗量，以保证定额消耗量的准确性，也要使用定额消耗量比例法。

【分析要求】

请问该公司这样做的原因是什么？

◎ 项目实训 ◎

【实训项目】

要素费用的归集和分配

【实训目的】

通过操作模块的实训，要求学生掌握各项要素费用的归集与分配的基本方法，做到能结合具体的实例，做出对企业在制造产品过程中，对材料费用、职工薪酬费用、动力费用等进行归集与分配。

【实训任务】

【实训 1】 几种产品共同消耗材料费用的分配

[实训资料 1]某企业生产 A、B、C 三种产品,2017 年 9 月共消耗甲材料 2 000 吨,每吨平均单价 100 元。本月三种产品实际投产量分别为 350 件、200 件和 400 件,单位产品甲材料消耗定额分别为 1 吨、1.5 吨和 3 吨。

要求:(1)按照定额消耗量比例分配法计算三种产品消耗的甲材料费用(见表 3—20)。

表 3—20　　　　　　　　　三种产品消耗甲材料费用分配表

产品名称	产品产量(件)	单位定额(元)	定额消耗量(吨)	分配率	分配金额(元)
A 产品					
B 产品					
C 产品					
合　计					

(2)编制会计分录。

【实训 2】 外购动力费用分配

[实训资料 2]某企业生产甲、乙两种产品,2017 年 11 月,甲、乙两种产品共同消耗外购电力 50 000 元,基本生产车间照明费 2 000 元,行政管理部门照明费 1 800 元。本月实际生产工时分别为 1 500 小时、3 700 小时。

要求:(1)采用生产工时比例分配法分配外购电力费用,编制外购电力费用分配表(见表 3—21)。

表 3—21　　　　　　　　　外购电力费用分配表

产品名称	生产工时(小时)	费用分配率	分配费用(元)
甲产品			
乙产品			
合　计			

(2)根据以上分配计算结果及已知资料,编制分配外购电力费用的会计分录。

【实训 3】 几种产品共同消耗人工费用的分配方法

[实训资料]某公司生产 A、B 两种产品,5 月两种产品共同消耗人工费用 100 000 元,实际生产工时分别为 30 000 小时、20 000 小时。

要求:(1)采用生产工时比例分配法分配人工费用(见表 3—22)。

表 3—22　　　　　　　　　共同消耗人工费用分配表
2017 年 5 月 31 日

产品名称	生产工时(小时)	分配率	分配金额(元)
A 产品			
B 产品			
合　计			

(2)编制会计分录。

【实训 4】 职工薪酬的分配

[实训资料4]某企业2017年3月应付职工工资如表3—23所示,根据已知资料计算应计提的社会保险费、住房公积金、工会经费及职工教育经费,并编制相应的会计分录。

表3—23　　　　　　　　　　　　　　职工薪酬分配表

2017年3月31日

应借科目	应付工资（元）	社会保险费（25%）	住房公积金（8%）	工会经费（2%）	职工教育经费(1.5%)	合计（元）
生产成本——基本生产成本						
——A产品	55 000					
——B产品	47 000					
小　计						
生产成本——辅助生产成本						
——供电车间	3 500					
——供水车间	2 200					
制造费用	5 000					
管理费用	4 800					
销售费用	10 500					
合　计						

注:括号内数字为所占工资的百分比。

【实训 5】 计提固定资产折旧费用

[实训资料5]根据表3—24资料,计算该企业7月应计提的折旧额,并编制计提折旧的会计分录。

表3—24　　　　　　　　　　　　　　折旧费用计算表

2017年7月　　　　　　　　　　　　　　　　　　　　　　　　　　单位:元

使用部门	6月固定资产的折旧额	6月增加的固定资产的折旧额	6月减少的固定资产的折旧额	7月固定资产的折旧额
基本生产车间	50 000	30 000	5 600	
供气车间	2 800			
机修车间	4 500			
小　计				
行政管理部门	6 000		2 000	
销售部门	3 500	4 550		
合　计				

项目四　综合费用要素的归集和分配

【知识目标】
理解:辅助生产费用、制造费用、损失费用的概念及相关内容。
熟知:辅助生产费用、制造费用、损失费用的核算。
掌握:辅助生产费用、制造费用、损失费用的归集和分配。

【技能目标】
能够掌握综合要素费用的归集和分配的方法,实际运用所学的知识了解综合要素费用内容和分配相关的技能活动。

【素质目标】
能够运用所学的理论与实务知识研究相关案例,培养和提高学生在特定业务情境中分析问题与决策设计能力,分析企业与会计人员行为的善恶,强化学生的职业道德素质。

【项目引例】

帮助小李分析生产要素费用的归集和分配

小李是某大学会计专业的毕业生,已在企业做过多年的会计工作,有一定的工作经验。最近,他应聘到齐鲁机械有限责任该公司(简称"齐鲁公司"),负责组织和开展成本会计工作。齐鲁公司主要生产H150、H180两种型号的机床。公司的生产部门设有一个基本生产车间和两个辅助生产车间。基本生产车间对零部件和原材料进行加工、装配,组装成车床;两个辅助生产车间是运输部和供汽车间,运输部负责公司内部各车间、部门的运输,供汽车间从事蒸汽生产,以满足公司内部各车间、部门对动力和采暖的需要。

由于齐鲁公司刚刚筹建,成本核算工作需要逐步完善。小李在对公司的成本会计基础任务和要素费用核算岗位工作设计完成后,便考虑如何进行各车间、部门所发生综合费用的核算工作。他依据各车间、部门发生综合费用的实际情况,列出了目前进行综合费用核算需要解决的几个基本问题:

(1)对运输、供汽两个辅助生产车间、部门发生的辅助生产费用,如何进行归集?用什么方法进行分配?

(2)对基本生产车间发生的、在生产成本明细账中未专设成本项目的各项生产费用,如何计入产品成本?

(3)对发生的废品损失、停工损失等损失性费用,如何进行核算?

【讨论】　如果你是这些岗位的会计人员,怎么样进行相应的会计核算工作?

知识精讲

任务一 辅助生产费用的归集和分配

一、辅助生产费用的概念

辅助生产费用是指辅助生产车间为开展生产活动而发生的费用,即辅助生产车间生产产品或提供劳务的成本。

工业企业的生产车间按其生产性质不同,可分为基本生产车间和辅助生产车间两种类型。

(一)基本生产车间

基本生产车间是指从事商品生产的车间,如纺织厂的纺纱、织布、印染等车间;钢铁厂的炼铁、炼钢、轧钢等车间;机器制造厂的铸造、锻压、机加工、装配等车间。

(二)辅助生产车间

辅助生产车间是指为基本生产车间和企业其他部门服务而进行产品生产和劳务供应的车间。如为基本生产车间提供工具、模具、修理用备件等产品的生产车间,以及为基本生产车间和企业其他部门提供电、水、汽、运输、修理等劳务的生产车间,如模具车间、供水车间、供电车间、运输车间、机修车间等。辅助生产车间在为企业内部提供服务的基础上,有剩余生产能力时,也可以为外单位提供服务,以充分发挥其生产能力,扩大收入,降低产品成本。

辅助生产车间生产的产品和劳务,虽然有的也对外销售,但其基本任务是为企业内部的生产和管理服务的。辅助生产部门的这一特点,决定了辅助生产提供产品或劳务而发生的费用,必须随着产品或劳务的转移,将其分配计入各受益对象的成本和费用中。所以,正确及时地核算辅助生产费用,不仅对提高产品成本水平有积极影响,而且对于节约生产费用、降低产品成本有着重要的意义。

二、辅助生产费用的归集

辅助生产车间为基本生产车间和其他部门服务而进行的产品生产或劳务供应等辅助生产活动所发生的费用,应按费用发生的地点和用途进行归集。

企业可按辅助生产车间设置"生产成本——辅助生产成本——××车间"账户,用来核算辅助生产车间发生的辅助生产费用。该账户为成本类账户,借方登记辅助生产车间为生产产品或提供劳务而耗用的材料、燃料、动力、工资和职工福利费等职工薪酬、折旧费、低值易耗品摊销、车间办公费、劳动保护费等;贷方登记月份终了辅助生产车间分配给受益单位的辅助生产费用以及完工入库的自制材料、自制工具等成本。一般情况下,该账户月末无余额,如果出现月末余额,应为借方余额,它反映辅助生产车间月末结存的在产品成本。

拓展阅读 4—1　　　　　辅助生产车间制造费用的核算

对于生产工具、模具的辅助生产，其"辅助生产成本"账户应按产品的种类设置明细账。对提供劳务的辅助生产车间，其"辅助生产成本"账户按辅助生产车间设置明细账，按"直接材料"、"直接人工"、"制造费用"等成本项目设置专栏。对于辅助生产车间所耗用的原材料、燃料、动力等直接材料费用，生产工人的职工薪酬等直接人工费用，应直接或分配后直接记入"辅助生产成本"总账及明细账户的"直接材料"、"直接人工"等成本项目。

对于辅助生产车间发生的制造费用，因辅助生产车间规模大小、制造费用多少不同，管理要求也不同，核算的方法有差异。如果辅助生产车间规模较小，其制造费用可以与其他辅助生产费用一样直接记入"辅助生产成本"账户，而不通过"制造费用"账户反映；如果辅助生产车间规模较大，制造费用较多，或者对外提供产品、劳务，管理上要求单独归集辅助生产车间的制造费用，并按规定成本项目计算成本，则辅助生产车间的制造费用应通过"制造费用"账户归集，月末分配转入"辅助生产成本"账户。这种情况下，应按成本项目开设辅助生产明细账或成本计算单，成本计算方法与基本生产产品相同。以下对于辅助生产车间制造费用的归集和分配不再设置"制造费用"账户，而是直接计入"辅助生产成本"账户。

三、辅助生产费用的分配

企业辅助生产费用应于期末归集完毕后计算相应的辅助生产劳务或产品的成本，并将成本结转到有关账户。辅助生产费用的结转程序和方法，取决于辅助生产车间的类型。凡是生产工具、模型、修理用备件、自制设备等的辅助生产车间，应采用适当的方法进行成本核算，并在成本计算之后，将完工产品成本，从"辅助生产成本"明细账转出，属于生产耗用的应结转到"基本生产成本"账户上；入库待用的，则应转入"周转材料"如包装物、低值易耗品或"原材料"等有关账户。凡是提供水、电、汽或运输、修理等劳务的辅助生产车间，应通过一定的分配方法，将其明细账借方所归集的辅助生产费用，本着"谁受益、谁承担，受益多少、承担多少"的原则，按受益单位所耗用的产品或劳务数量在各单位之间进行分配。辅助生产费用的归集和分配关系如图 4—1 所示。

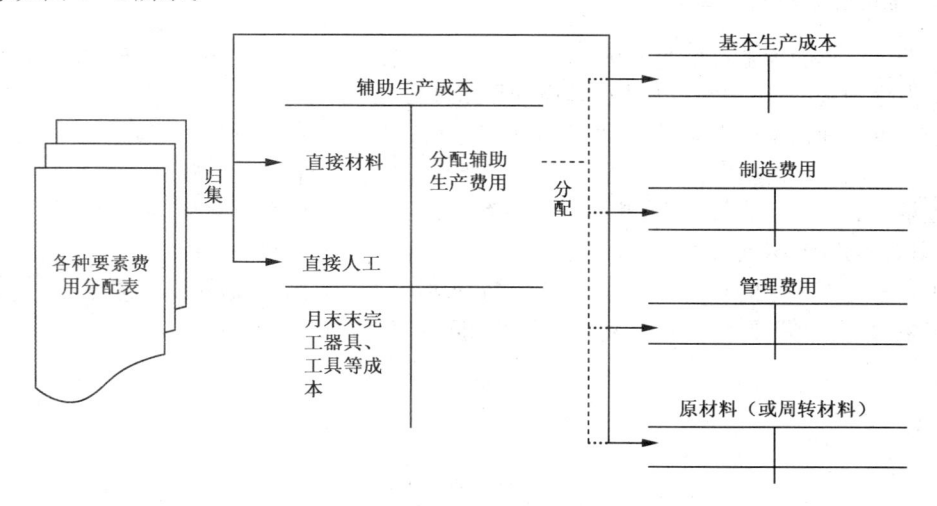

图 4—1　辅助生产费用归集与分配关系

四、辅助生产费用的分配方法

辅助生产费用分配的方法主要有直接分配法、交互分配法、代数分配法、计划成本分配法和顺序分配法,本任务主要介绍前四种方法。

(一)直接分配法

直接分配法是将辅助生产车间实际发生的费用,直接分配给辅助生产车间以外的各受益对象。这种分配方法的特点是辅助生产车间内部相互提供产品、劳务,并不相互分配费用。

分配方法如下:

第一步:根据各辅助车间实际发生的费用和向辅助车间以外的各受益对象提供劳务情况,计算出辅助车间的实际单位成本(费用分配率)。

$$辅助生产费用分配率 = \frac{辅助车间生产费用总额}{该车间供应劳务总量 - 其他辅助车间消耗量之和}$$

第二步:按辅助生产实际单位成本和各受益对象的消耗量计算各受益对象应分配的辅助生产费用。

$$某受益对象应分配辅助生产费用 = 该受益对象消耗量 \times 辅助生产费用分配率$$

【案例4-1】 某面粉厂有面粉车间、挂面车间两个基本生产车间,机修车间和供电车间两个辅助生产车间,挂面车间生产荞麦挂面和鸡蛋挂面。2016年12月供电车间提供电力20 000度,共发生费用36 000元;机修车间提供修理工时5 000工时,修理费用共计11 250元。本月提供的劳务量及受益单位资料如表4-1所示。

表4-1 劳务量及受益单位资料

辅助生产车间	计量单位	提供劳务量						
		机修	供电	荞麦挂面	鸡蛋挂面	挂面车间一般耗用	面粉车间一般耗用	厂部	合计
供电	度	2 000	—	7 000	5 000	1 000	3 000	2 000	20 000
机修	工时	—	500			1 800	1 200	1 500	5 000

要求:完成该面粉厂辅助生产车间辅助生产费用的归集和分配。

分析:计算过程如下:

第一步,计算分配率:

(1)供电车间费用分配率 = $\frac{36\ 000}{20\ 000 - 2\ 000}$ = 2(元/小时)

(2)机修车间费用分配率 = $\frac{11\ 250}{5\ 000 - 500}$ = 2.5(元/小时)

第二步,计算各受益对象分配额:

(1)供电车间费用分配:

荞麦挂面应负担的电力费用 = 7 000 × 2 = 14 000(元)

鸡蛋挂面应负担的电力费用 = 5 000 × 2 = 10 000(元)

挂面车间应负担的电力费用 = 1 000 × 2 = 2 000(元)

面粉车间应负担的电力费用 = 3 000 × 2 = 6 000(元)

厂部应负担的电力费用 = 2 000 × 2 = 4 000(元)

(2)机修车间费用分配：
挂面车间应负担的修理费用＝1 800×2.5＝4 500(元)
面粉车间应负担的修理费用＝1 200×2.5＝3 000(元)
厂部应负担的修理费用＝1 500×2.5＝3 750(元)
根据计算结果编制"辅助生产费用分配表"，如表4－2所示。

表4－2　　　　　　　　辅助生产费用分配表(直接分配法)
2016年12月

车间	分配费用(元)	分配数量	分配率	基本生产成本				制造费用				管理费用	
				荞麦挂面		鸡蛋挂面		挂面车间		面粉车间		厂部	
				数量	金额	数量	金额	数量	金额	数量	金额	数量	金额
供电	36 000	18 000(度)	2	7 000	14 000	5 000	10 000	1 000	2 000	3 000	6 000	2 000	4 000
机修	11 250	4 500(工时)	2.5					1 800	4 500	1 200	3 000	1 500	3 750
合计	47 250				14 000		10 000		6 500		9 000		7 750

第三步，根据表4－2，编制会计分录如下：

借：生产成本——基本生产成本——荞麦挂面　　　　14 000
　　　　　　　　　　　　　　　——鸡蛋挂面　　　　10 000
　　制造费用——挂面车间　　　　　　　　　　　　　 6 500
　　　　　　——面粉车间　　　　　　　　　　　　　 9 000
　　管理费用　　　　　　　　　　　　　　　　　　　 7 750
　　贷：生产成本——辅助生产成本——供电车间　　　36 000
　　　　　　　　　　　　　　　　——机修车间　　　11 250

采用直接分配法的优点是简便易行。但是，由于在计算分配率时扣除了辅助生产车间之间相互提供产品或劳务的数量，因而分配结果不够准确。这种方法适用于只有一个辅助生产车间及辅助车间之间相互提供劳务不多的企业。

(二)交互分配法

交互分配法又称一次交互分配法，是指先将辅助生产车间的费用在辅助生产车间之间进行一次交互分配，再将交互分配后的费用直接分配给辅助车间以外的受益对象。其要点表现在以下三点：

1. 交互分配

将辅助生产费用在辅助生产车间之间进行一次交互分配。

2. 重新确定辅助生产实际费用

某辅助生产车间的辅助生产费用实际数额，应该等于本车间明细账归集的原始费用，加上交互分配中分进来的费用，减去交互分配中分出去的费用。即：

某辅助生产车间实际费用＝交互分配前费用＋交互分配增加的费用－交互分配减少的费用

3. 对外分配

将辅助生产实际费用在辅助车间以外的各受益产品、车间和部门之间进行直接分配。
交互分配的计算步骤和计算公式如下：

第一步,交互分配:

计算交互分配率。交互分配率即为各辅助生产车间交互分配前的单位劳务成本。

某辅助车间费用交互分配率＝该车间交互分配前费用总额÷该车间提供劳务总量

$$\begin{matrix}\text{某受益辅助车间应分配} \\ \text{其他辅助车间生产费用}\end{matrix} = \begin{matrix}\text{该车间的} \\ \text{受益劳务量}\end{matrix} \times \begin{matrix}\text{被分配车间的} \\ \text{费用交互分配率}\end{matrix}$$

请注意,某受益辅助生产车间应分配其他辅助车间生产费用,即该车间交互分配增加(分进来)的费用,也是其他辅助车间交互分配减少(分出去)的费用,二者相辅相成,互为因果。

第二步,计算、确定各辅助车间实际生产费用。即:

某辅助生产车间实际费用＝交互分配前费用＋交互分配增加的费用－交互分配减少的费用

第三步,对外分配(直接分配):

计算对外分配率。对外分配率是按实际费用和辅助车间以外的受益产品、车间和部门的受益劳务量计算的交互分配后单位劳务成本。

$$\text{某辅助车间对外费用分配率} = \frac{\text{该车间辅助生产实际费用}}{\text{该车间提供劳务总量} - \text{其他辅助生产受益劳务量之和}}$$

计算对外分配各收益产品、车间和部门应分配的辅助生产费用。对外分配,类似于前述的直接分配,不同点是被分配费用不是某辅助车间明细账归集的原始费用,而是经过一次交互分配后调整取得的实际费用。

某受益产品(或车间、部门)应分配辅助生产费用＝受益数量×对外分配率

上述计算过程,实务中要通过编制"辅助生产费用分配表"来完成(见表4－3)。"辅助生产费用分配表"是进行辅助生产费用分配、结转等账务处理的原始凭证。

【案例4－2】 仍以案例4－1资料为例,采用交互分配法进行辅助生产费用分配。

第一步,辅助车间内部进行交互分配:

(1)交互分配分配率:

供电车间费用交互分配率＝36 000÷20 000＝1.8(元/度)

机修车间费用交互分配率＝11 250÷5 000＝2.25(元/工时)

(2)辅助车间进行交互分配:

机修车间应分配的电费＝2 000×1.8＝3 600(元)——机修转入、供电转出。

供电车间应分配修理费用＝500×2.25＝1 125(元)——供电转入、机修转出。

第二步,计算各辅助车间交互分配后的实际费用额:

供电车间交互分配后的实际费用额＝36 000＋1 125－3 600＝33 525(元)

机修车间交互分配后的实际费用额＝11 250＋3 600－1 125＝13 725(元)

第三步,对辅助车间以外的各受益对象进行分配:

(1)对外分配费用率:

$$\text{供电车间费用对外分配率} = \frac{33\ 525}{20\ 000 - 2\ 000} = 1.862\ 5(\text{元/度})$$

$$\text{机修车间费用对外分配率} = \frac{13\ 725}{5\ 000 - 500} = 3.05(\text{元/工时})$$

(2)辅助车间以外各受益部门应分配辅助生产费用的计算:

供电车间33 525元电费的分配:

荞麦挂面应分配的电费＝7 000×1.862 5＝13 037.5(元)

鸡蛋挂面应分配的电费＝5 000×1.862 5＝9 312.5(元)

挂面车间应分配的电费＝1 000×1.862 5＝1 862.5(元)
面粉应分配的电费＝3 000×1.862 5＝5 587.5(元)
厂部应分配的电费＝2 000×1.862 5＝3 725(元)
机修车间13 725元修理费用的分配：
挂面车间应分配的修理费＝1 800×3.05＝5 490(元)
面粉车间应分配的修理费＝1 200×3.05＝3 660(元)
厂部应分配的修理费＝1 500×3.05＝4 575(元)
上述计算应编制"辅助生产费用分配表"，参见表4—3。

表4—3　　　　　　　　辅助生产费用分配表(交互分配法)
2016年12月

项目		供电车间			机修车间			合计
		供应数量(度)	分配率	分配金额	供应数量(工时)	分配率	分配金额	
交互分配前		20 000	1.8	36 000	5 000	2.25	11 250	47 250
交互分配	供电车间				500		1 125	
	机修车间	2 000		3 600				
交互分配后		18 000	1.862 5	33 525	4 500	3.05	13 725	47 250
对外分配	荞麦挂面	7 000		13 037.5				13 037.5
	鸡蛋挂面	5 000		9 312.5				9 312.5
	挂面车间	1 000		1 862.5	1 800		5 490	7 352.5
	面粉车间	3 000		5 587.5	1 200		3 660	9 247.5
	厂部	2 000		3 725	1 500		4 575	8 300
合计		20 000		33 525	5 000		13 725	47 250

根据表4—3，编制会计分录如下：
(1)辅助车间之间交互分配：
　　借：生产成本——辅助生产成本——机修车间　　　　　　　3 600
　　　　贷：生产成本——辅助生产成本——供电车间　　　　　　　　3 600
　　借：生产成本——辅助生产成本——供电车间　　　　　　　1 125
　　　　贷：生产成本——辅助生产成本——机修车间　　　　　　　　1 125
(2)对辅助车间以外的受益对象分配：
　　借：生产成本——基本生产成本——荞麦挂面　　　　　　　13 037.5
　　　　　　　　　　　　　　　　　——鸡蛋挂面　　　　　　　9 312.5
　　　　制造费用——挂面车间　　　　　　　　　　　　　　　1 862.5
　　　　　　　——面粉车间　　　　　　　　　　　　　　　　5 587.5
　　　　管理费用　　　　　　　　　　　　　　　　　　　　　3 725
　　　　贷：生产成本——辅助生产成本——供电车间　　　　　　　　33 525
　　借：制造费用——挂面车间　　　　　　　　　　　　　　　5 490
　　　　　　　——面粉车间　　　　　　　　　　　　　　　　3 660
　　　　管理费用　　　　　　　　　　　　　　　　　　　　　4 575

贷:生产成本——辅助生产成本——机修车间　　　　　　　　　　13 725

拓展阅读4—2　　　　　　　　简化分录

也可以将以上(2)的两笔对外分配会计分录合并处理如下:
借:生产成本——基本生产成本——荞麦挂面　　　　　　　13 037.5
　　　　　　　　　　　　　　——鸡蛋挂面　　　　　　　　9 312.5
　　制造费用——挂面车间　　　　　　　　　　　　　　　　7 352.5
　　　　　　——面粉车间　　　　　　　　　　　　　　　　9 247.5
　　管理费用　　　　　　　　　　　　　　　　　　　　　　8 300
贷:生产成本——辅助生产成本——供电车间　　　　　　　　33 525
　　　　　　　　　　　　　　——机修车间　　　　　　　　13 725

采用交互分配法使辅助生产车间内部相互提供的劳务量也可以进行分配,因而计算结果比较准确,但计算两次分配率,进行两次分配,计算过程较复杂。如果企业的辅助生产车间较多则不宜采用此方法。

(三)代数分配法

代数分配法是指运用初等数学中的多元一次方程组计算辅助生产产品或劳务的单位成本(即分配率),再按照各受益对象的实际消耗量分配辅助生产费用的方法。其计算方法如下:

第一步:根据各辅助生产车间相互提供产品和劳务的数量,建立代数分配法的数学模型,即联立方程,计算各辅助生产劳务的单位成本。

第二步:根据各受益单位(包括辅助生产内部和外部各单位)消耗劳务数量和单位成本进行辅助生产费用的分配。

【案例4—3】　仍以案例4—1资料为例,采用代数分配法进行辅助生产费用分配。分配结果如表4—4所示。

表4—4　　　　　　　　　　　辅助生产费用分配表(代数分配法)
2016年12月

项　目	供电车间 供应数量(度)	分配率	分配金额	机修车间 供应数量(工时)	分配率	分配金额	合　计
受益对象	20 000		3 600	5 000		11 250	47 250
供电车间				500	3	1 500	
机修车间	2 000	1.875	3 750				
对外分配	18 000	1.875	33 750	4 500	3	13 500	47 250
荞麦挂面	7 000		13 125				13 125
鸡蛋挂面	5 000		9 375				9 375
挂面车间	1 000		1 875	1 800		5 400	7 275
面粉车间	3 000		5 625	1 200		3 600	9 225
厂部	2 000		3 750	1 500		4 500	8 250

第一步,建立代数分配法的数学模型,求解联立方程:
设每度电的成本为 x,每小时修理费的成本为 y,建立联立方程:
$$\begin{cases} 36\,000+500y=20\,000x & \text{式①} \\ 11\,250+2\,000x=5\,000y & \text{式②} \end{cases}$$

解联立方程组,得:
$x=1.875$
$y=3$

第二步,计算各受益产品和部门应分配的辅助生产费用:

从联立方程组的关系中可以看出,代数分配法已经包含了辅助车间内部的交互分配,即:

供电车间应负担修理费$=500y=500\times 3=1\,500$(元)
机修车间应负担电费$=2\,000x=2\,000\times 1.875=3\,750$(元)

所以,
供电车间可供分配的电费总额$=36\,000+1\,500=37\,500$(元)
机修车间可供分配的修理费总额为$=11\,250+3\,750=15\,000$(元)

因此,确定单位劳务成本($x=1.875$、$y=3$)后,接下来应将各辅助车间费用总额直接对各受益对象进行分配:

(1)供电车间电费的分配:
荞麦挂面应分配的电费$=7\,000\times 1.875=13\,125$(元)
鸡蛋挂面应分配的电费$=5\,000\times 1.875=9\,375$(元)
挂面车间应分配的电费$=1\,000\times 1.875=1\,875$(元)
面粉应分配的电费$=3\,000\times 1.875=5\,625$(元)
厂部应分配的电费$=2\,000\times 1.875=3\,750$(元)
机修车间应分配的电费$=2\,000\times 1.875=3\,750$(元)

(2)机修车间修理费用的分配:
挂面车间应分配的修理费$=1\,800\times 3=5\,400$(元)
面粉车间应分配的修理费$=1\,200\times 3=3\,600$(元)
厂部应分配的修理费$=1\,500\times 3=4\,500$(元)
供电车间应分配的修理费$=500\times 3=1\,500$(元)

根据表4—4,编制会计分录如下:

借:生产成本——基本生产成本——荞麦挂面　　　　　13 125
　　　　　　　　　　　　　　——鸡蛋挂面　　　　　 9 375
　　　辅助生产成本——机修车间　　　　　　　　　　 3 750
　　　制造费用——荞麦车间　　　　　　　　　　　　 1 875
　　　　　　　——面粉车间　　　　　　　　　　　　 5 625
　　　管理费用　　　　　　　　　　　　　　　　　　 3 750
　　贷:生产成本——辅助生产成本——供电车间　　　　37 500
借:生产成本——辅助生产成本——车间供电　　　　　 1 500
　　　制造费用——荞麦车间　　　　　　　　　　　　 5 400

		——面粉车间		3 600

管理费用　　　　　　　　　　　　　　　　　　　　　　　　　4 500
　　贷：生产成本——辅助生产成本——机修车间　　　　　　　15 000

由于采用了数学模型，因而代数分配法计算结果最为准确，如果采用手工核算在辅助车间过多的情况下将使计算工作更为复杂，从而使代数分配法的运用受到限制。所以在手工核算时代，代数分配法一般适用于辅助车间较少，或需交互分配较少的企业。但随着计算机的广泛运用，会计电算化程度的普遍提高，在核算要求准确分配辅助生产费用时，代数分配法将会被更多的企业所采用。

（四）计划成本分配法

计划成本分配法是将辅助生产车间提供的劳务，一律先按劳务的计划单位成本分配给各受益产品、车间或部门（包括受益的辅助生产车间在内）；然后再将辅助生产车间的实际费用与按计划单位成本分配转出的费用之间的差额，再分配给辅助车间以外的各受益单位。为了简化分配工作一般将此差异全部计入管理费用。

其计算分配程序及公式如下：

第一步，按辅助生产车间提供的劳务总量和计划单位成本计算各受益部门应分配的辅助生产计划成本：

某受益产品、部门应分配辅助生产费用计划成本＝该产品或部门受益数量×计划单价

第二步，计算辅助生产车间的实际费用：

某辅助生产车间实际费用＝该车间的原始费用＋按计划成本转入的其他辅助车间费用

第三步，计算辅助生产车间成本差异：

辅助生产成本差异＝辅助生产车间的实际费用－按计划单位成本分配转出的费用

其中：

按计划单位成本分配转出的费用＝$\sum$（某产品或部门受益数量×计划单价）

上述计算过程应编制"辅助生产费用分配表"，并根据"辅助生产费用分配表"，进行辅助生产费用分配的账务处理。

【案例4—4】 仍以案例4—1资料为例，假定供电车间计划单位成本为2元/度，机修车间计划单位成本为3元/小时。采用计划成本分配法编制"辅助生产费用分配表"如表4—5所示。

表4—5　　　　　　　　　　　辅助生产费用分配表（计划成本分配法）

2016年12月

辅助生产车间名称			供电车间	机修车间	合　　计
待分配辅助生产费用			36 000	11 250	47 250
供应的劳务数量			20 000	5 000	
计划单位成本			2	3	
辅助生产成本	供电车间	耗用数量		500	
		分配金额		1 500	1 500
	机修车间	耗用数量	2 000		
		分配金额	4 000		4 000

续表

辅助生产车间名称			供电车间	机修车间	合计
基本生产成本	荞麦挂面	耗用数量	7 000		
		分配金额	14 000		14 000
	鸡蛋挂面	耗用数量	5 000		
		分配金额	10 000		10 000
制造费用	挂面车间	耗用数量	1 000	1 800	
		分配金额	2 000	5 400	7 400
	面粉车间	耗用数量	3 000	1 200	
		分配金额	6 000	3 600	9 600
管理费用		耗用数量	2 000	1 500	
		分配金额	4 000	4 500	8 500
按计划成本分配费用合计			40 000	15 000	55 000
辅助生产实际费用			37 500	15 250	52 750
辅助生产成本差异			－2 500	250	－2 250

根据表4—5,编制会计分录如下:

按计划成本分配:

借:生产成本——辅助生产成本——供电车间　　　　　　　1 500
　　　　　　　　　　　　　　　——机修车间　　　　　　　4 000
　　生产成本——基本生产成本——荞麦挂面　　　　　　　14 000
　　　　　　　　　　　　　　　——鸡蛋挂面　　　　　　　10 000
　　制造费用——挂面车间　　　　　　　　　　　　　　　　7 400
　　　　　　——面粉车间　　　　　　　　　　　　　　　　9 600
　　管理费用　　　　　　　　　　　　　　　　　　　　　　8 500
　　贷:生产成本——辅助生产成本——供电车间　　　　　　40 000
　　　　　　　　　　　　　　　　——机修车间　　　　　　15 000

追加分配:

借:管理费用　　　　　　　　　　　　　　　　　　　　　　2 250
　　贷:生产成本——辅助生产成本——供电车间　　　　　　2 500
　　　　　　　　　　　　　　　　——机修车间　　　　　　　250

采用计划成本分配法分配辅助生产费用,由于事先确定了劳务的计划单位成本,使得分配计算过程比较简单,但计划单位成本一定要比较接近劳务的实际单位成本,否则会影响分配结果的准确性。

任务二　制造费用的归集和分配

一、制造费用的概念

制造费用是指工业企业为生产产品(或提供劳务)而发生,应该计入产品成本,但没有专设成本项目的各项间接性生产费用。制造费用是基本生产车间为组织和管理生产活动发生的各种间接费用。制造费用必须在本车间的各种产品之间进行分配,计入各种产品的生产成本。

二、制造费用的归集

制造费用的归集是通过"制造费用"科目进行的。该科目应按不同的车间、部门设立明细账,账内按照费用项目设立专栏或专行,分别反映各车间各项制造费用发生情况,应该根据有关的付款凭证、转账凭证和前述各种费用分配表进行登记。借方登记各项制造费用的实际发生数,在月末通过贷方将借方归集的制造费用总数分配到各受益产品或劳务上,除按年度计划分配率分配费用或季节性生产车间外,该账户月末无余额。

拓展阅读4—3　　　制造费用的内容

制造费用主要包括以下内容:

(1)直接用于生产,但管理上不要求单独核算,或不便于单独核算,因此未专设成本项目的生产费用,如机器设备折旧费、租赁费、保险费、生产工具摊销、设计制图费和试验检验费等。

(2)间接用于产品生产的费用,如车间生产用房屋折旧费、修理费、租赁费、车间生产照明用电、取暖费、机物料消耗、劳动保护费、车间生产用固定资产季节性或大修理期间的停工损失等。

(3)车间用于组织和管理生产的费用,这些费用虽然具有管理费用的性质,但是由于车间是企业从事生产活动的部门,它的管理费用与制造费用很难严格划分,为了简化核算工作,也作为制造费用核算。这些费用有:车间管理人员工资、福利费等职工薪酬,车间管理用房屋和设备的折旧费、租赁费和保险费,车间管理用具摊销,车间管理用的照明费、水费、取暖费、差旅费和办公费等。如果企业的组织机构分为车间、分厂和总厂等若干层次,则分厂也与车间相似,也是企业的生产部门,因而分厂用于组织和管理生产的费用,也作为制造费用核算。制造费用的费用项目一般应该包括:机物料消耗、工资及福利费、折旧费、租赁费(不包括融资租赁)、保险费、低值易耗品摊销、水电费、取暖费、运输费、劳动保护费、设计制图费、试验检验费、差旅费、办公费、在产品盘亏、毁损和报废(减盘盈)以及季节性及大修理期停工损失等。

【案例4—5】　某食品厂2016年12月份月饼生产车间发生制造费用总额为7 310元,费用明细项目的资料如表4—6所示。

表 4—6   制造费用明细账
车间：月饼生产车间   单位：元

摘要	机物料	职工薪酬	办公费	折旧费	劳动保护费	水电费	劳动保险费	其他	合计
材料费用分配表	2 570								2 570
职工薪酬分配表		2 355							2 355
支付办公费			690						690
折旧费用分配表				4 670					4 670
支付劳动保护费					860				860
分配水电费						350			350
支付保险费							2 740		2 740
支付其他费用								565	565
合计	2 570	2 355	690	4 670	860	350	2 740	565	14 800
制造费用转出	2 570	2 355	690	4 670	860	350	2 740	565	14 800
期末余额	—	—	—	—	—	—	—	—	0

要求：完成制造费用的归集与分配。

分析：根据表 4—6，制造费用归集的会计分录为：

借：制造费用——月饼生产车间   14 800
　　贷：原材料   2 570
　　　　应付职工薪酬   2 355
　　　　累计折旧   4 670
　　　　辅助生产成本   350
　　　　银行存款   4 855

月末，应根据"制造费用"总账科目和所属明细账借方归集的制造费用，将制造费用分配计入各种产品生产成本。

三、制造费用的分配

在只生产一种产品的生产车间中，制造费用属于直接计入费用，应直接计入该种产品的成本。在生产多种产品的车间中制造费用则是间接计入费用，应采用适当的分配方法计入各种产品的生产成本。制造费用的分配方法一般有以下几种：

（一）生产工时比例法

生产工时比例法是指按照各种产品实际工时的比例分配制造费用的一种方法。其计算公式如下：

$$制造费用分配率 = \frac{制造费用总额}{\sum 各种产品生产工时数}$$

某种产品应分配的制造费用 = 该种产品生产工时 × 制造费用分配率

【案例 4—6】 对案例 4—5 中的制造费用采用公式比例法进行分配。

补充资料:该月饼生产车间生产豆沙月饼和枣泥月饼两种产品,豆沙月饼的生产工时为 7 500小时,枣泥月饼生产工时为 11 000小时,则制造费用分配如下:

制造费用分配率 $=\dfrac{14\ 800}{7\ 500+11\ 000}=0.8$(元/小时)

豆沙月饼应分配的制造费用 $=7\ 500\times 0.8=6\ 000$(元)

枣泥月饼应分配的制造费用 $=11\ 000\times 0.8=8\ 800$(元)

根据计算结果,编制"制造费用分配表"(见表4—7)。

表4—7　　　　　　　　　　　　制造费用分配表

借方科目	生产工时	分配率	分配金额(元)
基本生产成本(豆沙月饼)	7 500		6 000
基本生产成本(枣泥月饼)	11 000		8 800
合　计	18 500	0.8	14 800

根据表4—7,编制会计分录如下:

借:生产成本——基本生产成本——豆沙月饼　　　　6 000
　　　　　　　　　　　　　　　——枣泥月饼　　　　8 800
　　贷:制造费用——月饼生产车间　　　　　　　　　14 800

按照生产工时比例分配制造费用,能将劳动生产率与产品负担的费用水平联系起来,使分配结果比较合理。由于生产工时是分配间接计入费用常用的分配标准之一,因而必须正确组织产品生产工时的核算,保证生产工时的正确、可靠。

按生产工时比例分配,可以是各种产品实际耗用的生产工时,也可以是定额工时。如果采用定额工时比例法分配制造费用,要求产品的工时定额比较准确,企业的定额管理水平比较高,定额资料齐全。

(二)机器工时比例法

机器工时比例法是按照各种产品生产时所用机器设备运转时间的比例分配制造费用的方法。计算方法与生产工时比例法相同,这一方法适用于产品生产的机械化程度较高的车间。因为在这种车间的制造费用中,与机器设备使用有关的费用比重较大,而这一部分费用与机器设备运转的时间有着密切的联系。采用这一方法,必须具备各种产品所用机器工时的原始记录。

(三)生产工人工资比例法

生产工人工资比例法是以各种产品的生产工人工资的比例分配制造费用的一种方法。其计算公式如下:

$$制造费用分配率=\dfrac{制造费用总额}{\sum 各种产品生产工人工资总额}$$

某种产品应分配的制造费用 = 该产品生产工人工资 × 制造费用分配率

因为生产工人的工资资料容易取得,因而这种分配方法简便易行。但是,生产工人工资比例法适用于各种产品机械化水平大致相同的企业,否则会影响分配的合理性。因为机械化水平低的产品,用工就多,所耗用的工资费用也多,从而分配的制造费用就多,这样就会造成机械化水平低的产品,反而多负担制造费用的不合理现象。

如果生产工人工资是按照生产工时比例分配计入各种产品成本的,那么,按照生产工人工资比例分配制造费用,实际上就是按照生产工时比例分配制造费用。

拓展阅读4—4　　　　制造费用的年度计划分配率法

年度计划分配率法是按照年度开始前确定的全年度适用的计划分配率分配制造费用的方法。这种方法是在分配制造费用时,不管各月实际发生的制造费用是多少,每个月制造费用都是按统一的年度开始前预先确定的计划分配率分配给各受益产品,该计划分配率全年适用,但在年度内如果发现制造费用的实际数与按计划分配率分配的费用数差额较大时,应及时调整计划分配率。其计算公式如下:

$$\text{制造费用年度计划分配率} = \frac{\text{年度制造费用计划总额}}{\sum \text{某产品计划年产量} \times \text{单位产品定额工时}}$$

$$\text{某月某产品应分配制造费用} = \text{该月该产品实际产量定额总工时} \times \text{制造费用年度计划分配率}$$

采用计划分配率分配制造费用时,"制造费用"账户月末可能有借方余额,也可能有贷方余额。借方余额表示超过计划的预付费用,应列作企业的资产项目;贷方余额表示按照计划应付而未付的费用,应列作企业的负债项目。

"制造费用"科目如果有年末余额,就是全年制造费用的实际发生额与计划分配额的差额,一般应在年末调整计入12月份的产品成本,借记"基本生产成本"科目,贷记"制造费用"科目;如果实际发生额大于计划分配额,用蓝字补加;否则用红字冲减。

这种分配方法的核算工作很简便,特别适用于季节性生产企业。因为在这种生产企业中,每月发生的制造费用相差不多,但生产淡月和旺月的产量却相差悬殊,如果按照实际费用分配,各月单位产品成本中的制造费用将随之忽高忽低,而这不是由于车间工作本身引起的,因而不便于成本分析工作的进行。此外,这种分配方法还可以按旬或按日提供产品成本预测所需要的产品应分配制造费用的资料,有利于产品成本的日常控制。但是,采用这种分配方法,必须有较高的计划工作的水平,否则年度制造费用的计划数脱离实际太大,就会影响成本计算的正确性。

任务三　损失性费用的归集和分配

一、损失性费用的概念和内容

工业企业在其生产经营过程中发生的各种损失,统称为损失性费用。损失性费用,按其是否计入产品成本,可分为生产损失和非生产损失两大类。生产损失是指企业在产品生产过程中由于生产原因而发生的各种损失,例如,由于生产了不合格产品而造成的废品损失;由于机器设备发生故障被迫停工而造成的停工损失;由于对在产品管理不善而造成的在产品盘亏、毁损、变质损失等。生产损失都是与产品生产直接有关的损失,因此,生产损失应由产品制造成本承担,是产品制造成本的组成部分。非生产损失主要是由于企业经营管理或其他原因造成的损失,例如坏账损失,材料、产成品的盘亏、毁损、变质损失,汇兑损失,投资损失,固定资产盘

亏、毁损损失，非常损失等。非生产损失由于与产品生产没有直接关系，因此不能计入产品制造成本，而应根据损失的性质、原因和现行会计制度的规定，列入期间费用、营业外支出或冲抵投资收益等。

如果生产损失偶尔发生且数额较小，对产品成本的影响不大，为简化成本核算的工作量，可不进行核算；但如果生产损失的数额较大，对产品成本的计算影响也较大，为了控制生产损失发生的数额，使其不断降低，同时，也为了明确经济责任、提高企业的管理水平、保证企业生产的正常进行，有必要进行生产损失的核算。

二、废品损失概述

（一）废品的概念和分类

废品是指由于生产原因而造成的质量不符合规定的技术标准，不能按原定用途使用，或者需要加工修理后才能按规定用途使用的在产品、半成品和产成品。不论是在生产过程中发现的，还是在入库后发现的，都是生产中的废品。

废品按其产生的原因分类，分为工废和料废两类。工废是由于工人操作上的主观原因造成的废品，属于操作工人的责任；料废是由于投入加工的原材料或半成品的质量不符合要求所造成的废品，不属于操作工人的责任。

废品按其修复技术的可行性和修复费用的经济性分类，分为可修复废品和不可修复废品两种。可修复废品，技术上可以修复，而且所需修复费用在经济上是合算的废品；不可修复废品，则指技术上无法修复，或技术上可以修复但所需修复费用在经济上不合算的废品。

废品没有使用价值，因而其价值也无从实现，就连其生产过程中消耗的价值也无法获得补偿，这必然使企业蒙受重大损失。但是，为了保证企业再生产循环顺利进行，考核企业生产经营成果，促使企业生产消耗的足额补偿，国家允许企业将发生废品遭受的损失作为一种费用计入合格品成本，以期通过合格品价值的实现，达到足额补偿生产消耗的目的，保证再生产的顺利进行。所以，废品损失属于产品成本的组成内容。

（二）废品损失的概念和方式

所谓废品损失，是指生产过程中发生或完工入库后发现的各种不可修复废品所形成的报废净损失和可修复废品的修复费用总和。报废净损失是指不可修复废品的生产成本扣除残料价值和责任人赔偿款后的损失。修复费用是指为修复废品所耗用的料、工、费等支出，若有残料回收和责任人的赔偿款则应予以扣除。

废品损失的核算有两种方式：单独核算废品损失和不单独核算废品损失。

（1）单独核算废品损失，是指会计上单独设置"废品损失"账户对发生的废品损失进行专门的核算与监督，在产品成本计算中单设"废品损失"成本项目进行独立的反映。单独核算废品损失适用于产品生产中易发生废品、管理上需要单独考核"废品损失"及有关费用项目指标的企业；反之，则采用不单独核算废品损失的方式。单独核算废品损失企业的废品损失核算程序如图4—2所示。

（2）不单独核算废品损失，是指发生的废品损失混合在合格品成本之中，无法明确反映实际发生废品损失的数额，不作为独立的成本项目加以核算。

在单独核算废品损失的企业中，应在会计科目体系中增设"废品损失"科目；并在基本生产成本明细账中增设"废品损失"成本项目。"废品损失"科目是为了归集和分配废品损失而设立的。该科目按车间设立明细账，账内按产品品种分设专户，并按成本项目分设专栏或专行，进

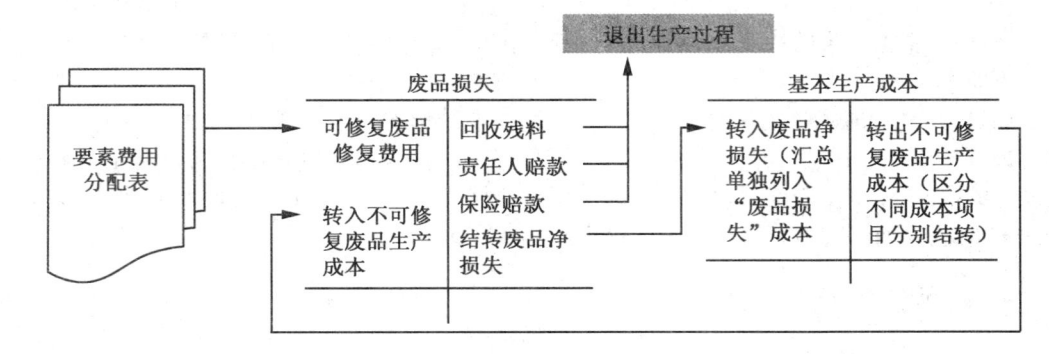

图 4—2 废品损失核算程序图示

行明细核算。该科目借方登记转入的不可修复废品生产成本和可修复废品的修复费用,贷方登记结转的废品残值收入、责任人赔款收入以及最终结转到当月同种合格品成本的废品净损失。"废品损失"科目月末结转后无余额。

三、废品损失的核算

(一)可修复废品损失的核算

可修复废品损失是指在废品修复过程中所发生的修复费用,包括为修复废品所耗用的直接材料、直接人工、制造费用等。

在单独核算废品损失的企业中,对可修复废品发生的各种修复费用,应根据各种费用分配表归集在"废品损失"账户及其有关明细账的借方,如有残值回收和应收赔偿款,应抵减废品成本,即分别根据"废料交库单"和有关结算凭证,将残料价值由"废品损失"账户的贷方转入"原材料"等有关账户的借方,将应收赔偿款由"废品损失"账户的贷方转入"其他应收款"账户的借方。最后,将废品净损失(即修复费用减去残值和赔款的差额)由"废品损失"账户贷方转入"基本生产成本"账户借方"废品损失"成本项目。

在不单独核算废品损失的企业中,对可修复废品发生的各种修复费用,应根据各种费用分配表归集在"基本生产成本"明细账户有关的成本项目中,如修复废品领用材料、发生人工费用,应直接记入"基本生产成本"明细账户的直接材料、直接人工等成本项目,与正常的产品生产消耗的核算相同。在回收废品残料时,直接冲减"基本生产成本"明细账的直接材料成本项目。"基本生产成本"账户和所属有关产品成本明细账归集的费用即为合格产品的成本。

【案例 4—7】 某企业在生产过程中发现 1 月份有 3 件 A 产品为可修复废品,月末各种费用分配表列明 A 产品的修复费用为:原材料 270 元,工资 200 元,职工福利费 28 元,制造费用 156 元。

分析:单独核算废品损失的企业作如下会计处理:
(1)发生各种修复费用时:

借:废品损失——某车间(A 产品)　　　　　　　　　　　　654
　　贷:原材料　　　　　　　　　　　　　　　　　　　　　270
　　　　应付职工薪酬——工资　　　　　　　　　　　　　　200
　　　　　　　　　　　——福利费　　　　　　　　　　　　 28
　　　　制造费用　　　　　　　　　　　　　　　　　　　　156

(2)月末将 A 废品的残料作价 30 元,验收入库时:
  借:原材料   30
    贷:废品损失——某车间(A 产品)   30
(3)将废品净损失转入产品成本时:
  借:生产成本——基本生产成本——A 产品(废品损失) 624
    贷:废品损失——某车间(A 产品)   624

(二)不可修复废品损失的核算

不可修复废品损失是指截至报废时,废品已经发生的生产成本扣除残值和应收责任人(或保险公司)赔偿款后的净额。

在单独核算废品损失的企业中,应先将废品的生产成本由"基本生产成本"明细账中转入"废品损失"账户,再核算残料价值和责任人赔款,最后将废品净损失结转计入"基本生产成本"账户,由它的合格品来承担,相应地增加单位合格品生产成本。这里关键的问题是不可修复废品的生产成本如何从该产品总成本中分离出来?这是因为,不可修复废品在报废前,其所耗成本是与合格品成本混合在一起的,不能直接辨认和确定。所以,不可修复废品的生产成本要采用适当的分配方法,将某产品成本明细账归集的费用总额在合格品与废品之间分配,计算出不可修复废品的生产成本。计算时可以按废品实际生产成本计算,也可按废品的定额成本计算。

【案例 4—8】 假设某服装厂某月生产 2 000 件男士衬衫,在生产过程中发现其中 5 件为不可修复废品。该产品成本明细账登记的生产费用为:原材料费用 150 000 元,直接人工费用 57 500 元,制造费用 48 875 元。原材料是在生产开始时一次投入。生产工时耗用情况为:合格品 5 734 小时,废品 16 小时,合计 5 750 小时。废品回收的残料价值为 30 元,过失人赔偿款为 100 元。原材料费用采用数量比例法进行分配;其他费用按生产工时比例分配。

要求:完成废品损失的核算。

分析:这是一个不可修复废品损失核算的业务,在独立核算废品损失的企业,其会计处理如下:

(1)根据上述资料,编制"不可修复废品损失计算表"(见表 4—8)。

表 4—8   **不可修复废品损失计算表(按实际成本计算)**
车间:衬衫车间   产品:衬衫   2017 年×月

项 目	产量(件)	直接材料	生产工时	直接人工	制造费用	合 计
生产费用合计	2 000	150 000	7 750	57 500	48 875	256 375
费用分配率		75		10	8.5	—
废品生产成本	5	375	16	160	136	671
减:残料价值		30				30
废品报废损失		345		160	136	641
减:过失人赔款				100		100
废品净损失		345		60	136	541

表 4—8 中废品成本的计算:

直接材料分配率=150 000÷2 000=75(元/件)

直接人工分配率＝57 500÷5 750＝10(元/小时)
制造费用分配率＝48 875÷5 750＝8.5(元/小时)
废品生产成本：直接材料＝5×75＝375(元)
　　　　　　　直接人工＝16×10＝160(元)
　　　　　　　制造费用＝16×8.5＝136(元)
　　　　　　　合计　　　　671(元)

将不可修复废品的生产成本扣除残料价值后这种废品损失称为废品报废损失；再扣除赔款以后的废品损失称为废品净损失。

(2)根据上列不可修复废品损失计算表，编制下列会计分录：

①将废品生产成本"基本生产成本"明细账的贷方转出时：
　借：废品损失——衬衫车间(衬衫)　　　　　　　　　　　671
　　贷：生产成本——基本生产成本——衬衫(直接材料)　　　375
　　　　　　　　　　　　　　　　　——衬衫(直接人工)　　160
　　　　　　　　　　　　　　　　　——衬衫(制造费用)　　136

②回收废品残料价值时：
　借：原材料　　　　　　　　　　　　　　　　　　　　　30
　　贷：废品损失——衬衫车间(衬衫)　　　　　　　　　　30

③应收过失人赔款为100元，根据索赔凭证，登记应收赔款时：
　借：其他应收款　　　　　　　　　　　　　　　　　　　100
　　贷：废品损失——衬衫车间(衬衫)　　　　　　　　　　100

④将废品净损失541元，转入同种合格品的成本明细账"废品损失"成本项目时：
　借：生产成本——基本生产成本——衬衫(废品损失)　　　541
　　贷：废品损失——衬衫车间(衬衫)　　　　　　　　　　541

按实际成本计算废品损失结果比较准确，但要等到期末，且核算工作量也相对较大。如果企业的定额资料比较齐全，也可以按定额成本计算。

【案例4－9】 某服装厂在生产衬衫的过程中，产生不可修复废品5件，按其所耗定额费用计算废品的生产成本。其原材料费用定额为73元，已完成的定额工时共计20小时，每小时的费用定额为：工资及福利费11元，制造费用9.5元。回收废品残料计价30元。

根据上列资料，应编制"不可修复废品损失计算表"如表4－9所示。

表4－9　　　　　　　　不可修复废品损失计算表(按定额成本计算)

车间：衬衫车间　　产品：衬衫　　　　20××年×月

项　目	原材料	定额工时	直接人工	制造费用	成本合计
每件或每小时费用定额	73		11	9.5	
废品数量(件)和定额工时	5	20			
废品定额成本	365		220	190	775
减：残料价值	30				30
废品报废损失	335		220	190	745

分析：在表4—9中，废品的定额原材料费用应根据原材料费用定额乘以废品数量计算；定额工资及福利费和定额制造费用，应根据各该费用定额乘以定额工时计算。根据该表所做的账务处理中账户的对应关系与上例相同，不再列示。

采用定额成本计算废品损失方法简便、计算及时，有利于控制废品损失，故应用较为广泛，但此方法适用于定额成本资料较完善、准确的企业。

在不单独核算废品损失的企业，本案例中回收残料和应收责任人赔款的会计处理应为：

(1) 回收废品残料价值：

  借：原材料   30
    贷：生产成本——基本生产成本——衬衫   30

(2) 应收过失人赔款为100元，根据索赔凭证，登记应收赔款：

  借：其他应收款   100
    贷：生产成本——基本生产成本——衬衫   100

四、停工损失的核算

停工损失是指生产车间或车间内某个班组在停工期间发生的各项费用，包括停工期间发生的原材料费用、工资及福利费和制造费用等。应由过失单位或保险公司负担的赔款，应从停工损失中扣除。计算停工损失的时间起点，由企业或主管企业的上级机构规定。

发生停工的原因很多，有计划内停工（如计划减产、季节性停产期间造成的停工）、计划外停工（如停工待料、电力中断、设备故障等事故造成的停工，以及非常损失造成的停工）。在单独核算停工损失的情况下，停工损失一般应单独计入产品成本，但不是所有的停工损失都要计入产品成本。对于计划减产造成全厂连续停产十天以上，或企业主要生产车间连续停产一个月以上以及由于自然灾害等引起的非正常停工损失，应记入营业外支出；其他停工损失，例如季节性和固定资产修理期间的停工损失以及不满一个工作日的停工损失，应计入"制造费用"，然后转入产品成本；对于辅助生产车间发生的停工损失，应直接计入辅助生产费用。

在停工时，车间应该填列停工报告单，并在考勤记录中进行登记。会计部门和车间核算人员，应对停工报告单所列停工范围、时数及其原因和过失单位等事项进行审核。只有经过审核的停工报告单，才能作为停工损失核算的根据。

为了单独核算停工损失，在会计科目中应增设"停工损失"科目，成本明细账中应增设"停工损失"成本项目。"停工损失"科目是为了归集和分配停工损失而设立的，该科目应按车间设立明细账，账内按成本项目分设专栏或专行，进行明细核算。停工期间发生的应该计入停工损失的各种费用，都应在该科目的借方归集，借记"停工损失"科目，贷记"原材料"、"应付职工薪酬"和"制造费用"等科目。归集在"停工损失"科目借方的停工损失，其中应取得的赔偿损失和应计入营业外支出的损失，应从该科目的贷方分别转入"其他应收款"和"营业外支出"科目的借方；应计入产品成本的损失，则应从该科目的贷方转入"基本生产成本"科目的借方。应计入产品成本的停工损失，如果停工的车间只生产一种产品，应直接计入该种产品成本明细账的"停工损失"成本项目；如果停工的车间生产多种产品，则应采用适当的分配方法（一般与分配制造费用的方法相同），分配记入该车间各种产品成本明细账的"停工损失"成本项目。通过上述归集和分配，"停工损失"科目月末无余额。

【案例4—10】 某服装厂本月生产西装，由于原材料不足造成停工2天，停工期间支付生产工人工资4 700元，提取的职工福利费658元，应负担的制造费用2 800元。经协商，材料供应商赔偿 5 000 元,其余由企业负担。

要求:完成停工损失的会计处理。

分析:

计算停工损失时:

借:停工损失——×车间　　　　　　　　　　　　　　　　8 158
　　贷:应付职工薪酬——工资　　　　　　　　　　　　　　　4 700
　　　　　　　　　　——福利费　　　　　　　　　　　　　　 658
　　　　制造费用　　　　　　　　　　　　　　　　　　　　 2 800

结转停工损失时:

借:其他应收款　　　　　　　　　　　　　　　　　　　　　5 000
　　生产成本——基本生产成本——西装(停工损失)　　　　　3 158
　　贷:停工损失——×车间　　　　　　　　　　　　　　　　8 158

在不单独核算停工损失的企业中,不设立"停工损失"会计科目和成本项目。停工期间发生的属于停工损失的各种费用,直接记入"制造费用"和"营业外支出"等科目分别反映。这样核算很简便,但对于停工损失的分析和控制会产生一定的不利影响。

关键术语

辅助生产费用　直接分配法　交互分配法　代数分配法　计划成本分配法　制造费用　损失性费用　废品损失　单独核算废品损失　不单独核算废品损失　可修复废品损失　不可修复废品损失　停工损失

◎ 应知考核 ◎

一、单项选择题

1. 辅助生产费用采用交互分配法,对外分配的费用总额是(　　)。
   A. 交互分配前的费用
   B. 交互分配前的费用加上交互分配转入的费用
   C. 交互分配前的费用减去交互分配转出的费用
   D. 交互分配前的费用加上交互分配转入的费用,减去交互分配转出的费用

2. 辅助生产费用采用计划成本分配法,辅助车间实际发生的费用应该是(　　)。
   A. 该车间待分配费用减去分配转出的费用
   B. 该车间待分配费用加上分配转入的费用
   C. 该车间待分配费用加上分配转入的费用,减去分配转出的费用
   D. 该车间待分配费用加上分配转出的费用,减去分配转入的费用

3. 辅助生产费用直接分配法的特点是将辅助生产费用(　　)。
   A. 直接计入辅助生产提供的劳务成本　　B. 直接分配给所有受益的车间、部门
   C. 直接计入"辅助生产成本"账户　　　　D. 直接分配给辅助生产以外的各受益单位

4. 辅助生产车间完工的修理用备件入库时,应借记的账户是(　　)。
   A. "低值易耗品"　　　　　　　　　　　B. "基本生产成本"
   C. "辅助生产成本"　　　　　　　　　　D. "原材料"

5. 辅助生产费用采用交互分配法分配辅助生产费用时,第一次交互分配是在(　　)之间进行的。
   A. 各受益的辅助生产车间　　　　　　　B. 辅助生产车间以外的各受益单位

C. 各受益的基本生产车间　　　　　　　　D. 各受益的企业管理部门
6. 在各辅助生产车间相互提供劳务很少的情况下,适宜采用的辅助生产费用分配方法是(　　)。
   A. 直接分配法　　　　　　　　　　　　B. 交互分配法
   C. 计划成本分配法　　　　　　　　　　D. 代数分配法
7. 在辅助生产费用的各种分配法中,分配结果最正确的是(　　)。
   A. 直接分配法　　　　　　　　　　　　B. 交互分配法
   C. 计划成本分配法　　　　　　　　　　D. 代数分配法
8. "辅助生产成本"账户月末(　　)。
   A. 一定没有余额　　　　　　　　　　　B. 如果有余额,余额一定在借方
   C. 如果有余额,余额一定在贷方　　　　D. 可能有借方余额或贷方余额
9. 废品损失不包括(　　)。
   A. 修复废品人员工资　　　　　　　　　B. 修复废品使用材料
   C. 不可修复废品的报废损失　　　　　　D. 产品"三包"损失
10. 工业企业的废品损失应计入(　　)。
    A. 管理费用　　　　B. 销售费用　　　　C. 生产成本　　　　D. 营业外支出

二、多项选择题

1. 在下列方法中,属于辅助生产费用分配方法的有(　　)。
   A. 交互分配法　　　B. 代数分配法　　　C. 定额比例法　　　D. 直接分配法
2. 辅助生产费用分配转出时,可以(　　)。
   A. 借记"制造费用"账户　　　　　　　　B. 借记"管理费用"账户
   C. 借记"在建工程"账户　　　　　　　　D. 贷记"辅助生产成本"账户
3. 辅助生产车间发生的固定资产折旧费,可能借记的账户有(　　)。
   A. "制造费用"　　　　　　　　　　　　B. "辅助生产成本"
   C. "基本生产成本"　　　　　　　　　　D. "管理费用"
4. 废品损失应包括(　　)。
   A. 不可修复废品的报废损失　　　　　　B. 可修复废品的修复费用
   C. 不合格品的降价损失　　　　　　　　D. 产品保管不善的损坏变质损失
5. "停工损失"科目贷方的对应科目可能有(　　)。
   A. "其他应收款"科目　　　　　　　　　B. "营业外支出"科目
   C. "制造费用"科目　　　　　　　　　　D. "管理费用"科目

三、判断题

1. 可修复废品是指经过修理后可以使用的。　　　　　　　　　　　　　　　　　　(　　)
2. 对于辅助生产车间发生的费用,都应在"生产成本——辅助生产成本"科目中进行核算。(　　)
3. 辅助生产车间发生的费用,都应于月末时作借记"生产成本——基本生产成本"等科目,贷记"生产成本——辅助生产成本"科目。　　　　　　　　　　　　　　　　　　　　　　　　(　　)
4. 在所有的辅助生产费用分配方法中,最准确的方法是一次交互分配法。　　　　　(　　)
5. 废品损失还包括不需要返修、可以降价出售的不合格品的降价损失。　　　　　　(　　)
6. 废品损失包括产成品入库后由于保管不当造成的损失。　　　　　　　　　　　　(　　)
7. 废品损失包括实行包退、包换、包修的企业在产品出售后发现废品时所发生的一切损失。(　　)
8. 结转不可修复废品的成本时,应借记"生产成本——基本生产成本"科目,贷记"废品损失"科目。

不可修复废品的成本可以按其所耗实际费用计算,也可以按其所耗定额费用计算。（ ）
9. 季节性和固定资产修理期间的停工损失,应计入"管理费用"科目中。（ ）
10. 凡技术上能够修复的废品均为可修复废品。（ ）

四、简答题

1. 简述直接分配法如何计算,有什么特点,在什么条件下采用。
2. 简述一次交互分配法如何计算,有什么特点,在什么条件下采用。
3. 简述计划成本分配法如何计算,有什么特点,差异额应如何处理。
4. 简述代数分配法如何计算,有什么特点,在什么条件下采用。
5. 简述废品损失应如何进行账务处理。

◎ 应会考核 ◎

★ 观念应用

【背景资料】

高参的建议

红福汽车配件厂是为捷达汽车进行配套的私营企业,年终进行会计成果计算时,老板提出了在合法范围内减少企业利润,进行合理避税。会计科召开会议,大家献计献策,最后一致认可了老板的建议,即将原来的辅助生产费用交互法改为直接分配法,将原来制造费用生产工人工时比例改为年度计划分配率法。原因为三:其一是经测算更改后计算成本结果大于更改前;其二是制造费用采用年度计划分配率法,可以设定较大的计划分配率,不处理差异;其三是账面采用新方法,制造费用实际成本控制还采用原方法,这样两全其美。

【考核要求】

将生产要素核算方法更改是否符合规定?阐述的原因是否符合会计法规和会计职业道德规范要求?

★ 技能应用

技能 1:辅助生产费用的计算

假设中兴工厂设有供水、供电两个辅助生产车间,主要为基本生产车间和厂行政管理部门服务。根据辅助生产成本明细账,供水车间本月发生费用为 7 380 元,供电车间本月发生费用为 10 519.20 元。该工厂辅助生产的制造费用不通过制造费用科目核算。根据劳务供应和耗用劳务通知单,可整理各车间和部门耗用劳务情况见表 4—10。

要求:根据上述资料,采用直接分配法、计划成本分配法、交互分配法分配辅助生产费用,并将计算结果直接填入表 4—11 和表 4—12。

假定上例中企业确定产品的计划单位成本为:每吨水 1.20 元,每度电 0.38 元,编制辅助生产费用分配表,见表 4—13。

表 4—10   辅助生产车间劳务供应通知单

受益单位	用水数量(吨)	用电度数(度)
辅助生产车间		
供水		2 922
供电	559	

续表

受益单位	用水数量(吨)	用电度数(度)
基本生产车间		
甲产品		12 000
乙产品		8 000
一般消耗	5 100	2 000
厂行政管理部门消耗	1 050	4 298
合　计	6 709	29 220

表4—11　　　　　　　　　　　辅助生产费用分配表　　　　　　　　　　　单位：元
（按直接分配法分配）

辅助生产车间名称			供水车间	供电车间	合　计
待分配辅助生产费用					
辅助生产以外部门劳务供应量					
费用分配率					
基本生产成本	甲产品	消耗量			
		分配额			
	乙产品	消耗量			
		分配额			
	小　计				
制造费用		消耗量			
		分配额			
管理费用		消耗量			
		分配额			
分配金额合计					

表4—12　　　　　　　　　　　辅助生产费用分配表　　　　　　　　　　　单位：元
（按交互分配法分配）

项　目			交互分配			对外分配		
			供水	供电	合计	供水	供电	合计
辅助生产车间名称								
待分配辅助生产费用								
供应劳务数量								
费用分配率								
辅助车间内部	供水车间	消耗数量						
		分配金额						
	供电车间	消耗数量						
		分配金额						
	分配金额小计							

续表

项目			交互分配		对外分配	
辅助车间以外的分配	基本生产成本	甲产品	消耗数量			
			分配金额			
		乙产品	消耗数量			
			分配金额			
		分配金额小计				
	制造费用		消耗数量			
			分配金额			
	管理费用		消耗数量			
			分配金额			
合　计						

表4-13　　　　　　　　　　　辅助生产费用分配表
　　　　　　　　　　　　　　（按计划成本分配法）　　　　　　　　　　　　　　　单位:元

项　目		供水车间（计划单位成本:1.20元)		供电车间（计划单位成本:0.38元)		按计划成本分配转入合计
		供水数量	分配金额	供电数量	分配金额	
辅助生产成本	供水车间					
	供电车间					
	小　计					
基本生产成本	甲产品					
	乙产品					
	小　计					
制造费用						
管理费用						
按计划成本分配转出合计						
待分配费用						
分配转入费用						
实际成本						
成本差异						

技能2：废品损失的计算

某企业某月份投产丁产品180件，生产过程中发现不可修复废品30件；该产品成本明细账所记合格品与废品的全部费用为：直接材料4 500元、直接人工2 224元、制造费用5 560元。废品回收残料110元。直接材料于生产开始时一次投入，因此直接材料费按合格品的数量(150件)、废品数量(30件)的数量比例分配。其他费用按生产工时比例分配，生产工时为：合格品2 360小时、废品420小时。根据上述资料，编制不可修复废品损失计算表(见表4-14)，并作相应的账务处理。

表 4—14　　　　　　　　　　　　　不可修复废品损失计算表　　　　　　　　　　　　单位：元

项　目	数量(件)	直接材料	生产工时	直接人工	制造费用	合　计
费用总额						
费用分配率						
废品成本						
减：残值						
废品报废损失						

★ **案例分析**

【情景与背景】

张强 2017 年 6 月从东北财经大学会计学院毕业，在招聘会上被柏斯特设备制造公司录用为成本会计员。该公司新增加了一个辅助生产车间，即供汽车间，该车间主要生产蒸汽，用的燃料是原煤。生产的蒸汽主要由机械加工、冲压、供电、修理等车间使用。其他部门使用得较少。该公司过去辅助生产车间主要是供电车间和修理车间。7 月份供汽车间共发生费用 800 000 元，供电车间发生费用 1 200 000 元，修理车间发生费用 900 000 元，各辅助生产车间提供的劳务及消耗单位情况如表 4—15 所示。

表 4—15

消耗劳务单位		供汽车间(立方米)	供电车间(千瓦)	修理车间(小时)
供汽车间		—	10 000	12 000
供电车间		20 000	—	4 000
修理车间		5 000	25 000	—
第一车间	产品消耗	30 000	50 000	68 000
	一般消耗	4 000	26 000	2 000
第二车间	产品消耗	1 000	60 000	13 000
	一般消耗	1 500	18 000	9 000
行政管理部门		2 000	17 000	7 000
设备自建工程		1 500	14 000	5 000
合　计		65 000	220 000	120 000

【分析要求】

财务部领导向张强提出了如下几个方面的问题要求其解答，请你帮助分析：

(1)原来企业采用直接分配法分配辅助生产费用，这种分配方法是否合适？有什么优缺点？

(2)新增加了一个辅助生产车间是否需要对辅助生产费用分配方法进行改变？

(3)若需要改变辅助生产费用分配方法，采用什么方法比较合适？请提供几种方案供领导决策时选择。

◎ 项目实训 ◎

【实训项目】
综合要素的分配和归集

【实训目的】
通过实训,根据下列不同资料,训练综合要素费用在产品之间分配的方法,掌握产品生产成本的计算与核算过程(成本计算过程及相关会计分录需另附纸,保留2位小数点)。

【实训任务】

【实训1】

1. 资料:中源公司2017年10月份发出材料汇总情况如表4—16所示,该公司原材料按计划成本核算,材料成本差异率为-3%。基本生产车间甲、乙两种产品共同消耗的原材料成本按定额消耗量比例法分配:甲产品产量2 704件,原材料消耗定额14千克/件;乙产品产量952件,原材料消耗定额26千克/件。

表4—16　　　　　　　　　　发出材料汇总表(计划成本)
2017年10月

领料部门		原料及主要材料	辅助材料	外购件	合　计
基本生产车间	甲产品	887 200			887 200
	乙产品	321 050			321 050
	甲、乙产品共用	912 700			912 700
	机物料消耗		9 982		9 982
	劳保用品		18 978		18 978
	车间办公用材料		3 200		3 200
	小　计	2 120 950	32 160		2 153 110
供汽车间			4 100	11 800	15 900
供电车间			12 000	10 200	22 200
管理部门			9 000		9 000
合　计		2 120 950	57 260	22 000	2 200 210

2. 要求:根据资料编制原材料消耗分配汇总表,并编制相应的会计分录。

(1)有关计算,编制原材料消耗分配汇总表(见表4—17)。

表 4-17

材料费用分配汇总表

____年____月

借方科目			产量（件）	直接消耗材料	消耗材料计划成本					材料计划成本合计	材料成本差异额（-3%）	消耗材料实际成本
总账科目	二级账户	明细账户			共同消耗材料							
					单位消耗定额	定额消耗量	分配率	应分配材料费用				
生产成本	基本生产成本	甲产品										
		乙产品										
		小计										
	辅助生产成本	供汽车间										
		供电车间										
		小计										
制造费用	基本生产成本											
		小计										
管理部门												
		小计										
合 计												

(2)有关会计分录：

【实训2】

1. 资料：光明工厂2017年6月耗用外购电力25 500度，每度1.8元。各部门耗电情况如表4—18所示。

表4—18　　　　　　　　　　　各部门耗电情况统计

耗用单位		单独耗用	共同耗用
基本车间	A产品耗用		18 000度
	B产品耗用		
	车间照明	500度	
供电车间耗用		1 000度	
供汽车间耗用		4 000度	
行政管理部门		2 000度	

2. 要求：编制光明工厂2017年6月份的外购电力费用分配表(见表4—19)，并写出分配分录。

表4—19　　　　　　　　　　　各部门耗电情况统计

项　目		直接计入	分配计入			合　计
			工时	分配率	分配额	
基本生产成本	甲产品		22 000			
	乙产品		18 000			
	小　计		40 000			
辅助生产成本	供电					
	供汽					
制造费用	基本车间					
管理费用						
合　计						

项目五　生产费用在完工产品和在产品之间的核算

【知识目标】
理解：在产品的概念、在产品数量的核算。
熟知：在产品清查结果的处理；期末在产品成本与完工产成品成本的关系。
掌握：生产费用在完工产品和在产品之间分配的常用的七种方法。

【技能目标】
能够掌握生产费用在完工产品和在产品之间的分配、完工产品成本结转等各种方法的运用，能用所学的实务知识规范生产费用在完工产品和在产品之间分配的相关技能活动。

【素质目标】
能够运用所学的理论与实务知识研究相关案例，培养和提高学生在特定业务情境中分析问题与决策设计能力，分析企业与会计人员行为的善恶，强化学生的职业道德素质。

【项目引例】

生产费用如何在完工产品和月末在产品之间分配

中华公司生产的甲产品经过两道工序加工完成，2017年7月末各工序在产品数量为：第一道工序200件，第二道工序300件，其中第二道工序在产品中有正在返修的废品40件。另外，在企业的半成品明细账中，有本月加工完成入库的第一道工序产品200件。第二道工序本月加工完成的产品有800件，其中有200件尽管完工，但尚未来得及办理入库手续，另外有20件在验收时发现有严重质量问题而未能入库等待返修。在月末分配生产费用确定在产品数量时，财务部小陈和小李产生了分歧。小陈认为月末在产品数量为500件，小李却认为月末在产品应为720件。

【讨论】　你认为他们的分歧原因在何处？从分配完工产品和月末在产品应负担生产费用角度看，你认为月末在产品应该为多少？

知识精讲

任务一　在产品核算

一、在产品的概念

在产品是指企业已经投入生产,但没有完成全部生产过程,不能作为商品销售的产品。在产品有广义和狭义之分。

广义的在产品是从整个企业来看,凡是没有完成企业全部生产过程、不能作为商品销售的产品,包括正在车间加工中的在制品和已完成一个或几个生产步骤,但还需要继续加工的自制半成品(包括存放在各个生产步骤及半成品仓库的自制半成品)。对外销售的自制半成品,属于商品产品,不包括在在产品之内。

狭义在产品仅指正在某一车间或某一生产步骤加工中的在制品,不包括车间或生产步骤完工的自制半成品。

二、在产品数量的核算

工业企业的在产品是指处在生产过程中尚未完工的产品。为了反映在产品的收、发、结存情况,凡能够计量的在产品,都应根据不同的生产车间并按照产品品种和在产品的名称设置"在产品收发台账",进行在产品数量的核算,以便反映在产品实体的增减动态变化和结存情况。"在产品收发台账"格式如表5-1所示。

表 5-1　　　　　　　　　　　在产品收发台账

在产品名称：甲　　　编号：1001　　　车间名称：2车间　　　单位：件

年		摘要	转入		转出			结存		备注
月	日		凭证	数量	凭证号	合格品	废品	完工	在产品	
10	1		121	70					32	
10	2			50		80	2	28	56	
10	7			40		65		12	41	
⋮	⋮	⋮		⋮		⋮		⋮	⋮	
10	31	合计		2 640		2 600	20	16	4	

各车间应认真做好在产品的收发计量和验收、交接工作,并在此基础上,由车间核算员根据领料凭证、在产品内部转移凭证、产品检验和入库凭证等,及时登记在产品收发台账。月终汇总在产品收发台账的结存数,作为计算在产品成本和清查盘点的依据。为了核实在产品数量,保护在产品的安全完整,保证在产品成本计算正确无误,企业应定期或不定期地对在产品进行实物清查盘点。查明在产品实存数量,以正确计算在产品成本,并对盘盈和盘亏、毁损的在产品进行及时处理,以保证账实相符。

三、在产品清查结果的处理

在产品数量的核算是进行在产品成本核算的基础。在产品清查应当在每月月末进行,通过实地盘点确定在产品的实际结存数量,与在产品台账记录的结存数量进行核对。如有不符,编制"在产品盘盈盘亏报告表",填明在产品名称、盘亏数量、金额、原因等。对于毁损的在产品还要登记残值,经有关领导批准后进行账务处理。为了反映在产品盘盈、盘亏和毁损的处理过程,应当设置"待处理财产损溢"账户。盘亏和毁损在产品价值登记在借方,盘盈在产品价值登记在其贷方,盘盈、盘亏和毁损在产品经批准转销后,该账户应无余额。企业盘盈在产品,冲减管理费用;盘亏、毁损的在产品,扣除过失人或保险公司赔款和回收的残料价值以后,登记管理费用。在产品因非常损失造成的毁损,扣除保险公司赔款和回收的残料价值以后,计入营业外支出。具体处理程序和方法如下:

(1)盘盈的在产品

批准前:

　　借:生产成本——基本生产成本——××产品
　　　　贷:待处理财产损溢——待处理流动资产损溢

批准后:

　　借:待处理财产损溢——待处理流动资产损溢
　　　　贷:管理费用

(2)盘亏或毁损的在产品:

批准前:

　　借:待处理财产损溢——待处理流动资产损溢
　　　　贷:生产成本——基本生产成本——××产品

批准后:

　　借:原材料(毁损在产品收回的残值)
　　　　管理费用(其他无法收回的损失)
　　　　营业外支出(非常损失的净损失)
　　　　其他应收款(应收过失人或保险公司赔偿损失)
　　　　贷:待处理财产损溢——待处理流动资产损溢

应注意的是,如果在产品发生非常损失,其负担的增值税进项税额也应转出,借记"待处理财产损溢"账户,贷记"应交税费——应交增值税(进项税额转出)"账户。另外,为了正确地估计和分配制造费用,产品盘盈或盘亏的账务处理,应该在结转制造费用之前进行。

四、期末在产品成本与完工产成品成本的关系

通过各项费用要素的归集和分配,企业产品生产过程中发生的各种生产费用,已经归集记入各产品的生产成本明细账中。将产品生产成本明细账的期初余额(即期初在产品成本)加上本期归集的生产费用,即为该明细账登记的产品应负担的生产费用合计。若是产品已经全部完工的,生产费用合计就是该完工产品的总成本;若是产品全部未完工,生产费用合计就是该产品的月末在产品成本;若是有一部分完工,另有一部分尚未完工的,则应将生产费用合计在完工产品和在产品之间进行分配,以计算确定完工产品成本、月末在产品成本。月初在产品成本、本月生产费用与本月完工产品成本和月末在产品成本四者之间的关系,可用下列公式

表示：

$$月初在产品成本＋本月生产费用＝本月完工产品成本＋月末在产品成本$$

上式表明，生产费用合计应在完工产品和月末在产品之间进行分配。生产费用在完工产品与月末在产品之间分配的方法一般有两类：一类是将前两项费用之和在完工产品与月末在产品之间按照一定比例进行分配，同时计算完工产品成本和月末在产品成本。另一类是先确定月末在产品成本，再从前两项费用之和减去月末在产品成本，计算完工产品成本，其计算公式为：

$$本月完工产品成本＝月初在产品成本＋本月生产费用－月末在产品成本$$

计算完工产品成本和月末在产品成本，是成本计算的最后阶段，也是成本计算中重要而复杂的一个环节。如果不能正确计算完工产品成本与月末在产品成本，就难以考核、评价成本计划的完成情况，同时还会影响产品销售利润计算的正确性。

【案例5—1】 某企业2017年10月份生产甲产品200件，发生生产费用如下：直接材料费用65 472元，直接人工费用26 112元，制造费用19 788元，合计111 372元。甲产品全部完工。

要求：计算甲产品的完工成本是多少？

分析：费用归集和完工产品成本计算情况如表5—2所示。

表5—2　　　　　　　　　　产品成本明细账

产品名称：甲产品　　　　　　　2017年10月　　　　　　　完工产品产量：200件

成本项目	直接材料	直接人工	制造费用	合　计
月初在产品成本	—	—	—	—
本月生产费用	65 472	26 112	19 788	111 372
生产费用合计	65 472	26 112	19 788	111 372
完工产品成本	65 472	26 112	19 788	111 372
完工产品单位成本	327.36	130.56	98.94	556.86
月末在产品成本	—	—	—	—

该产品本月已经全部完工，没有月末在产品，则本月累计生产费用等于本月完工产品总成本；如果该产品月初也没有在产品，则本月生产费用等于本月完工产品总成本。

任务二　生产费用在完工产品和在产品之间的分配方法

生产费用在完工产品和在产品之间进行分配，应根据月末在产品的数量和完工程度、各月在产品数量变化的大小、在产品成本中各项费用的比重大小以及各种产品定额管理基础和消耗水平等具体条件，考虑到企业的管理要求和条件，选择合理又简便的分配方法。生产费用在完工产品和在产品之间分配，就是在产品成本的计算过程（当然，也是完工产品成本计算的过程），常用的方法一般有七种。

一、在产品不计算成本法

在产品不计算成本法是指某种产品本月归集的全部生产费用都计入本月完工产品成本，不计算月末在产品成本。

【案例 5—2】 某企业 2017 年 5 月份生产 A 产品 300 件，月末完工 290 件，未完工 10 件，本月发生生产费用 117 160 元，其中直接材料费用 69 020 元，直接人工费用 27 550 元，制造费用 20 590 元。

根据以上资料，可编制产品成本计算单，如表 5—3 所示。

表 5—3 产品成本明细账

产品名称：A 产品　　　　　　　　完工产品产量：290 件　　　　　　月末在产品量：10 件

成本项目	直接材料	直接人工	制造费用	合　计
月初在产品成本	—	—	—	—
本月生产费用	69 020	27 550	20 590	117 160
生产费用合计	69 020	27 550	20 590	117 160
完工产品成本	69 020	27 550	20 590	117 160
完工产品单位成本	238	95	71	404
月末在产品成本	—	—	—	—

分析：采用这种方法时，虽然有月末在产品，但不计算其成本。这是因为月初与月末在产品数量很少、成本很小，那么月初在产品成本与月末在产品成本之间的差额就更小，算不算各月在产品成本对完工产品成本的正确性、真实性影响不大。所以，根据重要性原则，为简化产品成本计算工作，可以不计算月末在产品成本，而将本月归集的全部生产费用全部计入当月完工产品的总成本中。

采用在产品不计算成本法，适用于月末在产品数量很少、价值较低的产品。例如，自来水厂、采掘企业就可以采用这种不计算在产品成本的方法。其特点是本月发生的生产费用等于本月完工产品成本。

二、在产品按年初成本计价法

在产品按年初成本计价法是指各月末在产品成本均固定地按年初在产品成本计算，这样各月月初、月末的在产品成本保持一致、固定不变，因此本月归集的生产费用就是本月完工产品成本。

【案例 5—3】 某企业 2017 年 5 月份生产乙产品 300 吨，月末完工 240 吨，未完工 60 吨。月初在产品成本：直接材料费用 19 400 元，直接人工费用 6 790 元，制造费用 4 075 元，合计 30 265 元。本月生产费用：直接材料 75 120 元，直接人工费用 32 400 元，制造费用 18 000 元，合计 125 520 元。

根据以上资料，编制产品成本计算单，如表 5—4 所示。

表 5—4　　　　　　　　　　　　　产品成本明细账

产品名称：乙产品　　　　　　完工产品产量：240 吨　　　　　　月末在产品量：60 吨

成本项目	直接材料	直接人工	制造费用	合　计
月初在产品成本	19 400	6 790	4 075	30 265
本月生产费用	75 120	32 400	18 000	125 520
生产费用合计	94 520	39 190	22 075	155 785
完工产品成本	75 120	32 400	18 000	125 520
完工产品单位成本	313	135	75	523
月末在产品成本	19 400	6 790	4 075	30 265

分析：采用这种方法，各月在产品均按年初固定成本计价，时间一长，在产品成本可能与实际成本相差较大，从而影响成本计算的正确性。因此年终时，企业必须根据实际盘点的在产品数量，采用其他的方法重新计算年末在产品成本，并将其作为下一年度各月的月初、月末在产品成本。

这种方法适用于各月月末在产品数量较少，或在产品数量虽多但各月之间在产品数量变动不大，能保持相对稳定的企业。例如，炼钢厂、化工厂这类利用高炉、化学反应装置或管道生产的企业，月末在产品数量都比较稳定，均可以采用这种方法。这种方法的特点是本月发生的生产费用等于本月完工产品成本。

三、在产品按直接材料成本计价法

在产品按直接材料成本计价是指月末在产品只计算其所耗用的直接材料成本，而直接人工成本和制造费用成本则全部由当月完工产品负担。这种方法减少了直接人工费用和制造费用在完工产品和月末在产品之间的分配工作。

【案例 5—4】　某企业 2017 年 5 月份生产 B 产品，该产品直接材料成本占产品成本比重较大，采用在产品按直接材料成本计价法，原材料于生产开始时一次投入。该企业 B 产品月初在产品成本为 6 250 元。本月共生产 B 产品 500 台，月末完工 430 台，未完工产品 70 台。本月发生生产费用为：直接材料 68 750 元，直接人工 4 800 元，制造费用 2 400 元。直接材料费用按完工产品产量与月末在产品数量比例分配。

根据以上资料，编制产品成本计算单，如表 5—5 所示。

表 5—5　　　　　　　　　　　　　产品成本明细账

产品名称：B 产品　　　　　　完工产品产量：430 台　　　　　　月末在产品量：70 台

成本项目	直接材料	直接人工	制造费用	合　计
月初在产品成本	6 250			6 250
本月生产费用	68 750	4 300	2 150	75 200
生产费用合计	75 000	4 300	2 150	81 450
完工产品成本	64 500	4 300	2 150	70 950
完工产品单位成本	150	10	5	165
月末在产品成本	10 500			10 500

分析：在产品成本按直接材料成本计价的方法，需要对全月发生的直接材料成本在完工产品和在产品之间进行分配。在直接材料一次性消耗的条件下，通常是按照产量比例进行分配。即：

$$月末在产品成本 = 月末在产品应负担的直接材料成本$$

式中，月末在产品应负担的直接材料成本，按下式计算：

$$单位产品直接材料成本 = \frac{本月直接材料费用合计}{完工产品产量 + 月末在产品产量}$$

本期完工产品成本＝月初在产品直接材料成本＋本月生产费用－月末在产品直接材料成本

根据上述资料，月末在产品及完工产品成本计算如下：

$$单位产品直接材料成本 = \frac{6\,250 + 68\,750}{430 + 70} = 150(元/台)$$

月末在产品直接材料费用＝70×150＝10 500(元)

本月完工产品成本＝6 250＋81 450－10 500＝77 200(元)

完工产品单位成本＝77 200÷430≈179.53(元/台)

采用在产品按所耗原材料费用计价法适用于各月末在产品数量较多，各月末在产品数量变化也较大，且直接材料费用在成本中所占比例较大的产品。这种方法的特点是本月发生的人工费用和制造费用全部计入完工产品成本。

四、在产品成本按完工产品成本计价法

在产品成本按完工产品成本计价法是将月末在产品视同完工产品，将各项生产费用的累计数按完工产品和在产品数量的比例进行分配，以确定月末完工产品成本和在产品成本。

【案例 5－5】 某企业 2017 年 5 月份生产甲产品 100 件，月末完工产品 80 件，未完工产品 20 件。月初在产品成本：直接材料 2 680 元，直接人工 1 430 元，制造费用 2 717 元，合计 6 827 元。本月生产费用为：直接材料 10 820 元，直接人工 4 870 元，制造费用 7 183 元，合计 22 873 元。根据以上资料，编制产品成本计算单，如表 5－6 所示。

表 5－6　　　　　　　　　　　　　产品成本明细账

产品名称：甲产品　　　　　　　　完工产品产量：80 件　　　　　　　月末在产品量：20 件

成本项目	直接材料	直接人工	制造费用	合　计
月初在产品成本	2 680	1 430	2 717	6 827
本月生产费用	10 820	4 870	7 183	22 873
生产费用合计	13 500	6 300	9 900	29 700
完工产品成本	10 800	5 040	7 920	23 760
完工产品单位成本	135	63	99	297
月末在产品成本	2 700	1 260	1 980	5 940

分析：在产品成本按完工产品成本计价的方法，需要对成本项目各项费用合计，在完工产品和在产品之间进行分配，其中，在产品数量视同完工产品数量，按照二者产量比例对各项费用进行分配，计算确定在产品成本和完工产品成本。计算过程如下：

$$直接材料分配率 = \frac{13\,500}{80 + 20} = 135(元/件)$$

完工产品应分配直接材料费用＝80×135＝10 800（元）

月末在产品应分配直接材料费用＝20×135＝2 700（元）

$$直接人工分配率＝\frac{6\ 300}{80+20}＝63（元/件）$$

完工产品应分配直接人工费用＝80×63＝5 040（元）

月末在产品应分配直接人工费用＝20×63＝1 260（元）

$$制造费用分配率＝\frac{9\ 900}{80+20}＝99（元/件）$$

完工产品应分配制造费用＝80×99＝7 920（元）

月末在产品应分配制造费用＝20×99＝1 980（元）

在产品按完工产品成本计价法适用于月末在产品已基本加工完成，或者虽已经加工完毕但尚未包装或尚未验收入库的产品。这种方法的特点是单位在产品所应负担的各项费用与单位完工产品所负担的各项费用完全相同。

五、约当产量法

（一）约当产量和约当产量法的概念

约当产量是指将月末在产品实际数量按其完工程度折算为完工产品的数量。也就是对在产品数量进行折算，求出其相当于完工产品的数量是多少。例如，在产品完工程度达到50%，就是说，一件在产品相当于0.5件完工产品，如果有100件在产品，则相当于是50件完工产品。

约当产量法，就是将某种产品的生产费用合计在完工产品和在产品之间分配时，按完工产品数量和在产品约当产量的比例进行划分，从而计算出完工产品成本和在产品成本的方法。我们知道，在产品和完工产品的加工程度实际上是肯定不一样的，即完工产品是经过全部生产过程的加工，其完工程度为100%；而在产品是指尚未加工完成的、仍处于加工过程中的产品，就是说还需要继续加工，所以其完工程度一定小于100%。很明显，如果一件产品的成本是100元，只有经过100%加工的完工产品的成本才是100元，而一件完工程度只有50%的在产品，其成本按50元计算相对是合理的。如果不可虑在产品与完工产品由于完工程度不同对成本计算的影响，而把两者等同看待，都按照相同的单位产品成本去计算其总成本，在成本总额一定的条件下，显然会因为高估在产品成本而少计完工产品成本，造成当期损益虚增，这是不合理的。约当产量法就是充分考虑在产品完工程度对成本计算的影响，在成本计算中剔除了因完工程度不同造成完工产量和在产品产量不可汇总相加的因素，从而简化了成本计算程序，使得完工产品成本和在产品（实际上是约当产量）成本都能够按照一个同度量指标（即单位产品成本或费用分配率）进行计算、确定。所以，约当产量法计算在产品成本，提高了产品成本计算的科学性、正确性和合理性。

（二）约当产量法成本计算步骤

第一步，确定期末在产品约当产量：

月末在产品约当产量＝月末在产品实际数量×在产品完工程度　　　　式①

第二步，确定产品约当总产量：

产品约当总产量是完工产品产量与月末在产品约当产量之和，按下式计算：

某产品约当总产量＝本月完工产量＋月末在产品约当产量　　　　式②

第三步，确定各成本项目分配率：

成本项目分配率是按约当产量比例计算的单位产品某成本项目成本水平。各成本项目分配率之和,就是单位产品成本,是各个项目成本对完工产品和月末在产品进行分配的重要依据。计算公式如下:

$$\text{某成本项目分配率} = \frac{\text{该成本项目费用合计}}{\text{产品约当总产量}} = \frac{\text{该项目期初余额} + \text{本期费用发生额}}{\text{本期完工产量} + \text{期末在产品约当产量}} \quad \text{式③}$$

第四步,确定完工产品成本与月末在产品成本:

$$\text{月末在产品成本} = \sum(\text{月末在产品约当产量} \times \text{某成本项目分配率}) \quad \text{式④}$$

$$\text{完工产品总成本} = \sum\left(\text{月初在产品某项目成本} + \text{本期发生的某项目费用} - \text{月末在产品某项目成本}\right) \quad \text{式⑤}$$

或 $= \sum(\text{本月完工产量} \times \text{某成本项目分配率})$

这里,需要指出,使用约当产量法进行产品成本计算,要区分不同成本项目分别计算,然后汇总确定完工产品总成本。各成本项目分配率之和,就是完工产品单位成本。在计算不同成本项目分配率(即对不同成本项目进行分配)时,针对不同情况,在产品约当产量计算中所使用的"在产品完工程度"的确定方法不同,要特别引起注意。

【案例5—6】 某企业2017年5月份生产甲产品100件,月末完工产品80件,未完工产品20件。月初在产品成本:直接材料2 680元,直接人工1 430元,制造费用2 717元,合计6 827元。本月生产费用为:直接材料10 820元,直接人工4 870元,制造费用7 183元,合计22 873元。该甲产品材料消耗在投产时一次性投料,月末在产品完工程度50%。甲产品生产成本明细账如表5—7所示。要求计算甲产品完工产品成本。

表5—7　　　　　　　　　　　　　产品成本明细账
产品名称:甲产品　　　　　　　　　2017年5月

成本项目	直接材料	直接人工	制造费用	合　计
月初在产品成本	2 680	1 430	2 717	6 827
本月生产费用	10 820	4 870	7 183	22 873
生产费用合计	13 500	6 300	9 900	29 700

分析:本案例甲产品材料系一次性投料,对于完工产品和在产品而言,耗费的直接材料成本水平是相同的,因此,对于直接材料成本的分配,在产品数量不需要约当计算,即直接按产量比例分配。对于直接人工、制造费用等加工费用的分配,则需要按照完工程度,计算期末在产品约当产量,并按照产品约当总产量比例进行分配。另外,直接人工、制造费用作为加工费用,一般在生产过程中是均匀投入的,前面工序完工程度低,只有10%、20%或30%,后面工序完工程度高,达到70%、80%甚至90%,后面多加工的百分比可以抵补前面少加工的百分比,为了简化起见,除非有特别的技术测定,对于单工序加工或某工序加工的在产品来说,其完工率通常按平均数50%计算。本案例成本计算过程如下:

第一步,确定期末在产品约当产量:
月末在产品约当产量=20×50%=10(件)
第二步,确定产品约当总产量:
(1)分配直接材料的甲产品约当总产量=80+20=100(件)
(2)分配直接人工、制造费的甲产品约当总产量=80+10=90(件)

第三步,确定各成本项目分配率:

(1)直接材料分配率$=\dfrac{13\ 500}{80+20}=135$(元/件)

(2)直接人工分配率$=\dfrac{6\ 300}{80+10}=70$(元/件)

(3)制造费用分配率$=\dfrac{9\ 900}{80+10}=110$(元/件)

即:

甲产品约当产量单位成本$=135+70+110=315$(元/件)

第四步,确定完工产品成本与月末在产品成本:

(1)月末在产品成本:直接材料$=20\times135=2\ 700$(元)

　　　　　　　　　直接人工$=10\times70=700$(元)

　　　　　　　　　制造费用$=10\times110=1\ 100$(元)

　　月末在产品总成本: 　　　　　　　4 500(元)

(2)完工甲产品成本:直接材料$=80\times135=10\ 800$(元)

　　　　　　　　　直接人工$=80\times70=5\ 600$(元)

　　　　　　　　　制造费用$=80\times110=8\ 800$(元)

　　完工甲产品总成本: 　　　　　　　25 200(元)

甲产品成本计算的情况要登录到产品成本计算单中,如表5-8所示。

表5-8　　　　　　　　　　产品成本计算单

产品名称:甲产品　　　　完工产品产量:80件　　　　月末在产品量:20件

成本项目	直接材料	直接人工	制造费用	合　计
月初在产品成本	2 680	1 430	2 717	6 827
本月生产费用	10 820	4 870	7 183	22 873
生产费用合计	13 500	6 300	9 900	29 700
甲产品约当总产量	100	90	90	—
完工产品单位成本	135	70	110	315
完工产品成本	10 800	5 600	8 800	25 200
期末在产品成本	2 700	700	1 100	4 500

根据表5-8,编制完工甲产品入库的会计分录:

　　借:库存商品　　　　　　　　　　　　　　　　　　　25 200

　　　　贷:生产成本　　　　　　　　　　　　　　　　　　25 200

【案例5-7】　某企业生产B产品有三道工序加工,原材料消耗在第一工序投产时一次性投料,第二、第三工序不再投料。各工序单位B产品加工的工时消耗定额分别为:第一工序12小时、第二工序5小时、第三工序3小时。B产品2017年5月归集的生产费用见表5-9。三道

工序月末在产品的数量分别是 150 件、80 件、70 件,本月完工 B 产品 250 件。

要求:计算 B 产品完工产品成本。

分析:本案例 B 产品材料仍系一次性投料,对于直接材料费用的分配同案例 5—6,不再赘述。但是,由于不同工序加工的进度不同,则各工序在产品的完工程度是不同的,这对于各工序在产品应负担的加工费用的分配有直接的影响。因此,对于直接人工、制造费用等加工费用的分配,则需要按照各工序在产品完工程度,分别计算各工序期末在产品约当产量,并合计 B 产品月末在产品约当产量总数,最后,按照产品约当总产量比例对加工费用进行分配。

表 5—9　　　　　　　　　　　　　产品成本明细账

产品名称:B 产品　　　　　　　　　2017 年 5 月

成本项目	直接材料	直接人工	制造费用	合　计
月初在产品成本	12 680	11 430	12 717	36 827
本月生产费用	50 820	44 870	27 183	122 873
生产费用合计	63 500	56 300	39 900	159 700

在多工序生产的情况下,尤其在各工序在产品数量和单位产品的加工量相差不多的情况下,前后工序加工程度可互相抵补,全部在产品完工程度可按照 50% 确定;如果各工序在产品数量及加工程度相差悬殊,在产品完工程度应按各工序分别测算确定;如果技术上难以测算各工序的在产品加工进度,可按照在产品工时定额比例法计算确定各工序在产品完工程度。公式如下:

$$某工序在产品完工程度 = \frac{该工序前各工序在产品工时定额累计 + 本工序在产品工时定额 \times 50\%}{单位完工产品工时定额} \times 100\%$$

根据案例 5—7 资料,甲产品成本计算过程如下:

第一步,确定期末在产品约当产量:

(1)确定各工序期末在产品完工程度:

$$第一工序在产品完工程度 = \frac{0 + 12 \times 50\%}{20} \times 100\% = 30\%$$

$$第二工序在产品完工程度 = \frac{12 + 5 \times 50\%}{20} \times 100\% = 72.5\%$$

$$第三工序在产品完工程度 = \frac{12 + 5 + 3 \times 50\%}{20} \times 100\% = 92.5\%$$

(2)确定月末在产品约当产量:

第一工序月末在产品约当产量 = 150 × 30% = 45(件)

第二工序月末在产品约当产量 = 80 × 72.5% = 58(件)

第三工序月末在产品约当产量 = 70 × 92.5% = 64.75(件)

月末在产品约当产量合计 = 45 + 58 + 64.75 = 167.75(件)

第二步,确定产品约当总产量:

(1)分配直接材料的 B 产品约当总产量 = 250 + (150 + 80 + 70) = 550(件)

(2)分配直接人工、制造费用的 B 产品约当总产量 = 250 + 167.75 = 417.75(件)

第三步,确定各成本项目分配率:

(1)直接材料分配率 $=\dfrac{63\,500}{250+300}=115.45$(元/件)

(2)直接人工分配率 $=\dfrac{56\,300}{250+167.75}=134.77$(元/件)

(3)制造费用分配率 $=\dfrac{39\,900}{250+167.75}=95.51$(元/件),即:

B产品约当产量单位成本 $=115.45+134.77+95.51=345.73$(元/件)

第四步,确定完工产品成本与月末在产品成本:

(1)月末在产品成本:直接材料 $=300\times115.45=34\,635$(元)

　　　　　　　　　直接人工 $=167.75\times134.77\approx22\,607.67$(元)

　　　　　　　　　制造费用 $=167.75\times95.51\approx16\,021.80$(元)

　　　月末在产品总成本:　　　　　73 264.47(元)

(2)完工B产品成本:直接材料 $=63\,500-34\,635=28\,865$(元)

　　　　　　　　　直接人工 $=56\,300-22\,607.67=33\,692.33$(元)

　　　　　　　　　制造费用 $=39\,900-16\,021.80=23\,878.20$(元)

　　　完工B产品总成本:　　　　　86 435.53(元)

B产品成本计算的情况要登录到产品成本计算单中,如表5-10所示。

表5-10　　　　　　　　　　产品成本计算单

产品名称:B产品　　　　完工产品产量:250件　　　　月末在产品量:300件

成本项目	直接材料	直接人工	制造费用	合　计
月初在产品成本	12 680	11 430	12 717	36 827
本月生产费用	50 820	44 870	27 183	122 873
生产费用合计	63 500	56 300	39 900	159 700
甲产品约当总产量	550	250	167.75	967.75
完工产品单位成本	115.45	134.77	95.51	345.73
完工产品成本	28 865	33 642.33	23 878.20	86 435.53
期末在产品成本	34 635	22 607.67	16 021.80	73 264.47

根据表5-10,编制完工B产品入库的会计分录:

　　借:库存商品　　　　　　　　　　　　　　　　　　　　　86 435.53

　　　　贷:生产成本　　　　　　　　　　　　　　　　　　　86 435.53

【案例5-8】 某企业生产乙产品有三道工序加工,各工序原材料都在开工时一次投入,单位乙产品原材料消耗定额为40千克,其中第一工序为18千克、第二工序为10千克、第三工序为12千克;各工序单位乙产品加工的工时消耗定额分别为:第一工序12小时、第二工序5小时、第三工序3小时。乙产品2017年5月归集的生产费用见表5-11。三道工序月末在产品的数量分别是150件、80件、70件,本月完工乙产品250件。

要求:计算乙产品完工产品成本。

表 5—11　　　　　　　　　　　　产品成本明细账
产品名称:乙产品　　　　　　　　　2017 年 5 月

成本项目	直接材料	直接人工	制造费用	合　计
月初在产品成本	12 680	11 430	12 717	36 827
本月生产费用	50 820	44 870	27 183	122 873
生产费用合计	63 500	56 300	39 900	159 700

分析:本案例乙产品材料是分别在各工序开始生产时一次性投料,这样,对于在产品直接材料费用的分配就必须进行在产品约当产量计算。因为不同工序的在产品相对于最终完工产品而言,耗费的直接材料成本水平是不一样的,如果不对各工序在产品产量约当计算,仍然按照前述与完工产品一样分配直接材料成本就会高估在产品直接材料成本数额,产品成本核算不实,将会严重影响当期损益的正确性。由于原材料是在每道工序开始时一次投入该工序,从每道工序来看同一工序的在产品所耗用的原材料是相等的,而不同工序的在产品所耗的原材料是不同的。因此,应根据各道工序在产品投料程度作为在产品约当产量计算的完工程度,正确确定分配直接材料费用的在产品约当产量。各道工序在产品投料程度,通常是按照各工序累计材料消耗定额与单位产品材料定额消耗量的比例计算、确定的,并据以计算各工序在产品约当产量。在这种情况下,各道工序在产品累计材料消耗定额等于至本工序止各道工序材料消耗定额之和。其计算公式如下:

$$\frac{某工序在产品}{投料程度}=\frac{本工序止各工序在产品材料消耗定额之和}{单位完工产品材料消耗定额}\times100\%$$

至于对直接人工、制造费用等加工费用的分配时在产品约当产量的计算,仍按照在产品工时定额比例法计算确定各工序在产完工程度,不再赘述。

根据案例 5—8 资料,乙产品成本计算过程如下:

第一步,确定期末在产品约当产量:

(1)确定各工序期末在产品投料程度(即完工程度):

第一工序在产品投料程度 $=\dfrac{18}{40}\times100\%=45\%$

第二工序在产品投料程度 $=\dfrac{18+10}{40}\times100\%=70\%$

第三工序在产品投料程度 $=\dfrac{18+10+12}{40}\times100\%=100\%$

(2)确定各工序期末在产品完工程度:

第一工序在产品完工程度 $=\dfrac{0+12\times50\%}{20}\times100\%=30\%$

第二工序在产品完工程度 $=\dfrac{12+5\times50\%}{20}\times100\%=72.5\%$

第三工序在产品完工程度 $=\dfrac{12+5+3\times50\%}{20}\times100\%=92.5\%$

(3)确定分配直接材料成本的月末在产品约当产量：
第一工序月末在产品约当产量＝150×45％＝67.5（件）
第二工序月末在产品约当产量＝80×70％＝56（件）
第三工序月末在产品约当产量＝70×100％＝70（件）
月末分配直接材料费用的在产品约当产量合计＝67.5＋56＋70＝193.5（件）
(4)确定分配直接人工、制造费用等加工费用的月末在产品约当产量：
第一工序月末在产品约当产量＝150×30％＝45（件）
第二工序月末在产品约当产量＝80×72.5％＝58（件）
第三工序月末在产品约当产量＝70×92.5％＝64.75（件）
月末分配加工费用的在产品约当产量合计＝45＋58＋64.75＝167.75（件）
第二步，确定产品约当总产量：
(1)分配直接材料的乙产品约当总产量＝250＋193.5＝443.5（件）
(2)分配直接人工、制造费用的乙产品约当总产量＝250＋167.75＝417.75（件）
第三步，确定各成本项目分配率：

(1)直接材料分配率＝$\dfrac{63\,500}{250+193.5}$＝143.18（元/件）

(2)直接人工分配率＝$\dfrac{56\,300}{250+167.75}$＝134.77（元/件）

(3)制造费用分配率＝$\dfrac{39\,900}{250+167.75}$＝95.51（元/件），即：

乙产品约当产量单位成本＝143.18＋134.77＋95.51＝373.46（元/件）
第四步，确定完工产品成本与月末在产品成本：
(1)月末在产品成本：直接材料＝193.5×143.18＝27 705.33（元）
　　　　　　　　　直接人工＝167.75×134.77＝22 607.67（元）
　　　　　　　　　制造费用＝167.75×95.51＝16 021.80（元）

月末在产品总成本：　　　　　66 334.80（元）
(2)完工乙产品成本：直接材料＝63 500－27 705.33＝35 794.67（元）
　　　　　　　　　直接人工＝56 300－22 607.67＝33 692.33（元）
　　　　　　　　　制造费用＝39 900－16 021.80＝23 848.20（元）

完工乙产品总成本：　　　　　93 365.20（元）

乙产品成本计算的情况要登录到产品成本计算单中，如表5－12所示。

表5－12　　　　　　　　　　　　产品成本计算单
产品名称：乙产品　　　　　完工产品产量：250件　　　　　月末在产品量：300件

成本项目	直接材料	直接人工	制造费用	合　计
月初在产品成本	12 680	11 430	12 717	36 827
本月生产费用	50 820	44 870	27 183	122 873

续表

成本项目	直接材料	直接人工	制造费用	合 计
生产费用合计	63 500	56 300	39 900	159 700
乙产品约当总产量	443.5	250	167.75	861.25
完工产品单位成本	143.18	134.77	95.51	373.46
完工产品成本	35 794.67	33 692.33	23 848.20	93 365.20
期末在产品成本	27 705.33	22 607.67	16 021.80	66 334.80

根据表5—12,编制完工乙产品入库的会计分录:

借:库存商品　　　　　　　　　　　　　　　　　93 365.20
　　贷:生产成本　　　　　　　　　　　　　　　　93 365.20

约当产量法适用于月末在产品数量较多,且在产品数量变化较大,产品成本中各成本项目费用比重相差不多的产品。各类企业的产品成本计算只要月末在产品结存情况具有这样的特征、成本项目比重不分伯仲的,都可以选用约当产量法进行生产费用的分配。当在产品完工程度测定准确时,采用约当产量法计算产品成本的结果,相对来说比较科学、合理。

拓展阅读5—1　　各工序陆续投料的在产品投料程度的确定

如果原材料在每道工序陆续投料,对第一道工序的在产品来讲,有的刚刚开始加工,可能投入了10%、20%的材料消耗,有的可能在本工序就要加工结束,投料达到了80%、90%甚至100%,有的也可能加工了一半,为简化起见,各工序材料的投料程度一律按50%平均确定。

对于第二道工序的在产品来讲,第一道工序的原材料耗费已经100%投下去了,本工序的原材料由于是陆续投料,也只能算一半,因此第二工序在产品投料程度应该按照材料消耗定额累计比率计算确定。不过,其中"至本工序止在产品累计材料消耗定额"应等于"本工序之前各道工序材料消耗定额累计数+本工序在产品材料消耗定额×50%"。这是因为,某工序之前各工序在产品材料已经100%耗用,应全额计算在内,但本工序材料消耗由于是陆续投料,尚未全部耗用,所以取其简单平均数,按加工进度完成50%计算。即:

$$某工序在产品投料程度 = \frac{本工序前各工序在产品材料消耗定额之和 + 本工序在产品材料消耗定额 \times 50\%}{单位完工产品材料消耗定额} \times 100\%$$

六、定额成本法

定额成本法又称定额法,是根据月末在产品数量和在产品单位定额成本计算月末在产品成本的方法。这种方法就是月末在产品成本按定额成本计算,月初在产品成本加上本月发生的生产费用减去按定额成本计算的月末在产品成本,就是本月完工产品成本。采用定额成本法计算产品成本时,要求企业必须具备完整、合理的定额管理资料,区分成本项目分别计算。其计算步骤和公式如下:

1. 计算月末在产品定额成本

相关公式如下:

在产品直接材料定额成本=月末在产品数量×单位在产品材料定额成本

在产品直接人工(或制造费用)定额成本＝月末在产品定额总工时×定额人工(制造)费用率

在产品定额成本＝在产品数量×单位在产品定额成本

或　　　　　　　＝在产品直接材料定额成本＋在产品直接人工定额成本
　　　　　　　　＋在产品制造费用定额成本

企业定额资料中如果没有专门的在产品定额，可以采用单位产成品的定额数据，按照在产品的完工程度(或投料程度)进行折算。

2. 计算完工产品成本

公式如下：

完工产品成本＝月初在产品定额成本＋本月发生生产费用－月末在产品定额成本

【案例5－9】 某企业生产乙产品，本月完工100件，月末在产品20件。月初在产品定额成本15 000元，本月生产费用57 000元，单位产品定额材料费用为40元，单位产品工时定额为50小时，定额人工、制造费用率分别为3元/小时、2元/小时，材料在开工时一次投入，在产品完工率为50%。试采用定额成本法计算完工产品和月末在产品的成本。

分析：

单位在产品定额成本＝40＋50×(3＋2)×50%＝165(元)

月末在产品定额成本＝20×165＝3 300(元)

本月完工产品成本＝(15 000＋57 000)－3 300＝68 700(元)

【案例5－10】 中源公司为一家机械产品制造公司，有完备的定额管理资料。2017年5月1日M产品明细账期初在产品定额成本为14 785元，其中直接材料9 800元，直接人工2 685元，制造费用2 300元。本月份发生生产费用55 360元，其中直接材料29 780元，直接人工16 100元，制造费用9 480元。材料在生产开始时一次投入。M产品该月生产完工200件；月末在产品50件，单位在产品定额工时为13小时/件；单位M产品原材料定额费用为198元/件；单位在产品直接人工定额小时费用率4.90元/小时、制造费用定额小时费用率为3.10元/小时。

要求：采用定额成本法计算M产品完工产品成本和月末在产品成本，并登录、编制M产品成本明细账(产品成本计算单)。

分析：

(1)单位在产品定额成本：

①直接材料＝198(元/件)

②直接人工＝13(小时/件)×4.9(元/小时)＝63.7(元/件)

③制造费用＝13(小时/件)×3.1(元/小时)＝40.3(元/件)

(2)月末在产品定额成本：

①在产品直接材料定额成本＝50×198＝9 900(元)

②在产品直接人工定额成本＝50×63.7＝3 185(元)

③在产品制造费用定额成本＝50×40.3＝2 015(元)

(3)本月完工产品成本：

①完工产品直接材料成本＝9 800＋29 780－9 900＝29 680(元)

②完工产品直接人工成本＝2 685＋16 100－3 185＝15 600(元)

③完工产品制造费用成本＝2 300＋9 780－2 015＝10 065(元)

(4)登录、编制M产品明细账，参见表5－13中斜体字部分。

表 5—13　　　　　　　　　　　产品成本计算表
产品名称：M 产品　　　　　　　2017 年 5 月 31 日　　　　　　　完工产品产量：500 件

项　目	直接材料	直接人工	制造费用	合　计
月初在产品成本	9 800	2 685	2 300	14 785
本月发生生产费用	29 780	16 100	9 480	55 360
生产成本合计	39 580	18 785	11 780	70 145
单位在产品费用定额(元/件)	198	63.7	40.3	302
月末在产品数量(件)	50	50	50	—
月末在产品(定额)成本	9 900	3 185	2 015	15 100
结转完工产品成本	29 680	15 600	10 065	55 345

这种方法适用于各项消耗定额或费用定额比较准确、稳定,而且各月末在产品数量变化不大的产品成本计算。

七、定额比例法

定额比例法是指按照完工产品和月末在产品的定额消耗量比例分配生产费用,求得完工产品和月末在产品成本的方法。其中,直接材料费用按直接材料定额耗用量或定额费用的比例分配,直接人工和制造费用等一般按完工产品与月末在产品定额工时的比例分配。其计算步骤和公式如下：

第一步,计算完工产品和月末在产品的定额耗用量资料：

$$\text{完工产品材料(工时)定额消耗总量} = \text{完工产品数量} \times \text{单位完工产品材料(工时)消耗定额}$$

$$\text{在产品材料(工时)定额消耗总量} = \text{在产品的数量} \times \text{单位在产品材料(工时)消耗定额}$$

第二步,计算费用分配率：

$$\text{某项费用分配率} = \frac{\text{月初在产品定额成本} + \text{本月生产费用}}{\text{完工产品材料(费用)定额消耗量} + \text{在产品材料(费用)定额消耗量}}$$

第三步,计算完工产品和月末在产品成本：

$$\text{完工产品成本} = \sum \left(\text{完工产品材料(工时)定额消耗数量} \times \text{直接材料(或直接人工、制造费用)分配率} \right)$$

$$\text{月末在产品成本} = \sum \left(\text{在产品材料(工时)定额消耗数量} \times \text{直接材料(或直接人工、制造费用)分配率} \right)$$

【案例 5—11】 中源公司 2017 年 6 月完工 D 产品 500 件,单位产成品原材料消耗定额 6 千克/件,工时定额 40 工时/件,期末在产品数量 200 件,单位在产品原材料消耗定额 4 千克/件,工时定额 20 工时/件。本月月初在产品直接材料成本 24 000 元、直接人工 12 000 元、制造费用 10 000 元,本月发生的直接材料成本 52 000 元,直接人工 24 000 元,制造费用 16 400 元。

要求：采用定额比例法计算 D 产品完工产品和月末在产品成本。

分析：

第一步,计算完工产品和期末在产品的定额耗用量：

完工产品:原材料消耗定额＝500×6＝3 000(千克)
　　　　工时消耗定额＝500×40＝20 000(工时)
在产品:原材料消耗定额＝200×4＝800(千克)
　　　　工时消耗定额＝200×20＝4 000(工时)

第二步,计算费用分配率:
直接材料费用分配率＝(24 000＋52 000)÷(3 000＋800)＝20(元)
直接人工费用分配率＝(12 000＋24 000)÷(20 000＋4 000)＝1.50(元)
制造费用分配率＝(10 000＋16 400)÷(20 000＋4 000)＝1.10(元)

第三步,计算完工产品和期末在产品成本:
完工产品成本＝3 000×20＋20 000×1.50＋20 000×1.10＝112 000(元)
期末在产品成本＝800×20＋4 000×1.50＋4 000×1.10＝26 400(元)

编制产品成本计算单,参见表5－15中斜体字部分。

表5－14　　　　　　　基本生产成本明细账(产品成本计算表)

产品名称:D产品　　　　2017年6月31日　　　　完工产品产量:500件

项　目	直接材料	直接人工	制造费用	合　计
月初在产品成本	24 000	12 000	10 000	46 000
本月发生生产费用	52 000	24 000	16 400	92 400
生产成本合计	76 000	36 000	26 400	138 400
完工产品定额费用或定额消耗量	3 000	20 000	20 000	—
在产品定额费用或定额消耗量	800	4 000	4 000	—
费用分配率	20	1.5	1.1	—
结转完工产品成本	60 000	30 000	22 000	112 000
月末在产品成本	16 000	6 000	4 400	26 400

这种方法适用于各项消耗定额或费用定额比较准确、稳定,但各月末在产品数量变动较大的产品。

关键术语

在产品　在产品不计算成本法　在产品按年初成本计价法　在产品按直接材料成本计价法　在产品成本按完工产品成本计价法　约当产量法　定额成本法　定额比例法

◎ **应知考核** ◎

一、单项选择题

1.(　　)的确认是正确计算在产品成本的基础。
A. 在产品价格　　B. 在产品数量　　C. 在产品成本　　D. 完工产品数量
2. 原材料在生产开工时一次投入,月末在产品的投料程度应按(　　)计算。
A. 100%　　　　　　　　　　　　　　B. 50%
C. 定额耗用量比例　　　　　　　　　　D. 定额工时的比例

3. 计算月末在成品约当产量的依据是（　　）。
   A. 月末在产品数量
   B. 本月完工产品数量
   C. 月末在产品数量和完工程度
   D. 月末在产品定额成本和定额工时

4. 月末在产品数量较大且各月末在产品数量变化较大，产品中各成本项目费用的比重相差不多的产品，其在产品成本计算应采用（　　）。
   A. 定额成本法
   B. 定额比例法
   C. 约当产量法
   D. 固定成本法

5. 在定额管理基础较好，消耗定额准确、稳定，而且月初、月末在产品数量变化不大的条件下，在产品成本计算应采用（　　）。
   A. 定额成本法
   B. 定额比例法
   C. 约当产量法
   D. 固定成本法

6. 在编有完整定额资料的月末在产品数量比较稳定的企业里，在产品成本通常按（　　）计算。
   A. 定额成本
   B. 定额比例
   C. 生产工时比例
   D. 计划成本

7. 分配加工费用时所采用的在产品的完工率是指产品（　　）与完工产品工时定额的比率。
   A. 所在工序的工时定额
   B. 前面各工序工时定额与所在工序工时定额之半的合计数
   C. 所在工序的累计工时定额
   D. 所在工序的工时定额之半

8. 如果某种产品的月末在产品数量较大，各月在产品数量变化也较大，产品成本中各项费用的比重相差不大，生产费用在完工产品与月末在产品之间分配，应采用的方法是（　　）。
   A. 不计在产品成本法
   B. 约当产量比例法
   C. 在产品按完工产品计算方法
   D. 定额比例法

9. 下列方法中不属于完工产品与月末在产品之间分配费用的方法是（　　）。
   A. 约当产量比例法
   B. 不计算在产品成本法
   C. 年度计划分配率分配法
   D. 定额比例法

10. 按完工产品和月末在产品数量比例，分配计算完工产品和月末在产品成本，必须具备的条件是（　　）。
    A. 在产品已接近完工
    B. 原材料在生产开始时一次投料
    C. 在产品原材料费用比重较大
    D. 各项消耗定额比较准确、稳定

二、多项选择题

1. 广义的在产品包括（　　）。
   A. 正在车间加工中的产品
   B. 完工入库的自制半成品
   C. 已完工但尚未验收入库的产成品
   D. 已完工且验收入库的产成品

2. 企业应根据（　　）的情况，考虑到管理的要求和条件，选择适当的方法计算月末在产品成本。
   A. 在产品数量的多少
   B. 各月在产品数量变化的大小
   C. 各项费用在成本中占的比重
   D. 定额管理基础的好坏

3. 在产品成本按所耗原材料费用计算适用于（　　）的产品。
   A. 月末在产品数量较多
   B. 各月在产品数量变化较大
   C. 直接材料费用在成本中占的比重较大
   D. 定额管理基础较好

4. 在产品成本按约当产量法计算适用于（　　）的产品。
   A. 在产品数量较多
   B. 各月在产品数量变化较大

C. 各成本项目费用在成本中比重相差不多　　D. 完工产品数量较多

5. 以下属于在产品成本计算方法的有（　　）。
A. 直接分配法　　　　　　　　　　　　B. 定额比例法
C. 约当产量法　　　　　　　　　　　　D. 品种法

三、判断题

1. 盘亏或毁损的在产品，经批准后均应计入"制造费用"账户。（　　）
2. 不计算在产品成本法适用于月末没有在产品的产品。（　　）
3. 采用约当产量法计算月末在产品成本，原材料费用分配时必须考虑原材料的投料方式。（　　）
4. 采用约当产量法时，当各道工序的在产品数量和在产品加工量比较均衡时，全部在产品的平均完工程度不同可按 50% 计算。（　　）
5. 采用定额比例法计算月末在产品成本必须具备较好的定额管理基础，而且月初、月末在产品数量变化不大的产品。（　　）
6. 定额成本法是按照完工产品和月末在产品定额比例计算产品成本的方法。（　　）
7. 全部产品都需要经过生产费用在完工产品与月末在产品之间分配，才能计算出完工产品的成本。（　　）
8. 约当产量法适用于本月末在产品数量大，各月末在产品数量变化也较大，其原材料费用在成本中所占比重较大的产品。（　　）
9. 由于完工程度不同，完工产品与月末在产品的各项加工费用均不能按照它们的数量比例来分配计算，而应按约当产量比例分配计算。（　　）
10. 采用定额比例法和定额成本法计算在产品成本，其计算结果应当是一致的。（　　）

四、简答题

1. 简述期末在产品和产成品成本的关系。
2. 简述完工产品和在产品成本计算的模式有几种，如何计算。
3. 简述在产品盘盈盘亏应如何进行账务处理。
4. 简述在产品成本的计算方法有几种，在选择在产品成本计算方法时应考虑哪些因素。
5. 简述约当产量法适用于什么条件下采用，应注意哪些问题。

◎ 应会考核 ◎

★ 观念应用

【背景资料】

丰达汽车有限责任公司的在产品比例分配

丰达汽车有限责任公司生产的汽车经过加工、装配和油漆三个工序完成，某月末各工序在产品数量为：第一道工序 50 辆，第二道工序 100 辆，第三道工序 150 辆。该月加工完成的产品 800 辆，但其中有 200 辆尽管已经完工，但尚未办理入库手续。三道工序核定的工时分别为 120 小时、80 小时和 40 小时。在月末将原材料费用、人工费用和制造费用在完工产成品与在产品之间分配时，会计黄凌将原材料费用按照产成品数量 800 辆和在产品数量 300 辆进行平均分配，即单位产成品和在产品负担材料费用一样多；人工费用和制造费用则对单位在产品按照单位产成品的一半分配，即每辆在产品分给的人工费用和制造费用等于每件产成品应分得的人工费用和制造费用的 50%。企业财务主管在审核时，告诉黄凌：产成品的数量应为 600 辆，在产品的数量应为 425 辆；另外对人工费用和制造费用的分配不能简单地按完工产品的一半分配，要根据各工序的在产品完工程度确认在产品相当于产成品的数量比例来分配。这是

怎么回事呢?

【考核要求】

请结合本项目的内容分析为什么要根据各工序的在产品完工程度确认在产品相当于产成品的数量比例来分配。

★ 技 能 应 用

技能1:在产品完工率的计算

【资料】海东企业2017年8月生产的甲产品经过三个生产工序,各工序单位产品工时定额及在产品数量见表5—15,各工序在产品完工程度按平均50%计算。

表5—15　　　　　　　　　　　　工时定额及在产品数量

工　序	工时定额	各工序在产品数量
一	32	250
二	40	360
三	28	160
合　计	100	770

【技能要求1】计算各工序的完工率和约当产量并编制表格(见表5—16):

表5—16　　　　　　　　　各工序的完工率和约当产量计算表

工　序	工时定额	完工率	在产品数量	约当产量

技能2:生产费用在完工产品和月末在产品之间的分配

【资料】海东企业2017年9月生产乙产品,有关月初在产品成本和本月生产费用如下(见表5—17):

表5—17　　　　　　　　　　月初在产品成本和本月生产费用

项　目	直接材料	燃料动力	直接人工	制造费用	合　计
月初在产品成本	4 680	230	970	600	6 480
本月生产费用	43 460	3 170	5 880	2 300	54 810

其他资料如下:

(1)乙产品本月完工80件,月末在产品20件,原材料在生产开始时一次投入,在产品完工程度50%。

(2)乙产品月末在产品单件定额成本为:直接材料470元,燃料和动力20元,直接人工42元,制造费用18元。

(3)乙产品完工产成品单件定额成本为:直接材料470元,燃料和动力36元,直接人工70元,制造费用31元。

【技能要求2】根据上列资料,按照以下几种分配方法计算乙产品完工产品成本和月末在产品成本。

1. 按约当产量法分配计算,见表5-18。
2. 按在产品定额成本法分配计算,见表5-19。
3. 按完工产品和月末在产品的定额比例法分配计算,见表5-20。
4. 按年初在产品成本数固定计算法分配计算,见表5-21。
5. 在产品只负担原材料成本计算法(材料费用采用约当产量法分配)分配计算,见表5-22。

表5-18　　　　　　　　　　　乙产品成本计算单
（约当产量法）

摘　要	直接材料	燃料动力	直接人工	制造费用	合　计
月初在产品成本					
本月生产费用					
合　计					
约当产量					
分配率					
完工产品成本（　件）					
月末在产品成本（　件）					

表5-19　　　　　　　　　　　乙产品成本计算单
（定额成本法）

摘　要	直接材料	燃料动力	直接人工	制造费用	合　计
月初在产品成本					
本月生产费用					
合　计					
完工产品成本（　件）					
月末在产品成本（　件）					

表5-20　　　　　　　　　　　乙产品成本计算单
（定额比例法）

摘　要	直接材料	燃料动力	直接人工	制造费用	合　计
月初在产品成本					
本月生产费用					
合　计					
完工产品的定额成本					
期末在产品的定额成本					
合　计					
分配率					
完工产品的实际成本（　件）					
期末在产品实际成本（　件）					

表 5－21 乙产品成本计算单
（按年初数固定计算法）

摘　要	直接材料	燃料动力	直接人工	制造费用	合　计
月初在产品成本					
本月生产费用					
合　计					
完工产品成本（　件）					
月末在产品成本（　件）					

表 5－22 乙产品成本计算单
（在产品只负担原材料成本计算法）

摘　要	直接材料	燃料动力	直接人工	制造费用	合　计
月初在产品成本					
本月生产费用					
合　计					
约当产量					
分配率					
完工产品成本（　件）					
月末在产品成本（　件）					

★**案例分析**

【情景与背景】

某企业核算 Y 产品的生产成本时，采取在产品按定额成本法计算。注册税务师姜某于 2017 年 2 月 4 日受托代理审查甲企业 2016 年企业所得税纳税情况。注册税务师在审查过程中发现，年末库存商品 Y 单位成本比以前月份明显偏高，于是对 Y 产品年末在产品成本进行重点抽查。

Y 产品所耗直接材料在生产开始时一次投入，完工产品的直接材料费用定额就是在产品的直接材料费用定额，为 50 元；月末在产品 300 件，定额工时共计 1 650 小时，单位定额工时的直接人工定额为 43.5 元，单位定额工时的制造费用定额为 34.8 元；月初在产品和本月生产费用累计为：直接材料费用为 634 500 元，直接人工费用为 154 600 元，制造费用为 125 800 元。年末在产品 Y 的账面成本为 164 195 元。

通过审查年末企业"库存商品盘点表"和"库存商品——Y"明细账，得知 2016 年年末"库存商品——Y 产品"借方余额为 250 000 元，"库存商品——Y 产品"账户贷方结转销售成本 750 000 元。

【分析要求】

你能正确计算 Y 产品年末在产品成本和完工产品成本吗？

◎ **项目实训** ◎

【实训项目】

生产费用在完工产品和在产品之间的分配方法

【实训目的】

通过实训,根据下列不同资料,练习生产费用在完工产品和在产品之间的分配方法,提高完工产品和在产品成本计算的能力(成本计算过程及相关会计分录需另附纸,保留小数点后两位)。

【实训任务】

【实训1】

1. 某企业 10 月份生产甲产品 200 件,发生生产费用如下:直接材料费用 85 247 元,直接人工费用 21 162 元,制造费用 18 498 元。没有月初在产品,月末甲产品全部完工。

要求:登记完成产品成本明细账(见表 5—23)。

表 5—23　　　　　　　　　　　　　　产品成本明细账

产品名称:　　　　　　　　　　　　　年　　月　　　　　　　　　　　完工产量:件

成本项目	直接材料	直接人工	制造费用	合　计
月初在产品成本				
本月生产费用				
生产费用合计				
完工产品成本				
完工产品单位成本				
月末在产品成本				

2. 某企业生产 A 产品。5 月份月初在产品 8 件,本月投产 300 件,月末完工 298 件,月末在产品 10 件;本月发生生产费用 617 750 元,其中直接材料 96 020 元,直接人工 57 550 元,制造费用 32 590 元。该企业采用不计算月末在产品成本法。

要求:根据以上资料,编制 5 月份 A 产品完工产品成本计算单(见表 5—24)。

表 5—24　　　　　　　　　　　　　　产品成本明细账

　　　　　　　　　　　　　　　　　　　　　　　　　　　　　　　完工产品:　　件

产品名称:　　　　　　　　　　　　　年　　月　　　　　　　　　月末在产品:　　件

成本项目	直接材料	直接人工	制造费用	合　计
月初在产品成本				
本月生产费用				
生产费用合计				
完工产品成本				
完工产品单位成本				
月末在产品成本				

3. 某企业 8 月份生产 A 产品,该产品直接材料成本占产品成本比重较大,采用在产品按直接材料成本计价法,原材料于生产开始时一次投入。该企业 A 产品月初在产品成本为 5 620 元。本月共生产 A 产品 500 台,月末完工 580 台,未完工产品 80 台。本月发生生产费用为:直接材料 86 570 元,直接人工 8 400元,制造费用 4 200 元。直接材料费用按完工产品产量与月末在产品数量比例分配。

要求:根据以上资料,采用在产品按直接材料计算成本法,计算 A 产品完工产品成本,并编制产品成

本计算单(见表5-25)。

表 5-25　　　　　　　　　　　　产品成本明细账

产品名称：　　　　　　　　　　　年　月　　　　　　完工产品产量：　　台
　　　　　　　　　　　　　　　　　　　　　　　　　月末在产品量：　　台

成本项目	直接材料	直接人工	制造费用	合　计
月初在产品成本				
本月生产费用				
生产费用合计				
完工产品成本				
完工产品单位成本				
月末在产品成本				

4. 某企业某年5月份生产甲产品200件，月末完工产品180件，未完工产品20件。月初在产品成本：直接材料6 280元，直接人工4 130元，制造费用7 217元。本月生产费用为：直接材料80 820元，直接人工8 470元，制造费用17 183元，合计106 473元。

要求：在产品按完工产品成本计价，计算甲产品完工产品成本并编制产品成本计算单(见表5-26)。

表 5-26　　　　　　　　　　　　产品成本计算单

产品名称：　　　　　　　　　　　年　月

项　目	直接材料	直接人工	制造费用	合　计
月初在产品成本				
本月生产费用				
合　计				
完工产品成本(80件)				
单位成本				
月末在产品成本(20件)				

【实训2】

1. 某企业生产甲产品。某年5月份生产甲产品完工产品180件，月末在产品20件，完工程度70%。月初在产品成本：直接材料6 280元，直接人工4 130元，制造费用7 217元。本月生产费用为：直接材料80 820元，直接人工8 470元，制造费用17 183元，合计106 473元。原材料耗费系在甲产品投产时一次性投入。

要求：试采用约当产量法在完工产品和月末在产品之间分配生产费用，计算甲产品完工产品成本和月末在产品成本，并编制完成甲产品成本计算单(见表5-27)。

表 5-27　　　　　　　　　基本生产成本明细账(产品成本计算表)

产品名称：　　　　　　　　　　　年　月　　　　　　完工产品产量：　　件

项　目	直接材料	燃料及动力	直接人工	制造费用	合　计
月初在产品成本					

续表

项 目	直接材料	燃料及动力	直接人工	制造费用	合 计
本月发生生产费用					
生产成本合计					
产品约当生产总量					
费用分配率					
结转完工产品成本					
月末在产品成本					

2. 红光工厂 Y 车间生产 Q 产品,其单件工时定额为 50 小时,经三道工序制成。其中,第一工序工时定额为 10 小时,第二工序为 20 小时,第三工序为 20 小时。Q 产品本月完工 300 件,第一、二、三工序的在产品数量分别为 60 件、40 件和 50 件,月初和本月累计的直接人工 9 050 元,制造费用 10 860 元。

要求:采用约当产量法计算分配直接人工和制造费用。

3. 某企业生产甲产品,原材料消耗按照产品加工进度陆续投入,本月完工甲产品 180 件,月末在产品 20 件,完工率 60%,应分配的直接材料费用为 65 472 元。

要求:采用约当产量法计算分配直接材料费用。

4. 假设某企业生产甲产品分两道工序加工制成,原材料分工序投入,在每道工序随着生产进度陆续投入。单位甲产品材料消耗定额为 500 千克,其中,第一道工序原材料定额耗用量 300 千克,第二道工序原材料定额耗用量 200 千克;单位甲产品工时定额为 60 小时,其中,第一道工序加工工时定额为 40 小时,第二道工序加工工时定额为 20 小时。月末,甲产品完工产量 490 件,在产品产量 250 件,其中,第一道工序 100 件,第二道工序 250 件。应分配的直接材料 72 576 元、直接人工和制造费用等加工费用 58 672元。

要求:采用约当产量法计算分配直接材料和加工费用。

5. 宏达企业的甲产品分三道工序加工,本月完工产品 560 件,单位完工产品工时定额 180 小时,第一工序 90 小时,第二工序 72 小时,第三工序 18 小时。在产品数量为 300 件,其中第一工序 140 件,第二工序 100 件,第三工序 60 件。原材料在各工序生产开始时陆续投入,单位甲产品材料消耗定额为 50 千克,其中,第一、二、三工序分别为 30、15、5 千克。月初在产品成本为:直接材料 29 040 元,直接人工 4 568 元,制造费用 3 892 元。本月(10月份)生产费用为:直接材料费用 48 680 元,直接人工费用 5 872 元,制造费用 6 026 元。各道工序内在产品加工程度均按 50% 计算。

要求:采用约当产量法计算分配甲产品完工产品和月末在产品的生产成本(其中,在产品约当产量的计算请填入表 5—28),并编制完成成本计算单(见表 5—29)。

表 5—28　　　　　　　各道工序完工程度及约当产量计算表

生产工序	在产品数量（件）	分配直接材料的在产品约当产量			分配加工费用的在产品约当产量		
		材料消耗定额	投料程度（%）	月末在产品约当产量	工时定额	完工程度（%）	月末在产品约当产量
一							
二							
三							
合计							

项目六　产品成本核算的品种法

【知识目标】
理解:产品成本计算品种法的概念、特点和适用范围。
熟知:品种法中各种费用归集和分配的方法及相应的账务处理。
掌握:品种法的成本核算程序,能够正确计算各品种产品完工总成本和单位成本。

【技能目标】
能够掌握品种法成本计算的基本程序和账务处理规则,能够运用所学的实务知识规范相关技能活动。

【素质目标】
能够运用所学的理论与实务知识研究相关案例,培养和提高学生在特定业务情境中分析问题与决策设计能力,分析企业与会计人员行为的善恶,强化学生的职业道德素质。

【项目引例】
分析火力发电厂的产品成本核算方法

某火力发电厂只生产电力一种产品。该厂属于大量单步骤生产,该厂的工艺过程是热能→机械能→电能的转换,即以煤为燃料,对锅炉中的水加热,使其变成高温高压的蒸汽,推动汽轮机迅速旋转,借以带动发电机转动,产生电力。该厂生产电力产品除本厂使用外,全部对外供应。该厂设有燃料、锅炉、汽机、电机四个基本生产车间,另设一个修理辅助生产车间和若干管理科室。

【讨论】　该厂应采用什么方法计算电力产品的成本?依据是什么?计算电力产品成本时应设置哪些账户?如何计算电力产品的成本?通过本项目的学习,可帮助你解决这些问题。

知识精讲

任务一　品种法概述

一、产品成本核算的基本方法

产品成本的核算方法主要有品种法、分批法、分步法等。其中,品种法是最基本的方法,主要适用于大量、大批、单步骤生产企业,以及管理上不要求分步计算产品成本的大量、大批、多步骤生产企业;分批法主要适用于单件、小批生产企业;分步法主要适用于大量、大批、多步骤生产企业和管理上要求分步骤计算产品成本的连续式复杂生产企业。

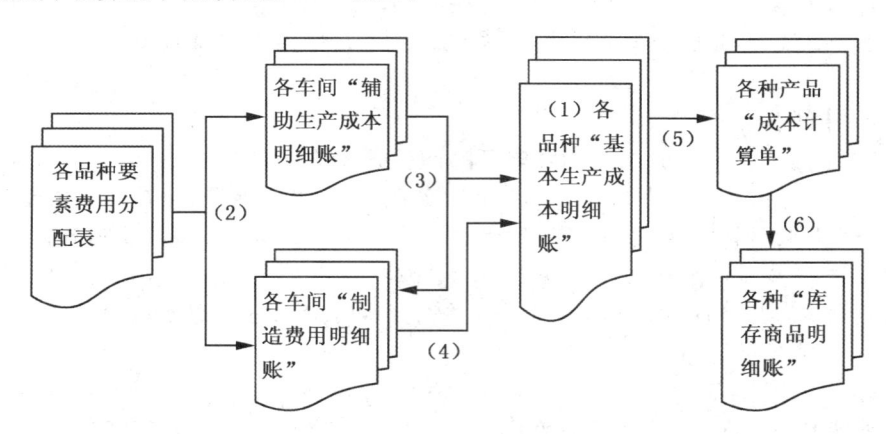

二、产品成本核算基本程序

产品成本核算基本程序包括以下方面：

(1)确定成本计算对象,并按成本计算对象设立成本计算单。成本计算对象就是生产费用的承担者,在工业企业可能是产品品种,也可能是生产产品的各个生产步骤,也可能是某一批别产品。

(2)审核原始凭证,归集和分配生产费用。根据成本开支范围和费用预算,审核原始凭证的真实性、合法性,在此基础上将直接费用直接记入该成本计算对象的基本生产成本明细账;对于不能直接归集的生产费用则采用适当的方法分配记入。

(3)分配辅助生产费用。月末将辅助生产成本明细账归集的费用按照适当的分配标准在受益产品和受益部门之间进行分配。

(4)分配制造费用。月末将制造费用明细账归集的费用按照适当的分配标准分配给受益产品。

(5)将生产费用在完工产品和在产品之间进行分配,计算出完工产品成本和在产品成本。

(6)结转完工产品成本。月末将完工入库产品的总成本从"生产成本——基本生产成本"账户转入"库存商品"账户。

产品成本核算基本程序如图6-1所示。

图6-1 产品成本核算基本程序

三、品种法的概念和特点

(一)品种法的概念

产品成本计算的品种法也称为简单法,是以产品品种为成本计算对象,归集生产费用、计算产品成本的一种方法。

(二)品种法的特点

品种法的特点包括以下方面：

(1)直接以产品品种为成本计算对象;

(2)成本计算期与生产周期不一致(而是按月计算完工产品成本),与会计周期一致;

(3)月末如有完工产品和在产品则需要将生产费用在完工产品与在产品之间进行分配。

品种法是产品成本计算的基本方法,其他方法是在品种法的基础上演变而来的。

品种法的核算程序就是产品成本核算的基本程序(参见图6—1),具体包括如下几点:

(1)按产品品种设置基本生产成本明细账,按成本项目(直接材料、直接人工、制造费用)设专栏。

(2)编制各种费用分配表,据此登记"基本生产成本明细账"、"辅助生产成本明细账"和"制造费用明细账"。

(3)将"辅助生产成本明细账"归集的费用,按各种产品和各部门的受益数量,编制"辅助生产费用分配表",分配辅助生产费用,登记"基本生产成本明细账"、"制造费用明细账"。

(4)将"制造费用明细账"归集的费用,编制"制造费用分配表",分配制造费用,登记相关"基本生产成本明细账"。

(5)如果产品生产过程中产生废品损失并要求单独反映、核算,则应将已归集在"产品成本明细账"中的废品损失,经过计量、确认,结转至"废品损失"账户,最后再分配记入"产品成本明细账"的"废品损失"成本项目中。

(6)将"基本生产成本明细账"中归集的费用,采用适当的方法在完工产品与在产品之间进行分配,计算出完工产品成本和在产品成本。

(7)根据各个"基本生产成本明细账"中计算出来的本月完工产品成本,编制"完工产品成本汇总计算表",结转完工入库产品成本。

品种法适用于单步骤大量大批生产的企业,如发电、供水、采掘等企业,也适用于生产规模较小、管理上不要求计算半成品成本的大批量、多步骤生产类型的企业,如糖果、饼干、水泥、小型造纸等企业。企业内的供水、供电等辅助生产车间计算提供给基本生产车间与其他辅助生产车间使用的水、电的劳务成本,也适用品种法。

任务二 品种法产品成本核算案例

【案例6—1】 大连市星海公司,主要生产A—100和B—200两种产品。该企业设有一个基本生产车间,设有两个辅助生产车间(供电车间和机修车间);企业成本核算采用品种法,月末完工产品和在产品之间的费用分配采用约当产量法,两种产品的原材料都在生产开始时一次投入,加工费用发生比较均衡,月末在产品完工程度均为50%。

该公司2017年8月生产A—100、B—200两种产品,本月有关成本计算资料如下:

1. 月初在产品成本 A—100、B—200两种产品的月初在产品成本如表6—1所示。

表6—1　　　　　　　A—100、B—200产品月初在产品成本资料表

2017年8月

单位:元

摘　　要	直接材料	直接人工	制造费用	合　　计
A—100产品月初在产品成本	328 000	64 939	7 365	400 304
B—200产品月初在产品成本	247 480	32 816	6 702	286 998

2. 本月生产数量

A—100产品本月完工1 000件,月末在产品200件,实际生产工时200 000小时;B—200产品本月完工400件,月末在产品80件,实际生产工时100 000小时。

3. 本月发生生产费用如下:

(1)本月发出材料汇总表,如表6—2所示。

表6—2　　　　　　　　　　　　发出材料汇总表
2017年8月　　　　　　　　　　　　　　　　　　　　　　　单位:元

领料部门和用途	材料类别			合　计
	原材料	周转材料—包装物	周转材料—低值易耗品	
基本生产车间消耗:				
A—100产品消耗	1 600 000	20 000		1 620 000
B—200产品消耗	1 200 000	8 000		1 208 000
A—100、B—200产品共同耗用	56 000			56 000
车间一般消耗	4 000		200	4 200
辅助生产车间消耗:				
供电车间消耗	2 000			2 000
机修车间消耗	2 400			2 400
厂部管理部门消耗	2 400		800	3 200
合　计	2 866 800	28 000	1 000	2 895 800

备注:生产A—100、B—200两种产品共同耗用的材料,按A—100、B—200两种产品直接消耗原材料的比例进行分配。

(2)本月工资结算汇总表及职工福利费用计算表(简化格式),如表6—3所示。

表6—3　　　　　　　　　　　　工资及福利费汇总表
2017年8月　　　　　　　　　　　　　　　　　　　　　　　单位:元

人员类别	应付职工薪酬总额	应计提福利费	合　计
基本生产车间			
产品生产工人	840 000	117 600	957 600
车间管理人员	40 000	5 600	45 600
辅助生产车间			
供电车间	16 000	2 240	18 240
机修车间	14 000	1 960	15 960
厂部管理人员	80 000	11 200	91 200
合　计	990 000	138 600	1 128 600

(3)本月计提五险一金、工会经费、职工教育经费,如表6—4所示。

表 6—4　　　　　　　　　五险一金、工会经费、职工教育经费计提表
2017 年 8 月　　　　　　　　　　　　　　　　　　　单位:元

项　目	基本生产车间 生产工人	基本生产车间 管理人员	辅助生产车间 供电车间	辅助生产车间 机修车间	厂部管理人员	合　计
应付职工薪酬总额	840 000	40 000	16 000	14 000	80 000	990 000
医疗保险费用(8.5%)	71 400	3 400	1 360	1 190	6 800	84 150
失业保险费用(1%)	8 400	400	160	140	800	9 900
养老保险费用(21%)	176 400	8 400	3 360	2 940	16 800	207 900
工伤保险费用(0.4%)	3 360	160	64	56	320	3 960
生育保险费用(0.7%)	5 880	280	112	98	560	6 930
工会经费(2%)	16 800	800	320	280	1 600	19 800
职工教育费(1.5%)	12 600	600	240	210	1 200	14 850
合　计	294 840	14 040	5 616	4 914	28 080	347 490

(4)本月以现金支付的费用为 5 760 元,其中基本生产车间负担的办公费 520 元,市内交通费 530 元;供电车间负担的市内交通费 290 元;机修车间负担的外部加工费 1 200 元;厂部管理部门负担的办公费 2 800 元,材料市内运输费 420 元。

(5)本月以银行存款支付的费用为 29 400 元,其中基本生产车间负担的办公费 2 000元,水费 4 000 元,差旅费 2 800 元,设计制图费 5 200 元;供电车间负担的水费 1 000 元,外部修理费 3 600 元;机修车间负担的办公费 800 元;厂部管理部门负担的办公费 6 000 元,水费 2 400 元,招待费 400 元,市话费 1 200 元。

(6)本月应计提固定资产折旧费 44 110 元,其中:基本生产车间折旧 20 110 元,供电车间折旧 4 000 元,机修车间折旧 8 000 元,厂部管理部门折旧 12 000 元。

分析:产品成本计算解析如下:

(一)设置有关成本费用明细账和成本计算单

按品种设置基本生产成本明细账(见表 6—10、表 6—11)和成本计算单(见表 6—21、表 6—22),按车间设置辅助生产成本明细账(见表 6—12、表 6—13)和制造费用明细账(见表 6—14),其他与成本计算无关的费用明细账,如管理费用明细账等,此略。

(二)要素费用的分配

根据各项生产费用发生的原始凭证和其他有关资料,编制各项要素费用分配表,分配各项要素费用。

(1)分配材料费用。其中:生产 A—100、B—200 两种产品共同耗用材料按 A—100、B—200 两种产品直接耗用原材料的比例分配。分配结果见表 6—5。

表6—5　　　　　　　　　　　　　　材料费用分配表

2017年8月　　　　　　　　　　　　　　　　　　　　　　　　　　单位:元

会计科目	明细科目	分配标准	分配率	分配共耗材料	直接耗用材料 原材料	直接耗用材料 周转材料——包装物	直接耗用材料 周转材料——低值易耗品	合计
生产成本——基本生产成本	A—100产品	1 600 000		32 000	1 600 000	20 000		1 652 000
	B—200产品	1 200 000		24 000	1 200 000	8 000		1 232 000
	小计	2 800 000	2%	56 000	2 800 000	28 000		2 884 000
生产成本——辅助生产成本	供电车间	0			2 000			2 000
	机修车间				2 400			2 400
	小计				4 400			4 400
制造费用	基本生产车间				4 000		200	4 200
管理费用	修理费				2 400		800	3 200
合计					2 866 800	28 000	1 000	2 895 800

根据表6—5材料费用分配表,编制发出材料的会计分录如下:

借:生产成本——基本生产成本——A—100产品　　1 652 000
　　　　　　　　　　　　　　　——B—200产品　　1 232 000
　　生产成本——辅助生产成本——供电车间　　　　2 000
　　　　　　　　　　　　　　　——机修车间　　　　2 400
　　制造费用——基本生产车间　　　　　　　　　　4 200
　　管理费用——修理费　　　　　　　　　　　　　3 200
　　贷:原材料　　　　　　　　　　　　　　　　　2 866 800
　　　　周转材料——包装物　　　　　　　　　　　28 000
　　　　周转材料——低值易耗品　　　　　　　　　1 000

(2)分配工资及福利费用。其中:A—100、B—200两种产品应分配的工资及福利费按A—100、B—200两种产品的实际生产工时比例分配。分配结果如表6—6所示。

表6—6　　　　　　　　　　　　　职工薪酬费用分配表

2017年8月　　　　　　　　　　　　　　　　　　　　　　　　　　单位:元

分配对象 会计科目	分配对象 明细科目	工资 分配标准	工资 分配率	工资 分配额	福利费 分配率	福利费 分配额
生产成本——基本生产成本	A—100产品	200 000		560 000		78 400
	B—200产品	100 000		280 000		39 200
	小计	300 000	2.80	840 000	0.392	117 600
生产成本——辅助生产成本	供电车间			16 000		2 240
	机修车间			14 000		1 960
	小计			30 000		4 200
制造费用	基本生产车间			40 000		5 600
管理费用	工资、福利费			80 000		11 200
合计				990 000		138 600

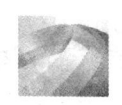

根据表6—6职工薪酬费用分配表,编制应付职工薪酬分配业务的会计分录如下:
  借:生产成本——基本生产成本——A—100产品 560 000
            ——B—200产品 280 000
    生产成本——辅助生产成本——供电车间 16 000
            ——机修车间 14 000
    制造费用——基本生产车间 40 000
    管理费用——修理费 80 000
     贷:应付职工薪酬——工资 990 000
  借:生产成本——基本生产成本——A—100产品 78 400
            ——B—200产品 39 200
    生产成本——辅助生产成本——供电车间 2 240
            ——机修车间 1 960
    制造费用——基本生产车间 5 600
    管理费用——修理费 11 200
     贷:应付职工薪酬——福利费 138 600

(3)分配五险、工会经费、职工教育经费。其中:A—100、B—200两种产品应分配的五险、工会经费、职工教育经费,按A—100、B—200两种产品的实际生产工时比例分配。分配结果如表6—7所示。

表6—7   五险、工会经费、职工教育经费分配表

2017年8月   单位:元

项目	基本生产车间 生产成本——基本生产成本 A—100	B—200	制造费用	辅助生产车间 辅助生产成本——供电	辅助生产成本——机修	管理费用	合计
医疗保险费用8.5%	47 600	23 800	3 400	1 360	1 190	6 800	84 150
失业保险费用1%	5 600	2 800	400	160	140	800	9 900
养老保险费用21%	117 600	58 800	8 400	3 360	2 940	16 800	207 900
工伤保险费用0.4%	2 240	1 120	160	64	56	320	3 960
生育保险费用0.7%	3 920	1 960	280	112	98	560	6 930
工会经费2%	11 200	5 600	800	320	280	1 600	19 800
职工教育费1.5%	8 400	4 200	600	240	210	1 200	14 850
合计	196 560	98 280	14 040	5 616	4 914	28 080	347 490

根据表6—7,编制有关会计分录如下:
  借:生产成本——基本生产成本——A—100产品 196 560
            ——B—200产品 98 280
    生产成本——辅助生产成本——供电车间 5 616

　　　　　　　　——机修车间　　　　　　　　　　　4 914
　　制造费用——基本生产车间　　　　　　　　　　14 040
　　管理费用——修理费　　　　　　　　　　　　　28 080
　　　贷：应付职工薪酬——五险　　　　　　　　　312 840
　　　　　　　　　　——工会经费　　　　　　　　 19 800
　　　　　　　　　　——职工教育经费　　　　　　 14 850

(4)计提固定资产折旧费用。分配结果如表6-8所示。

表6-8　　　　　　　　　　折旧费用计算表
　　　　　　　　　　　　　2017年8月　　　　　　　　　　　　单位：元

会计科目	明细科目	费用项目	分配金额
制造费用	基本生产车间	折旧费	20 110
生产成本——辅助生产成本	供电车间	折旧费	4 000
	机修车间	折旧费	8 000
管理费用		折旧费	12 000
合　计			44 110

根据表6-8，编制计提折旧的会计分录如下：
　　借：制造费用——基本生产车间　　　　　　　　20 110
　　　　生产成本——辅助生产成本——供电车间　　 4 000
　　　　　　　　　　　　　　　　——机修车间　　 8 000
　　　　管理费用——折旧费　　　　　　　　　　　12 000
　　　　　贷：累计折旧　　　　　　　　　　　　　44 110

(5)本月以现金支付的费用为5 760元，其中基本生产车间负担的办公费520元，市内交通费530元；供电车间负担的市内交通费290元；机修车间负担的外部加工费1 200元；厂部管理部门负担的办公费2 800元，材料市内运输费420元。

(6)本月以银行存款支付的费用为29 400元，其中基本生产车间负担的办公费2 000元，水费4 000元，差旅费2 800元，设计制图费5 200元；供电车间负担的水费1 000元，外部修理费3 600元；机修车间负担的办公费800元；厂部管理部门负担的办公费6 000元，水费2 400元，招待费400元，市话费1 200元。

7.分配本月现金和银行存款支付费用。分配结果如表6-9所示。

表6-9　　　　　　　　　　其他费用分配表
　　　　　　　　　　　　　2017年8月　　　　　　　　　　　　单位：元

会计科目	明细科目	现金支付	银行存款支付	合　计
制造费用	基本生产车间	1 050	14 000	15 050
辅助生产成本	供电车间	290	4 600	4 890
	机修车间	1 200	800	2 000

续表

会计科目	明细科目	现金支付	银行存款支付	合 计
管理费用		3 220	10 000	13 220
合 计		5 760	29 400	35 160

根据其他费用分配表,编制会计分录如下:
借:制造费用——基本生产车间　　　　　　　　　　　　　15 050
　　生产成本——辅助生产成本——供电车间　　　　　　　4 890
　　　　　　　　　　　　　　——机修车间　　　　　　　2 000
　　管理费用——财产保险费　　　　　　　　　　　　　　13 220
　　贷:库存现金　　　　　　　　　　　　　　　　　　　5 760
　　　　银行存款　　　　　　　　　　　　　　　　　　　29 400

(8)根据各项要素费用分配表及编制的会计分录,登记有关基本生产成本明细账(见表6—10、表6—11)、辅助生产成本明细账(见表6—12、表6—13)和制造费用明细账(见表6—14)。

表6—10　　　　　　　　　　　　基本生产成本明细账

产品名称:A—100产品　　　　　　　　　　　　　　　　　　　　　　　　　单位:元

2017年		凭证字号	摘　要	直接材料	直接人工	制造费用	合　计
月	日						
7	31		月末在产品成本	328 000	64 939	7 365	400 304
8	31	略	材料费用分配表	1 652 000			1 652 000
	31		工资福利费分配表		638 400		638 400
			五险、工会、职教经费		196 560		196 560
	31		生产用电分配表	14 400			14 400
	31		制造费用分配表			85 200	85 200
	31		本月生产费用合计	1 666 400	834 960	85 200	2 586 560
	31		本月累计	1 994 400	899 899	92 565	2 986 864
	31		结转完工入库产品成本	1 662 000	818 090	84 150	2 564 240
	31		月末在产品成本	332 400	81 809	8 415	422 624

表6—11　　　　　　　　　　　　基本生产成本明细账

产品名称:B—200产品　　　　　　　　　　　　　　　　　　　　　　　　　单位:元

2017年		凭证字号	摘　要	直接材料	直接人工	制造费用	合　计
月	日						
7	31		月末在产品成本	247 480	32 816	6 702	286 998
8	31	略	材料费用分配表	1 232 000			1 232 000

续表

2017年		凭证字号	摘 要	直接材料	直接人工	制造费用	合 计
月	日						
	31		工资福利费分配表		319 200		319 200
			五险、工会、职教经费		98 280		98 280
	31		生产用电分配表	7 200			7 200
	31		制造费用分配表			42 600	42 600
	31		本月生产费用合计	1 239 200	417 480	42 600	1 699 280
	31		本月累计	1 486 680	450 296	49 302	1 986 278
	31		结转完工入库产品成本	1 238 900	409 360	44 820	1 693 080
	31		月末在产品成本	247 780	40 936	4 482	293 198

表6—12　　　　　　　　　　　辅助生产成本明细账
车间名称：供电车间　　　　　　　　　　　　　　　　　　　　　　　　　　　　单位：元

2017年		凭证字号	摘 要	直接材料	直接人工	制造费用	合 计
月	日						
8	1	略	材料费用分配表	2 000			2 000
	31		工资福利费分配表		18 240		18 240
	31		五险、工会、职教经费		5 616		5 616
	31		计提折旧费			4 000	4 000
	31		其他费用			4 890	4 890
	31		本月合计	2 000	23 856	8 890	34 746
	31		结转各受益部门	2 000	23 856	8 890	34 746

表6—13　　　　　　　　　　　辅助生产成本明细账
车间名称：机修车间　　　　　　　　　　　　　　　　　　　　　　　　　　　　单位：元

2017年		凭证字号	摘 要	直接材料	直接人工	制造费用	合 计
月	日						
8	31	略	材料费用分配表	2 400			2 400
	31		工资及福利费分配表		15 960		15 960
	31		五险、工会、职教经费		4 914		4 914
	31		分摊财产保险费			8 000	8 000
	31		其他费用			2 000	2 000
	31		本月合计	2 400	20 874	10 000	33 274
	31		结转各受益部门	2 400	20 874	10 000	33 274

表 6－14　　　　　　　　　　　　　　　制造费用明细账

车间名称：基本生产车间　　　　　　　　　　　　　　　　　　　　　　　　　　　　　　单位：元

2017年		凭证字号	摘　要	材料费	人工费	折旧费	水电费	修理费	其他	合计
月	日									
8	31	略	材料费用分配表	4 200						4 200
	31		工资及福利费分配表		45 600					45 600
	31		五险、工会、职教经费		14 040					14 040
	31		折旧费用计算表			20 110				20 110
	31		其他费用分配表						15 050	15 050
	31		辅助生产分配表				4 800	24 000		28 800
	31		本月合计	4 200	59 640	20 110	4 800	24 000	15 050	127 800
	31		结转制造费	4 200	59 640	20 110	4 800	24 000	15 050	127 800

（三）分配辅助生产费用

（1）根据各辅助生产车间制造费用明细账汇集的制造费用总额，分别转入该车间辅助生产成本明细账。本例题供电和机修车间提供单一产品或服务，未单独设置制造费用明细账，车间发生的间接费用直接记入各车间辅助生产成本明细账。

（2）根据辅助生产成本明细账（见表6－12、表6－13）归集的待分配辅助生产费用和辅助生产车间本月劳务供应量，采用计划成本分配法分配辅助生产费用（见表6－16），并据以登记有关生产成本明细账或成本计算单和有关费用明细账。

本月供电和机修车间提供的劳务量如表6－15所示。

表 6－15　　　　　　　　　　　　供电和机修车间劳务量表

2017年8月　　　　　　　　　　　　　　　　　　　　　　　　　　　　　　　　　　　单位：元

受益部门	供电车间（度）	机修车间（小时）
供电车间		800
机修车间	6 000	
基本生产车间	66 000	6 000
其中：产品生产	54 000	
一般耗费	12 000	6 000
厂部管理部门	20 000	2 200
合　计	92 000	9 000

表 6－16　　　　　　　　　　　　辅助生产费用分配表

2017年8月　　　　　　　　　　　　　　　　　　　　　　　　　　　　　　　　　　　单位：元

受益部门	供电（单位成本0.40元）		机修（单位成本4.00元）	
	用电度数	计划成本	机修工时	计划成本
供电车间			800	3 200
机修车间	6 000	2 400		

续表

受益部门		供电(单位成本0.40元)		机修(单位成本4.00元)	
		用电度数	计划成本	机修工时	计划成本
基本生产车间	产品生产	54 000	21 600		
	一般耗费	12 000	4 800	6 000	24 000
厂部管理部门		20 000	8 000	2 200	8 800
合　　计		92 000	36 800	9 000	36 000
实际成本			37 946		35 674
成本差异			1 146		－326

备注：供电车间实际成本＝34 746＋3 200＝37 946(元)；机修车间实际成本＝33 274＋2 400＝35 674(元)

每度电计划成本为0.40元，每小时机修计划成本为4.00元；成本差异全部由管理费用负担。按车间生产A—100、B—200两种产品的生产工时比例分配，其中：A—100产品的生产工时为200 000小时；B—200产品的生产工时为10 000小时。分配记入产品成本计算单中"直接材料"成本项目，分配结果如表6—17所示。

表6—17　　　　　　　　　产品生产动力费用分配表
　　　　　　　　　　　　　　2017年8月　　　　　　　　　　　　　　单位：元

产　品	生产工时(小时)	分配率	分配金额
A—100产品	200 000		14 400
B—200产品	100 000		7 200
合　计	300 000	0.072	21 600

根据表6—16和表6—17，编制会计分录如下：
(1)结转辅助生产计划成本：
　　借：生产成本——辅助生产成本——供电车间　　　　　　　3 200
　　　　　　　　　　　　　　　　——机修车间　　　　　　　2 400
　　　　生产成本——基本生产成本——A—100产品　　　　　 14 400
　　　　　　　　　　　　　　　　——B—200产品　　　　　 7 200
　　　　制造费用——基本生产车间　　　　　　　　　　　　 28 800
　　　　管理费用　　　　　　　　　　　　　　　　　　　　 16 800
　　　　贷：生产成本——辅助生产成本——供电车间　　　　 36 800
　　　　　　　　　　　　　　　　　——机修车间　　　　　 36 000
(2)结转辅助生产成本差异，为了简化成本计算工作，成本差异全部计入管理费用。
　　借：管理费用　　　　　　　　　　　　　　　　　　　　　 820
　　　　贷：生产成本——辅助生产成本——供电车间　　　　　1 146
　　　　　　　　　　　　　　　　　——机修车间　　　　　　－326

23 完工产品成本汇总表

2017 年 8 月   单位:元

成本项目	A—100 产品(1 000 件) 总成本	单位成本	B—200 产品(400 件) 总成本	单位成本
直接材料	1 662 000	1 662	1 238 900	3 097.25
直接人工	818 090	818.09	409 360	1 023.40
制造费用	84 150	84.15	44 820	112.05
合　　计	2 564 240	2 564.24	1 693 080	4 232.70

根据表 6—23 结转完工入库产品的生产成本,编制会计分录如下:
　　借:库存商品——A—100 产品　　　　　　　　　　　2 564 240
　　　　　　　　——B—200 产品　　　　　　　　　　　1 693 080
　　　贷:生产成本——基本生产成本——A—100 产品　　2 564 240
　　　　　　　　　　　　　　　　　——B—200 产品　　1 693 080

阅读 6—1　　　　　　品种法的优缺点

优点:品种法是基本方法中最基本的产品成本计算方法。采用这种方法,既不要求按照批别计算成本,也不要求按照产品生产步骤计算成本,而只要求按照产品的品种计算产品成本。

缺点:它适用于产品品种单一、生产周期较短的大量大批单步骤生产。如果生产的产品复杂,而且是小批单件生产的情况就不太适用。

关键术语

产品成本核算　　　品种法　　　案例分析

◎ 应知考核 ◎

一、单项选择题

1. 最基本的成本计算方法是(　　)。
A. 品种法　　　　　B. 分批法　　　　　C. 分步法　　　　　D. 分类法
2. 下列企业中,最常采用品种法计算产品成本的是(　　)。
A. 纺织厂　　　　　B. 发电厂　　　　　C. 制衣厂　　　　　D. 钢铁厂
3. 品种法的成本计算对象是(　　)。
A. 产品品种　　　　B. 产品类别　　　　C. 批别或订单　　　D. 生产步骤
4. 若企业只生产一种产品,则发生的费用(　　)。
A. 全部是直接计入费用　　　　　　　　B. 全部是间接计入费用
C. 部分是直接费用,部分是间接费用　　D. 需要将生产费用进行分配
5. 品种法是产品成本计算的(　　)。
A. 最主要方法　　　　　　　　　　　　B. 重要方法
C. 最基本的方法　　　　　　　　　　　D. 最简单的方法
6. 品种法适用的生产组织是(　　)。

A. 大量大批生产 B. 大量成批生产
C. 大量小批生产 D. 单件小批生产

7. 某企业的辅助生产车间主要为基本生产车间、行政管理部门供电,应采用的成本计算方法是( )。

A. 分批法 B. 分步法 C. 品种法 D. 分类法

8. 下列各种产品成本计算方法中,适用于单步骤、大批量生产的是( )。

A. 分批法 B. 分步法 C. 品种法 D. 分类法

9. 关于品种法下列说法正确的是( )。

A. 适用于单步骤、小量生产的企业

B. 品种法下一般不需要定期计算产品成本

C. 生产按流水线组织或管理上不要求按照生产步骤计算产品成本情况下,可以按照品种法计算产品成本

D. 生产成本不需要在完工产品和在产品之间进行分配

10. 品种法的成本计算对象是( )。

A. 各种产品品种

B. 产品的批别或订单

C. 各种产品的材料费用

D. 每个加工阶段的半成品及最后加工阶段的产成品

二、多项选择题

1. 品种法是产品成本计算最基本的方法,这是因为( )。

A. 品种法计算成本最简单

B. 任何成本计算方法最终都要计算出各品种的成本

C. 品种法的成本计算程序最有代表性

D. 品种法需要按月计算产品成本

2. 下列企业中,适合品种法计算产品成本的有( )。

A. 发电企业 B. 汽车制造企业 C. 采掘企业 D. 船舶制造企业

3. 下列有关品种法的计算程序叙述中正确的有( )。

A. 如果只生产一种产品,只需为这种产品开设一张产品成本明细账

B. 如果生产多种产品,要按照产品的品种分别开设产品成本明细账

C. 发生的各项直接费用直接记入各产品成本明细账

D. 发生的间接费用则采用适当的分配方法在各种产品之间进行分配

4. 品种法适用于( )。

A. 大量大批的单步骤生产

B. 大量大批的多步骤生产

C. 管理上不要求分步骤计算成本的多步骤生产

D. 小批、单件,管理上不要求分步骤计算成本的多步骤生产

5. 品种法的特点是( )。

A. 要求按产品的品种计算成本 B. 按月定期计算产品成本

C. 简单品种法一般要计算在产品成本 D. 一般适用于大量大批生产

三、判断题

1. 品种法是各种产品成本计算方法的基础。（ ）
2. 品种法在大量大批多步骤的生产企业，无论其管理要求如何，均不适用。（ ）
3. 生产组织不同对产品成本计算方法的影响是：品种法适用于小批单件生产；分批法适用于大批大量生产。（ ）
4. 品种法主要适用于简单生产，因此称为简单法。（ ）
5. 品种法应按生产单位开设产品成本计算单。（ ）
6. 单步骤生产都应采用品种法计算产品成本。（ ）
7. 从成本计算对象和成本计算程序来看，品种法是产品成本计算最基本的方法。（ ）
8. 品种法的成本计算期与会计报告期一致，与生产周期不一致。（ ）
9. 辅助生产车间如供水、供电车间，通常采用分批法计算成本。（ ）
10. 不论什么组织形式的制造企业，不论什么生产类型的产品，也不论成本管理要求如何，最终都必须按照产品品种计算出产品成本。（ ）

四、简答题

1. 简述产品成本核算的基本方法。
2. 简述产品成本核算基本程序。
3. 简述品种法的特点。
4. 简述品种法为何是产品成本核算的最基本方法。
5. 简述品种法的适用范围。

◎ 应会考核 ◎

★ 观念应用

【背景资料】

金杰公司的成本核算程序

金杰公司是国内干法腈纶纤维生产公司，大量大批生产化纤产品。该公司设有一个基本生产车间，主要生产短纤和长纤两种纤维产品；还设有一个辅助生产车间，即运输车间，为基本生产车间和管理部门提供运输服务。从其生产工艺过程看，属于单步骤生产类型，成本核算的管理要求是能够提供最终完工产品成本。

【考核要求】

(1) 该公司的短纤和长纤两种产品用什么方法核算成本？
(2) 按照什么程序进行成本核算？
(3) 如何编制完工产品成本结转的会计分录？

★ 技能应用

某企业设有一个基本生产车间，大量生产甲、乙两种产品，生产工艺过程属于单步骤生产。根据生产特点和管理要求，采用品种法计算两种产品成本。该企业还设有配电和机修两个辅助生产车间，为基本生产提供服务。辅助生产车间制造费用直接在辅助生产成本账户核算；该企业不单独核算废品损失，产品成本设"直接材料"、"燃料及动力"、"工资及福利费"和"制造费用"四个成本项目。两种产品原材料均于投产时一次性投入，月末在产品完工程度为50%，按约当产量比例法分配完工产品和在产品成本。辅助生产费用按计划成本进行分配。甲、乙产品月初在产品和本月生产费用如下：

1. 月初在产品成本资料

月初在产品成本资料如表6-24所示。

表6-24　　　　　　　　　　　　月初在产品成本资料

产品名称	数量	直接材料	燃料及动力	工资及福利费	制造费用	合计
甲产品	200件	12 000	4 000	2 400	3 200	21 600
乙产品	250件	20 000	5 400	3 000	4 000	32 400

2. 本月生产量和生产费用

(1)本月投产甲产品1 000件,完工800件;投产乙产品850件,完工900件。

(2)车间领用材料137 100元,其中:甲产品领用50 000元,乙产品领用55 000元,甲、乙产品共同消耗21 000元,基本生产车间一般性消耗4 500元,配电车间领用材料3 000元,修理车间领用材料6 600元。(产品共同消耗材料按直接领用材料的比例分配。)

(3)本月基本生产工人工资45 000元,车间管理人员工资6 000元,配电车间人员的工资3 000元,修理车间人员工资8 000元,并按工资总额的14%计提了职工福利费。(生产工人工资和福利费按产品生产工时比例分配,甲产品生产工时8 000小时,乙产品生产工时10 000小时。)

(4)基本生产车间计提固定资产折旧费6 000元,配电车间折旧费820元,修理车间折旧费600元,行政管理部门折旧费2 000元。

(5)以银行存款支付外购电费23 200元,其中,产品生产用电45 000度,修理车间用电5 000度,行政管理部门用电8 000度(生产用电按产品生产工时比例分配)。

(6)以银行存款支付办公费及其他费用共8 000元。其中,基本生产车间660元,配电车间260元,修理车间250元,管理费用6 830元。

(7)配电车间每度电计划成本0.1元(按各部门实际耗电量分配),修理费计划成本每小时8元,本月基本生产车间接受修理服务1 400小时,供电车间接受修理服务200小时,管理部门接受修理服务400小时。

【技能要求】

按品种法计算甲、乙两种产品的成本,并编制各费用分配表和成本计算的会计分录。具体要求如下:

(1)根据月初在产品开设基本生产成本明细账,如表6-25和表6-26所示。

表6-25　　　　　　　　　　　　基本生产成本明细账

生产车间:　　　　　　　　　　　　年　月　　　　　　　　　　　产品名称:

项　目		直接材料	燃料及动力	直接人工	制造费用	合　计
期初在产品(　　件)						
本月生产费用(　　件)	原材料费用分配表					
	外购动力分配表					
	工资及福利费分配表					
	制造费用分配表					
	本月生产费用合计					
生产费用累计(　　件)						
完工产品成本转出(　　件)						
月末在产品成本(　　件)						

表 6－26　　　　　　　　　　　　　基本生产成本明细账
生产车间：　　　　　　　　　　　　　　年　月　　　　　　　　　　产品名称：

项　目		直接材料	燃料及动力	直接人工	制造费用	合　计
期初在产品（　　件）						
本月生产费用（　　件）	原材料费用分配表					
	外购动力分配表					
	工资及福利费分配表					
	制造费用分配表					
	本月生产费用合计					
生产费用累计（　　件）						
完工产品成本转出（　　件）						
月末在产品成本（　　件）						

（2）开设基本生产车间制造费用明细账、辅助生产车间明细账，如表 6－27、表 6－28 和表 6－29 所示。

表 6－27　　　　　　　　　　　　　制造费用明细账
生产车间：

年		摘　要	原材料	工资及福利费	折旧费	修理费	水电费	其他费用	合计	分配转出
月	日									

表 6－28　　　　　　　　　　　　　辅助生产明细账

年		摘　要	原材料	工资及福利费	折旧费	修理费	水电费	其他费用	合计	分配转出
月	日									

表 6－29　　　　　　　　　　　　　辅助生产成本明细账

年		摘　要	原材料	工资及福利费	折旧费	修理费	水电费	其他费用	合计	分配转出
月	日									

续表

年 月 日	摘要	原材料	工资及福利费	折旧费	修理费	水电费	其他费用	合计	分配转出

(3)编制费用分配表,分配材料费用、外购动力费用、工资及福利费用、折旧费和其他费用并登记有关明细账,如表 3—30、表 6—31、表 6—32 和表 6—33 所示。

表 6—30　　　　　　　　　　　材料费用分配表
年　月　日　　　　　　　　　　　　　　　单位:元

受益对象	直接计入	分配计入			合　计
		分配标准	分配率	分配金额	
甲产品					
乙产品					
合　计					
基本生产车间					
机修车间					
配电车间					
管理部门					
合　计					

表 6—31　　　　　　　　　　外购动力费用分配表
年　月　日　　　　　　　　　　　　　　　单位:元

受益对象	分配计入			分配金额
	耗电度数	分配金额	生产工时(小时)	
甲产品				
乙产品				
合　计				
基本生产车间				
机修车间				
配电车间				
管理部门				
合　计				

表 6-32　　　　　　　　　　　　　工资及福利分配表
　　　　　　　　　　　　　　　　　　年　月　日　　　　　　　　　　　　　　　单位：元

受益对象	生产工时	应付职工薪酬			应付福利费（工资的14%）	合计
^	^	生产工人（分配率）	管理人员	小　计	^	^
甲产品						
乙产品						
合　计						
基本生产车间						
机修车间						
配电车间						
管理部门						
合　计						

表 6-33　　　　　　　　　　　　折旧费和其他费用计算表
　　　　　　　　　　　　　　　　　年　月　日　　　　　　　　　　　　　　　单位：元

项　目	折旧费	其他费用	合　计
基本生产车间			
机修车间			
配电车间			
管理部门			
合　计			

（4）编制辅助费用分配表，分配辅助生产费用，如表 6-34 所示。

表 6-34　　　　　　　　　　　　　辅助生产费用分配表
　　　　　　　　　　　　　　　　　　年　月　日　　　　　　　　　　　　　　　单位：元

辅助生产车间	机修车间		配电车间		分配金额合计
^	劳务量（小时）	分配金额	劳务量（度）	分配金额	^
辅助生产费用					
计划单位成本					
机修车间					
配电车间					
基本生产车间					
行政管理部门					
计划成本分配合计					

续表

辅助生产车间	机修车间		配电车间		分配金额合计
	劳务量（小时）	分配金额	劳务量（度）	分配金额	
辅助生产实际成本					
辅助生产成本差异					

(5) 编制制造费用分配表，分配制造费用，如表6-35所示。

表6-35　　　　　　　　　　　制造费用分配表

第一生产车间　　　　　　　　　　年　　月　　日　　　　　　　　　　　　　　单位：元

产品名称	分配标准（实际工时）	分配率	分配金额
甲产品			
乙产品			
合计			

(6) 计算甲、乙两种产品的生产成本，按约当产量法分配完工产品和月末在产品成本，如表6-36所示。

表6-36　　　　　　　　　　月末在产品约当产量计算表

品名＼项目	原材料				加工费				
	工序	数量	投料率	约当产量	工序	数量	定额工时	完工率（%）	约当产量
甲产品									
乙产品									

★ 案例分析

【情景与背景】

熟悉各种费用的划分

杨阳是东方财经大学会计学院2016级在校本科生，暑假期间为巩固自己所学的会计理论知识，来到了妈妈所在的星海发电厂实习。妈妈恰巧是该厂的一名成本核算员，她先给杨阳介绍了自己工厂的生产特点。妈妈告诉杨阳：星海发电厂属于单步骤大量生产企业，只生产电力一种产品，设有燃料、锅炉、汽机、电机四个基本生产车间和一个修理辅助生产车间。该企业采用品种法计算电力产品成本，设置"生产成本明细账"和"电力产品成本计算单"等明细账，"生产成本明细账"中设"燃料费"、"水费"、"材料费"、"工资和福利费"、"折旧费"、"低值易耗品摊销"、"其他费用"成本项目。妈妈为了检验杨阳的理论与实践结合的能力，将星海发电厂2017年8月发生的经济业务情况汇总后，提供给杨阳如下资料：

(1) 根据有关凭证编制的"燃料费用分配表"如表6-37所示。

表 6-37　　　　　　　　　　　　　　燃料费用分配表

燃料名称	数量（吨）	单价（元/吨）	金　额
阜新原煤	500	300	150 000
大同原煤	600	200	120 000
合　计	1 100	—	270 000

（2）汇总的材料费用、工资等费用分配如表 6-38 所示。

表 6-38　　　　　　　　　　　材料费用、工资等费用分配表

车间	材料费用	工资	福利费	水费	折旧费	低值易耗品摊销	其他
燃料车间	10 000	20 000	2 800	300	2 000	100	1 800
锅炉车间	4 500	40 000	5 600	22 000	1 500	200	2 700
汽机车间	11 200	32 000	4 480	1 000	1 800	120	2 200
电机车间	22 200	21 000	2 940	800	1 100	90	2 200
修理车间	4 200	10 000	1 400	600	3 000	150	1 620
合　计	52 100	123 000	17 220	24 700	9 400	660	10 520

（3）本月电力生产量为 3 820 千度，其中厂用电量 820 千度，厂供电量 3 000 千度。

【分析要求】

妈妈要求杨阳解释如下问题：

（1）星海发电厂应该用何种方法计算产品成本？
（2）简单品种法与典型品种法的区别？
（3）帮助妈妈编制"生产成本明细账"和"电力产品成本计算单"，计算星海发电厂 2017 年 8 月电力产品总成本和单位成本。

本案例中，电力产品总成本为 507 600 元，单位成本为 169.20 元。

◎ 项目实训 ◎

【实训项目】

产品成本核算的品种法

【实训目的】

通过实训，运用成本计算的品种法，完成产品成本计算。熟练掌握产品成本计算的品种法（保留小数点后两位；有关计算和会计分录，另行附纸）。

【实训任务】

南京市三亚压缩机厂，主要生产 SY－1 和 SY－2 两种空调压缩机产品。该企业设有一个基本生产车间，设有两个辅助生产车间（供电车间和机修车间）；企业成本核算采用品种法，月末完工产品和在产品之间的费用分配采用约当产量法，两者产品的原材料都在生产开始时一次投入，加工费用发生比较均衡，月末在产品完工程度均为 50%。

南京市三亚压缩机厂 2017 年 10 月生产 SY－1、SY－2 两种产品，本月有关成本计算资料如下：

（10）月初在产品成本。SY－1、SY－2 两种产品的月初在产品成本如表 6－39 所示。

表 6-39　　　　　　　　　SY-1、SY-2 产品月初在产品成本资料表

2017 年 10 月　　　　　　　　　　　　　　　　　　　　　　　　　　单位:元

摘　要	直接材料	直接人工	制造费用	合　计
A-100 产品月初在产品成本	820 000	162 347.50	18 412.50	1 000 760
B-200 产品月初在产品成本	618 700	82 040	16 755	717 495

(2)本月生产数量。SY-1 产品本月完工 2 500 件,月末在产品 500 件,实际生产工时 500 000 小时;SY-2 产品本月完工 1 000 件,月末在产品 200 件,实际生产工时 250 000 小时。

(3)本月发生生产费用如下:

①本月发出材料汇总表,如表 6-40 所示。

表 6-40　　　　　　　　　　　　　发出材料汇总表

2017 年 10 月　　　　　　　　　　　　　　　　　　　　　　　　　　单位:元

领料部门和用途	材料类别			合　计
	原材料	周转材料——包装物	周转材料——低值易耗品	
基本生产车间消耗				
SY-1 产品消耗	4 000 000	50 000		4 050 000
SY-2 产品消耗	3 000 000	20 000		3 002 000
SY-1、SY-2产品共同消耗	140 000			140 000
车间一般消耗	10 000		500	10 500
辅助生产车间消耗				
供电车间消耗	5 000			5 000
机修车间消耗	6 000			6 000
厂部管理部门消耗	6 000		2 000	8 000
合　计	7 167 000	70 000	2 500	7 239 500

备注:生产 SY-1、SY-2 两种产品共同耗用的材料,按 SY-1、SY-2 两种产品直接耗用原材料的比例进行分配。

②本月工资结算汇总表及职工福利费用计算表(简化格式),如表 6-41 所示。

表 6-41　　　　　　　　　　　　工资及福利费汇总表

2017 年 10 月　　　　　　　　　　　　　　　　　　　　　　　　　　单位:元

人员类别	应付职工薪酬总额	应计提福利费	合　计
基本生产车间			
产品生产工人	2 100 000	294 000	2 394 000
车间管理人员	100 000	14 000	114 000
辅助生产车间			

续表

人员类别	应付职工薪酬总额	应计提福利费	合　计
供电车间	40 000	5 600	45 600
机修车间	35 000	4 900	39 900
厂部管理人员	200 000	28 000	228 000
合　计	2 475 000	346 500	2 821 500

③本月计提五险一金、工会经费、职工教育经费，如表6－42所示。

表6－42　　　　　五险一金、工会经费、职工教育经费计提表

2017年10月　　　　　　　　　　　　　　　　　　　　　　　单位：元

项　目	基本生产车间 生产工人	基本生产车间 管理人员	辅助生产车间 供电车间	辅助生产车间 机修车间	厂部管理人员	合　计
应付职工薪酬总额	2 100 000	100 000	40 000	35 000	200 000	2 475 000
医疗保险费用(8.5%)	178 500	8 500	3 400	2 975	17 000	210 375
失业保险费用(1%)	21 000	1 000	400	350	2 000	24 750
养老保险费用(21%)	441 000	21 000	8 400	7 350	42 000	519 750
工伤保险费用(0.4%)	8 400	400	160	140	800	9 900
生育保险费用(0.7%)	14 700	700	280	245	1 400	17 325
工会经费(2%)	42 000	2 000	800	700	4 000	49 500
职工教育费(1.5%)	31 500	1 500	600	525	3 000	37 125
合　计	737 100	35 100	14 040	12 285	70 200	868 725

④本月以现金支付的费用为14 400元，其中基本生产车间负担的办公费1 300元，市内交通费1 325元；供电车间负担的市内交通费725元；机修车间负担的外部加工费3 000元；厂部管理部门负担的办公费7 000元，材料市内运输费1 050元。

⑤本月以银行存款支付的费用为73 500元，其中基本生产车间负担的办公费5 000元，水费10 000元，差旅费7 000元，设计制图费13 000元；供电车间负担的水费2 500元，外部修理费9 000元；机修车间负担的办公费2 000元；厂部管理部门负担的办公费15 000元，水费6 000元，招待费1 000元，市话费3 000元。

⑥本月应计提固定资产折旧费110 275元，其中：基本生产车间折旧50 275元，供电车间折旧10 000元，机修车间折旧20 000元，厂部管理部门折旧30 000元。

⑦根据①～⑥各项费用编制会计分录、登记有关明细账(见表6－47、表6－48、表6－49、表6－50、表6－51)；并根据本月供电和机修车间提供的劳务量表(见表6－43)，采用计划成本法完成辅助生产费用分配表，如表6－44所示。

表 6—43　　　　　　　　　供电和机修车间提供的劳务量表

受益部门	供电车间(度)	机修车间(小时)
供电车间		2 000
机修车间	15 000	
基本生产车间	165 000	15 000
其中:产品生产	135 000	
一般消耗	30 000	15 000
厂部管理部门	50 000	5 500
合　计	230 000	22 500

备注:每度电的计划成本 0.40 元,每小时机修计划成本为 4.00 元;成本差异全部由管理费用负担。

表 6—44　　　　　　　　　辅助生产费用分配表
　　　　　　　　　　　　　　年　　月　　　　　　　　　　　　　　　　单位:元

受益部门		供电(单位成本＿＿＿元)		机修(单位成本＿＿＿元)	
		用电度数	计划成本	机修工时	计划成本
供电车间					
机修车间					
基本生产车间	产品生产				
	一般消耗				
厂部管理部门					
合　计					
实际成本					
成本差异					

备注:供电车间实际成本＝＿＿＿＿＿(元);机修车间实际成本＝＿＿＿＿＿(元)。

⑧产品生产用电按车间生产 SY—1、SY—2 两种产品的生产工时比例分配,其中:SY—1 产品的生产工时为 500 000 小时;SY—2 产品的生产工时为 25 000 小时。分配记入产品成本计算单中"直接材料"成本项目,完成产品生产动力费用分配表,如表 6—45 所示。

表 6—45　　　　　　　　　产品生产动力费用分配表
　　　　　　　　　　　　　　年　　月　　　　　　　　　　　　　　　　单位:元

产　品	生产工时(小时)	分配率	分配金额
SY—1 产品			
SY—2 产品			
合　计			

⑨根据⑦、⑧分配结果编制会计分录、登记有关明细账;分配生产车间制造费用,如表 6—46 所示。

表 6—46   制造费用分配表
车间名称：   年   月   单位：元

产　品	生产工时	分配率	分配金额
SY—1产品			
SY—2产品			
合　计			

⑩采用约当产量法完成生产费用在完工产品和期末在产品之间的分配(列示成本计算过程和算式)，编制产品成本计算单(见表6—47、表6—48)和完工产品成本汇总表(见表6—49)，并编制结转完工产品成本的会计分录。

表 6—47   产品成本计算单
产品名称：   单位：件

摘　要	直接材料	直接人工	制造费用	合　计
月初在产品成本				
本月发生生产费用				
生产费用合计				
完工产品数量				
在产品约当量				
总约当产量				
分配率(单位成本)				
完工产品总成本				
月末在产品成本				

表 6—48   产品成本计算单
产品名称：   单位：件

摘　要	直接材料	直接人工	制造费用	合　计
月初在产品成本				
本月发生生产费用				
生产费用合计				
完工产品数量				
在产品约当量				
总约当产量				
分配率(单位成本)				
完工产品总成本				
月末在产品成本				

表6－49 完工产品成本汇总表

年　月　　　　　　　　　　　　　　单位:元

成本项目	_____产品(___件)		_____产品(___件)	
	总成本	单位成本	总成本	单位成本
直接材料				
直接人工				
制造费用				
合　计				

项目七 产品成本核算的分批法

【知识目标】
理解:分批法的概念,分批法与品种法的区别。
熟知:分批法的特点和适用范围。
掌握:一般分批法和简单分批法的核算程序。

【技能目标】
能够掌握分批法的一般分批法和简单分批法,并掌握该方法的具体运用;能够运用所学的实务知识规范相关技能活动。

【素质目标】
能够运用所学的理论与实务知识研究相关案例,培养和提高学生在特定业务情境中分析问题与决策设计的能力,分析企业与会计人员行为的善恶,强化学生的职业道德素质。

【项目引例】

成本核算方法的正确选择

宏光公司属于小型加工企业,按生产订单生产产品,2017年实现销售收入2 000万元。该企业主要是销售部门拿到订单后交给生产部门。生产部门发出"生产通知单",将生产任务下达生产车间,并通知财会部门。财会部门根据产品批别,开设生产成本明细账,账中按成本项目开设专栏,用以归集生产费用,计算本批产品成本。产品生产成本明细账的开设和结账,与生产通知单的签发和结束协调一致,保证各批产品成本计算的正确性。

【讨论】 宏光公司能否采用前面学过的成本核算方法?产品成本是由哪些项目组成的?每个项目又应该如何进行归集和分配呢?

【知识精讲】

任务一 分批法概述

一、分批法的概念和特点

(一)分批法的概念

分批法是以产品批号作为成本计算对象来归集生产费用计算产品成本的一种方法。在实务中,由于一定量的批量生产往往是根据订单组织进行的,因而分批法也称为订单法。

(二)分批法的特点

1. 以产品的批别(即批号)或单件产品作为成本计算对象

要按每一份批号产品开设一个"生产成本明细账"(即成本计算单),有几份批号,就应当开设几个生产成本明细账,并且要分别成本项目登记该批号的产品在生产过程中所发生的全部生产费用。即使相同的产品,由于批号不同,费用也要划分清楚。直接费用根据材料、工资费用分配表所归集的金额直接计入;由各批号共同负担的间接费用按发生地点、用途归集,然后按一定标准,定期分配计入有关批号的成本之中。

2. 成本计算期通常与产品生产周期相一致

在分批法下,产成品成本要在某批号产品全部完工后才能够计算,所以成本计算是非定期的,即其成本计算期与生产周期是一致的,而与会计核算的报告期不一致。这是因为,各批号产品的生产周期不一致,每批号产品的实际成本,必须等到该批号产品全部完工后才能计算确定,即以每批号产品的生产周期作为成本计算期。

3. 一般不需要在完工产品与在产品之间分配生产费用

采用分批法计算成本,生产费用一般不需要在完工产品与月末在产品之间进行分配。当一份批号的产品全部完工时(如1001#),该批号产品成本明细账所归集的生产费用总额,即为其完工产成品总成本,除以其产量,即为单位产品成本;若月末某批号产品全部未完工(如1002#),则其成本明细账所归集的生产费用即为该批号产品的月末在产品成本,递延至下一个月份,继续进行生产费用的归集与核算,直到其全部完工,确定并结转完工产成品总成本。

但是,如果出现同批产品跨月陆续完工时(如1003#),则需采用一定的方法计算完工产品成本。在跨月完工产品不多的情况下,为了简化成本核算工作,完工产品成本可按计划成本或定额成本计算,产品成本计算单中所归集的全部费用,减去完工产品的计划成本或定额成本,即为该批号产品的月末在产品成本,待产品全部完工时再计算该批号产品的全部总成本。如批内产品跨月完工的情况较多,则应采用适当的方法(如约当产量法)分配计算成本,以提高成本计算的正确性。

二、分批法的适用范围

在单件、小批生产的企业里,生产是按照购买者的批号来进行的。每一份生产批号所订购的产品往往种类不同或规格不一,所用的原料和制造方法各异。所以,一份批号的成本,必须与其他批号的成本分开来计算。特别是如果订货合同的产品销售价格根据成本来决定时,则各份批号产品完工时,要报给订货者这批批号的产品成本,这样就更需要按批号来计算产品成本。有的小批生产企业也会根据企业事先规定的产品种类、规格,小批量组织生产,各批产品种类、规格不同,也必须按产品批号计算成本。适用分批法进行产品成本计算的工厂或车间有下列几种:

(一)根据购买者批号安排产品生产的企业

有些企业专门根据订货者的要求,生产特殊规格、特定数量的产品。订货者的订货可能是单件的大型产品,如船舶、大型锅炉;也可能是多件同样规格的产品,如根据订货方的设计图样生产若干件实验室用的特殊仪器等。

(二)产品种类经常变动的小规模制造厂

如生产门窗把手、插销等小五金厂,由于它们规模小,工人数量少,同时要根据市场需要不

断变动产品的种类和数量,不可能按产品设置流水线大量生产,因而必须按每批产品的投产分别来计算其生产成本。

(三)承揽修理业务的工厂

修理业务多种多样,要根据承接的各种修理工作分别计算成本,向客户收取货款。这种企业往往要根据合同规定,在生产成本上加约定利润,这约定利润可以是在成本的基础上,加一定百分率的利润,或一定数额利润,所以要报每次修理业务的成本,如修船等业务。

(四)新产品试制车间

专门试制、开发新产品的车间,要按新产品的种类分别计算成本。

总之,这些企业的共同特点是一批产品通常不重复生产,即使重复,也是不定期的。企业生产计划的编制及日常检查、核算工作都以购货者批号或企业计划规定的批量为根据。

三、分批法成本核算程序

(一)按批号设置产品成本明细账,按成本项目分设专栏

在生产开始时,会计部门应根据每一批号产品的生产任务通知单,开设产品成本明细账,并划分直接材料、直接人工和制造费用等成本项目。

(二)归集和分配生产费用

将各批号产品的直接费用,直接记入该批号产品成本明细账的直接材料或直接人工成本项目中;将发生的间接费用按照一定的标准在各批号产品之间进行分配后,记入有关各批号产品成本明细账的制造费用成本项目中。

(三)计算并结转完工产成品成本

分批法的产品成本计算期按产品生产周期确定,即在一份批号产品全部完工时,按其成本明细账归集的全部生产费用作为完工产成品总成本结转。在实际工作中,小批生产的企业,批内产品出现提前跨月完工的情况是存在的,那么就要采用一定的方法计算完工产品成本。若跨月完工不多,可按计划单位成本、定额单位成本或近期相同产品的实际单位成本等估算完工产成品成本,从该批产品成本明细账中转出完工产成品成本后的余额,即为月末在产品成本。若批内跨月完工产品数量较多时,应采用适当方法计算完工产品成本。

分批法成本计算程序如图 7—1 所示。

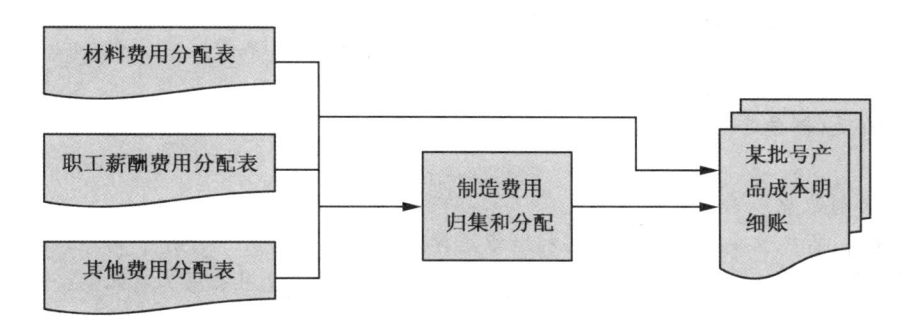

图 7—1 分批法成本计算程序

任务二　分批法产品成本核算案例

【案例7—1】

（1）基本情况：光华工厂是一个小批单件单步骤生产的中小型企业，成本核算方法采用分批法。该企业生产甲、乙、丙三种产品，设有一个基本生产车间，产品成本分设直接材料、直接人工和制造费用等成本项目，费用按月汇总，产品成本按订单全部产品完工后进行结算（即：如果一张订单中有分月陆续完工情况，则按计划成本转出，待该产品全部完工后，再重新结算完工产品的总成本和单位成本）。

（2）2017年9月份该企业生产产品的有关资料如下：

①1003#：丙产品，月初在产品成本资料：直接材料1 200元，直接人工1 060元，制造费用2 040元，共计4 300元。

②9月份生产的产品批号为：

1001#：甲产品，本月投产10台，本月全部完工。

1002#：乙产品，本月投产10台，本月全部未完工。

1003#：丙产品，上月投产20台，本月完工5台。

③本月各批号产品生产费用情况如表7—1所示。

表7—1　　　　　　9月各批号产品发生生产费用

产品批号	产品名称	直接材料（元）	直接人工（元）	制造费用（元）	生产工时（小时）
1001#	甲	3 360	2 350		1 000
1002#	乙	4 600	3 050		2 000
1003#	丙	2 680	2 450		900
合　计		10 640	7 850	7 800	3 900

1001#甲产品全部完工，本月生产费用全部都是完工成本。

1002#由于全部未完工，本月生产费用全部是在产品成本。

1003#丙产品数量完工少，完工产品按计划成本结转每台产品，计划单位成本：原材料190元，人工180元，制造费用250元。

解析：

（1）分配制造费用

根据资料，首先需要对发生的共同制造费用按产品的生产工时进行分配，得出各种产品所发生的制造费用额度，编制制造费用分配表（见表7—2）。制造费用采用工时比例分配，计算公式如下：

$$\text{制造费用分配率} = \frac{\text{制造费用总额}}{\text{各批号产品本月生产工时之和}}$$

$$\text{某批号产品应分配制造费用} = \text{该批号产品的本月生产工时} \times \text{制造费用分配率}$$

表 7—2 制造费用分配表

部门:基本生产车间　　　　　　　　　2017 年 9 月

产品批号	生产工时(小时)	分配率	分配金额(元)
1001#	1 000		2 000
1002#	2 000		4 000
1003#	900		1 800
合　计	3 900	2	7 800

(2)登记生产成本明细账

根据资料,结合制造费用分配情况,对企业生产的产品进行成本计算,并登记生产成本明细账。

①1001# 产品属于同批产品同时完工,全部作为完工成本,并根据完工数量计算单位成本。1001# 产品成本明细账如表 7—3 所示。

表 7—3 生产成本明细账

产品名称:甲产品
批号:1001#　　　　　　　　　　　　　　　　　　　　　　　　批量:10 件

2017 年		摘　要	直接材料	直接人工	制造费用	合　计
月	日					
9	30	本月发生	3 360	2 350	2 000	7 710
9	30	完工转出	3 360	2 350	2 000	7 710
		单位成本	336	235	200	771

②1002# 产品属于同批产品同时未完工,全部作为在产品成本。1002# 产品成本明细账如表 7—4 所示。

表 7—4 生产成本明细账

产品名称:乙产品
批号:1002#　　　　　　　　　　　　　　　　　　　　　　　　批量:10 件

2017 年		摘　要	直接材料	直接人工	制造费用	合　计
月	日					
9	30	本月发生	4 600	3 050	4 000	11 650
9	30	月末在产品	4 600	3 050	4 000	11 650

③1003# 产品属于同批产品跨月陆续完工,因完工数量较少,可根据单位计划成本结转完工成本;同时根据各项生产费用累计发生额减去结转的完工成本,确定月末在产品成本。1003# 产品成本明细账如表 7—5 所示。

表 7—5　　　　　　　　　　　生产成本明细账

产品名称：丙产品
批号：1003#　　　　　　　　　　　　　　　　　　　　　　　　　　批量：20 件

2017年		摘要	直接材料	直接人工	制造费用	合计
月	日					
9	1	期初在产品	1 200	1 060	2 040	4 300
9	30	本月发生	2 680	2 450	900	6 030
9	30	生产费用合计	3 880	3 510	2 940	10 330
		计划单位成本	190	180	250	620
9	30	完工转出	950	900	1 250	3 100
9	30	月末在产品	2 930	2 610	1 690	7 230

(3) 结转完成产成品成本
　　借：库存商品——1001#　　　　　　　　　　　　　7 710
　　　　　　　　——1003#　　　　　　　　　　　　　3 100
　　　贷：生产成本——基本生产成本——1001#　　　　7 710
　　　　　　　　　　　　　　　　——1003#　　　　3 100

任务三　简化分批法概述

在小批或单件生产的企业，如在同一月份内投产的产品批数很多，且月末未全部完工的批号产品多，此时，如仍然正常在各批号产品之间分配间接加工费用等，并无实际意义。为了简化各种间接费用在各批号产品之间的分配工作量，可以采用简化分批法计算产品成本。

一、简化分批法的概念和特点

（一）简化分批法的概念

简化分批法，是指只对全部完工的批号产品分配加工费用，而不对未全部完工的批号产品分配加工费用，等待其整批产品全部完工时，再以每批号产品累计生产工时比例，分配加工费用，计算完工产品成本的方法。这种只对整批完工的产品分配加工费用的分批法，也称为不分批计算在产品成本的分批法。

（二）简化分批法的特点

简化分批法平时只对各批号产品分别进行直接材料、加工工时的核算和计算，而将每月发生的直接人工、制造费用等间接加工费用进行二级累计核算，直到有某批号产品全部完工的月份，采用累计工时比例法，将累加起来的间接加工费用在各批号完工产品之间进行分配，未全部完工的每批号在产品不分配加工费用。

二、简化分批法的账户设置

在简化分批法下，成本核算账户体系和账户登记的内容要有所调整。即：

(1)在"生产成本"总分类账下设立"基本生产成本二级明细账",如表7—6所示。

表7—6　　　　　　　　　　　　　　基本生产成本二级明细账

年		摘　要	原材料	生产工时	直接人工	制造费用	合　计
月	日						
		月初累计发生数					
		本月发生					
		本月末累计发生数					
		累计间接费用分配率					
		结转完工产品成本					
		月末在产品成本					

"基本生产成本二级明细账"按月归集、提供企业或车间全部产品累计生产费用和累计工时资料。就是说,"基本生产成本二级明细账"的作用在于:①按月提供企业或车间全部产品的累计生产费用和生产工时(实际生产工时或定额生产工时)资料;②在有完工产品的月份,据以计算全部产品"累计间接费用分配率",分配完工产品应负担的间接费用并进行结转,确定完工产品总成本和单位产品成本。

所以,每月发生的各项间接费用,不是按月在各批产品之间进行分配,而是先在"基本生产成本二级明细账"中累计起来,在有完工产品的月份,按照完工产品累计生产工时的比例,在各批完工产品之间进行分配;对未完工的在产品则不分配间接计入费用。这样,全部产品的在产品成本则以总数反映在"基本生产成本二级明细账"的月末余额中,而不区分每一批号产品的在产品成本。

(2)在"基本生产成本二级明细账"下,按照产品批号设立"产品生产成本三级明细账",如表7—7所示。

表7—7　　　　　　　　　　　　　　产品生产成本三级明细账

批号:　　　　　　　　　　　　　　　　　　　　　　　　投产日期:
产品名称:　　　　　　　　完工日期:　　　　　　产量:

年		摘　要	原材料	工时	直接人工	制造费用	合　计
月	日						
3	31	月初累计发生额			×	×	
4	30	本月发生			×	×	
		本月末累计发生数			×	×	
		累计间接费用分配率	×	×			×
		分配转入间接费用	×	×			
		生产费用合计					
		结转完工产品成本					
		完工产品单位成本					

在平时,某批号内产品全部完工之前,三级明细账内只登记"直接材料"等直接费用以及累计生产工时的资料,并按直接费用计算各批在产品成本。只有在该批号产品全部完工的那个月份才核算、结转该批号产品应负担的间接费用,登记完工产品成本。

三、简化分批法成本核算程序

(1)根据要素费用分配表和生产工时统计资料,完整登记"基本生产成本二级明细账"(包括直接费用、间接费用和生产工时资料),但在三级明细账中,只登记每批次产品本期发生的直接费用和累计生产工时资料。

(2)当某批号产品全部完工时,按照累计生产工时比例,分配完工批号产品应负担的间接费用,加上该批号产品成本明细账登记、归集的直接费用,确定该批号完工产品总成本和单位产品成本。

具体来说,采用简化的分批法,每月发生的各项间接费用,不是按月在各批产品之间进行分配,而是将其先分别归集、累计起来,到整批产品完工时,按完工产品累计生产工时比例,在各批完工产品之间进行分配。其计算公式如下:

$$\frac{间接费用}{累计分配率} = \frac{某项间接费用累计发生总额}{\sum(某批号产品累计生产总工时)}$$

$$\frac{某批号完工产品}{应分配间接费用} = \frac{该批号完工产品}{累计生产总工时} \times \frac{间接费用}{累计分配率}$$

$$\frac{某批号完工}{产品总成本} = \frac{该批号产品三级明细账}{归集的直接费用合计} + \sum\left(\frac{该批号完工产品}{应分配间接费用}\right)$$

简化分批法的成本计算程序如图 7-2 所示。

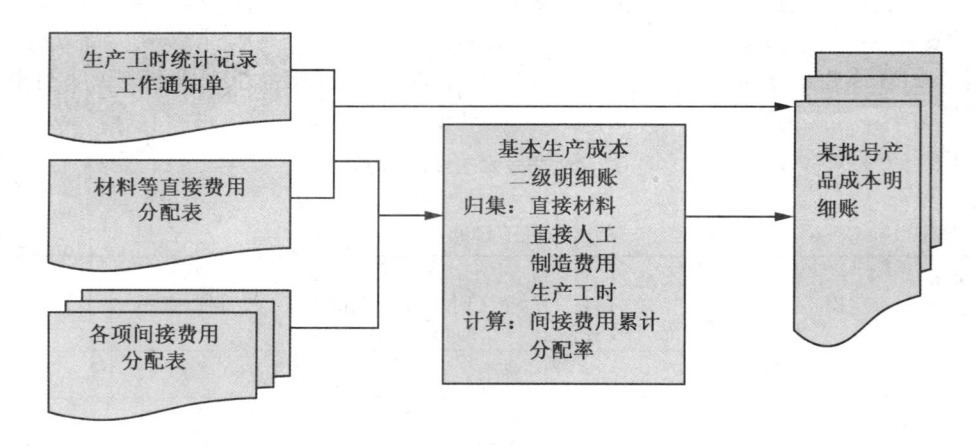

图 7-2 简化分批法成本计算程序图示

(3)汇总基本生产成本明细账中各批别的完工成本,并进行基本生产成本二级账登记。

(4)根据基本生产成本二级账中的累计费用减去完工成本,计算确定在产品成本。

任务四　简化分批法产品成本核算案例

【案例7—2】 新华工厂设有一个基本生产车间,小批量生产201#、202#两种产品,采用简化分批法计算成本。201#、202#产品均为2017年5月投产,上月末均没有完工产品。有关资料如下:

(1)2017年6月初在产品成本及耗用工时资料已列入基本生产成本二级账(见表7—8)、产品成本明细账的"月初累计发生数"(见表7—10、表7—11)中。

表7—8　　　　　　　　　　　生产成本二级明细账

年 月	日	摘要	原材料	生产工时	直接人工	制造费用	合　计
6	1	月初累计发生数	175 000	4 250	61 600	114 000	350 600
	30	本月发生	40 000	1 970	125 000	167 000	332 000
	30	本月末累计发生数	215 000	6 220	186 600	281 000	682 600
		累计间接费用分配率			30	45.18	—
	30	结转完工产品成本	163 000	4 070	122 100	183 882.60	468 982.60
	30	月末在产品成本	52 000	2 150	64 500	97 117.40	213 617.40

(2)2017年6月份发生下列业务:

①领用材料85 000元,其中:201#耗用30 000元、202#耗用10 000元,基本生产车间一般消耗45 000元。

②分配职工薪酬等费用145 000元,其中:工人工资125 000元,车间管理人员工资20 000元。

③基本生产车间计提固定资产折旧15 000元。

④以银行存款支付生产车间其他支出87 000元。

⑤耗用工时1 970小时,其中:201#为570小时、202#为1 400小时。

⑥月末,201#全部完工,202#完工2件,按计划成本和定额工时结转:单位产品计划材料费用为16 500元,定额工时为750小时。

分析:

(1)归集本月发生的各项费用

①归集直接材料费用

借:生产成本——基本生产成本——201#　　　　　　　　30 000
　　　　　　　　　　　　　　　——202#　　　　　　　　10 000
　　制造费用——基本生产车间　　　　　　　　　　　　45 000
　贷:原材料　　　　　　　　　　　　　　　　　　　　　　　　85 000

②归集职工薪酬费用

借:生产成本——基本生产成本　　　　　　　　　　　　　　　125 000
　　制造费用——基本生产车间　　　　　　　　　　　　　　　20 000
　　贷:应付职工薪酬——工资　　　　　　　　　　　　　　　　　　145 000
③归集车间固定资产折旧费用
　　借:制造费用——基本生产车间　　　　　　　　　　　　　　　15 000
　　　　贷:累计折旧　　　　　　　　　　　　　　　　　　　　　　15 000
④归集其他支出
　　借:制造费用——基本生产车间　　　　　　　　　　　　　　　87 000
　　　　贷:银行存款　　　　　　　　　　　　　　　　　　　　　　87 000

根据费用归集的会计分录,登记有关明细账,其中:直接材料登记到生产成本三级明细账(见表7—10、表7—11)、直接人工登记到生产成本二级明细账(见表7—8)、制造费用登记到制造费用明细账(见表7—9)。

表7—9　　　　　　　　　　　　　　制造费用明细账

| 2017年 | | 摘要 | 机物料 | 职工薪酬 | 折旧 | 其他 | 合计 |
月	日						
6	30	机物料	45 000				45 000
6	30	工资		20 000			20 000
6	30	折旧			15 000		15 000
6	30	其他				87 000	87 000
6	30	合计	45 000	20 000	15 000	87 000	167 000
6	30	月末结转	45 000	20 000	15 000	87 000	167 000

⑤月末,结转制造费用
　　借:生产成本——基本生产成本　　　　　　　　　　　　　　　167 000
　　　　贷:制造费用——基本生产车间　　　　　　　　　　　　　　　167 000

简化分批法下,由于平时账内只需登记直接材料和生产工时,因此汇总间接费用(直接人工125 000元,制造费用197 000元)后,不需要按批别进行分配,其中,直接人工直接登记到基本生产成本二级账,制造费用本月发生数通过"制造费用明细账"汇总后月末结转至基本生产成本二级账。

(2)计算确定间接费用分配率

基本生产成本二级账中归集的直接人工、制造费用等间接费用,在有批号产品全部完工的时候,应该进行分配,以正确计算完工产品成本。本月的间接费用分配率计算如下:

$$\frac{直接人工}{累计分配率} = \frac{186\ 600}{6\ 220} = 30$$

$$\frac{制造费用}{累计分配率} = \frac{281\ 000}{6\ 220} = 45.18$$

(3)月末计算完工批号产品生产成本

根据以上资料,对月末全部完工的批号产品的生产成本进行计算,并登记生产成本明细账。

①201#全部完工,全部作为完工成本。根据二级账中计算出的分配率,计算该项间接费用的完工成本,登记201#产品生产成本明细账(见表7—10)。

201#完工产品分配直接人工＝2 570×30＝77 100(元)
201#完工产品分配制造费用＝2 570×45.18＝116 112.60(元)
201#完工产品总成本＝130 000＋77 100＋116 112.60＝323 212.60(元)

表7—10　　　　　　　　　　　　产品成本明细账
批号:201#　　　　　　　投产日期:2017年5月
产品名称:　　　　　　　完工日期:2017年6月　　　　　　　产量:50件

2017年		摘要	原材料	工时	直接人工	制造费用	合 计
月	日						
3	31	月初累计发生额	100 000	2 000	×	×	100 000
4	30	本月发生	30 000	570	×	×	30 000
		本月末累计发生数	130 000	2 570	×	×	
		累计间接费用分配率	×	×	30	45.18	×
		分配转入间接费用	×	×	77 100	116 112.60	193 512.60
		生产费用合计	130 000	2 570	77 100	116 112.60	323 212.60
		结转完工产品成本	130 000	2 570	77 100	116 112.60	323 212.60
		完工产品单位成本	2 600	—	1 542	2 322.25	6 464.25

②202#部分完工且完工数量较少,根据单位计划成本结转直接材料的完工成本,直接人工和制造费用同样根据二级账中计算出的分配率,计算其完工成本,登记202#产品生产成本明细账(见表7—11)。

202#完工产品分配直接人工＝1 500×30＝45 000(元)
202#完工产品分配制造费用＝1 500×45.18＝67 770(元)
201#完工产品总成本＝33 000＋45 000＋67 770＝145 770(元)

表7—11　　　　　　　　　　　　产品成本明细账
批号:202#　　　　　　　投产日期:2017年5月
产品名称:　　　　　　　完工日期:2017年6月　　　　　　　产量:2件

2017年		摘要	原材料	工时	直接人工	制造费用	合 计
月	日						
3	31	月初累计发生额	75 000	2 250	×	×	75 000
4	30	本月发生	10 000	1 400	×	×	10 000
		本月末累计发生数	85 000	2 650	×	×	
		累计间接费用分配率	×	×	30	45.18	×
		分配转入间接费用	×	×	45 000	67 770	112 770

续表

2017年		摘 要	原材料	工时	直接人工	制造费用	合 计
月	日						
		生产费用合计	85 000	2 650	45 000	67 770	197 770
		结转完工产品成本	33 000	1 500	45 000	67 770	145 770
		完工产品单位成本	16 500	—	22 500	33 885	72 885

(4)结转完工产品成本
　　借:库存商品——201# 　　　　　　　　　　　　　323 212.60
　　　　　　　——202# 　　　　　　　　　　　　　145 770
　　　贷:生产成本——基本生产成本——201# 　　　　323 212.60
　　　　　　　　　　　　　　　　——202# 　　　　145 770

拓展阅读7—1　　简化分批法的优缺点及适用范围

优点:可以简化费用的分配和登记工作;月末未完工产品批数越多,核算工作越简化。

缺点:各月间接计入费用水平相差悬殊的情况下则不宜采用,不然就会影响各月产品成本的正确性。

适用范围:采用简化分批法时必须具备两个条件:各个月份的间接计入费用的水平相差不多;月末未完工产品的批数比较多。

关键术语

分批法　简化分批法

◎ 应知考核 ◎

一、单项选择题

1. 以产品批别为成本计算对象的产品成本计算方法,称为(　　)。
　A. 品种法　　　　　B. 分步法　　　　　C. 分批法　　　　　D. 分类法
2. 分批法适用的生产组织形式是(　　)。
　A. 大量生产　　　　B. 成批生产　　　　C. 单件生产　　　　D. 单件小批生产
3. 在采用分批法时,产品成本明细账的设立和结转,应与(　　)的签发和结束密切配合,协调一致,以保证各批产品成本计算的正确性。
　A. 生产任务通知单(或生产令号)　　　　B. 领料单
　C. 订单　　　　　　　　　　　　　　　D. "生产成本"总账
4. 产品成本计算的分批法,有时又被称为(　　)。
　A. 品种法　　　　　　　　　　　　　　B. 间接费用分配率法
　C. 订单法　　　　　　　　　　　　　　D. 简化分批法
5. 如果同一时期内,在几张订单中规定有相同的产品,则计算成本时可以(　　)。
　A. 按订单分批组织生产　　　　　　　　B. 按品种分批组织生产
　C. 按产品的组成部分分批组织生产　　　D. 将相同产品合为一批组织生产
6. 在简化分批法下,它是(　　)。

A. 不分批计算在产品成本　　　　　　B. 不计算月末在产品的材料成本
C. 不计算月末在产品的加工费用　　　D. 月末在产品分配结转间接计入费用

7. 采用简化分批法，在各批产品完工以前，产品成本明细账(　　)。
A. 不登记任何费用　　　　　　　　　B. 只登记间接费用
C. 只登记原材料费用　　　　　　　　D. 只登记直接费用和生产工时

8. 采用简化的分批法，分配间接计入费用并计算登记该批完工产品的成本是在(　　)。
A. 月末时　　　B. 季末时　　　C. 年末时　　　D. 有产品完工时

9. 简化分批法不宜在(　　)的情况下采用。
A. 各月间接费用水平相差较大　　　　B. 各月间接费用水平相差不大
C. 月末未完工产品批数较多　　　　　D. 投产批数繁多

10. 对于成本核算计算的分批法，下列说法正确的是(　　)。
A. 不存在完工产品与在产品之间费用分配问题
B. 成本计算期与会计报告期一致
C. 适用于小批、单件、管理上不要求分步骤计算成本的多步骤生产
D. 以上说法全正确

二、多项选择题

1. 分批法适用于(　　)。
A. 单件生产　　　　　　　　　　　　B. 小批生产
C. 单步骤生产　　　　　　　　　　　D. 管理上不要求分步计算成本的多步骤生产

2. 分批法的成本计算对象可以是(　　)。
A. 产品批次　　　B. 单件产品　　　C. 订单　　　D. 生产步骤

3. 分批法和品种法主要区别是(　　)不同。
A. 成本计算对象　　B. 成本计算期　　C. 生产周期　　D. 会计核算期

4. 在简化分批法下，基本生产成本明细账登记的内容有(　　)。
A. 直接计入成本的费用　　　　　　　B. 完工月份分配结转的直接计入费用
C. 完工月份分配结转的间接计入费用　D. 当月发生的生产工时

5. 分批法的特点包括(　　)。
A. 以产品批别作为成本核算的对象
B. 成本计算期与产品生产周期一致
C. 一般不需要在完工产品和期末在产品之间分配生产费用
D. 期末在产品不负担间接计入费用

三、判断题

1. 分批法的成本计算程序与品种法基本相同。(　　)
2. 分批法的成本计算期与会计报告期一致。(　　)
3. 简化的分批法也称作不分配计算完工产品成本分批法。(　　)
4. 分批法应按照产品批别设置生产成本明细账。(　　)
5. 采用简化分批法，基本生产成本二级账的余额也应与其所属的明细账（或产品成本计算单）余额之和核对相符。(　　)
6. 采用简化分批法，完工产品不分配结转间接计入费用。(　　)
7. 某批次完工产品应负担的间接计入费用，是根据该批产品累计工时和全部产品累计间接计入费

用分配率计算的。   （ ）
8. 分批法适用于大量大批单步骤生产或管理上不要求分步骤计算成本的多步骤生产。（ ）
9. 分批法是成本核算的基本方法。   （ ）
10. 作为成本计算对象的"批次"，与企业生产的批次完全一致。   （ ）

四、简答题

1. 简述分批法的特点。
2. 简述分批法的适用范围。
3. 简述分批法的成本核算程序。
4. 简述简化分批法的特点。
5. 简化分批法的账户如何设置？

◎ 应会考核 ◎

★观念应用

【背景资料】

家具有限公司的成本核算方法

某办公家具有限公司属于单件小批量生产企业，按客户订单组织产品生产。2017年9月继续加工上月投产的8批产品，本月投产6批产品，月末完工4批产品。

【考核要求】

公司应该采用什么成本核算方法？应设置几个产品成本计算单？根据公司的特点，能否采用累计间接费用分配法计算产品成本？

★技能应用

某企业小批生产A、B、C三种产品，采用分批法计算产品成本。2017年2月有关资料如下：

(1) 2月份产品生产批号及投入产量

1005批号：C产品20台，上月投产，本月完工6台。

1006批号：A产品15台，上月投产，本月全部完工。

2001批号：A产品10台，本月投产，本月尚未完工。

2002批号：B产品10台，本月投产，本月全部完工。

(2) 各批产品投入生产费用如下：

1005批号：上月投入：原材料12 000元，工资及福利费2 320元，制造费用3 760元；
　　　　　本月投入：原材料8 000元，工资及福利费8 000元，制造费用10 000元；
该批产品原材料已全部投入，在产品完工程度80%，采用约当产量法计算产品成本。

1006批号：上月投入：原材料18 000元，工资及福利费1 400元，制造费用2 000元；
　　　　　本月投入：工资及福利费6 000元，制造费用8 100元。

2001批号：本月投入：原材料6 200元，工资及福利费3 400元，制造费用6 600元。

2002批号：本月投入：原材料14 000元，工资及福利费9 000元，制造费用12 300元。

【技能要求】

根据上述资料，开设并登记生产成本明细账，计算各批产品的完工产品成本和在产品成本。（产品成本计算单格式见表7—12。）

表7—12　　　　　　　　　　　　　产品成本计算单

产品生产批次：　　投产日期：　　年　月　　投产数量：　　产品名称：

项　　目	原材料	工资及福利费	制造费用	合　　计

★ 案例分析

【情景与背景】

李涛是德威机电设备有限公司的一名成本核算员。该公司主要生产 A、B、C、D 四种产品，2017 年 8 月份该公司的产品投产情况如下：

(1)601A 产品 3 件 6 月份投产，本月全部完工；

(2)602B 产品 5 件 6 月份投产，本月全部完工；

(3)701C 产品 10 件 7 月份投产，本月完工 2 件，其余为在产品；

(4)801D 产品 8 件 8 月份投产，本月无一件完工。

基本生产成本明细账及产品成本明细账的有关资料如表 7—13 至表 7—17 所示。

表7—13　　　　　　　　　　　　基本生产成本明细账

（各批产品总成本）

摘　要	工时	直接材料	直接人工	制造费用	合　　计
月初在产品成本	1 220	4 900	2 482	4 350	11 732
发生费用	680	1 300	1 328	2 300	4 928
累计	1 900	6 200	3 810	6 650	16 660
分配累计制造费用					
转出完工批次成本					
月末在产品成本					

表7—14　　　　　　　　　　　产品成本明细账(601A 产品)

2017 年 8 月　　批量：3 件　　完工：3 件

摘　要	工时	直接材料	直接人工	制造费用	合　　计
月初在产品成本	450	2 000	1 000	—	3 000
发生费用	250	1 000	600	—	1 600
分配累计制造费用	700	—	—		
合计	—	3 000	1 600		
转出完工产品成本					
单位成本	—				

表7—15　　　　　　　　　　　产品成本明细账(602B产品)

2017年8月　批量:5件　完工:5件

摘　要	工时	直接材料	直接人工	制造费用	合　计
月初在产品成本	150	800	300	—	1 100
发生费用	50	200	100		300
分配累计制造费用	200	—	—		
合　计	—	1 000	400		
转出完工产品成本	—				
单位成本	—				

表7—16　　　　　　　　　　　产品成本明细账(701C产品)

2017年8月　批量:10件　完工:2件

摘　要	工时	直接材料	直接人工	制造费用	合　计
月初在产品成本	620	2 100	1 182	—	3 282
发生费用	200	60	400		
合　计					

表7—17　　　　　　　　　　　产品成本明细账(801D产品)

2017年8月　批量:8件　未完工:8件

摘　要	工时	直接材料	直接人工	制造费用	合　计
发生费用	180	40	228	—	
合　计					

【分析要求】

在税收检查过程中,税务人员与李涛探讨了几个问题:

(1)为什么你们公司采用分批法计算产品成本?

(2)采用当月分配法与采用累计分配法计算产品成本有何区别?

(3)针对你们公司的特点,能否解释为何选择了采用累计分配法计算产品成本?

(4)请讲解有关采用累计分配法计算完工批别产品负担的累计制造费用和完工批别产品的总成本及单位成本的原理与方法。

◎ 项目实训 ◎

【实训项目】

产品成本核算的分批法

【实训目的】

通过实训,运用成本计算的分批法,完成产品成本的计算与核算(计算保留小数后两位,答案可另附纸)。

【实训任务】

【实训 1】

(一)企业的基本情况

中天集团下属的东亚公司设有一个基本生产车间,按生产任务通知单(工作令号)分批组织生产,属于小批生产企业。根据其自身的生产特点和管理要求,采用分批法计算各批号产品的生产成本。

(二)成本计算的有关资料

东亚公司 2017 年 9 月 1 日投产的甲产品 100 件,批号为 901#,在 9 月份全部完工;9 月 10 日投产乙产品 150 件,批号 902#,当月完工 40 件;9 月 15 日投产丙产品 200 件,批号为 903#,月末尚未完工。

1. 本月发生的各项费用如下:

(1) 901# 产品耗用原材料 125 000 元;902# 产品耗用原材料 167 000 元;903# 产品耗用原材料 226 000 元;生产车间一般耗用原材料 8 600 元。

(2)生产工人工资 19 600 元;车间管理人员工资 2 100 元。

(3)车间耗用外购的水电费 2 400 元,以银行存款付讫。

(4)计提车间固定资产折旧费 3 800 元。

(5)车间负担的其他费用 250 元,以银行存款付讫。

2. 其他有关资料:

(1)生产工人工资按工时比例分配,其中:901# 产品工时为 18 000 小时;902# 产品工时为 20 000 小时;903# 产品工时为 11 000 小时。

(2)制造费采用工时比例法进行分配。

(3) 902# 产品完工 40 件按定额成本转出,902# 产品定额单位成本为:直接材料 1 100 元,直接人工 75 元,制造费用 60 元。

(三)实务要求

1. 一般分批法

(1)根据资料,填制原材料费用分配表(见表 7—18)。

(2)填制人工费用分配表(见表 7—19)。

(3)归集和分配制造费用,填制制造费用分配表(见表 7—20、表 7—21)。

(4)按批别开设基本生产成本明细账(见表 7—22、表 7—23、表 7—24)。

表 7—18 　　　　　　　　　　原材料费用分配表

　　　年　　　月

应借账户		成本项目	材料成本
生产成本——基本生产成本	901# 产品	直接材料	
	902# 产品	直接材料	
	903# 产品	直接材料	
小　　　计			
制造费用		机物料消耗	
合　　　计			

表 7－19　　　　　　　　　　　　　人工费用分配表
　　　　　　　　　　　　　　　　　　____年____月

应借账户		成本项目	工时	分配率	分配额
生产成本——基本生产成本	901#产品	直接人工			
	902#产品	直接人工			
	903#产品	直接人工			
小　　计					
制造费用		工资			
合　　计					

表 7－20　　　　　　　　　　　　　制造费用明细账

年		摘要	机物料	工资	折旧	其他	合计
月	日						

表 7－21　　　　　　　　　　　　　制造费用分配表
部门：_____　　　　　　　　____年____月

产品批号	生产工时(小时)	分配率	分配额(元)
901#产品			
902#产品			
903#产品			
合　计			

表 7－22　　　　　　　　　　　　　基本生产成本明细账
批号：_901#_　　　　　　　批量：_____件　　　　　　　完工：_____件

年		摘要	直接材料	直接人工	制造费用	合计
月	日					

表 7－23　　　　　　　　　　　　　基本生产成本明细账
批号：＿902#＿　　　　　　　　批量：＿＿＿件　　　　　　　　完工：＿＿＿件

年		摘 要	直接材料	直接人工	制造费用	合 计
月	日					

表 7－24　　　　　　　　　　　　　基本生产成本明细账
批号：＿903#＿　　　　　　　　批量：＿＿＿件　　　　　　　　完工：＿＿＿件

年		摘 要	直接材料	直接人工	制造费用	合 计
月	日					

2．简化分批法

(1)填制基本生产成本二级账(见表 7－25)。

(2)按批别开设基本生产成本明细账(见表 7－26、表 7－27、表 7－28)。

表 7－25　　　　　　　　　　　　　基本生产成本二级账
　　　　　　　　　　　　　　　　　＿＿＿年＿＿＿月

摘 要	直接材料	产品生产工时	直接人工	制造费用	合 计
本月发生					
间接费用分配率					
已完工转出					
月末在产品					

表 7-26   基本生产成本明细账
批号：__901#__   批量：_____件   完工：_____件

年		摘 要	直接材料	直接人工	制造费用	合 计
月	日					

表 7-27   基本生产成本明细账
批号：__902#__   批量：_____件   完工：_____件

年		摘 要	直接材料	直接人工	制造费用	合 计
月	日					

表 7-28   基本生产成本明细账
批号：__903#__   批量：_____件   完工：_____件

年		摘 要	直接材料	直接人工	制造费用	合 计
月	日					

【实训 2】

1. 资料

某企业有一个基本生产车间，生产甲、乙两种产品，生产组织属于小批生产，采用分批法计算成本；没有辅助生产车间。2017 年 5 月份的生产情况和生产费用资料如下：

（1）生产情况。5 月份加工的产品有四批，包括：3 月份投产的 303#——甲产品 22 台，本月全部完工；4 月份投产的 401#——甲产品 12 台，计划在 6 月完工，本月提前完工 2 台；本月投产的 501#——甲产品 17 台，全部没有完工；本月投产的 502#——乙产品 32 台，本月完工 20 台。

(2)5月份的要素费用分配情况:用下列要素费用分配表(见表7—29)代替"材料费用分配表"、"人工费用分配表"、"折旧费用分配表"、"货币性支出费用分配表"。

表7—29　　　　　　　　　　　　　要素费用分配表

应借科目		材料费	人工费	折旧费	办公费	劳保费	其他
基本生产	303#		11 000				
	401#		7 200				
	501#	20 400	9 350				
	502#	25 600	9 600				
制造费用		520	2 130	6 520	560	1 510	360
管理费用		120	5 830	3 470	2 360		870

2. 要求

(1)根据要素费用分配表登记基本生产成本明细账(见表7—30至表7—33)与制造费用明细账(见表7—34)。

表7—30　　　　　　　　　　　　　基本生产明细账
产品批别:303#　　　　　　　　　　　　　产品名称:甲产品

2017年		摘　要	直接材料	直接人工	制造费用	合　计
月	日					
4	30	月末在产品	25 300	22 660	6 380	54 340

表7—31　　　　　　　　　　　　　基本生产明细账
产品批别:401#　　　　　　　　　　　　　产品名称:甲产品

2017年		摘　要	直接材料	直接人工	制造费用	合　计
月	日					
4	30	月末在产品	13 800	9 350	2 465	25 615

表 7-32　　　　　　　　　　　　　　　　**基本生产明细账**

产品批别:501#　　　　　　　　　产品名称:甲产品

2017年		摘要	直接材料	直接人工	制造费用	合　计
月	日					

表 7-33　　　　　　　　　　　　　　　　**基本生产明细账**

产品批别:502#　　　　　　　　　产品名称:甲产品

2017年		摘要	直接材料	直接人工	制造费用	合　计
月	日					

表 7-34　　　　　　　　　　　　　　　　**制造费用明细账**

车间名称:基本车间

产品批别:501#　　　　　　　　　产品名称:甲产品

2017年		摘要	直接材料	直接人工	制造费用	合　计
月	日					

（2）根据制造费用明细账归集的资料,编制制造费用分配表(见表7—35)并登记基本生产明细账(见表7—36)。

表7—35　　　　　　　　　　　　　　　制造费用分配表

应借账户		成本项目	生产工时	分配率	分配额
基本生产	303#	制造费用	650		
	401#	制造费用	350		
	501#	制造费用	500		
	502#	制造费用	1 000		
合　　计			2 500		

表7—36　　　　　　　　　　　　　　　基本生产成本明细账

批号:_____　　　　　　　批量:_____件　　　　　　　完工:_____件

年		摘　要	直接材料	直接人工	制造费用	合　计
月	日					

（3）根据基本生产明细账归集的资料,计算完工产品成本,编制产成品成本汇总表(见表7—37,保留两位小数)。

①303#产品本月全部完工,其明细账所归集的费用就是完工产品成本。

②401#产品完工数量较小,按计划成本计算结转完工产品成本,每台计划成本为:直接材料1 120元,直接人工1 620元,制造费用450元。

③501#产品本月全部未完工,其明细账所归集的费用全部为在产品成本。

④502#产品完工数量较大,生产费用在完工产品与月末在产品之间分配采用约当产量法。在产品的完工程度为40%。原材料在生产开始时一次投入。

表7—37　　　　　　　　　　　　　　　产品成本汇总表

产品批别		直接材料	直接人工	制造费用	合　计
303#甲产品（22台）	总成本				
	单位成本				
401#甲产品（2台）	总成本				
	单位成本				

续表

产品批别		直接材料	直接人工	制造费用	合　计
501#甲产品 （20 台）	总成本				
	单位成本				
502#乙产品 （20 台）	总成本				
	单位成本				
合　计					

项目八　产品成本核算的分步法

【知识目标】

理解：分步法的概念、特点和种类；逐步结转分步法的特点、种类；平行结转分步法的概念、特点。

熟知：逐步结转分步法和平行结转分步法的成本核算程序；分项结转分步法和综合结转分步法的优缺点；平行结转分步法与逐步结转分步法的比较。

掌握：分项结转分步法和综合结转分步法两种具体结转方法；综合结转法的成本还原；平行结转分步法的成本核算原理和方法。

【技能目标】

能够根据企业实际情况熟练运用分项结转法和综合结转法；利用综合结转分步法正确计算产品成本以及进行成本还原，并能够快速、准确完成相关的账务处理。

【素质目标】

能够运用所学的理论与实务知识研究相关案例，培养和提高学生在特定业务情境中分析问题与决策设计能力，分析企业与会计人员行为的善恶，强化学生的职业道德素质。

【项目引例】

某企业从2017年1月正式开始生产甲产品，经过三个车间连续加工而成。第一车间生产出的A半成品直接转入第二车间，第二车间生产出的B半成品直接转入第三车间，第三车间生产出甲产成品。原材料在第一车间生产开始时一次投入，有关产品产量资料和成本费用资料见表8—1、表8—2，假定每个车间月末在产品完工程度均为50%。

表8—1　　　　　　　　　　　　　　产品产量资料　　　　　　　　　　　　计量单位：件

项　　目	第一车间	第二车间	第三车间
本月投产或转入	150	130	100
本月完工或转出	130	100	50
月末在产数量	20	30	50
在产品完工程度	50%	50%	50%

表 8—2　　　　　　　　　　　　成本费用资料　　　　　　　　　　　计量单位:元

摘　要	本月发生费用			
	直接材料	直接人工	制造费用	合　计
第一车间	36 000	7 000	2 800	45 800
第二车间	—	6 900	3 450	10 350
第三车间	—	2 250	750	3 000

【讨论】　根据项目案例的资料,如何计算完工甲产成品成本?如果成本管理上要求分步控制费用,则又如何计算每个车间的完工半成品成本?结合前面所学到的知识,根据案例8—1所提供的资料,按约当产量法计算完工甲产成品成本的过程如表8—3所示:

表 8—3

摘　要		直接材料	直接人工	制造费用	合　计
第一车间	完工产成品负担的本步成本	36 000÷150×50 =12 000	7 000÷140×50 =2 500	2 800÷140×50 =1 000	15 500
第二车间	完工产成品负担的本步成本	—	6 900÷115×50 =3 000	3 450÷115×50 =1 500	4 500
第三车间	完工产成品负担的本步成本	—	2 250÷75×50 =1 500	750÷75×50 =500	2 000
完工甲产成品总成本		12 000	7 000	3 000	22 000
单位成本		12 000÷50=240	7 000÷50=140	3 000÷50=60	440

很显然,上述产品成本的计算,属于品种法。如果成本管理上要求提供各个生产步骤的半成品成本资料,分步控制费用,则这种成本计算的结果不能满足成本控制的需要和管理上的要求。那么,应该怎么办呢?这就需要我们进一步研究如何按步骤计算并结转每个步骤的完工半成品成本,直至完成产品成本计算。这就是产品成本计算的分步法。

【知识精讲】

任务一　分步法概述

一、分步法的概念

产品成本计算的分步法,是按照产品品种及其生产步骤作为成本计算对象来归集生产费用,计算各种产品成本及其各步骤半成品成本的一种成本计算方法。

这种方法适用于大量大批多步骤生产的企业,如纺织、造纸、冶金以及大量大批生产的机械制造等。在这些企业中,产品生产可以分为若干个生产步骤进行。例如,纺织企业可分为纺棉→纺纱→织布→印染等步骤;造纸企业可分为制浆→制纸→包装等步骤;钢铁企业可分为炼

铁→炼钢→轧钢等步骤；机械制造企业可分为铸造→加工→装配等步骤。每一步骤的产品，除最后步骤外，都是半成品。这些半成品一般都具有独立的经济意义，既可作为半成品交下步骤继续加工，又可直接作为产成品对外销售。为了加强生产步骤的成本管理，特别是实行分级管理、分级核算的企业，不仅要求按照每种产品计算产品成本，而且要求按照生产步骤计算产品成本，以便为考核和分析各种产品及其各生产步骤的成本计划完成情况提供资料。

需要说明的是，分步计算产品成本的步骤和实际生产工艺步骤不一定一致；分步计算产品成本和分车间计算产品成本也不完全相同。分步计算产品成本可以是分车间计算成本，也可以把几个车间合并为一个步骤计算成本，还可以在车间内分几个步骤计算成本。这主要看管理上对分步提供成本资料的要求而定。例如，在棉纺织企业中，从原棉投入开始，经过清花、梳棉、并条、粗纺、细纺等工序，以及织造阶段的络筒、整经、浆纱、穿筘、织造、整理、打包等工序，这些都是单独的加工步骤，但在成本计算时并不要求各加工步骤都要单独地进行成本计算，而是分别将它们合为纺部和织部两大步骤，计算棉纱和最终产品棉布的成本。

二、分步法的特点

分步法的一般特点主要表现为以下四个方面：

（一）成本计算对象为各种产品的生产步骤和产品品种

采用分步法计算产品成本时，生产成本明细账应按照生产步骤和产品品种设立。在大量大批生产一种产品时，成本计算对象是该种产品及其所经过的各个生产步骤的半成品；在大量大批生产多种产品时，成本计算对象是各种产品及其所经过的各生产步骤的半成品，即生产成本明细账按每一步骤的每种产品设立。

（二）成本计算期与会计报告期一致

在大量大批多步骤生产中，由于生产过程较长且可以间断，产品往往是跨月陆续完工，因此，成本计算工作一般按月进行，即每个会计报告期都要进行产品成本计算。所以，成本计算期与会计报告期一致，而与产品生产周期不相一致。

（三）生产费用需要在完工产品与在产品之间分配

大量大批多步骤生产的特点决定了企业在月末会出现一定数量的在产品，这样，各生产步骤所归集的生产费用就需要采用适当的方法在完工产品与月末在产品之间进行分配，以正确计算完工产品成本和月末在产品成本。

（四）各生产步骤间需进行半成品成本的结转

由于产品生产是分步骤进行的，上一步骤生产的半成品是下一步骤的加工对象，因此，各生产步骤间需进行半成品成本的结转，以计算出各步骤半成品或产成品的成本。

三、分步法的种类

在产品按步骤组织生产的情况下，由于各企业对生产步骤成本管理的要求不同（要不要计算各生产步骤的半成品成本），以及出于简化成本计算工作的考虑，各生产步骤成本的计算和结转采用逐步结转和平行结转两种方法。这样，分步法按其是否计算和结转半成品成本分为逐步结转分步法和平行结转分步法两种。

逐步结转分步法，也称计算（列）半成品成本法，是逐步计算并逐步结转各生产步骤半成品成本，直到最后生产步骤计算出完工产成品成本的方法。平行结转分步法，也称不计算（列）半成品成本法，它是将各生产步骤计入同一产成品成本的份额平行汇总，以求得最终完工产成品成本的方法。

任务二　逐步结转分步法概述

一、逐步结转分步法的特点

逐步结转分步法是按照产品的加工步骤和先后顺序逐步计算并结转各步骤半成品成本（前一步骤的半成品成本随着半成品实物的转移而结转到后一步骤的产品成本中），直到最后计算出完工产品成本的一种成本计算方法，也称计算半成品成本的分步法。该方法的显著特点是能够提供各步骤完整的半成品成本资料。

逐步结转分步法适用于大量大批多步骤连续式生产企业。

二、逐步结转分步法的成本核算程序

由于连续多步骤生产的企业，其步骤半成品一般具有独立的经济意义，需要将步骤半成品作为成本计算对象来计算各步骤半成品的成本。如果我们把各步骤半成品视为产品，其生产费用的归集和分配与按产品为成本计算对象的品种法是基本相同的，因此，成本计算的一般程序与前述品种法的成本计算程序也是基本相同的，所不同的仅是各步骤半成品成本的结转。在逐步结转分步法下，当我们把每一步骤的半成品视作产成品（如将棉纱、钢锭、生铁等半成品作为产成品直接对外销售时）全部直接移交下一步骤加工或在入库后，一部分对外销售，一部分进行下一步骤领用继续加工时，半成品成本随实物的转移而结转，我们看到的逐步结转分步法，实际上是品种法在各个步骤的连续应用而已。

在半成品从上一步骤转移至下一步骤时，为了使半成品成本的结转与其实物的转移相适应、相联系，其结转程序有两种方式，即直接移交方式和先入库后领用方式。

直接移交方式是指上一步骤完工的半成品不通过半成品仓库收发，直接转移至下一生产步骤，其半成品成本随着半成品实物的直接转移而结转至下一生产步骤的产品成本计算单（产品成本明细账）中。这种直接移交方式，不需设立"自制半成品"账户，也不必编制结转半成品成本的会计分录。

先入库后领用方式是指上一步骤完工的半成品，不为下一步骤直接使用，而是通过半成品仓库收发；下一生产步骤生产时，再从半成品仓库领用。通过半成品库来实现实物的转移，需要设置"自制半成品"明细账来反映完工入库和生产领用半成品成本结转情况。半成品验收入库时，借记"自制半成品"科目，贷记"生产成本"科目，下一步骤生产领用时，作相反的会计分录。

两种不同的半成品成本转移方式如图8-1和图8-2所示。

从图8-2的成本计算程序中可以看出，采用这种分步法，每月月末，各项生产费用（包括所耗上一步骤半成品成本）在各步骤基本生产成本明细账中归集以后，如果该步骤既有完工的半成品（最后步骤为产成品），又有正在加工中的在产品，为了计算完工的半成品（最后步骤为产成品）的成本，还应将各步骤归集的生产费用，采用约当产量法、定额成本法等适当的分配方法，在完工半成品（最后步骤为产成品）与正在加工中的在产品之间进行分配，然后通过半成品

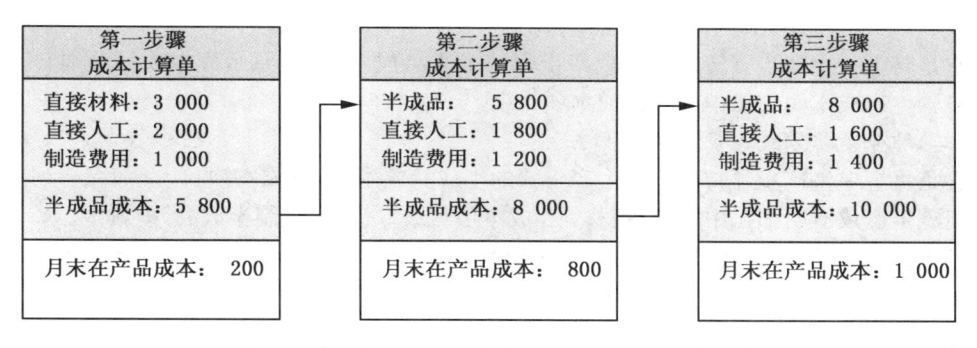

```
┌─────────────────────┐     ┌─────────────────────┐     ┌─────────────────────┐
│     第一步骤        │     │     第二步骤        │     │     第三步骤        │
│    成本计算单       │     │    成本计算单       │     │    成本计算单       │
├─────────────────────┤     ├─────────────────────┤     ├─────────────────────┤
│ 直接材料：3 000     │──▶ │ 半成品：  5 800     │──▶ │ 半成品：  8 000     │
│ 直接人工：2 000     │     │ 直接人工：1 800     │     │ 直接人工：1 600     │
│ 制造费用：1 000     │     │ 制造费用：1 200     │     │ 制造费用：1 400     │
├─────────────────────┤     ├─────────────────────┤     ├─────────────────────┤
│ 半成品成本：5 800   │     │ 半成品成本：8 000   │     │ 半成品成本：10 000  │
├─────────────────────┤     ├─────────────────────┤     ├─────────────────────┤
│ 月末在产品成本：200 │     │ 月末在产品成本：800 │     │ 月末在产品成本：1 000│
└─────────────────────┘     └─────────────────────┘     └─────────────────────┘
```

图 8—1　半成品直接移交方式下半成品成本逐步结转

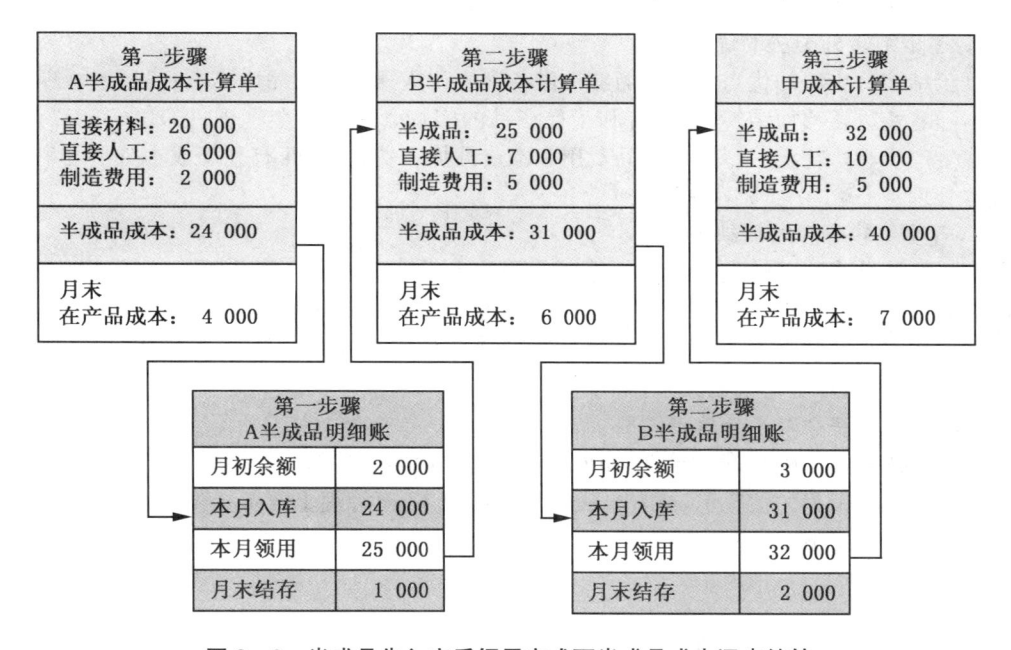

```
┌─────────────────────┐     ┌─────────────────────┐     ┌─────────────────────┐
│     第一步骤        │     │     第二步骤        │     │     第三步骤        │
│  A半成品成本计算单  │     │  B半成品成本计算单  │     │   甲成本计算单      │
├─────────────────────┤     ├─────────────────────┤     ├─────────────────────┤
│ 直接材料：20 000    │ ─▶ │ 半成品：  25 000    │ ─▶ │ 半成品：  32 000    │
│ 直接人工： 6 000    │     │ 直接人工： 7 000    │     │ 直接人工：10 000    │
│ 制造费用： 2 000    │     │ 制造费用： 5 000    │     │ 制造费用： 5 000    │
├─────────────────────┤     ├─────────────────────┤     ├─────────────────────┤
│ 半成品成本：24 000  │     │ 半成品成本：31 000  │     │ 半成品成本：40 000  │
├─────────────────────┤     ├─────────────────────┤     ├─────────────────────┤
│ 月末                │     │ 月末                │     │ 月末                │
│ 在产品成本：4 000   │     │ 在产品成本：6 000   │     │ 在产品成本：7 000   │
└─────────────────────┘     └─────────────────────┘     └─────────────────────┘
            │                           │
            ▼                           ▼
   ┌─────────────────────┐     ┌─────────────────────┐
   │     第一步骤        │     │     第二步骤        │
   │  A半成品明细账      │     │  B半成品明细账      │
   ├──────────┬──────────┤     ├──────────┬──────────┤
   │ 月初余额 │  2 000   │     │ 月初余额 │  3 000   │
   ├──────────┼──────────┤     ├──────────┼──────────┤
   │ 本月入库 │ 24 000   │     │ 本月入库 │ 31 000   │
   ├──────────┼──────────┤     ├──────────┼──────────┤
   │ 本月领用 │ 25 000   │     │ 本月领用 │ 32 000   │
   ├──────────┼──────────┤     ├──────────┼──────────┤
   │ 月末结存 │  1 000   │     │ 月末结存 │  2 000   │
   └──────────┴──────────┘     └──────────┴──────────┘
```

图 8—2　半成品先入库后领用方式下半成品成本逐步结转

的逐步结转,在最后一个步骤的基本生产成本明细账(或产品成本明细账)中,计算出完工产品成本。

从以上所述可以看出,逐步结转分步法实际上就是品种法的多次连续应用。即在采用品种法计算上一步骤的半成品成本以后,按照下一步骤的耗用数量转入下一步骤成本明细账,下一步骤再一次采用品种归集所耗半成品的费用和本步骤其他费用,计算其半成品成本;如此逐步结转,直至最后一个步骤算出完工产品成本。

三、逐步结转分步法的种类

在采用逐步结转分步法时,根据半成品成本在下一步骤生产成本明细账中反映方式不同,可以分为分项结转方式逐步结转分步法和综合结转方式逐步结转分步法两种具体方法。

(一)分项结转方式逐步结转分步法

它是将上一生产步骤转入下一生产步骤的半成品成本,按照原始成本项目分别转入下一生产步骤生产成本明细账中的相应成本项目中。

(二)综合结转方式逐步结转分步法

它是将上一生产步骤转入下一生产步骤的半成品成本,不分成本项目,全部综合列入下一生产步骤生产成本明细账中的"直接材料"成本项目或专设的"自制半成品"项目中。

各步骤半成品成本的结转,既可以按半成品的实际单位成本计算结转,也可以按照半成品的计划单位成本结转。由于后者做法核算工作量较大,因而一般多采用按实际成本结转。

四、逐步结转分步法的优缺点和适用范围

(一)逐步结转分步法的优缺点

1. 逐步结转分类法的优点

逐步结转分步法的优点是:(1)能够提供各个生产步骤的半成品成本资料;(2)由于半成品的成本随着实物转移而结转,因而有利于在产品的实物管理和资金管理;(3)由于能够全面地反映各生产步骤所耗上一步骤半成品费用和本步骤加工费用,因而有利于成本分析与考核,加强成本管理。

2. 逐步结转分步法的缺点

逐步结转分步法的缺点是:(1)各生产步骤的半成品要逐步计算并逐步结转,成本核算工作的及时性差,在加速成本计算工作方面有一定的局限性;(2)成本核算的工作比较复杂,工作量较大。在综合结转方式下,往往要进行成本还原;在分项结转方式下,各步成本结转工作又比较复杂,因而核算工作量比较大。

(二)逐步结转分步法的适用范围

与上述优缺点相联系,逐步结转分步法一般适宜在半成品的种类不多、逐步结转半成品成本的工作量不是很大的情况下,或者半成品种类虽较多,但管理上要求提供各个生产步骤半成品成本数据的情况下采用。

任务三 逐步结转分步法——分项结转产品成本核算案例

一、分项结转方式逐步结转分步法实例

【案例8—1】 某企业甲产品生产分两个生产步骤,分别由两个车间进行。第一车间生产A半成品,完工后交半成品仓库验收,第二车间从仓库领用A半成品加工成甲产品。领用A半成品成本按全月一次加权平均单位成本计算。两个车间的月末在产品均按定额成本计价。成本计算采用分项结转方式。该企业2017年6月有关产量记录、生产费用和相关资料如表8—4、表8—5、表8—6所示。

表 8—4　　　　　　　　　　　　　　产品产量资料　　　　　　　　　　　　　　单位：件

项　目	一车间	二车间
月初在产品	30	40
本月投入（或领用上步骤）	190	240
本月完工交库	200	260
月末在产品	20	20

表 8—5　　　　　　　　　　　　　　生产费用资料　　　　　　　　　　　　　　单位：元

项　目	车　间	直接材料	直接人工	制造费用	合　计
月初在产品成本	一车间	7 500	4 200	4 800	16 500
	二车间	11 200	10 400	12 000	33 600
本月发生费用	一车间	53 500	38 600	42 400	134 500
	二车间	—	29 760	44 480	74 240
月末在产品成本（单位定额成本）	一车间	250	140	160	550
	二车间	280	260	300	840

表 8—6　　　　　　　　　　　　　期初自制半成品资料　　　　　　　　　　　　单位：元

半成品名称	数量（件）	直接材料	直接人工	制造费用	合　计
A 半成品	100	28 000	20 300	22 900	71 200

甲产品成本分项结转方式逐步结转分步法的成本计算过程如下：

(1)根据各种费用分配表、半成品交库单和第一车间在产品定额成本资料，登记基本生产成本明细账，如表 8—7 所示。

表 8—7　　　　　　　　　　　　　基本生产成本明细账

车间名称：第一车间　　　　　产品名称：A 半成品　　　　　　　　　　　　单位：元

2017 年 月	日	摘　要	数量	直接材料	直接人工	制造费用	合　计
3	1	月初在产品定额成本	30	7 500	4 200	4 800	16 500
3	31	本月生产费用	190	53 500	38 600	42 400	134 500
3	31	生产费用合计	220	61 000	42 800	47 200	151 000
3	31	完工半成品成本转出	200	56 000	40 000	44 000	140 000
		半成品单位成本		280	200	220	700
		在产品单位定额成本		250	140	160	550
3	31	月末在产品定额成本	20	5 000	2 800	3 200	11 000

在表8-7基本生产成本明细账中,"月初在产品定额成本"应根据上月基本生产成本明细账中月末在产品定额成本数据登记;"本月生产费用"应根据本月各种费用分配表登记;"月末在产品定额成本"应根据月末在产品数量以及单位产品材料费用定额、人工费用定额和制造费用定额计算登记。"完工产品成本"应根据账中生产费用合计减去月末在产品定额成本计算登记。

(2)根据第一车间的A半成品交库单,编制下列会计分录,并登记自制半成品明细账,如表8-8所示。

借:自制半成品——A半成品　　　　　　　　　　　　　140 000
　　贷:生产成本——基本生产成本——第一车间(A半成品)　　140 000

表8-8　　　　　　　　　　　自制半成品明细账
半成品名称:A半成品　　　数量单位:件　　　　　　金额单位:元

摘要	数量	直接材料	直接人工	制造费用	合　计
月初余额	100	28 000	20 300	22 900	71 200
本月增加	200	56 000	40 000	44 000	140 000
合　　计	300	84 000	60 300	66 900	211 200
单位成本		280	201	223	704
本月减少	240	67 200	48 240	53 520	168 960
月末余额	60	16 800	12 060	13 380	42 240

在表8-8自制半成品明细账中,"本月增加"行应根据第一车间A半成品交库单所列数额登记;"单位成本"采用加权平均法计算求得,"本月减少"行的数量,根据第二车间领用半成品的领用单所列领用数量登记填列,各项目实际成本应根据领用数量乘以各成本项目单位成本计算填列。"月末余额"应根据累计的数量和实际成本减去本月减少的数量和实际成本计算填列。

(3)根据第二车间半成品的领用单,编制下列会计分录:

借:生产成本——基本生产成本——第二车间(甲产品)　　168 960
　　贷:自制半成品——A半成品　　　　　　　　　　　　168 960

(4)根据各种费用分配表、半成品领用单、自制半成品明细账、完工产品交库单和第二车间定额成本资料,登记填列第二车间甲产品基本生产成本明细账,如表8-9所示。

表8-9　　　　　　　　　　　基本生产成本明细账
车间名称:第二车间　　　　　　产品名称:甲产品　　　　　　单位:元

2017年 月	日	摘　要	数量	直接材料	直接人工	制造费用	合　计
3	1	月初在产品定额成本	40	11 200	10 400	12 000	33 600
3	31	领用A半成品成本	240	67 200	48 240	53 520	168 960
3	31	本月其他费用			29 760	44 480	74 240
3	31	生产费用合计	280	78 400	88 400	110 000	276 800

续表

2017年		摘要	数量	直接材料	直接人工	制造费用	合计
月	日						
3	31	完工产成品成本	260	72 800	83 200	104 000	260 000
		产成品单位成本		280	320	400	1 000
		在产品单位定额成本		280	260	300	840
3	31	月末在产品定额成本	20	5 600	5 200	6 000	16 800

在表8—9中,"领用A半成品成本"应根据半成品领用单所列领用数量和实际成本计算填列;"本月其他费用"应根据人工费用分配表和制造费用分配表填列;"完工产成品成本"应根据生产费用合计减去按定额成本计价的月末在产品成本计算填列。

（5）根据第二车间完工产成品交库单,编制下列会计分录:

借:库存商品——甲产品　　　　　　　　　　　260 000
　　贷:生产成本——基本生产成本——第二车间（甲产品）　　260 000

【案例8—2】 某厂生产丙产品,生产过程分三个车间连续加工完成,第一车间对投入的原材料进行加工,制造成A半产品;第二车间对A半成品进行加工制造成B半成品;第三车间对B半成品进行加工制造成丙产成品。各车间的在产品采用约当产量法按实际成本进行计算。原材料在第一车间开始生产时一次投入,各车间的在产品完工程度均为50%,各车间完工的半成品不通过半成品仓库收发,直接转入下一车间进行加工。有关产品产量资料如表8—10所示,各车间成本资料如表8—11所示。

表8—10　　　　　　　　　　　　　产品产量资料　　　　　　　　　　　　　单位:件

项目	一车间	二车间	三车间
月初在产品	50	50	50
本月投入（或领用上步骤）	200	150	100
本月完工交库	150	100	140
月末在产品	100	100	10

表8—11　　　　　　　　　　　　　各车间成本资料　　　　　　　　　　　　　单位:元

项目		成本项目			
		直接材料	直接人工	制造费用	合计
月初在产品成本	第一车间	1 000	200	400	1 600
	第二车间	900	300	400	1 600
	第三车间	900	500	600	2 000
本月发生费用	第一车间	3 500	1 400	2 000	6 900
	第二车间	—	300	200	500
	第三车间	—	910	1 280	2 190

要求：采用分项结转方式逐步结转分步法，计算完工丙产品总成本。

丙产品完工产品成本计算过程如下：

(1) 设置三个车间成本计算单，格式如表8—12、表8—13、表8—14所示。

表8—12　　　　　　　　　　第一车间 A 半成品成本计算单　　　　　　　　　单位：元

摘　要	直接材料	直接人工	制造费用	合　计
月初在产品成本	1 000	200	400	1 600
本月发生费用	3 500	1 400	2 000	6 900
生产费用合计	4 500	1 600	2 400	8 500
约当产量	250	200	200	—
单位成本	18	8	12	38
转出半成品成本（150件）	2 700	1 200	1 800	5 700
月末在产品成本	1 800	400	600	2 800

表8—13　　　　　　　　　　第二车间 B 半成品成本计算单　　　　　　　　　单位：元

摘　要	直接材料	直接人工	制造费用	合　计
月初在产品成本	900	300	400	1 600
本月发生其他费用	—	300	200	500
上车间转来 A 半成品	2 700	1 200	1 800	5 700
生产费用合计	3 600	1 800	2 400	7 800
约当产量	200	150	150	—
单位成本	18	12	16	46
转出半成品成本（100件）	1 800	1 200	1 600	4 600
月末在产品成本	1 800	600	800	3 200

表8—14　　　　　　　　　　第三车间丙产品成本计算单　　　　　　　　　单位：元

摘　要	直接材料	直接人工	制造费用	合　计
月初在产品成本	900	500	600	2 000
本月发生其他费用	—	910	1 280	2 190
上车间转来 B 半成品成本	1 800	1 200	1 600	4 600
生产费用合计	2 700	2 610	3 480	8 790
约当产量	150	145	145	—
单位成本	18	18	24	60
转出完工丙产品成本（140件）	2 520	2 520	3 360	8 400
月末在产品成本	180	90	120	390

(2)第一车间 A 半成品成本计算：

在表8—12、表8—13、表8—14中，月初在产品成本、本月发生费用和生产费用合计三个栏目是根据案例所给出的资料直接填列及计算加总的。约当产量等于本车间完工半成品（最后步骤为完工产成品）数量加上月末在产品约当产量。月末在产品约当产量，由于材料是在生产开始时一次投入，所以直接材料项目按投料程度100%计算，直接人工和制造费用项目按完工程度50%计算。这样：

月末在产品直接材料约当产量＝100×100％＝100(件)
直接材料项目约当总产量＝150＋100＝250(件)
直接材料分配率＝4 500÷250＝18(元/件)
A 半成品直接材料＝150×18＝2 700(元)
A 月末在产品直接材料＝4 500－2 700＝1 800(元)
月末在产品加工费约当产量＝100×50％＝50(件)
直接人工和制造费用等加工费项目约当总产量＝150＋50＝200(件)
直接人工分配率＝1 600÷200＝8(元/件)
A 半成品直接人工＝150×8＝1 200(元)
A 月末在产品直接人工＝1 600－1 200＝400(元)
制造费用分配率＝2 400÷200＝12(元/件)
A 半成品制造费用＝150×12＝1 800(元)
A 月末在产品制造费用＝2 400－1 800＝600(元)，则：
A 半成品完工成本＝2 700＋1 200＋1 800＝5 700(元)
A 月末在产品成本＝1 800＋400＋600＝2 800(元)

根据表8—12第一车间 A 半成品成本计算单，转出 A 半成品成本，作会计分录：

  借：生产成本——基本生产成本（B 半成品）   5 700
    贷：生产成本——基本生产成本（A 半成品）   5 700

(3)第二车间 B 半成品成本计算：

直接材料项目约当产量＝100＋100×100％＝200(件)
直接材料分配率＝3 600÷200＝18(元/件)
B 半成品直接材料＝100×18＝1 800(元)
B 月末在产品直接材料＝3 600－1 800＝1 800(元)
直接人工等加工费项目约当产量＝100＋100×50％＝150(件)
直接人工分配率＝1 800÷150＝12(元/件)
B 半成品直接人工＝100×12＝1 200(元)
B 月末在产品直接人工＝1 800－1 200＝600(元)
制造费用分配率＝2 400÷150＝16(元/件)
B 半成品制造费用＝100×16＝1 600(元)
B 月末在产品制造费用＝2 400－1 600＝800(元)，则：
B 半成品完工成本＝1 800＋1 200＋1 600＝4 600(元)
B 月末在产品成本＝1 800＋600＋800＝3 200(元)

根据表8—13第二车间 B 半成品成本计算单，转出 B 半成品成本，作会计分录：

  借：生产成本——基本生产成本（丙产品）   4 600

　　　　贷：生产成本——基本生产成本(B半成品)　　　　　　　　　　　　　4 600
　(4)第三车间丙产成品成本计算：
　　直接材料项目约当产量＝140＋10×100％＝150(件)
　　直接材料分配率＝2 700÷150＝18(元/件)
　　丙产成品直接材料＝140×18＝2 520(元)
　　丙月末在产品直接材料＝2 700－2 520＝180(元)
　　直接人工等加工费项目约当产量＝140＋10×50％＝145(件)
　　直接人工分配率＝2 610÷145＝18(元/件)
　　丙产成品直接人工＝140×18＝2 520(元)
　　丙月末在产品直接人工＝2 610－2 520＝90(元)
　　制造费用分配率＝3 480÷145＝24(元/件)
　　丙产成品制造费用＝140×24＝3 360(元)
　　丙月末在产品制造费用＝3 480－3 360＝120(元)，则：
　　丙产成品完工成本＝2 520＋2 520＋3 360＝8 400(元)
　　丙月末在产品成本＝180＋90＋120＝390(元)
　　根据表8－14第三车间丙产品成本计算单，转出丙产品完工产品成本，作会计分录：
　　　　借：库存商品——丙产品　　　　　　　　　　　　　　　　　　　8 400
　　　　贷：生产成本——基本生产成本(丙产品)　　　　　　　　　　　　8 400

二、分项结转分步法的优缺点

　(一)分项结转分步法的优点

　分项结转分步法的优点是：可以直接提供按原始成本项目反映的产品成本资料，便于从整个企业的角度考核与分析产品成本计划的执行情况。

　(二)分项结转分步法的缺点

　分项结转分步法的缺点是：半成品成本结转和登记工作量较大，而且在各步骤完工产品成本中，不能反映所耗上一步骤半成品成本和本步骤的加工费用，不利于各步骤完工产品成本的分析。因此，分项结转分步法一般适用于成本管理上不要求计算各步骤完工产品所耗上一步骤半成品费用和本步骤的加工费用，而要求按原始成本项目计算产品成本的企业。

拓展阅读8－1　　　　　　　分项结转中值得注意的问题

　采用分项逐步结转分步法计算产品成本，半成品按实际成本分项结转，在各步骤在产品成本采用约当产量法计算的情况下，可用两种方法来进行约当产量计算在产品成本。

　一是在成本计算中每个成本项目都应区分开"上步骤"与"本步骤"，并加以单独反映；第二步骤以后，本步骤对"上步骤"转来的成本，不论完工产品与在产品都应按100％负担费用，不存在对其进行约当产量折算问题，而对本步骤发生的其他费用，才需要按约当产量折算在产品成本中。这种方法计算结果正确，但计算比较烦琐。

　例如案例8－2中表8－13第二车间B半成品成本计算单应为表8－13*(假定期初在产品成本中的加工费用均为本步骤，其余类推，不再赘述)所示：

表8-13* 第二车间B半成品成本计算单　　　　　　　　　　　　　　单位：元

摘要	直接材料 上步骤	直接材料 本步骤	直接人工 上步骤	直接人工 本步骤	制造费用 上步骤	制造费用 本步骤	合计
月初在产品成本	900			300		400	1 600
本月发生其他费用	—			300		200	500
上车间转来A半成品	2 700		1 200		1 800		5 700
生产费用合计	3 600		1 200	600	1 800	600	7 800
约当产量	200		200	150	200	150	—
单位成本	18		6	4	9	4	41
转出半成品成本（100件）	1 800		600	400	900	400	4 100
月末在产品成本	1 800		600	200	900	200	3 700

注意：请比较表8-13与表8-13*的差别。

二是对"直接材料"项目，凡是一次投料，上步骤和本步骤一律按100%计算，其余项目均按加工程度计算，这是一种简化的计算方法，但其成本计算结果往往不够准确（本书采用第二种方法）。

任务四　逐步结转分步法——综合结转产品成本核算案例

在综合结转方式下，各生产步骤所耗半成品都是以"直接材料"或"半成品"项目综合反映的。半成品成本可以按实际成本结转，也可以按计划成本结转。为了帮助理解综合结转方式逐步结转分步法的成本计算，这里只介绍按实际成本综合结转法。

采用实际成本结转方法，各生产步骤所耗上一生产步骤半成品成本，应根据所耗半成品的实际数量乘以半成品的实际单位成本计算。由于各月所产半成品的单位实际成本不同，因而所耗半成品单位实际成本的计算，可以根据企业的实际情况，选择使用先进先出法或加权平均法等方法确定。

一、综合结转方式逐步结转分步法实例

【案例8-3】　仍以前述案例8-1某企业生产甲产品为例，采用综合结转方式逐步结转分步法计算产品成本。

（1）设置并登记第一车间A半成品基本生产成本明细账，如表8-15所示。

表 8－15　　　　　　　　　　　　基本生产成本明细账
车间名称：第一车间　　　　　产品名称：A 半成品　　　　　　　　　　　　单位：元

2017年 月	日	摘　要	数量	直接材料	直接人工	制造费用	合　计
3	1	月初在产品定额成本	30	7 500	4 200	4 800	16 500
3	31	本月生产费用	190	53 500	38 600	42 400	134 500
3	31	生产费用合计	220	61 000	42 800	47 200	151 000
3	31	完工半成品成本转出	200	56 000	40 000	44 000	140 000
		半成品单位成本		280	200	220	700
		在产品单位定额成本		250	140	160	550
3	31	月末在产品定额成本	20	5 000	2 800	3 200	11 000

根据第一车间 A 半成品交库单，编制会计分录如下：
　　借：自制半成品——A 半成品　　　　　　　　　　　　　　　140 000
　　　　贷：生产成本——基本生产成本——第一车间（A 半成品）　　140 000

（2）登记自制半成品明细账，如表 8－16 所示。

表 8－16　　　　　　　　　　自制 A 半成品明细账　　　　　　　　　　　　单位：元

2017年 月	日	摘要	收　入 数量	单价	金额	发　出 数量	单价	金额	结　存 数量	单价	金额
3	1	月初							100	712	71 200
3	31	入库	200	700	140 000				300	704	211 200
3	31	领用				240	704	168 960	60	704	42 240

根据第二车间 A 半成品领用单，编制会计分录如下：
　　借：生产成本——基本生产成本——第二车间（甲产品）　　　168 960
　　　　贷：自制半成品——A 半成品　　　　　　　　　　　　　　168 960

（3）第二车间甲产品基本生产成本明细账，如表 8－17 所示。

表 8－17　　　　　　　　第二车间甲产品基本生产成本明细账　　　　　　　　单位：元

2017年 月	日	摘　要	数量	直接材料	直接人工	制造费用	合　计
3	1	月初在产品成本	40	11 200	10 400	12 000	33 600
3	31	本月发生费用	240	168 960	29 760	44 480	243 200
3	31	生产费用合计	280	180 160	40 160	56 480	276 800
3	31	完工产成品成本	260	174 560	34 960	50 480	260 000
		产成品单位成本		671.38	134.46	194.16	1 000
		在产品单位定额成本		280	260	300	840
3	31	月末在产品定额成本	20	5 600	5 200	6 000	16 800

根据甲产品入库单和第二车间基本生产成本明细账,结转完工产品成本,分录如下:
　　借:库存商品——甲产品　　　　　　　　　　　　　　　　　　260 000
　　　　贷:生产成本——基本生产成本——第二车间(甲产品)　　　　　260 000

【案例8—4】 某企业分三个车间连续加工生产丁产品,第一车间生产M半成品,第二车间将M半成品加工成N半成品,第三车间将N半成品加工成丁产品。原材料在第一车间生产开始时一次投入,半成品在各车间之间直接转移,各步骤月末在产品完工程度均为50%,各步骤采用约当产量法分配完工半成品(第三车间为产成品)成本与在产品费用。该企业2017年3月份产品产量记录、月初在产品费用以及本月费用发生额资料分别如表8—18、表8—19、表8—20所示。

表8—18　　　　　　　　　　　　本月产量记录

项　目	第一车间	第二车间	第三车间
月初在产品	50	40	80
本月投入或上步转入	300	320	300
本月完工或转入下步	320	300	360
月末在产品	30	60	20

表8—19　　　　　　　　　　　　月初在产品费用

项　目	第一车间	第二车间	第三车间
直接材料	7 600	—	—
自制半成品	—	6 000	14 400
直接人工	560	400	980
制造费用	390	200	620
合　计	8 550	6 600	16 000

表8—20　　　　　　　　　　　　本月发生费用

项　目	第一车间	第二车间	第三车间
直接材料	34 400	—	—
直接人工	4 800	6 200	7 900
制造费用	4 300	3 100	5 300
合　计	43 500	9 300	13 200

按综合结转方式逐步结转分步法计算丁产品成本的程序如下:

(1)设置产品成本明细账,归集生产费用,按M半成品、N半成品和丁产品为对象,设置三个车间产品成本明细账,根据上述资料分别登记各项费用,如表8—21、表8—22、表8—23所示。

表8—21　　　　　　　　　　　第一车间产品成本明细账
产品名称：M半成品　　　　　　　2017年3月　　　　　　　　　　　　　　单位：元

摘要	直接材料	直接人工	制造费用	合计
月初在产品成本	7 600	560	390	8 550
本月发生费用	34 400	4 800	4 300	43 500
费用合计	42 000	5 360	4 690	52 050
约当产量	350	335	335	—
单位成本	120	16	14	150
转出完工半成品成本（320件）	38 400	5 120	4 480	48 000
月末在产品成本	3 600	240	210	4 050

表8—22　　　　　　　　　　　第二车间产品成本明细账
产品名称：N半成品　　　　　　　2017年3月　　　　　　　　　　　　　　单位：元

摘要	直接材料	直接人工	制造费用	合计
月初在产品成本	6 000	400	200	6 600
本月发生费用	48 000	6 200	3 100	57 300
费用合计	54 000	6 600	3 300	63 900
约当产量	360	330	330	—
单位成本（分配率）	150	20	10	180
转出完工半成品成本（300件）	45 000	6 000	3 000	54 000
月末在产品成本	9 000	600	300	9 900

表8—23　　　　　　　　　　　第三车间产品成本明细账
产品名称：丁产品　　　　　　　　2017年3月　　　　　　　　　　　　　　单位：元

摘要	直接材料	直接人工	制造费用	合计
月初在产品成本	14 400	980	620	16 000
本月发生费用	54 000	7 900	5 300	67 200
费用合计	68 400	8 880	5 920	83 200
约当产量	380	370	370	—
单位成本（分配率）	180	24	16	220
转出完工产品成本（360件）	64 800	8 640	5 760	79 200
月末在产品成本	3 600	240	160	4 000

（2）月末各车间将归集的各项费用在完工产品与在产品之间进行分配，以计算各车间完工产品成本和在产品成本。分配计算如下：

第一车间：

(1)直接材料费用分配

直接材料费用分配率=42 000÷(320+30)=120(元/件)

完工M半成品负担直接材料费用=320×120=38 400(元)

月末在产品负担直接材料费用=30×120=3 600(元)

(2)直接人工费用分配

直接人工费用分配率=5 360÷(320+30×50%)=16(元/件)

完工M半成品负担直接人工费用=320×16=5 120(元)

月末在产品负担直接人工费用=(30×50%)×16=240(元)

(3)制造费用分配

制造费用分配率=4 690÷(320+30×50%)=14(元/件)

完工M半成品负担制造费用=320×14=4 480(元)

月末在产品负担制造费用=(30×50%)×14=210(元)

将以上分配结果登记第一车间产品成本明细账,根据半成品移库单,编制会计分录:

 借:生产成本——基本生产成本——第二车间(N半成品) 48 000

  贷:生产成本——基本生产成本——第一车间(M半成品) 48 000

第二车间:

(1)半成品费用分配

半成品费用分配率=54 000÷(300+60)=15(元/件)

完工N半成品负担半成品费用=300×150=45 000(元)

月末在产品负担半成品费用=60×150=9 000(元)

(2)直接人工费用分配

直接人工费用分配率=6 600÷(300+60×50%)=20(元/件)

完工N半成品负担直接人工费用=300×20=6 000(元)

月末在产品负担直接人工费用=(60×50%)×20=600(元)

(3)制造费用分配

制造费用分配率=3 300÷(300+60×50%)=10(元/件)

完工N半成品负担制造费用=300×10=3 000(元)

月末在产品负担制造费用=(60×50%)×10=300(元)

将以上分配结果登记第二车间产品成本明细账,根据半成品移库单,编制会计分录:

 借:生产成本——基本生产成本——第三车间(丁产品) 54 000

  贷:生产成本——基本生产成本——第二车间(N半成品) 54 000

第三车间:

分配完工丁产成品成本和月末在产品成本的计算程序与前两车间相同。根据第三车间产品成本明细账资料,编制会计分录:

 借:库存商品——丁产品 79 200

  贷:生产成本——基本生产成本——第三车间(丁产品) 79 200

从案例8-4可以看出,在综合结转方式逐步结转分步法下,上一步骤的半成品成本随着实物的转移而结转到下一步骤半成品成本明细账时,是将直接材料、直接人工以及制造费用综合地计入下一步骤产品成本明细账中的"自制半成品"成本项目。这样,除了第一步的半成品成本可以按照原始成本项目考核其成本结构外,其余各步骤的半成品(包括最后步骤的产成品)成本中均包括了"自制半成品"这个含有综合费用的成本项目。

这种方法的优点是简化了成本核算工作,但难以反映企业产品成本中各项生产耗费的实际情况,不便于了解、考核产品成本结构和分析成本项目的升降情况、变动原因。因此,当管理上要求提供按原始成本项目反映的成本资料时,就必须进行成本还原。

二、综合结转法的成本还原

成本还原,是指产成品成本中以综合项目反映的自制半成品成本采用一定的方法,逐步将其分解为原始成本项目反映的成本,然后将各步骤相同成本项目的数额汇总相加,重新求得按原始成本项目反映的产品成本资料的方法或过程。

成本还原的方法一般有以下两种:

(一)系数还原法

系数还原法是指按所耗半成品成本占本月上步骤生产该半成品成本的比率还原成本的方法。采用系数还原法,是以最后生产步骤还原前产成品成本中所耗半成品成本为还原的对象,以本月上步骤所产该种半成品成本合计为还原的依据,按成本项目计算成本还原分配率(即还原系数),再乘以本步骤还原前产成品成本中所耗半成品成本,以生产过程的逆顺序进行逐步还原,直到第一生产步骤为止。各步骤还原后各成本项目成本之和,即为该产成品成本的实际结构水平。计算公式如下:

$$\frac{某次成本}{还原分配率}=\frac{本月完工产成品所耗上一步骤半成品成本}{本月上一步骤所产该种半成品成本合计值}$$

$$\frac{某次成本}{还原金额}=\frac{本月上一步骤所产该种}{半成品某成本项目成本}\times该次成本还原分配率$$

$$\frac{还原后产品}{的实际成本}=\Sigma 还原前某成本项目金额+该成本项目各次还原金额合计$$

这样,就可以将产成品所耗半成品综合项目还原为各相应成本项目的费用。如果生产步骤是两步,只需进行一次还原;如果生产步骤不止两步,按上法进行第一次还原后,还会有未还原尽的半成品综合费用,这时应再进行一次还原。具体来说,如果生产步骤是三步,需要还原两次;如果是四步,则需还原三次,以此类推,直至"半成品"项目综合费用全部分解、还原为原始成本项目为止。

$$成本还原次数=生产步骤数-1$$

【案例8—5】 以案例8—4为例,来说明成本还原的具体程序。

该企业丁产品生产步骤为三步,成本还原需要进行两次。

第一次以第三车间完工产成品成本中的半成品成本64 800元为还原对象,以本月第二车间所产N半成品的综合成本54 000元为还原依据。成本还原计算如下:

第一次成本还原分配率=64 800÷54 000=1.2

还原为第二车间的半成品费用=45 000×1.2=54 000(元)

还原为第二车间的直接人工费用=6 000×1.2=7 200(元)

还原为第二车间的制造费用=3 000×1.2=3 600(元)

第二次将已经还原为第二车间的半成品成本54 000元,再按本月第一步骤所产半成品成本48 000元的构成进行还原。成本还原计算如下:

第二次成本还原分配率=54 000÷48 000=1.125

还原为第一车间的直接材料费用=38 400×1.125=43 200(元)
还原为第一车间的直接人工费用=5 120×1.125=5 760(元)
还原为第一车间的制造费用=4 480×1.125=5 040(元)

将以上成本还原的计算过程和结果编制产成品成本还原计算表,如表8—24所示。

表8—24　　　　　　　　丁产成品成本还原计算表　　　产量:360件　　单位:元

行次①	项目②	还原分配率③	第二步半成品④	第一步半成品⑤	直接材料⑥	直接人工⑦	制造费用⑧	合计⑨
1	第三车间还原前丁产成品成本		64 800			8 640	5 760	79 200
2	第二车间完工N半成品成本(构成)			45 000		6 000	3 000	54 000
3	第一次成本还原金额	1.2	−64 800	54 000		7 200	3 600	0
4	第一车间完工M半成品成本(构成)				38 400	5 120	4 480	4 8000
5	第二次成本还原金额	1.125		−54 000	43 200	5 760	5 040	0
6	还原后产成品总成本		0	0	43 200	21 600	14 400	79 200
7	还原后产成品单位成本				120	60	40	220

备注:第一次成本还原分配率=第1行第④列÷第2行合计数
第3行=第2行×第一次成本还原分配率
第二次成本还原分配率=第3行第⑤列÷第4行合计数
第5行=第4行×第二次成本还原分配率
第6行=第1行+第3行+第5行
第7行=第6行÷完工产成品产量

(二)项目比例还原法

项目比例还原法是指按本月所产半成品的成本结构比例还原的方法。

仍按前例采用项目比例还原法进行成本还原,计算程序和结果如表8—25所示。

表8—25　　　　　　　　丁产成品成本还原计算表

项　目	第二步半成品	第一步半成品	直接材料	直接人工	制造费用	合　计
①还原前产成品成本	64 800			8 640	5 760	79 200
②第二步半成品各成本项目的比例			88.33%	11.11%	5.56%	100%
③第一次还原(到第二步)	−64 800	54 000		7 200	3 600	0
④第一步半成品各成本项目的比例			80%	10.67%	9.33%	100%
⑤第二次还原(到第一步)		−54 000	43 200	5 760	5 040	0
⑥还原后产成品成本(①+③+⑤)			43 200	21 600	14 400	79 200

表中:

第二步半成品各成本项目的比例计算：

自制半成品项目比例＝45 000÷54 000×100％≈83.33％

直接人工项目比例＝6 000÷54 000×100％≈11.11％

制造费用项目比例＝3 000÷54 000×100％≈5.56％

第一次成本还原金额：

还原为第二步骤半成品成本＝64 800×83.33％≈54 000(元)

还原为第二步骤直接人工＝64 800×11.11％≈7 200(元)

还原为第二步骤制造费用＝64 800×5.56％≈3 600(元)

第一步半成品各成本项目的比例计算如下：

直接材料项目比例＝38 400÷48 000＝80％

直接人工项目比例＝5 120÷48 000≈10.67％

制造费用项目比例＝4 480÷48 000≈9.33％

第二次半成品成本还原金额：

还原为第一步骤直接材料＝54 000×80％＝43 200(元)

还原为第一步骤直接人工＝54 000×10.67％≈5 760(元)

还原为第一步骤制造费用＝54 000×9.33％≈5 040(元)

从以上举例来看，综合结转逐步结转分步法在结转各步骤半成品成本时，比较简便省时，但以后的成本还原计算繁重，工作量大。

【案例8－6】 以本项目的【项目引例】资料为依据，采用综合结转逐步结转分步法计算甲产品成本，登记有关明细账，并对完工甲产成品进行成本还原。

(1)根据【项目引例】所给资料设置三个车间产品成本计算单，格式如表8－26、表8－27、表8－28所示。

第一车间转出A半成品成本的计算：

直接材料分配率＝36 000÷(130＋20)＝240

直接人工分配率＝7 000÷(130＋20×50％)＝50

制造费用分配率＝2 800÷140＝20

转出A半成品成本：直接材料＝130×240＝31 200(元)

　　　　　　　　　直接人工＝130×50＝6 500(元)

　　　　　　　　　制造费用＝130×20＝2 600(元)

转出A半成品成本：　　　　　　　　40 300(元)

借：生产成本——基本生产成本——第二车间(B半成品)　　40 300

　贷：生产成本——基本生产成本——第一车间(A半成品)　　40 300

表8－26　　　　　　　　第一车间A半成品成本计算单

完工半成品130件　　月末在产品20件　　月末在产品完工程度50％　　　　单位:元

摘　　要	直接材料	直接人工	制造费用	合　　计
月初在产品成本	—	—	—	—
本月发生费用	36 000	7 000	2 800	45 800
生产费用合计	36 000	7 000	2 800	45 800

续表

摘　要	直接材料	直接人工	制造费用	合　计
约当产量	150	140	140	—
单位成本	240	50	20	310
转出半成品成本(130件)	31 200	6 500	2 600	40 300
月末在产品成本	4 800	500	200	5 500

第二车间转出B半成品成本的计算：

半成品分配率＝40 300÷(100＋30)＝310

直接人工分配率＝6 900÷(100＋30×50％)＝60

制造费用分配率＝3 450÷115＝30

转出B半成品成本：直接材料＝100×310＝31 000(元)

　　　　　　　　直接人工＝100×60＝6 000(元)

　　　　　　　　制造费用＝100×30＝3 000(元)

转出B半成品成本：　　　　　40 000(元)

借：生产成本——基本生产成本——第三车间(甲产成品)　　40 000

　贷：生产成本——基本生产成本——第二车间(B半成品)　　40 000

表8-27　　　　　　　　　　第二车间B半成品成本计算单

完工半成品100件　　月末在产品30件　　月末在产品完工程度50％　　单位：元

摘　要	半成品	直接人工	制造费用	合　计
月初在产品成本	—	—	—	—
本月发生费用	—	6 900	3 450	10 350
上步骤转入	40 300	—	—	40 300
生产费用合计	40 300	6 900	3 450	50 650
约当产量	130	115	115	—
单位成本	310	60	30	400
转出半成品成本(100件)	31 000	6 000	3 000	40 000
月末在产品成本	9 300	900	450	10 650

第三车间转出甲产成品成本的计算：

半成品分配率＝40 000÷(50＋50)＝400

直接人工分配率＝2 250÷(50＋50×50％)＝30

制造费用分配率＝750÷75＝10

转出甲产成品成本：直接材料＝50×400＝20 000(元)

　　　　　　　　直接人工＝50×30＝1 500(元)

　　　　　　　　制造费用＝50×10＝500(元)

转出甲产成品成本：　　　　　22 000(元)

借：库存商品——甲产品　　　　　　　　　　　　　　　22 000
　　　贷：生产成本——基本生产成本——第三车间（甲产成品）　22 000

表8－28　　　　　　　　第三车间甲产成品成本计算单
完工半成品50件　　月末在产品50件　　月末在产品完工程度50%　　　单位：元

摘　要	半成品	直接人工	制造费用	合　计
月初在产品成本	—	—	—	—
本月发生费用	—	2 250	750	3 000
上步骤转入	40 000	—	—	40 000
生产费用合计	40 000	2 250	750	43 000
约当产量	100	75	75	—
单位成本	400	30	10	440
转出甲产成品成本（50件）	20 000	1 500	500	22 000
月末在产品成本	20 000	750	250	21 000

（2）采用还原系数法，对完工甲产成品的综合成本进行成本还原，编制产成品成本还原计算表，格式如表8－29所示。将完工产成品所耗半成品综合项目还原为各相应成本项目的费用。

表8－29　　　　　　　　产成品成本还原计算表　　　　　　　　产量：50件

行次	项　目	还原分配率	B半成品	A半成品	直接材料	直接人工	制造费用	合计
1	还原前产成品成本		20 000			1 500	500	22 000
2	第二车间所产B半成品成本（构成）			31 000		6 000	3 000	40 000
3	第一次成本还原	0.5	—22 000	15 500		3 000	1 500	0
4	第一车间所产A半成品成本（构成）				31 200	6 500	2 600	40 300
5	第二次成本还原	0.384 6		—15 500	12 000	2 500	1 000	0
6	还原后产成品总成本				12 000	7 000	3 000	22 000
7	还原后产成品单位成本				240	140	60	440

在各项定额比例健全的企业里，也可以改为按定额成本结构比例进行成本还原，以简化计算工作。采用定额成本结构比例进行成本还原的方法，可以先确定产成品的单位定额成本项目所占的比例，然后分别乘以还原前产成品成本的合计数，即可求得按原始成本项目反映的产成品成本，不必逐步进行还原，这样，可以简化成本还原的计算。

【案例8－7】　仍以案例8－4为例，若该企业丁产品的定额成本资料见表8－30，则可按定额成本结构比例对丁产成品进行成本还原，计算结果如表8－31所示。

表 8-30　　　　　　　　　　　　丁产品定额成本资料

项　目	直接材料	直接人工	制造费用	合　计
产品单位定额成本	118.80	58.32	38.88	216
单位定额成本比例	55%	27%	18%	100%

表 8-31　　　　　　　　　　　　成本还原计算表

项　目	半成品	直接材料	直接人工	制造费用	合　计
还原前产成品成本	64 800		8 640	5 760	79 200
产成品定额成本比例		55%	27%	18%	100%
还原后产成品总成本		43 560	21 384	14 256	79 200
还原后产成品单位成本		121	59.4	39.6	220

三、综合结转分步法的优缺点

（一）综合结转分步法的优点

综合结转分步法的优点是：可以在各生产步骤的产品成本明细账中反映出该步骤完工产品所耗半成品费用的水平和本步骤加工费用的水平，有利于各个生产步骤的成本管理。

（二）综合结转分步法的缺点

综合结转分步法的缺点是：为了从整个企业的角度反映产品成本的构成，加强企业综合的成本管理，必须进行成本还原，从而要增加核算工作量。这种结转方法只宜在半成品具有独立的经济意义、管理上要求计算各步骤完工产品所耗半成品费用，但不要求进行成本还原的情况下采用。

任务五　平行结转分步法概述

一、平行结转分步法的概念

平行结转分步法是指不计算各步骤的半成品成本，而只计算本步骤发生的生产费用以及应由最终完工产品负担的"份额"，月末将各步骤产品成本明细账中应由产成品负担的"份额"平行汇总起来计算产品成本的一种方法。这种方法也称为不计算半成品成本法。

二、平行结转分步法的特点

平行结转分步法的特点包括以下方面：

（1）各生产步骤不计算半成品成本，只计算本步骤发生的生产费用。在连续式多步骤生产企业，除第一步骤生产费用中包括所耗的原材料和各项加工费用外，其他各步骤只计算本步骤发生的加工费用。

（2）各步骤之间也不结转半成品成本，只有在企业的产成品完工入库时，才将各步骤费用中应计入产成品成本的"份额"从各步骤产品成本明细账中转出,即从"生产成本——基本生产成本"账户的贷方转入"库存商品"账户的借方。

(3)采用平行结转分步法,不论半成品是在各步骤之间直接转移还是通过半成品仓库收发,都不通过"自制半成品"科目进行总分类核算,也就是说,半成品成本不随半成品实物转移而结转。(半成品的实物和半成品成本是相分离的,半成品实物虽然转入下一生产步骤继续加工,但其成本并不结转到下一生产步骤的成本计算单中。)

(4)每一生产步骤的生产费用也要在其完工产品与月末在产品之间进行分配。

平行结转分步法与逐步结转分步法一样,也需要将各步骤归集的费用在完工产品与在产品之间进行分配。但是,这里的费用、完工产品、在产品有不同的含义。

这里的费用,只是指各加工步骤本身发生的费用,不包括耗用上步骤半成品的成本。

这里的完工产品,是指企业最终完工的产成品。

这里的在产品,是指就整个企业而言尚未产成的全部在产品和半成品。它包括:①正在本步骤加工中的在产品,即狭义在产品;②本步骤已经完工转入半成品仓库的半成品;③已从半成品库转移到以后各步骤进一步加工但尚未最后产成的在产品。

这里的在产品费用,是指包括上面三个部分广义在产品的费用,其中后两个部分的实物已经从本步骤转出,但其费用仍留在本步骤生产成本明细账中,尚未转出。

在步骤中,月末在产品仅是指加工中的在产品(狭义)数量,而成本却是广义在产品费用,两者不一致,这是平行结转法的最大特点。

所以,在平行结转分步法下,各步骤的生产费用(不包括所耗上一步骤的半成品费用)要在完工产成品与广义在产品之间进行分配,计算这些费用在完工产成品成本中所占的份额和广义在产品成本中所占的份额。

(5)在产品生产完工验收入库时,将各生产步骤发生的费用中应计入产成品成本的"份额",从各步骤产品成本明细账中转出,平行汇总计算出完工产成品总成本和单位成本。

三、平行结转分步法的基本核算程序

平行结转分步法的基本核算程序包括以下方面:

(1)按生产产品和加工步骤设置基本生产成本明细账或产品成本计算单,各步骤成本明细账分别按成本项目归集本步骤发生的生产费用(但不包括耗用上一步骤半成品的成本)。

(2)月末将各步骤归集的生产费用在最后步骤完工产成品与广义在产品(最后步骤为狭义在产品)之间进行分配,以计算各步骤费用中应计入完工产成品成本的"份额"。

(3)将各步骤费用中应计入完工产成品成本的"份额",按成本项目平行结转,汇总计算完工产成品总成本和单位成本。

平行结转分步法成本计算程序,如图8-3所示。

四、各步骤应计入完工产成品成本"份额"的计算

如何正确计算各步骤生产费用中应该计入完工产成品成本的"份额",是采用平行结转分步法正确核算产成品成本的关键所在。

"份额"的核算,应按不同的成本项目分别计算。主要方法有按约当产量法核算、按定额比例法核算和按定额成本法核算三种。

第一步骤	直接材料 9 000 直接人工 4 000 制造费用 3 000 合计　　 16 000	应计入产成品成本的份额：　　10 000 广义在产品成本：　　　　　　　6 000

第二步骤	直接材料 2 000 直接人工 3 000 制造费用 2 000 合计　　 7 000	应计入产成品成本的份额：　　 4 000 广义在产品成本：　　　　　　　3 000

第三步骤	直接材料 1 000 直接人工 2 000 制造费用 2 000 合计　　 5 000	应计入产成品成本的份额：　　 3 500 广义在产品成本：　　　　　　　1 500

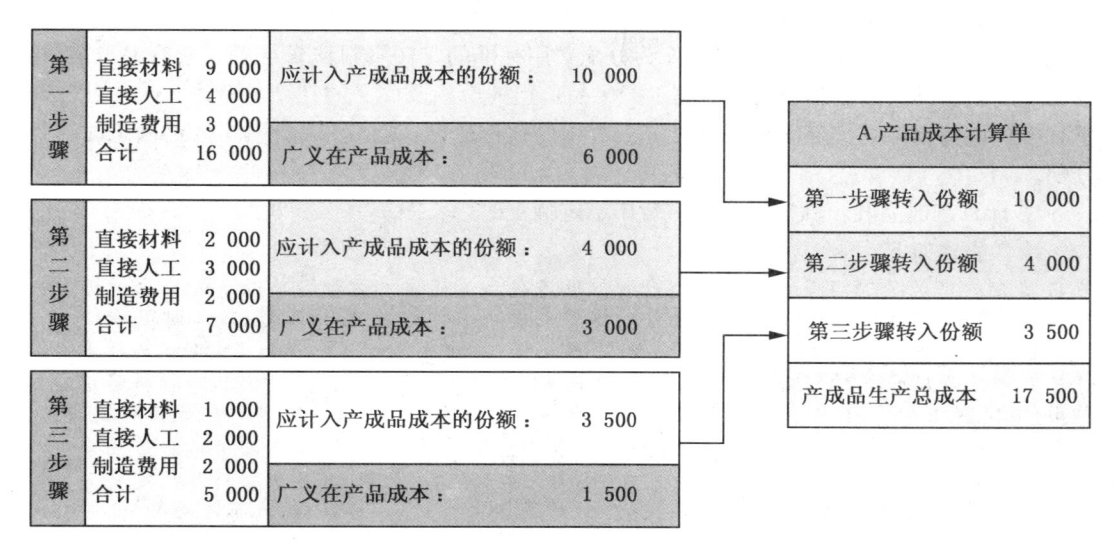

A产品成本计算单	
第一步骤转入份额	10 000
第二步骤转入份额	4 000
第三步骤转入份额	3 500
产成品生产总成本	17 500

图 8—3　平行结转分步法成本计算程序

(一) 约当产量法下的核算步骤

计算各步骤完工半成品的单位成本。各步骤完工半成品单位成本，是按照步骤生产成本明细账中各成本项目"本月费用合计"，除以本步骤产品约当总产量计算、汇总确定的。其公式如下：

$$\text{某步骤完工半成品单位成本} = \sum \text{该成本项目分配率}$$

式中，"成本项目分配率"的计算公式如下：

$$\text{直接材料分配率} = \frac{\text{期初在产品直接材料成本} + \text{本期发生的直接材料费用}}{\text{本步骤产品约当总产量}}$$

$$\text{直接人工分配率} = \frac{\text{期初在产品直接人工成本} + \text{本期发生的直接人工费用}}{\text{本步骤产品约当总产量}}$$

$$\text{制造费用分配率} = \frac{\text{期初在产品制造费用成本} + \text{本期发生的制造费用}}{\text{本步骤产品约当总产量}}$$

式中，"本步骤产品约当总产量"的计算，应区别直接材料分配还是加工费用分配，分别选用适当的方法确定。一般按下式计算：

某步产品约当总产量 = 最后步骤完工产成品的产量 × 单位产成品耗用该步骤半成品数量 + ∑(某后续步骤月末在产品数量 × 单位在产品消耗本步骤半成品数量) + 本步骤月末在产品量 × 在产品完工程度

上式中，如果单位完工产成品和后续步骤单位在产品只耗用本步骤半成品 1 件，则上式可简化为：

某步骤产品约当总产量 = 最终完工的产成品数量 + ∑(后续步骤月末在产品数量) + 该步骤月末在产品数量 × 在产品完工程度

或

某步骤产品约当总产量 = 该步骤月初半成品数量 + 该步骤完工半成品数量 + 该步骤月末在产品数量 × 在产品完工程度

注意：上式中"该步骤月初半成品数量"是指月初在产品中已经过本步骤加工完成而留存在半成品仓库和以后各步骤月初在产品数量之和，不包括本步骤月初狭义在产品。

(二)定额比例法下分配核算程序

在定额管理基础较好的条件下,作为分配费用标准的定额资料比较准确又较容易取得,可以采用定额比例法分配各步骤应由完工产成品负担的份额及广义的在产品费用。采用此法对于直接材料费用可以按定额消耗量或定额费用的比例分配,其他各项费用均按定额工时比例分配。

1. 计算产成品某步骤定额原材料费用或定额工时

计算公式如下:

$$\begin{matrix}\text{某步骤产成品定额原材}\\\text{料费用(或定额工时)}\end{matrix} = \begin{matrix}\text{完工的产}\\\text{成品数量}\end{matrix} \times \begin{matrix}\text{单位产成品消耗该}\\\text{步骤半成品的数量}\end{matrix} \times \begin{matrix}\text{该步骤单位半成品原材料}\\\text{费用定额(或工时定额)}\end{matrix}$$

$$\begin{matrix}\text{某步骤广义在产}\\\text{品定额原材料费}\\\text{用(或定额工时)}\end{matrix} = \left[\sum\begin{pmatrix}\text{某后续步}\\\text{骤月末在}\\\text{产品数量}\end{pmatrix}\times\begin{pmatrix}\text{单位在产品}\\\text{消耗本步骤}\\\text{半成品数量}\end{pmatrix} + \begin{pmatrix}\text{本步骤}\\\text{月末在}\\\text{产品量}\end{pmatrix}\times\begin{pmatrix}\text{在产品完}\\\text{工程度}\end{pmatrix}\right]\times\begin{pmatrix}\text{该步骤单位半成}\\\text{品原材料费用定}\\\text{额(或工时定额)}\end{pmatrix}$$

或:
$$\begin{matrix}\text{某步骤广义在产}\\\text{品定额原材料费}\\\text{用(或定额工时)}\end{matrix} = \left[\sum\begin{pmatrix}\text{某后续步}\\\text{骤月末在}\\\text{产品数量}\end{pmatrix} + \begin{pmatrix}\text{本步骤}\\\text{月末在}\\\text{产品量}\end{pmatrix}\times\begin{pmatrix}\text{在产品完}\\\text{工程度}\end{pmatrix}\right]\times\begin{pmatrix}\text{该步骤单位半成}\\\text{品原材料费用定}\\\text{额(或工时定额)}\end{pmatrix}$$

2. 计算各该步骤费用分配率

计算公式如下:

$$\text{某步骤直接材料分配率} = \frac{\text{该步骤月初在产品直接材料成本} + \text{本月实际发生直接材料成本}}{\text{该步骤产成品定额原材料费用} + \text{该步骤广义在产品定额原材料费用}}$$

$$\text{某步骤加工费用分配率} = \frac{\text{该步骤月初在产品直接人工(或制造费用)} + \text{本月实际发生直接人工(或制造费用)}}{\text{该步骤产成品定额工时} + \text{该步骤广义在产品定额工时}}$$

3. 计算各步骤应计入产成品成本中的"份额"

计算公式如下:

$$\begin{matrix}\text{某步骤应计入产成}\\\text{品成本的"份额"}\end{matrix} = \begin{matrix}\text{该步骤产成品的定额原}\\\text{材料费用(或定额工时)}\end{matrix} \times \begin{matrix}\text{该步骤直接材料(或直接}\\\text{人工、制造费用)分配率}\end{matrix}$$

4. 计算该步骤月末广义在产品成本

计算公式如下:

$$\begin{matrix}\text{某步骤期末广}\\\text{义在产品成本}\end{matrix} = \begin{matrix}\text{该步骤广义在产品的定额}\\\text{原材料费用(或定额工时)}\end{matrix} \times \begin{matrix}\text{该步骤直接材料(或直接}\\\text{人工、制造费用)分配率}\end{matrix}$$

或
$$= \begin{matrix}\text{该步骤月初在产品}\\\text{直接材料(或直接}\\\text{人工、制造费用)}\end{matrix} + \begin{matrix}\text{本月实际发生直}\\\text{接材料(或直接}\\\text{人工、制造费用)}\end{matrix} - \begin{matrix}\text{该步骤应计入产成品直}\\\text{接材料(或直接人工、}\\\text{制造费用)的"份额"}\end{matrix}$$

五、平行结转分步法的优缺点和适用范围

(一)平行结转分步法的优缺点

1. 平行结转分步法的优点

平行结转分步法的优点是:(1)各步骤可以同时计算产品成本,平行汇总计入产成品成本,不必逐步结转半成品成本;(2)能够直接提供按原始成本项目反映的产成品成本资料,不必进行成本还原,因而能够简化和加速成本计算工作。

2. 平行结转分步法的缺点

平行结转分步法的缺点是：(1)不能提供各个生产步骤的半成品成本资料；(2)在产品的费用在最后产成之前，不随实物转出而结转，即不按其所在的地点登记，而按其发生的地点登记，因而不能为各个生产步骤在产品的实物管理和资金管理提供资料；(3)各生产步骤的产品成本不包括所耗半成品费用，因而不能全面地反映各项步骤产品的生产耗费水平(除第一步骤外)，不能更好地满足这些步骤成本管理的要求。

(二)平行结转分步法的运用范围

平行结转分步法主要适用于大量大批多步骤生产，对于连续加工方式和平行加工方式都宜应用，尤其适用于平行装配加工方式生产的产品成本计算，如眼镜、家用电器、机床、制鞋、轮胎等。同时，也可用于连续(顺序)加工方式生产的产品成本计算。

与逐步结转分步法相比较，结合上述优缺点，平行结转分步法一般只宜在半成品种类较多、逐步结转半成品成本工作量较大、管理上又不要求提供各步骤半成品成本资料的情况下采用。

六、平行结转分步法与逐步结转分步法的比较

平行结转分步法和逐步结转分步法相比较，主要有以下四个方面的不同。

(一)在产品的含义不同

逐步结转分步法下，在产品含义是指狭义的，也就是指本步骤正在加工的在产品，它的成本是按实物所在地反映的，有利于在产品资金的管理。

平行结转分步法下，在产品含义是指广义的，它不仅包括正在本步骤加工的在产品，还包括经过本步骤加工完毕，但还没有加工成为产成品的所有半成品，它的成本是留在成本的发生地，即按发生地反映，不随实物转移而转移。

(二)半成品成本结转方式不同

采用逐步结转分步法，不论半成品实物是否在各生产步骤之间直接转移，还是通过半成品仓库收发，各生产步骤之间要结转半成品成本。也就是说，逐步结转分步法要计算各步骤的半成品成本，半成品成本随半成品实物转移而结转。

采用平行结转分步法，不计算各步骤半成品成本，也不结转半成品成本。也就是说，不论半成品实物是否在各生产步骤之间转移，还是通过半成品仓库收发，均不结转半成品成本，半成品成本不随半成品实物的转移而结转。只有在月终，有完工产成品时，才从各生产步骤中，转出各该步骤应计入产品成本的份额。

(三)产成品成本的计算方式不同

逐步结转分步法，是先计算第一步骤所产半成品成本，并将其转入第二步骤；再计算出第二步骤所产半成品成本，并将其转入第三步骤；这样按步骤逐步计算并结转半成品成本，直到最后步骤计算出完工产成品成本。如采用综合结转方式结转半成品成本，不能提供按原始成本项目反映的成本资料，当成本管理要求企业按照成本项目考核和分析产品成本计划完成情况时，还要进行成本还原，成本还原计算工作量较大。

平行结转分步法，是各生产步骤不计算所耗上一生产步骤半成品成本，只归集本生产步骤所发生的各项费用，月终，在有完工产品时，将各生产步骤应计入产成品成本的份额平行汇总，计算出完工产成品成本。这种方法能够直接提供按照原始成本项目反映的产品成本资料，不必进行成本还原；而且各生产步骤的成本计算工作可以同时进行，因而能够简化和加速成本计算工作。

(四)适用范围不完全相同

逐步结转分步法和平行结转分步法两者都适用于管理上要求分生产步骤控制费用、计算成本的大量大批多步骤生产企业。但是,逐步结转分步法适用于管理上要求分步控制费用,又要求计算半成品成本的企业;而平行结转分步法因各生产步骤只归集本生产步骤发生的费用,不要求计算半成品成本,故适用于管理上要求分生产步骤控制费用、不要求计算半成品成本的企业。

一般来说,当企业半成品种类较多,且不对外销售,管理上又不要求计算半成品成本时,采用平行结转分步法;当企业自制半成品需要对外销售时,为了正确计算半成品成本,就应当采用逐步结转分步法。

任务六 平行结转分步法产品成本核算案例

【案例8—8】 某眼镜制造厂生产"平光变色镜"。产品生产过程划分镜架、镜片、装配三个车间平行加工(生产工艺见图8—4),中间不设半成品库,镜架、镜片加工完成后直接交付装配车间装配成平光变色镜;产品成本计算采用平行结转分步法。镜架车间原材料系生产开始时一次投入;镜片车间原材料系生产过程中随加工进度逐步投入。假定各车间月末在产品完工率均为50%。2017年3月份各车间生产资料如表8—32所示。生产费用已归集在各车间的成本计算单中,如表8—33、表8—34、表8—35所示。

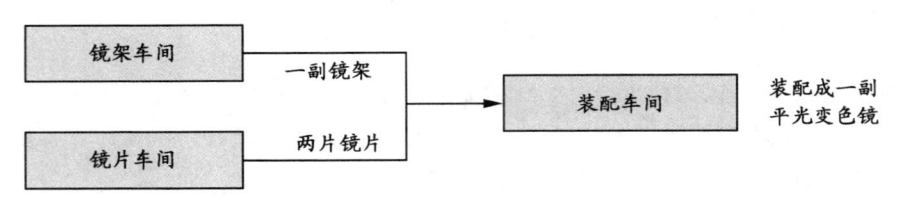

图8—4 某眼镜制造厂产品生产工艺

表8—32　　　　　　　　　　　　产量资料　　　　　　　　　　　　2017年3月

项　目	镜架(副)	镜片(片)	眼镜(副)
期初在产品数量	2 000	3 000	1 000
本月投入数量	6 000	12 000	5 000
完工转出数量	5 000	10 000	4 000
期末在产品数量(完工程度50%)	3 000	5 000	2 000

平光变色镜产品成本计算过程如下:
(1)各车间产品约当总产量计算:
镜架直接材料约当总量=4 000+2 000+3 000=9 000(副)
镜架加工费用约当总量=4 000+2 000+3 000×50%=7 500(副)
镜片直接材料约当总量=4 000×2+2 000×2+5 000×50%=14 500(副)

镜片加工费用约当总量＝4 000×2+2 000×2+5 000×50％＝14 500(副)
眼镜加工费用约当总量＝4 000+2 000×50％＝5 000(副)

(2) 表8－33 镜架车间转出产成品成本"份额"的计算：
转出直接材料"份额"＝40 000×5＝20 000(元)
转出直接人工"份额"＝40 000×2＝8 000(元)
转出制造费用"份额"＝40 000×1＝4 000(元)
镜架车间转出产成品成本"份额"：32 000(元)

表8－33　　　　　　　　　　　产品成本计算单
镜架车间　　　　　　　　　　　2017年3月　　　　　　　　　　　产品产量：4 000副

摘　要	直接材料	直接人工	制造费用	合　计
月初在产品成本	13 000	3 000	2 000	18 000
本月生产费用	32 000	12 000	5 500	49 500
生产费用合计	45 000	15 000	7 500	67 500
约当总产量	9 000	7 500	7 500	—
单位成本	5	2	1	8
转出"份额"(4 000)	20 000	8 000	4 000	32 000
月末(广义)在产品成本	25 000	7 000	3 500	35 500

(3) 表8－34 镜片车间转出产成品成本"份额"的计算：
转出直接材料"份额"＝40 000×2×2＝16 000(元)
转出直接人工"份额"＝40 000×2×1.8＝14 400(元)
转出制造费用"份额"＝40 000×2×1.2＝9 600(元)
镜片车间转出产成品成本"份额"：40 000(元)

表8－34　　　　　　　　　　　产品成本计算单
镜片车间　　　　　　　　　　　2017年3月　　　　　　　　　　　产品产量：4 000副

摘　要	直接材料	直接人工	制造费用	合　计
月初在产品成本	5 000	4 000	3 000	12 000
本月生产费用	24 000	22 100	14 400	60 500
生产费用合计	29 000	26 100	17 400	72 500
约当总产量	14 500	14 500	14 500	—
单位成本	2	1.8	1.2	5
转出"份额"(4 000×2)	16 000	14 400	9 600	40 000
月末(广义)在产品成本	13 000	11 700	7 800	32 500

(4) 表8－35 装配车间转出产成品成本"份额"的计算：
转出直接人工"份额"＝40 000×0.6＝2 400(元)

转出制造费用"份额"＝40 000×0.4＝1 600(元)
装配车间转出产成品成本"份额"： 4 000(元)

表8—35　　　　　　　　　　　产品成本计算单
装配车间　　　　　　　　　　　2017年3月　　　　　　　　　　产品产量：4 000副

摘　要	直接材料	直接人工	制造费用	合　计
月初在产品成本		300	200	500
本月生产费用		2 700	1 800	4 500
生产费用合计		3 000	2 000	5 000
约当总产量		5 000	5 000	—
单位成本		0.6	0.4	1
转出"份额"(4 000)		2 400	1 600	4 000
月末(广义)在产品成本		600	400	1 000

月终，会计部门汇总结转各步骤应计入完工产成品成本的"份额"计算完工产成品成本，编制产成品成本汇总计算表(见表8—36)，并编制完工产成品成本结转的会计分录。

表8—36　　　　　　　　　　产成品成本汇总计算表
产品名称：变色眼镜　　　　　　2017年3月　　　　　　　　完工产成品：4 000副

摘　要	直接材料	直接人工	制造费用	合　计
镜架车间转入份额	20 000	8 000	4 000	32 000
镜片车间转入份额	16 000	14 400	9 600	40 000
装配车间转入份额	—	2 400	1 600	4 000
生产产品总成本	36 000	24 800	15 200	76 000
产成品单位成本	9	6.2	3.8	19

结转完工产品成本：
　　借：库存商品——变色眼镜　　　　　　　　　　　　　　　76 000
　　　　贷：生产成本——基本生产成本——镜架车间(镜架)　　32 000
　　　　　　　　　　　　　　　　　　——镜片车间(镜片)　　40 000
　　　　　　　　　　　　　　　　　　——装配车间(眼镜)　　 4 000

【案例8—9】　某企业分两个生产步骤连续加工制造甲产品，第一步骤生产的甲半成品直接转移到第二步骤继续加工成甲产成品，原材料在第一步骤投产时一次投入。各步骤月初在产品成本和本月发生费用如表8—37所示。甲产品有关产量、定额资料如表8—38所示，月末在产品加工进度为50%。企业采用平行结转分步法计算完工产品成本，各步骤生产费用应计入完工产品成本的"份额"，按定额比例法分配计算。

表 8-37　　　　　　　　　　　各步骤生产费用

摘　　要		直接材料	直接人工	制造费用	合　计
月初在产品成本	第一步骤	8 400	5 300	4 600	39 500
	第二步骤	—	4 940	7 410	12 350
本月发生费用	第一步骤	20 400	8 100	5 400	33 900
	第二步骤	—	4 660	6 990	11 650

表 8-38　　　　　　　　　　甲产品产量、定额资料

项　　目	第一步骤	第二步骤
单件原材料费用定额	120	
单件工时定额	8	9
月初在产品	100	30
本月投入	300	350
本月产成品	350	200
月末在产品(完工程度50%)	50	180

平行结转分步法下甲产品成本计算程序如下：

(1)设置第一步骤产品成本明细账，第二步骤产品成本明细账，根据生产费用资料登记各自的成本明细账，如表 8-39、表 8-40 所示。

表 8-39　　　　　　　　　第一步骤产品成本明细账

产品名称：甲产品　　　　　　　××××年×月　　　　　　　　产量：200 件

项　　目	直接材料		定额工时	直接人工	制造费用	合　计
	定额	实际				
月初在产品成本		8 400		5 300	4 600	18 300
本月发生费用		20 400		8 100	5 400	33 900
生产费用合计		28 800		13 400	10 000	52 200
费用分配率		0.56		4.14	3.09	
产成品成本中本步骤"份额"	24 000	13 440	1 600	6 624	4 944	25 0084
月末在产品成本	27 600	15 360	1 640	6 776	5 056	27 196

根据表 8-39，甲产品成本明细账有关数据计算如下：

第一步骤甲产成品定额直接材料费用＝200×120＝24 000(元)

第一步骤月末广义在产品定额直接材料费用＝(180＋50)×120＝27 600(元)

直接材料分配率＝(8 400＋20 400)÷(24 000＋27 600)≈0.56

第一步骤甲产成品原材料费用"份额"＝24 000×0.56＝13 440(元)

第一步骤月末广义在产品直接材料费用＝28 800－13 440＝15 360(元)

第一步骤甲产成品定额工时＝200×8＝1 600(小时)

第一步骤月末广义在产品定额工时＝(180＋50×50％)×8＝1 640(小时)

直接人工分配率＝(5 300＋8 100)÷(1 600＋1 640)≈4.14

第一步骤甲产成品直接人工"份额"＝1 600×4.14＝6 624(元)

第一步月末广义在产品直接人工＝13 400－6 624＝6 776(元)

制造费用分配同直接人工费用分配,不再赘述。

表8－40　　　　　　　　　第二步骤产品成本明细账

产品名称:甲产品　　　　　　　　××××年×月　　　　　　　　产量:200件

项目	直接材料 定额	直接材料 实际	定额工时	直接人工	制造费用	合计
月初在产品成本				4 940	7 410	12 350
本月发生费用				4 660	6 990	11 650
生产费用合计				9 600	14 400	24 000
费用分配率				3.68	5.52	
产成品成本中本步骤份额			1 800	6 624	9 936	16 560
月末在产品成本			810	2 976	4 464	7 440

根据表8－40,甲产成品成本明细账有关数据计算如下:

第二步骤甲产成品定额工时＝200×9＝1 800(小时)

第二步骤甲产成品月末在产品定额工时＝180×50％×9＝810(小时)

直接人工费用分配率＝9 600÷2 610≈3.68(元/小时)

第二步骤甲产成品直接人工费用"份额"＝1 800×3.68＝6 624(元)

第二步骤甲产成品月末在产品直接人工费用＝9 600－6 624＝2 976(元)

制造费用分配率＝14 400÷2 610≈5.52(元/小时)

产成品制造费用中第二步骤份额＝1 800×5.52＝9 936(元)

月末在产品直接人工费用中第二步骤成本＝14 400－9 936＝4 464(元)

根据第一步骤、第二步骤甲产品成本明细账中登记的各该步骤的产成品成本"份额",平行汇总计算甲产成品完工总成本,编制甲产成品成本汇总表,如表8－41所示。

表8－41　　　　　　　　　产成品成本汇总表

产品名称:甲产品　　　　　　　　××××年×月

项目	产量(件)	直接材料	直接人工	制造费用	合计
第一步骤份额	200	13 440	6 624	4 944	25 008
第二步骤份额	200	—	6 624	9 936	16 560
产成品总成本		13 440	13 248	14 880	41 568
产成品单位成本		67.20	66.24	74.4	207.84

根据产成品成本汇总计算表编制会计分录为:

借：库存商品——甲产品　　　　　　　　　　　　　　　　　41 568
　　贷：生产成本——基本生产成本——第一步骤　　　　　　25 008
　　　　　　　　　　　　　　　　　　——第二步骤　　　　　　16 560

关键术语

分步法　逐步结转分步法　成本还原　平行结转分步法

◎ 应知考核 ◎

一、单项选择题

1. 需要进行成本还原所采用的成本计算方法是（　　）。
   A. 品种法　　　　　　　　　　　　　B. 平行结转分步法
   C. 综合结转分步法　　　　　　　　　D. 分项结转分步法
2. 采用逐步结转分步法，其在完工产品与在产品之间分配费用，是指在（　　）之间分配费用。
   A. 产成品与月末在产品
   B. 完工半成品与月末加工中的在产品
   C. 产成品与广义的在产品
   D. 前面步骤的完工半成品与加工中的在产品及最后步骤的产成品与加工中的在产品
3. 采用综合结转分步法计算产品成本时，若有三个生产步骤，则需进行的成本还原的次数是（　　）。
   A. 一次　　　　B. 三次　　　　C. 二次　　　　D. 四次
4. 平行结转分步法下，每一生产步骤完工产品的费用，是（　　）。
   A. 该步骤完工半成品的成本　　　　　B. 该步骤完工产成品的成本
   C. 该步骤生产费用中用于产成品成本的份额　　D. 该步骤生产费用中用于在产品成本的份额
5. 下列方法中，属于不计算半成品成本的分步法是（　　）。
   A. 逐步结转分步法　　　　　　　　　B. 平行结转分步法
   C. 综合结转分步法　　　　　　　　　D. 分项结转分步法
6. 下列可采用分步法计算产品成本的企业是（　　）。
   A. 造船厂　　　B. 发电厂　　　C. 重型机器厂　　　D. 纺织厂
7. 平行结转分步法各步骤的费用（　　）。
   A. 包括本步骤的费用和上步骤转入的费用两部分
   B. 只包括本步骤的费用不包括上一步骤转入的费用
   C. 第一步骤包括本步骤的费用，其余各步骤均包括上一步骤转入的费用
   D. 最后步骤包括本步骤的费用，其余各步骤均包括上一步骤转入的费用
8. 某一车间（或生产步骤）正在加工中的零部件和半成品，称为（　　）。
   A. 狭义半成品　　B. 广义半成品　　C. 狭义在陈品　　D. 广义在产品
9. 采用平行结转分步法，（　　）。
   A. 能够全面地反映第一个生产步骤产品的生产耗费水平
   B. 能够全面地反映最后一个生产步骤产品的生产耗费水平
   C. 不能全面地反映各个生产步骤产品的生产耗用水平
   D. 能够全面地反映各个生产步骤产品的生产耗用水平
10. 成本还原的对象是（　　）。
    A. 本步骤生产费用　　　　　　　　　B. 上步骤转来的生产费用

C. 库存商品成本　　　　　　　　　　D. 各步骤所耗上一步骤半成品的综合成本

二、多项选择题

1. 平行结转分步法的特点是(　　)。
A. 各步骤可以同时计算产品成本
B. 能够提供各个步骤的半成品成本资料
C. 能够直接提供按原始成本项目反映的产品成本资料,不必进行成本还原
D. 能为各生产步骤在产品的实物管理和资金管理提供资料

2. 综合结转分步法与平行结转分步法的比较,不同表现在(　　)。
A. 成本计算程序不同　　　　　　　B. 各步骤所包括的费用不同
C. 完工产品的概念不同　　　　　　D. 在产品的概念不同

3. 采用逐步结转分步法(　　)。
A. 半成品成本的结转同其实物的流转是同步进行的
B. 成本核算手续简便
C. 能够提供半成品成本资料
D. 有利于加强生产资金管理

4. 所谓成本还原,就是将完工产品所耗用的上一步骤半成品的综合成本分解还原为原始的(　　)等项目的一种成本计算工作。
A. 直接材料　　　B. 直接工资　　　C. 直接支出　　　D. 其他直接支出

5. 采用分项结转法结转半成品成本的优点是(　　)。
A. 不需要进行成本还原
B. 成本核算手续简单
C. 可以直接、正确地提供按原始成项目反映的产品成本资料
D. 便于从整个企业角度考核和分析产品成本计划的执行情况

三、判断题

1. 产品品种、规格多的多步骤生产企业都应按分步法计算成本。　　(　　)
2. 采用平行结转分步法计算产品成本时,需要进行成本还原。　　(　　)
3. 采用逐步结转分步法不能提供各个生产步骤的半成品成本资料。　　(　　)
4. 采用分项结转半成品成本,在各步骤完工产品成本中看不出所耗上一步骤半成品的费用和本步骤加工费用的水平。　　(　　)
5. 在平行结转分步法下,各步骤的生产费用都必须在库存商品和广义在产品之间进行分配。
　　(　　)
6. 综合结转分步法能够提供各生产步骤的半成品成本资料,而分项结转分步法却不能。　　(　　)
7. 采用逐步结转分步法,半成品成本的结转与半成品实物的转移是一致的,因而有利于半成品的实物管理和在产品的资金管理。　　(　　)
8. 平行结转分步法各步骤不计算半成品成本。　　(　　)
9. 成本还原是对产品成本从最后一个生产步骤开始,逐步将各步半成品的综合成本分解还原为原始成本项目的一项成本计算工作。　　(　　)
10. 综合结转法是将各步骤所耗用上一步骤半成品的成本,以"直接材料"或"半成品"项目的形式,综合记入各该步骤产品成本明细账中的方法。　　(　　)

四、简答题

1. 简述分步法的特点。
2. 简述分项结转分步法的优缺点。
3. 简述成本还原的方法。
4. 简述逐步结转分步法的优点。
5. 简述平行结转分步法与逐步结转分步法的比较。

◎ 应会考核 ◎

★ 观念应用

【背景资料】

腾飞纺织股份公司的成本核算方法选择

腾飞纺织股份公司是东南沿海地区一家拥有近 5 000 名职工的企业,主要生产棉纺织品。2016 年暑假,学校组织会计专业的 10 名学生到该纺织股份公司实习。同学们到公司后了解到:在经营管理上,该公司各项数据的统计、传递制度比较完善,成本核算的基础较好。在成本核算上,该公司生产的甲产品经过三个基本生产车间连续加工制成,第一车间生产完工的 A 半成品,不经过仓库收发,直接转入第二车间加工制成 B 半成品,B 半成品通过仓库收发入库,第三车间向半成品仓库领用 B 半成品继续加工成甲产品。其中,1 件甲产品耗用 1 件 B 半成品,1 件 B 半成品耗用 1 件 A 半成品。同时,生产甲产品所需的原材料于第一车间生产开始时一次投入,第二、第三车间不再投入材料。此外,该公司由于生产比较均衡,各基本生产车间的月末在产品完工率均为 50%。

【考核要求】

甲产品成本核算到底采用品种法核算还是采用分步法核算?其成本结转到底是采用逐步结转还是平行结转?能采用相同的方法计算成本吗?计算这些产品成本应考虑哪些因素?

★ 技能应用

技能 1:逐步结转分步法成本计算

某企业生产甲产品分三个生产步骤进行生产。该企业设有第一、第二、第三共三个基本生产车间,甲产品由这三个车间顺序加工而成。成本计算采用逐步结转分步法,上一车间向下一车间结转成本时,采用综合结转法。原材料在第一车间开始加工时一次投入,半成品不通过中间库收发,上步骤完工后全部交由下一步骤继续加工。月末在产品按约当产量法计算,各车间月末在产品完工程度均为 50%。该企业本年 5 月份有关成本计算资料如下:

(1)产量记录如表 8-42 所示。

表 8-42

项　　目	月初在产品	本月投产或上一车间交来	本月完工	月末在产品
一车间 A 半成品	4	100	88	16
二车间 B 半成品	12	88	80	20
三车间甲产品	20	80	96	4

(2)成本资料。月初在产品成本如表 8-43 所示。

表 8-43

项 目	一车间	二车间	三车间	小 计
直接材料	5 210	19 120	49 130	73 460
直接人工	540	3 640	3 600	7 780
制造费用	400	3 130	2 560	6 090
合 计	6 150	25 890	55 290	8 733

(3) 本月发生费用如表 8-44 所示。

表 8-44

项 目	一车间	二车间	三车间	小 计
直接材料	129 860			129 860
直接人工	24 420	30 200	30 700	85 320
制造费用	18 800	26 264	20 960	66 024
合 计	173 080	56 464	51 660	281 204

【技能要求 1】
(1) 采用逐步结转分步法计算甲产品的半成品和产成品成本，编制产品成本计算单；
(2) 进行成本还原，编制产品生产成本还原计算表。

技能 2：平行结转分步法成本计算

某厂设有三个基本生产车间，第一车间生产甲半成品，交第二车间继续加工，第二车间生产乙半成品，交第三车间生产丙产品，成本计算采用平行结转分步法。材料在第一车间生产开始时一次投入，各步骤正在加工的在产品均按 50% 计算，各步骤生产费用在完工产品和广义在产品之间的分配采用约当产量比例法。

该企业某年 10 月份有关成本计算资料如表 8-45、表 8-46 和表 8-47 所示。

表 8-45　　　　　　　　　　　产量记录（件）

项 目	第一车间	第二车间	第三车间
期初在产品	20	30	40
本月投入	100	80	60
本月完成转出	80	60	70
期末在产品	40	50	30

表 8-46　　　　　　　　　　　月初在产品成本

车 间	直接材料	直接人工	制造费用
一	7 200	850	700
二		500	300
三		200	300

表 8—47　　　　　　　　　　　　本月发生的生产费用

车　间	直接材料	直接人工	制造费用
一	8 500	1 807	1 340
二		2 000	950
三		1 500	380

【技能要求 2】
(1)开设各生产步骤成本计算单；
(2)计算各步骤应计入产成品份额的费用及月末在产品成本；
(3)编制产品成本汇总表和会计分录。

技能 3：成本还原计算

某企业生产乙产品采用逐步结转分步法计算成本，本月各步骤已完工半成品和产成品成本如表 8—48 所示。

表 8—48

成本项目	一车间完工 半成品成本	二车间完工 半成品成本	三车间完成的 产成品成本
本步骤投入直接材料	10 500		2 000
上一步骤转入半成品		16 000	16 000
本步骤投入直接人工	3 000	3 000	4 000
本步骤投入制造费用	1 500	1 000	2 000
合　计	15 000	20 000	24 000

【技能要求 3】
(1)按半成品各成本项目占全部成本的比重还原。
(2)按各步骤所耗半成品的总成本占上一步骤完工半成品总成本的比重还原。
(3)本月乙产品完工数量 100 件，计算还原后产品成本。

技能 4：逐步结转和平行结转分步法综合计算

某企业生产 W 产品，需要四个步骤，各步骤都没有期初在产品。第一步骤生产 A 半成品，直接转交第二步骤生产 B 半成品；第二步骤的 B 半成品，直接转交第三步骤加工成 C 半成品；C 半成品完工后，交半成品仓库验收；第四步骤从半成品仓库领用 C 半成品加工成 W 产品。

一件 B 半成品要耗用 2 件 A 半成品，一件 C 半成品要耗用 4 件 B 半成品，一件 W 产品要耗 1 件 C 半成品，各步骤的期末在产品期末在产品的完工程度为 50%，各步骤的原材料及半成品均于产品投产时一次性投入。

有关产量及生产费用资料如表 8—49 和表 8—50 所示。

表8-49　　　　　　　　　　　　　　　有关产量资料

项目	本月投产	本月完工	期末在产品
一步骤A半成品	1 000	800	200
二步骤B半成品	400	400	0
三步骤C半成品	100	80	20
四步骤W产品	60	50	10

表8-50　　　　　　　　　　　　　　　本月生产费用

项目	直接材料	直接人工	制造费用	合计
一步骤A半成品	20 000	5 000	8 000	33 000
二步骤B半成品	4 000	6 000	5 000	15 000
三步骤C半成品		4 000	6 000	10 000
四步骤W产品	6 000	3 000	3 300	12 300
合计	30 000	18 000	22 300	70 300

【技能要求4】

(1)第一步骤的期末狭义在产品按定额计算成本(A半成品的单位定额成本为:直接材料20元,直接人工2元,制造费用4元)。其他各步骤在产品按约当产量计算成本。

(2)分别按逐步结转分步法(综合成本结转)和平行结转分步法计算W产品的成本。

技能5:分步法综合计算

某企业生产甲产品,原来采用逐步结转分步法,从本月开始,成本计算改为平行结转分步法。有关资料如下:

(1)各步骤产量资料如表8-51所示。

表8-51　　　　　　　　　　　　　　　各步骤产量　　　　　　　　　　　　　　　单位:件

项目	一步骤(A半成品)	二步骤(B半成品)	三步骤(产成品)
月初在产品数量	25	50	40
本月投产数量	95	80	70
本月完工产品数量	80	70	90
月末在产品数量	40	60	20

(2)假定:原材料在生产一开始就全部投入,一个B半成品耗一个A半成品,一个产成品耗一个B半成品。各步骤期初、期末在产品完工程度均为50%。有关成本资料如表8-52所示。

表 8—52　　　　　　　　　　乙产品月初在产品和本月生产费用成本　　　　　　　　　单位:千元

项　目		直接材料或自制半成品	直接工资	制造费用
月初在产品	第一步骤	500	62.5	75
	第二步骤	1 550	100	125
	第三步骤	1 600	120	80
本月费用	第一步骤	1 900	437.5	525
	第二步骤		300	375
	第三步骤		480	320

【技能要求 5】
(1)按平行结转分步法的要求,调整期初在产品成本。
(2)按平行结转分步计算本月完工产品成本。

★ 案例分析

【情景与背景】
盛大企业下设一个基本生产车间,该车间分两个生产步骤大量大批地生产 A 产品。其中,第一生产步骤生产完的半成品直接转入第二生产步骤继续加工成 A 产品。

【分析要求】
(1)该企业属于哪种生产类型?
(2)若该企业管理上要求分步计算产品成本,请问该企业应选择哪种产品成本核算方法?
(3)若管理上要求分布计算产品成本,请问成本计算对象如何确定? 生产成本明细账如何设置?

◎ 项目实训 ◎

【实训项目】
产品成本核算的分批法
【实训目的】
通过实训,根据下列不同资料,采用分步法,完成完工产成品成本和期末在产品成本的计算(成本计算过程及相关会计分录需另附纸,计算结果保留小数点后两位)。
【实训任务】
【实训 1】　某企业从 2017 年 1 月正式开始生产甲产品,经过三个车间连续加工而成。第一车间生产出的 A 半成品直接转入第二车间,第二车间生产出的 B 半成品直接转入第三车间,第三车间生产出甲产成品。原材料在第一车间生产开始时一次投入,有关产品产量资料和成本费用资料如表 8—53、表 8—54 所示,假定每个车间月末在产品完工程度均为 50%。

表 8—53　　　　　　　　　　　　　产品产量资料　　　　　　　　　　　　　计量单位:元

项　目	第一车间	第二车间	第三车间
本月投产或转入	150	130	100
本月完工或转出	130	100	50
月末在产数量	20	30	50
在产品完工程度	50%	50%	50%

表8－54		成本费用资料		计量单位:件
摘 要	本 月 发 生 费 用			
^	直接材料	直接人工	制造费用	合 计
第一车间	36 000	7 000	2 800	45 800
第二车间	—	6 900	3 450	10 350
第三车间	—	2 250	750	3 000

要求:采用分项结转方式逐步结转分步法,计算甲产品完工产品成本,并作出相关会计分录、登记有关产品成本计算单(见表8－55、表8－56、表8－57)。

表8－55　　　　　　　　　　第一车间产品成本计算单

产品名称:_____　　完工产量:____件　　月末在产品:____件　　月末在产品完工程度:50%

成本项目	直接材料	直接人工	制造费用	合 计
月初在产品成本				
本月发生费用				
生产费用合计				
约当总产量				
单位成本				
转出半成品成本(____件)				
月末在产品成本				

会计分录:

表8－56　　　　　　　　　　第二车间产品成本计算单

产品名称:_____　　完工产量:____件　　月末在产品:____件　　月末在产品完工程度:50%

成本项目	直接材料	直接人工	制造费用	合 计
月初在产品成本				
本月发生其他费用				
上车间转来A半成品				
生产费用合计				
约当总产量				
单位成本				
转出半成品成本(____件)				
月末在产品成本				

会计分录:

表 8—57　　　　　　　　　　　　第三车间产品成本计算单

产品名称：_____　完工产量：____件　　月末在产品：____件　　月末在产品完工程度 50%

成本项目	直接材料	直接人工	制造费用	合　计
月初在产品成本				
本月发生其他费用				
上车间转来 B 半成品				
生产费用合计				
约当总产量				
单位成本				
转出甲产成品成本（____件）				
月末在产品成本				

会计分录：

【实训 2】　某企业制造 M 产品。M 产品生产需经过三个车间连续加工制成。一车间生产加工甲半成品完工后，直接转入二车间继续加工制成乙半成品，乙半成品从二车间加工完工后直接转入三车间继续加工制成 M 产成品，各车间之间不设中间产品库。M 产品耗用的原材料于一车间甲半成品投产时一次性投入，二、三车间只发生加工费用；各车间月末在产品完工率均为 50%。各车间生产费用在完工产品和在产品之间的分配采用约当产量法。2017 年 10 月本月各车间产量记录如表 8—58 所示，月初在产品成本及本月发生生产费用的资料如表 8—59 所示。

表 8—58　　　　　　　　　　　　本月各车间产量资料　　　　　　　　　　　　　　单位：件

项　目	一车间	二车间	三车间
月初在产品数量	8	10	12
本月投产数量或上步骤转入	30	32	34
本月完工产品数量	32	34	40
月末在产品数量	6	8	6

表 8—59　　　　　　　　　　　各车间月初及本月生产费用资料　　　　　　　　　　单位：元

摘　　要		直接材料	直接人工	制造费用	合　计
一车间	月初在产品成本	680	320	200	1 200
	本月生产费用	5 400	1 080	500	6 980
二车间	月初在产品成本	772	268	184	1 224
	本月生产费用		1 100	500	1 600
三车间	月初在产品成本	948	244	160	1 352
	本月生产费用		960	528	1 488

一车间成本计算如下,并完成第一车间成本计算单(见表8-60):
1. 甲半成品直接材料约当生产总量＝
直接材料分配率＝
完工甲半成品直接材料＝
月末甲在产品直接材料＝
2. 甲半成品加工费用约当生产总量＝
直接人工分配率＝
完工甲半成品直接人工＝
月末甲在产品直接人工＝
制造费用分配率＝
完工甲半成品制造费用＝
月末甲在产品制造费用＝
会计分录：

表 8－60　　　　　　　　　　　第一车间成本计算单
产品：_____　　　　　____年____月　　　　　　　　　　　单位:元

摘　要	直接材料	直接人工	制造费用	合　计
月初在产品成本				
本月发生费用				
生产费用合计				
约当生产总量				
费用分配率(单位产品成本)				
完工转出半成品成本				
月末在产品成本				

二车间成本计算如下,并完成第二车间成本计算单(见表8－61):
1. 乙半成品直接材料(半成品)约当生产总量＝
半成品项目分配率＝
完工乙半成品直接材料(半成品)成本＝
月末乙在产品直接材料(半成品)成本＝
2. 乙半成品加工费用约当生产总量＝
直接人工分配率＝
完工乙半成品直接人工＝
月末乙在产品直接人工＝
制造费用分配率＝
完工乙半成品制造费用＝
月末乙在产品制造费用＝
会计分录：

表 8－61		第二车间成本计算单 ＿＿年＿＿月			单位：元
摘　　要	半成品	直接人工	制造费用	合　计	
月初在产品成本					
本月发生费用					
一车间转入半成品成本					
生产费用合计					
约当生产总量					
费用分配率（单位产品成本）					
完工转出半成品成本					
月末在产品成本					

三车间成本计算如下，并完成第三车间成本计算单（见表 8－62）：
1. M 产成品直接材料（半成品）约当生产总量＝
半成品项目分配率＝
完工 M 产成品直接材料（半成品）成本＝
月末 M 在产品直接材料（半成品）成本＝
2. M 产成品加工费用约当生产总量＝
直接人工分配率＝
完工 M 产成品直接人工＝
月末 M 在产品直接人工＝
制造费用分配率＝
完工 M 产成品制造费用＝
月末 M 在产品制造费用＝
会计分录：

表 8－62		第三车间成本计算单 ＿＿年＿＿月			单位：元
摘　　要	半成品	直接人工	制造费用	合　计	
月初在产品成本					
本月发生费用					
二车间转入半成品成本					
生产费用合计					
约当生产总量					
费用分配率（单位产品成本）					
转出完工产成品成本					
月末在产品成本					

【实训3】 延用实训2资料,分别采用系数还原法、项目比例还原法,进行M产成品成本还原,并分别编制M产品成本还原计算表(见表8-63、表8-64)。

1. 系数还原法

第一次成本还原分配率＝

还原为第二车间的半成品费用＝

还原为第二车间的直接人工费用＝

还原为第二车间的制造费用＝

第二次成本还原分配率＝

还原为第一车间的直接材料费用＝

还原为第一车间的直接人工费用＝

还原为第一车间的制造费用＝

表8-63 丁产成品成本还原计算表 产量:＿＿件

行次①	项 目②	还原分配率③	第二步半成品④	第一步半成品⑤	直接材料⑥	直接人工⑦	制造费用⑧	合 计⑨
1	第三车间还原前M产成品成本							
2	第二车间完工乙半成品成本(构成)							
3	第一次成本还原金额	1.2						
4	第一车间完工甲半成品成本(构成)							
5	第二次成本还原金额	1.125						
6	还原后产成品总成本							
7	还原后产成品单位成本							

2. 项目比例还原法

第二步半成品各成本项目的比例计算:

自制半成品项目比例＝

直接人工项目比例＝

制造费用项目比例＝

第一次成本还原金额:

还原为第二步骤半成品成本＝

还原为第二步骤直接人工＝

还原为第二步骤制造费用＝

第一步半成品各成本项目的比例计算如下:

直接材料项目比例＝

直接人工项目比例＝

制造费用项目比例＝

第二次半成品成本还原金额:

还原为第一步骤直接材料＝

还原为第一步骤直接人工＝

还原为第一步骤制造费用＝

表 8－64　　　　　　　　　　丁产成品成本还原计算表

项　目	第二步半成品	第一步半成品	直接材料	直接人工	制造费用	合计
①还原前产成品成本						
②第二步半成品各成本项目的比例						
③第一次还原(到第二步)						
④第一步半成品各成本项目的比例						
⑤第二次还原(到第一步)						
⑥还原后产成品成本(①＋③＋⑤)						

项目九　产品成本核算的辅助方法

【知识目标】
理解：分类法和定额法的概念、特点；联产品、副产品、等级产品的概念。
熟知：分类法和定额法的适用范围。
掌握：分类法和定额法的计算程序及实际应用。

【技能目标】
能够初步地掌握分类法和定额法的计算程序；定额法下各种差异的计算方法。

【素质目标】
能够运用分类法解决同类产品成本计算问题；能够运用定额法计算完工产品的实际成本，并进行相关账务处理。

【项目引例】

华夏公司的成本核算方法改进

华夏公司是一家生产实木地板的企业，生产车间生产的产成品品种、规格繁多。按照生产经营的特点，公司采用分步法计算产品成本。在具体的工作中按照产品的品种、规格归集生产费用，计算产品成本，成本核算的工作极为繁重。

【讨论】　根据生产特点，采用分步法是否合理？华夏公司生产的实木地板虽然品种、规格繁多，但是可以按照产品所耗原材料和工艺技术过程对产品进行分类。根据这一特点，该公司在成本计算中应该采用分类法辅助成本核算，以便减少成本核算的工作量。

【知识精讲】

任务一　分类法概述

一、分类法的概念和特点

（一）分类法的概念

某些企业的生产产品种类、规格繁多，如果按照产品的品种、规格归集生产成本，计算各种产品的成本，其计算工作量十分繁重。为减轻核算工作量，对于可按一定标准分类的生产企

业,可采用分类法计算产品成本。分类法是以产品类别为成本计算对象,归集生产费用,先计算出各类完工产品总成本,然后再按一定标准计算类内每一种产品成本的方法。分类法与品种法关系密切,可以被认为是品种法的扩展。

(二)分类法的特点

分类法的特点归纳如下:

(1)分类法是以产品的类别为成本计算对象,开设生产成本明细账归集该类产品的生产费用,每种产品发生的费用直接计入其所属类别后再采用一定的分配标准在所属类别内进行分配,最后计算出此种产品的成本。

(2)分类法的成本计算期要根据成本管理要求和产品生产类型进行确定,如果是小批生产,配合分批法使用,产品成本计算期就可以不固定;如果是大量生产类型,需要配合品种法或分步法进行成本计算,产品成本计算期固定。

(3)如果月末存在未完工产品,需要采用约当产量法、定额成本法或定额比例法等分配方法将生产费用在完工产品与月末在产品之间进行分配。

二、分类法的适用范围

分类法适用于企业所生产产品的品种或规格繁多并且可以对企业的产品进行适当分类的企业。具体包括以下类型:

(1)用同样原材料、经过同样工艺过程生产出来的不同规格的产品,如制鞋厂生产不同尺寸的鞋。

(2)几种主要产品是用同一种原材料进行加工而同时制造出,即联产品,如石油冶炼行业投入原油,加工出润滑油、机油、汽油、柴油、沥青等。

(3)生产主要产品的生产过程中,附带生产的非主要产品即副产品,如食用油厂在油脂精炼后的副产品油脚、皂脚等。将主副产品归为一类作为成本计算对象,然后将副产品成本按有关方法确定后从总成本中扣除,余额即为主产品成本。

三、分类法的成本核算程序

分类法的计算程序如下:

(1)根据产品所用原材料和工艺技术过程的不同,将产品划分为若干类,按照产品类别开设成本明细账,按类归集产品的生产费用,计算各类产品的成本。

(2)选择合理的标准,将每类产品的成本,在类内的各种产品之间进行分配,计算每类产品内各种产品的成本。

按类别计算出各类产品的总成本后,需要将每类产品总成本在类内各种产品之间进行分配,从而计算出各种完工产品的成本。在这里,分配标准的选择是非常重要的,分配标准应选择与产品成本高低有着直接联系的项目。各成本项目可采用同一分配标准,也可采用不同的分配标准。通常采用的分配标准有定额消耗量、定额成本、计划成本、产品售价、产品的重量或体积等。类内产品成本的计算,在一般情况下是采用系数法、按定额成本计价法或按定额比例法计算。

采用分类法时,一般是将类内产品的分配标准折合为系数,按系数分配计算类内各种产品成本。确定系数的具体做法是,在同类产品中选择一种产量大、生产稳定或规格折中的产品作为标准产品,把这种产品的分配标准系数确定为1,以其他产品的单位产品的分配标准数据与标准产品相比,求出的比例即为其他产品的系数。系数确定后,把各种产品的实际产量乘上系数,换算成标准产品产量,或称为总系数,再按各种产品总系数比例分配计算类内各种产品成本。分配计算类内各种产品成本时,既可以按综合系数分配,也可以分成本项目采用单项系数分配。

定额比例法是在计算出类内产品的总成本后,按类内各种产品的定额比例进行分配,从而计算出类内每一种产品成本的一种方法。这种方法一般适用于定额比较健全、稳定的企业。具体计算时,材料费用可采用材料的定额耗用量的比例进行分配,加工费用可采用定额工时的比例进行分配。

系数分配法的有关计算公式如下:

某产品系数＝该产品售价(或定额消耗量、体积)÷标准产品售价(或定额消耗量、体积)

某种产品总系数(标准产量)＝该产品实际产量×该产品的系数

费用分配率＝应分配成本总额÷类内各种产品系数之和

某种产品应负担费用＝该产品系数×费用分配率

【案例9－1】大华工厂为大量大批单步骤小型生产企业,设有一个基本生产车间,大量生产5种规格不同的电子元件,根据产品结构特点和耗用的原材料及工艺技术过程的不同,可以将这五种产品划为一类(甲类),甲类产品包括101、102、103、104、105五种不同规格的产品。根据该厂产品生产特点和成本管理要求,可先采用品种法的基本原理计算出甲类产品本月完工产品的实际总成本,然后,采用系数分配法将本类产品的总成本分配于类内各种规格的产品。本月生产地甲类产品的成本已经按照品种法的基本原理进行归集和分配,甲类产品的成本计算单见表9－1。本类产品的生产费用在本月完工产品与月末在产品之间的分配采用定额比例法。甲类产品中各种产品的消耗定额见表9－2。

要求:计算甲类产品中各种产品的成本。

表9－1　　　　　　　　　　　　大华工厂产品成本计算单

产品:甲类　　　　　　　　　　　2017年6月　　　　　　　　　　　　单位:元

项　　目	直接材料	直接人工	制造费用	合　计
月初在产品成本	24 000	4 800	3 600	32 400
本月生产费用	120 000	36 000	26 400	182 400
生产费用合计	144 000	40 800	30 000	214 800
本月完工产品总成本	120 000	38 250	28 050	186 300
月末在产品成本	24 000	2 550	1 950	28 500

表9－2　　　　　　　　　　大华工厂甲类产品的材料和工时消耗定额

产品:甲类　　　　　　　　　　2017年度使用　　　　　　　　　　　编号:01

产品名称	材料消耗定额	工时消耗定额
101产品	3.60	0.84
102产品	3.30	0.72
103产品	3.00	0.60

续表

产品名称	材料消耗定额	工时消耗定额
104 产品	2.40	0.54
105 产品	2.10	0.48

分析：

1. 选定标准产品

大华工厂甲类产品中，103号产品生产比较稳定、产量较大、规格比较适中，故选择103号产品为标准产品。

2. 确定各类产品系数

大华工厂甲类产品中，直接材料费用按材料消耗定额比例进行分配，直接人工和制造费用按工时消耗定额确定系数，类内产品系数的计算如表9—3所示。

表9—3　　　　　　　　　　大华工厂甲类产品系数计算表

产品：甲类　　　　　　　2017年度使用　　　　　　　编号：01

产品名称	材料消耗定额	系　数	工时消耗定额	系　数
101 产品	3.60	1.2	0.84	1.4
102 产品	3.30	1.1	0.72	1.2
103 产品	3.00	1.0	0.60	1.0
104 产品	2.40	0.8	0.54	0.9
105 产品	2.10	0.7	0.48	0.8

3. 计算各类产品本月总系数

生产成本在类内各种产品之间分配，分配标准是总系数（标准产量），根据表9—3所列各种产品的系数和本月各种产品产量资料，编制"大华工厂产品总系数计算表"，如表9—4所示。

表9—4　　　　　　　　　　大华工厂产品总系数计算表

产品名称	产品产量	材料系数	材料总系数	工时系数	工时总系数
101 产品	500	1.2	600	1.4	700
102 产品	400	1.1	440	1.2	480
103 产品	2 140	1.0	2 140	1.0	2 140
104 产品	500	0.8	400	0.9	450
105 产品	600	0.7	420	0.8	480
合　计			4 000		4 250

4. 计算各种产品的总成本和单位成本

(1)根据表9—1所列甲类产品本月完工产品总成本，以及表9—4所列各种产品总系数，可以计算出各成本项目的费用分配率。

直接材料费用分配率＝120 000÷4 000＝30

直接人工费用分配率＝38 250÷4 250＝9

制造费用分配率＝28 050÷4 250＝6.6

（2）根据各种产品的总系数和费用分配率，编制"大华工厂产品成本计算表"（见表9—5），计算各种产品的总成本和单位成本。

表9—5　　　　　　　　　　　　大华工厂产品成本计算表

产品：甲类产品　　　　　　　　　　　2017年6月　　　　　　　　　　　金额单位：元

产品名称	产品产量	材料总系数	直接材料分配金额	工时总系数	直接人工分配金额	制造费用分配金额	产成品总成本	单位成本
分配率			30		9	6.6		
101	500	600	18 000	700	6 300	4 620	28 920	57.84
102	400	440	13 200	480	4 320	3 168	20 688	51.72
103	2 140	2140	64 200	2 140	19 260	14 124	97 584	45.60
104	500	400	12 000	450	4 050	2 970	19 020	38.04
105	600	420	12 600	480	4 320	3 168	20 088	33.48
合计		4 000	120 000	4 250	38 250	28 050	186 300	

（3）根据上述产品成本计算资料，编制结转本月完工入库产品成本的会计分录。

借：库存商品——101产品　　　　　　　　　　　　28 920
　　　　　　——102产品　　　　　　　　　　　　20 688
　　　　　　——103产品　　　　　　　　　　　　97 584
　　　　　　——104产品　　　　　　　　　　　　19 020
　　　　　　——105产品　　　　　　　　　　　　20 088
　　贷：基本生产成本——甲类产品　　　　　　　　186 300

四、联产品、副产品的成本核算

（一）联产品的成本核算

1.联产品的概念及其成本计算的特点

联产品是指企业在生产过程中，使用相同的原材料，经过共同的生产工艺，进行相同的加工过程，生产出来的具有同等地位、不同用途的几种主要产品。例如，炼油厂从原油中可以同时提炼出汽油、煤油、柴油、机油等产品，这些产品都是炼油厂的联产品。

联产品在生产过程中使用同样的原材料，并且又是在同一生产过程中生产出来的。各种联产品一般要在生产过程结束时才能分离出来，有时也可能在生产过程的某一个步骤中先分离出来某一种产品，这个分离时的生产步骤称为分离点。在联产品分离之前，不可能按照每种产品归集和分配生产费用，只能将其归为一类，计算其总成本。然后，采用一定的分配标准，采用适当的方法，将联合成本在联产品之间进行分配，求出各个联产品应负担的联合成本；也可以按类别归集费用计算成本，但它与分类法是有区别的。有些联产品分离后有时还需要继续加工，这样，就需要按照分离后产品的生产特点，选择适当的方法计算分离后的产品成本。通

常情况下,将分离前发生的成本称为联合成本,而把分离后每种产品发生的成本称为可归属成本,因此,联产品的成本包括其应负担的联合成本加上分离后的可归属成本。

2. 联产品成本的计算程序

(1)采用分类法,计算联产品分离前的联合成本;

(2)采用适当的标准在各种联产品之间分配联合成本;

(3)将分配的联合成本和分离后的加工成本进行汇总,计算联产品的总成本和单位成本。

3. 联合成本的分配方法

采用什么样的方法分配联合成本,关系到联产品成本计算的准确性和合理性,因此,企业可根据具体情况确定应采用的分配方法。通常的分配方法包括:

(1)实物量分配法。实物量分配法就是根据分离点上各种联产品的重量、长度、容积或其他实物量比例来分配联合成本的一种方法。其计算公式如下:

联产品成本分配率＝联合成本÷各种联产品实物产量之和

某种产品应分配的联合成本＝该种联产品实物产量×联合成本分配率

【案例9-2】 假设阳光公司生产A、B、C三种联产品,本期发生的联合成本为360 000元,根据各种产品的重量分配联合成本,计算结果如表9-6所示。

表9-6　　　　　　　　　　　　联合产品成本计算单　　　　　　　　　　　　单位:元

产品名称	实物量(千克)	分配率	应分配成本
A产品	500		150 000
B产品	400		120 000
C产品	300		90 000
合　计	1 200	300	360 000

(2)系数分配法。系数分配法是根据各种联产品的实际产量,按系数将其折算为标准产量来分配联合成本的一种方法。

具体计算程序是:①确定各种联产品的系数;②用每种产品的产量乘以各自的系数,计算出标准产量;③将联合成本除以各种联产品标准产量之和,求得联合成本分配率;④用联合成本分配率乘以每种产品的标准产量,就可以计算出各种产品应负担的联合成本。

【案例9-3】 假设太平洋公司用同一原材料,在同一工艺过程中生产甲、乙、丙、丁四种主要产品。分配联合成本时,以产品售价为标准确定系数,以乙产品为标准产品,其系数为1,甲产品分离后还继续加工。有关资料如表9-7和表9-8所示。

表9-7　　　　　　　　　　　联产品产量、售价和系数分配表

产品名称	产量(吨)	单位售价(元)	系　数
甲产品	120	72	1.2
乙产品	600	60	1
丙产品	300	48	0.8
丁产品	150	42	0.7

表9-8　　　　　　　　　　　　联产品成本计算资料　　　　　　　　　　　　单位:元

项目	直接材料	直接人工	制造费用	合计
分离前的联合成本	19 602	7 187.4	5 880.6	32 670
各成本项目占总成本比重	60%	22%	18%	
分离后甲产品的加工成本	900	400	200	1 500

要求:按照系数分配法分配联合产品成本,并计算各种产品的总成本和单位成本。

分析:

(1)根据上述资料,编制联产品成本计算单,如表9-9所示。

表9-9　　　　　　　　　　　　联产品成本计算单　　　　　　　　　　　　单位:元

产品名称	产量(吨)	系数	标准产量	联合成本	分配率	应分配的联合成本
	(1)	(2)	(3)=(1)×(2)	(4)	(5)=(4)÷(3)	(6)=(3)×(5)
甲产品	120	1.2	144			4 320
乙产品	600	1	600			18 000
丙产品	300	0.8	240			7 200
丁产品	150	0.7	105			3 150
合计			1 089	32 670	30	32 670

(2)编制甲产品成本计算汇总表,如表9-10所示。

表9-10　　　　　　　　　　　　甲产品成本计算汇总表　　　　　　　　　　　　单位:元

项目	分配的联合成本 比重%	分配的联合成本 金额(甲产品4 320)	分离后的加工成本	总成本	单位成本
	(1)	(2)=(1)×总金额	(3)	(4)=(2)+(3)	(5)=(4)÷产量
直接材料	60	2 592	900	3 492	29.1
直接人工	22	950.4	400	1 350.4	11.25
制造费用	18	777.6	200	977.6	8.15
合计	100	4 320	1 500	5 820	48.5

注:其他产品的单位成本由读者根据各成本项目的比例自己计算。

(3)相对售价比例分配法。相对售价比例分配法是按照生产出的各联产品销售价格的比例,将联合成本在各种联产品之间进行分配,以计算各联产品的总成本和单位成本的一种联产品成本分配方法。在这种情况下,售价较高的联产品负担的联合成本较多,售价较低的联产品负担的联合成本较少,以使各联产品取得大致相同的毛利率。这种方法弥补了实物量比例分配法的缺陷,使各联产品应负担的联合成本与售价联系了起来。相对售价比例分配法的计算公式如下:

联合产品成本分配率=联合成本÷各种联产品销售价格之和

某种产品应分配的联合成本=该种联产品销售价格×联合成本分配率

应当指出,相对售价比例分配法中的销售价格即指产品的销售收入,但是,这里的销售收入不是按照产品销售量计算的,而是按照产品产量计算的。

【案例 9—4】 华夏公司生产甲、乙、丙三种联产品,单位售价分别为 14 元、12 元和 10 元,2017 年 7 月份发生的联合成本为 89 216 元,其中:直接材料 60 000 元,直接人工 11 216 元,制造费用 18 000 元。生产完工甲产品 3 200 件,乙产品 4 000 件,丙产品 1 600 件。

要求:按照相对售价比例分配联产品成本。

分析:计算结果如表 9—11 所示。

表 9—11   联产品成本计算表
2017 年 7 月   单位:元

产品名称	产量(件)	单价(元)	售价(元)	分配率	分配联合成本(元)	单位成本(元)
甲产品	3 200	14	44 800		36 736	11.48
乙产品	4 000	12	48 000		39 360	9.84
丙产品	1 600	10	16 000		13 120	8.2
合 计			108 800	0.82	89 216	

这一分配法将联产品成本与产品的销售价格联系在一起,可以避免售价低的产品可能由于分配标准的选用不当而造成其负担的费用较多的不合理现象。但是,产品成本的高低并非都与产品售价有关,价格高的产品不一定成本也高,因此,此种方法只适用成本高低与售价关系密切的联产品的成本分配。

(二)副产品的成本核算

1. 副产品的概念及其成本计算的特点

副产品是指企业在生产主要产品的过程中,附带生产出一些非主要产品。副产品不是企业的主要产品,但它们却有一定的价值和用途。例如,在制皂工业中产生的甘油、在生产生铁过程中产生的煤气以及炼油厂在提炼原油的过程中产生的渣油和石油焦等。有些企业在生产过程中所产生的一些废水、废气、废渣,对于"三废"的综合利用、回收或提炼出来的产品,也可以称为副产品。

由于副产品和主要产品是在同一生产过程中生产出来的,它们发生的费用很难分开,因此,一般是将副产品和主要产品归为一类,按照分类法归集费用,计算总成本。主、副产品分离前的成本可为共同成本。一般来说,副产品的价值相对较低,在企业全部产品中所占比例较小,所以,可将副产品按照简化的方法计价,从主副产品的总成本中扣除,从而确定主产品的产品。

2. 副产品成本的计价方法

(1)副产品成本不计价。副产品不计价是指副产品不负担分离前的成本,副产品的成本由主要产品负担,副产品销售取得的收入作为其他业务收入处理。这种方法一般适用于副产品分离后不再加工,而且其价值较低的情况。采用此法的优点是手续简便,但由于副产品成本是由主要产品负担,因而会影响主要产品成本计算的准确性。

(2)副产品成本按销售价格扣除销售税金、销售费用后的余额计算。副产品成本按销售价格扣除销售税金、销售费用后的余额计算或按售价减去按正常利润率计算的销售利润后的余额计价,以此作为分离前的共同成本中副产品应负担的部分。这种方法适用于副产品价值较高的情况。如果副产品在分离后还需进一步加工才能出售,则按这一方法对副产品进行计价时,还应从其售价中扣除分离后的加工费。

(3)副产品成本按固定成本计价。这种计价方法是指按确定的固定成本作为副产品的成本,从联合成本中扣除,其中,固定成本可按固定价格计价,也可以按计划成本计价。这种计算方法手续简便,但是当副产品成本变动较大、市价不稳定时,会影响主要产品成本计算的准确性。

3. 副产品成本计算应用举例

【案例9－5】 假设远大公司在生产主要产品甲产品的同时,附带生产出乙、丙、丁三种副产品。乙副产品按售价扣除销售税金、销售费用等有关项目后的余额计价,并按比例从联合成本项目中进行扣除;丙副产品按计划成本计价,从联合成本的直接材料项目中扣除;丁副产品由于数量较少、价值较低采用简化的方法不予计价。2017年3月份有关产量、成本资料如表9－12和表9－13所示。

表9－12　　　　　　　　产品、单价、计划成本资料　　　　　　　　单位:元

产品名称	产量(吨)	单位售价	单位税金	单位销售费用	计划单位成本
甲	3 000				
乙	540	40	5	6	
丙	160				20
丁	2				

表9－13　　　　　　　　有关成本费用资料　　　　　　　　单位:元

项目	直接材料	直接人工	制造费用	合计
本月主副产品共同成本	72 000	8 000	20 000	100 000
乙产品分离后加工费用		1 000	1 160	2 160

要求:根据以上资料编制完工产品成本计算表。

分析:计算结果如表9－14所示。

表9－14　　　　　　　　完工产品成本计算表

项目	共同成本		丙产品(160吨)		乙产品(540吨)			甲产品(3000吨)	
	金额	比重	总成本	单位成本	总成本			单位成本	总成本	单位成本
					分离前	分离后	合计			
	(1)	(2)	(3)	(4)	(5)	(6)	(7)	(8)	(9)	(10)
直接材料	72 000	72%	3 200	20	9 720		9 720	18	59 080	19.69
直接人工	8 000	8%			1 080	1 000	2 080	3.85	6 920	2.31
制造费用	20 000	20%			2 700	1 160	3 860	7.15	17 300	5.77
合计	100 000		3 200	20	13 500	2 160	15 660	29	83 300	27.77

表9－14中相关数据的计算过程如下：

丙产品：总成本＝160×20＝3 200(元)

乙产品：总成本＝540×(40－5－6)＝15 660(元)

其中分离前的总成本＝15 660－2 160＝13 500

直接材料＝13 500×72％＝9 720(元)

直接人工＝13 500×8％＋1 000＝2 080(元)

制造费用＝13 500×20％＋1160＝3 860(元)

甲产品：总成本＝100 000－3 200－13 500＝83 300(元)

直接材料＝72 000－3 200－9 720＝59 080(元)

直接人工＝8 000－1 080＝6 920(元)

制造费用＝20 000－2 700＝17 300(元)

(三)等级产品的成本核算

1. 等级产品的定义

等级产品是指使用同种原料、经过同一生产过程而生产出来的品种相同但品级或质量不同的产品。这种质量上的差别，往往是由于两种原因造成的：一种是工人操作不慎、技术不熟练造成的，另一种是由于原材料的质量不同、工艺技术上的要求不同或目前生产技术水平等原因造成的。由于这两种不同的原因，我们在计算等级品成本时，就要采取不同的方法，以使产品成本尽可能正确地反映企业成本的真实情况。

在日常生活中，常常可以看到许多分等级的产品特别是一些轻工产品，如针织厂的针织服装可以分为一级、二级、三级；日用搪瓷品也可以分为一级、二级、三级。

等级产品和副次产品是两个不同的概念，等级产品的二、三等级不是副次产品。两者之间的根本区别在于等级产品是合格品，而副次产品是非合格品。

(1)等级产品是合格品，一级、二级和三级均是。等级产品的质量上的差别一般是在允许的设计范围以内的，这些差别一般不影响产品的正常使用。

(2)副次产品指等级以下的产品，是非合格品，其质量指标未达到设计的要求。

许多联产品在分离后还需要进一步加工，并相应发生分离成本，而等级产品一般不需要分离之后再加工。由于等级品是用同样的原材料在同一加工过程中生产出来的，一般不再需要进一步加工，因此，等级产品成本的计算可以分为成本的归集、分配以及总成本和单位成本的计算三个环节。

2. 等级产品的计算

等级产品的成本计算，应根据企业的具体情况加以确定。

(1)如果是由于材料质量、工艺过程本身等特点或自然原因造成的，则应采用适当的方法计算各种等级产品的产品成本。计算时，可将各种等级产品作为一类产品，计算类产品的联合成本，再根据按各种等级品的售价等标准确定的系数，将各等级品产量折合为标准产量，采用标准产量比例法分配联合成本，以分配的联合成本作为各等级产品的成本。

(2)如果是由于生产管理不当、操作失误造成的等级产品，因为等级产品用料相同，工艺过程也相同，则其成本也应相同，所以，应采用实际产量比例法，将等级品的联合成本直接按各等级产品实际产量平均计算，从而使各等级产品单位成本水平一致。

任务二　定额法概述

在分类法下，生产费用的日常核算是按照生产费用的实际发生额进行的，产品的实际成本也是根据实际生产费用计算的。这样，生产费用和脱离定额的差异及其发生的原因，只有在月末时通过实际资料与定额资料的对比、分析才能得到反映，不能在费用发生的当时就能得到反映，这样，不利于更好地加强定额管理，加强成本控制，更有效地发挥成本核算对于节约生产费用、降低产品成本的作用。产品成本计算的定额法（也称定额成本法），就是为了及时反映和监督生产费用和产品脱离定额的差异，加强成本管理和成本控制而采用的一种成本计算方法。

一、定额法的概念

定额法，是以产品定额成本为基础，加减脱离现行定额差异（如脱离定额的差异、材料成本差异）及定额变动差异来计算产品实际生产成本的一种方法。采用定额法计算产品成本，可以及时地反映和监督产品成本脱离定额成本的状况，为加强定额管理提供了相关信息。采用定额法时，产品实际成本与定额成本的关系可用下列公式表示：

产品实际成本＝产品定额成本±脱离定额成本差异±材料成本差异±定额变动差异

式中，(1)产品定额成本是根据企业现行材料消耗定额、工时定额、费用定额及其他有关资料计算的一种目标成本。产品定额成本的制定过程也是对产品成本事前控制的过程。定额成本是计算实际产品成本的基础，也是企业对生产费用进行事中和事后分析的依据。

(2)脱离定额成本差异是指产品生产过程中各项费用（实际费用）脱离现行定额的差异。脱离定额差异反映了企业各项生产费用支出的合理程度以及执行现行定额的质量。

(3)材料成本差异也是产品生产费用脱离定额的一部分。采用定额法计算产品成本的企业，原材料日常核算是按计划成本进行的，所以，原材料项目的脱离定额差异，仅指消耗数量的差异（量差），其金额为原材料消耗数量差异与其计划单位成本的乘积，不包括材料成本差异（价差）。因此，企业应当单独计算产品成本应负担的材料成本差异，其金额为按计划单位成本和材料实际消耗量计算的材料总成本与材料成本差异率的乘积。

(4)定额变动差异是指由于修订定额而产生的新旧定额之间的差异，它反映的是定额自身变动的结果，与生产费用支出的节约和超支无关。新定额的执行一般从月初开始，这样，当月投入的生产费用在计算其脱离定额差异时一般都按新标准执行，但月初在产品一般是按旧定额计算的，所以，月初在产品的生产费用和本月发生的生产费用就产生了与定额标准不一致的现象，为了调整月初在产品定额成本，必须先计算月初在产品的定额变动差异。定额变动差异主要是指月初在产品账面定额成本与按新定额计算定额成本之间的差异。

二、定额法的特点

（一）事前制定产品的定额成本

定额法与产品成本计算的分类法不同，它是以产品的定额成本为基础来计算产品实际成本的一种方法。采用定额法计算产品成本，企业必须事前制定好产品的各项消耗定额和费用定额，并以此为依据制定产品的定额成本，作为降低成本、节约费用支出的目标。

(二)分别核算符合定额的费用和脱离定额的差异。

在生产费用发生时,将符合定额的费用和发生的差异分别核算,以加强对成本差异的日常核算、分析和控制。

(三)以定额成本为基础,加减各种成本差异来求得实际成本。

在定额成本法下,本月完工产品的实际成本是以本月完工产品的定额成本为基础,加上或减去本月完工产品应负担的脱离定额差异、材料成本差异、定额变动差异等成本差异来求得的。

三、定额法的适用范围

定额法不是产品成本计算的基本方法,它是为了加强成本控制与管理而采用的一种成本计算与管理相互融洽的方法。采用此种方法计算产品成本,能及时揭示差异,有助于促使企业控制和节约费用。该方法主要适用于企业定额管理制度比较健全、定额管理基础工作比较好、产品生产已经定型、各项消耗定额比较准确和稳定的企业,与企业生产类型没有直接联系。

四、定额法的成本核算程序

(一)定额成本

产品的定额成本包括产品直接材料定额成本、产品直接人工定额成本、产品制造费用定额成本,其计算公式分别如下:

产品直接材料定额成本=直接材料定额耗用量×直接材料计划单价
　　　　　　　　　　=本月投产量×单位产品材料消耗定额×直接材料计划单价

产品直接人工定额成本=产品定额工时×计划小时工资率
　　　　　　　　　　=产品约当产量×工时定额×计划小时工资率

产品制造费用定额成本=产品定额工时×计划小时费用率
　　　　　　　　　　=产品约当产量×单位产品工时定额×计划小时工资率

确定产品定额成本,必须先制定产品的消耗定额,然后,再根据材料计划单价、计划工资率、计划费用率等确定各项费用定额和单位产品定额成本。

【案例 9—6】 华谊公司生产甲产品耗用 A、B、C 三种材料,A 材料单位消耗定额为 100 千克,计划单价为 8 元;B 材料单位消耗定额为 130 千克,计划单价为 9 元;C 材料单位消耗定额为 14 千克,计划单价为 20 元,本月投产量为 110 件。

要求:列表计算甲产品直接材料定额成本。

分析:甲产品的直接材料定额成本如表 9—15。

表 9—15　　　　　　　　甲产品直接材料定额成本计算表　　　　　　　金额单位:元

材料名称	计量单位	计划单价	定额耗用 单位定额消耗量	定额耗用 耗用量	定额耗用 金额
A 材料	千克	8	100	11 000	88 000
B 材料	千克	9	130	14 300	128 700
C 材料	千克	20	14	1 540	30 800
合　计					247 500

此外，我们还可以根据上述公式计算直接人工和制造费用项目的定额成本（甲产品的直接人工和制造费用项目的定额成本在以后的内容中有涉及，此处略）。

（二）定额差异

定额差异是指在生产过程中各项实际生产费用脱离现行定额的差异，它反映了各项生产费用支出的合理程度和现行定额的执行情况。企业应及时地对定额差异进行核算，以便控制生产费用的发生，降低产品成本。定额差异的计算，是采用定额法计算产品成本的一个重要环节。对于定额差异，一般是按成本项目进行计算的。

脱离定额差异的计算包括直接材料脱离定额差异的计算、直接人工脱离定额差异的计算、制造费用脱离定额差异的计算。它的计算是定额法的主要内容。

1. 直接材料脱离定额差异的计算

直接材料脱离定额差异是指生产过程中产品实际耗用材料数量与其定额耗用量之间的差异。直接材料脱离定额差异的核算一般采用如下三种方法：

（1）限额领料法。它是根据企业制定的材料消耗定额来核算材料定额差异的一种方法。企业应根据产品定额计算表中所确定的产品材料消耗定额，编制限额领料单交给各单位，按限额领料单中所规定的限额领料。凡是超过限额的领料，应设置专门的超额领料单等差异凭证。如果领用代用材料，则应将领用代用材料的数量，折算成原定额材料的数量，在限额领料单内冲减相应的数量。对于车间已领未用的材料，应及时办理退库手续。如果企业超限额领料是因为增加产量引起的，则应办理追加限额手续，仍采用限额领料单领料。月末时，将限额领料单内的材料余额和各种差异凭证进行汇总，即可计算出定额差异。其计算公式如下：

直接材料脱离定额差异 = Σ[（材料实际耗用量 — 材料定额耗用量）× 该材料计划单价]

采用限额领料时，应注意的是领料差异与耗用差异有时并不完全一致。有时领到车间的材料并未耗用，有时还有期初余额。因此，应按下式计算本期直接材料的实际消耗量：

$$\text{本期直接材料实际消耗量} = \text{本期领用材料数量} + \text{期初结余材料数量} - \text{期末结余材料数量}$$

（2）整批分割法。采用整批分割法时，是按切割材料的批别设置材料切割单进行的。在材料切割完成后，根据实际切割成毛批的数量乘上消耗定额计算出材料的定额消耗量，将定额消耗量与材料的实际消耗量进行比较，计算出材料定额差异，并将差异数额填入材料切割单内，同时注明产生差异的原因。采取整批切割法的优点是能及时反映和控制材料的耗用情况，但是材料切割单的填制工作量很大，因而只适用于按批核算材料定额差异的一些贵重材料。

（3）盘存法。它是根据定期盘点的方法来计算材料的定额消耗量和脱离定额差异的方法，计算的时间可以是每天，也可以是每周或每旬。这种方法的核算程序是：①用本期完工产品数量加上期末在产品数量，减去期初在产品数量，计算出本期投产数量。其中，期末在产品数量是根据盘存数量（或账面数量）计算的。②根据材料的消耗定额，计算出产品材料的定额消耗量；然后，根据材料的定额领料凭证、差异凭证及车间的盘存资料，计算出产品的材料实际消耗量。③将产品的实际消耗量和定额消耗量进行比较，计算出材料脱离定额的差异。这种方法一般适用于连续式大量生产的企业。

在实际工作中，不论采用哪种方法，都应根据各种领料凭证和差异凭证，按照产品成本计算对象汇总编制"材料定额费用和脱离定额差异汇总表"，表中应详细列明该批或该种产品所耗各种材料的计划成本、定额费用、定额差异及产生差异的原因，并据以登记"生产成本明细账"和各种产品成本计算单。

【案例 9－7】 依案例 9－6，假设甲产品实际耗用 A 材料 10 800 千克，实际耗用 B 材料 13 900 千克，实际耗用 C 材料 1 650 千克。试计算甲产品直接材料脱离定额差异。

解析：

甲产品直接材料脱离定额差异＝(10 800－11 000)×8＋(13 900－14 300)×9＋(1 650－1 540)×20＝－3 000(元)

2. 直接人工脱离定额差异的计算

(1)计件工资制度下直接人工脱离定额差异的计算。在计件工资下，直接人工为直接计入费用，在计件单价不变的情况下，按计件单价支付的生产工人薪酬就是定额工资，没有脱离定额的差异。因此，在计件工资制下，脱离定额的差异往往仅指因工作条件变化而在计件单价之外支付的工资、津贴、补贴等。企业应当将符合定额的工资，反映在产量记录中；脱离定额的差异应当单独设置"工资补付单"等凭证，并经过一定的审批手续。

(2)计时工资制度下直接人工脱离定额差异的计算。在计时工资制下，直接人工一般为间接计入费用，其脱离定额的差异不能在平时分产品(成本计算对象)计算，只有在月末确定本月实际直接人工费用总额和产品生产总工时后才能计算。有关计算公式如下：

计划小时工资率＝计划产量的定额直接人工费用÷某车间计划产量的定额生产工时

实际小时工资率＝某车间实际直接人工费用总额÷某车间实际生产总工时

某产品定额直接人工费用＝该产品实际完成的定额生产工时×计划小时工资率

某产品实际直接人工费用＝该产品实际生产工时×实际小时工资率

某产品直接人工脱离定额的差异＝该产品实际直接人工费用－该产品定额直接人工费用

【案例 9－8】 华谊公司生产甲、乙、丙三种产品实际生产工时为 200 000 小时，其中：甲产品 85 000 小时，乙产品 50 000 小时，丙产品 65 000 小时。本月三种产品实际完成定额工时 205 000 小时，其中：甲产品 86 000 小时，乙产品 55 000 小时，丙产品 64 000 小时。本月实际产品生产工人薪酬为 820 800 元，本月计划小时工资率为 4 元，实际小时工资率为 4.104(820 800÷200 000)。

要求：根据上述资料，编制直接人工费用定额和脱离定额差异汇总表。

分析：华谊公司直接人工费用定额和脱离定额差异汇总如表 9－16 所示。

表 9－16　　　　　华谊公司直接人工费用定额和脱离定额差异汇总

2017 年 7 月　　　　　　　　　　　　　　　　　　　单位:元

产品名称	定额人工费用			实际人工费用			脱离定额差异
	定额工时(小时)	计划小时工资率	定额工资	实际工时(小时)	实际小时工资率	实际工资	
甲产品	86 000		344 000	85 000		348 840	4 830
乙产品	55 000		220 000	50 000		205 200	－14 800
丙产品	64 000		256 000	65 000		266 760	10 760
合　计	205 000	4	820 000	200 000	4.104	820 800	800

3. 制造费用脱离定额差异的核算

制造费用大多为间接费用，不能在费用发生时直接按产品确定其定额差异。只能在月末实际费用总额计算出来后才能与定额费用对比，确定差异定额。计算公式如下：

计划小时制造费用分配率＝某车间计划制造费用总额÷某车间计划产量的定额生产工时总数

实际小时制造费用分配率＝某车间实际制造费用总额÷某车间实际生产工时总数

某产品定额制造费用＝该产品定额生产工时×计划小时制造费用分配率

某产品实际制造费用＝该产品实际工时×实际小时制造费用分配率

某产品制造费用定额差异＝某产品实际制造费用－某产品定额制造费用

【案例9－9】 华谊公司本月各种产品实际生产工时和实际完成定额工时同案例9－7，本月实际制造费用总额为413 000元，本月制造费用计划分配率为每小时2元；实际分配率为每小时2.065元（413 000÷200 000）。

要求：根据上述资料，编制制造费用定额和脱离定额差异汇总表。

分析：制造费用定额和脱离定额差异汇总表如表9－17所示。

表9－17　　　　　　华谊公司制造费用定额和脱离定额差异汇总表

2017年7月　　　　　　　　　　　　　　　　　　　　单位：元

产品名称	定额制造费用			实际制造费用			脱离定额差异
	定额工时（小时）	计划小时工资率	定额费用	实际工时（小时）	实际小时工资率	实际费用	
甲产品	86 000		172 000	85 000		175 525	3 525
乙产品	55 000		110 000	50 000		103 250	－6 750
丙产品	64 000		128 000	65 000		134 225	6 225
合计	205 000	2	410 000	200 000	2.065	413 000	3 000

（三）材料成本差异

采用定额法计算产品成本的企业，应当按照计划成本来组织原材料的日常核算，因此，直接材料费用定额成本和脱离定额的差异都是按照原材料的计划单位成本计算的。这样，在月末计算产品的实际原材料费用时，还必须考虑所耗原材料应负担的成本差异，即所耗原材料的价差。其计算公式如下：

某产品应负担的原材料成本差异＝（该产品的原材料定额费用±原材料脱离定额差异）

×材料成本差异率

为简化核算，各种产品应分配的材料成本差异，一般由各该产品的完工产品成本负担，月末在产品不负担材料成本差异。在实际工作中，材料成本差异的计算和分配是通过编制"耗用材料汇总表"、"材料成本差异分配表"进行的。

【案例9－10】 甲产品所耗直接材料定额费用为247 500元（见表9－15），材料脱离定额差异为节约5 000元，本月材料成本差异率为节约1.2％。

要求：计算甲产品应负担的材料成本差异。

解析：

甲产品应负担的材料成本差异＝（247 500－5 000）×（－1.2％）＝－2 910（元）

（四）废品损失差异

废品损失差异的核算对于生产过程中所发生的废品损失，采用废品通知单和废品计算表的方式单独反映。其中，不可修复废品的成本可按定额成本计算，因在定额成本中不包括废品损失和停工损失，因而全部作为定额差异处理。

(五)定额变动差异

产品定额成本是根据现行定额(包括材料消耗定额、工时定额和费用定额等)计算确定的,现行定额修订以后,定额成本也应随之修订。月初,产品定额成本修订以后,当月投产的产品应按照新的定额成本计算,而月初在产品的定额成本是上月末按旧的定额计算的,为了将按旧定额计算的月初在产品定额成本和按新定额计算的本月投入产品的定额成本,在新定额的同一基础上相加起来,以便计算产品的实际成本,还应计算月初在产品的定额变动差异,用以调整月初在产品的定额成本。

月初在产品定额变动差异,可以根据消耗定额发生变动的在产品盘存数量或在产品账面结存数量和修订后的定额消耗量,计算出月初在产品新的定额消耗量和新的定额成本,再与修订前月初在产品定额成本比较计算得出。在构成产品的零部件种类较多的情况下,采用这种方法按照零部件和工序进行计算,工作量就会很大。为简化计算工作,也可以按照单位费用的折现系数进行计算。即将按新旧定额所计算出的单位产品费用进行对比,求出系数,然后根据系数进行计算。计算公式如下:

系数=按新定额计算的单位产品费用÷按旧定额计算的单位产品费用

月初在产品定额变动差异=按旧定额计算的月初在产品费用×(1−系数)

【案例9—11】 华谊公司甲产品的一些零件从7月1日起修订原材料消耗定额,单位产品新的直接材料费用为2 250元(见表9—15),旧的直接材料费用定额为2 343.75元,甲产品月初在产品按旧定额计算的直接材料费用为46 875元。

要求:根据以上资料,计算甲产品月初在产品定额变动差异。

解析:

定额变动系数=2 250÷2 343.75=0.96

甲产品月初在产品定额变动差异=46 875×(1−0.96)=1 875(元)

采用系数法计算月初在产品定额变动差异虽然比较简便,但由于系数是按照单位产品计算的,而不是按照产品的零部件计算的,因而它只适合在零部件成套生产或零部件成套性较大的情况下采用。也就是说,在零部件生产不成套或成套性较差的情况下,采用系数法会影响计算结果的正确性。月初在产品定额变动差异是定额本身变动的结果,与实际生产费用的节约或浪费无关。但应当指出,定额成本是计算实际成本的基础,如果月初在产品定额成本调低时,应将定额变动差异加入产品实际成本;反之,应当从实际成本中予以扣除。也就是说,月初在产品定额成本调整的数额与计入产品实际成本的定额变动差异之和应当等于零。甲产品月初在产品定额成本减少了1 875元,甲产品实际成本中就应当加上定额变动差异1 875元。

(六)产品实际成本

在定额法下,计算产品实际成本的程序如下:①设置产品成本计算单。定额法下,应按产品别设置产品成本计算单。在该成本计算单中,月初在产品成本、本月生产费用、生产费用合计、完工产品成本和在产品成本各栏中,应分别设置"定额成本"、"定额差异"和"定额变动差异"等栏目。②计算定额变动差异。若本月份定额有变动,则应计算月初在产品的定额变动差异数额,并填入相应的栏目中。③分配费用。在本月发生的费用中,应区别定额成本和定额差异两部分。对于定额成本,应列入本月费用的"定额成本"项目下;对于定额差异,则应列入"定额差异"栏中。④计算费用合计。费用合计是在月初在产品成本的基础上,加上本月发生的费用计算的。在计算时,应分别按定额成本、定额差异和定额变动差异计算。⑤计算完工产品和在产品的定额成本。完工产品的定额成本是按完工产品的数量乘上产品的定额成本计算的;

在产品的定额成本是用定额成本合计减去完工产品的定额成本计算的。⑥分配定额差异和定额变动差异。若定额差异和定额变动差异不大,为了简化成本核算工作,可将定额差异和定额变动差异全部计入完工产品,由完工产品成本负担,在产品不负担定额差异和定额变动差异。若定额差异和定额变动差异较大,则应将定额差异和定额变动差异按定额成本的比例,在完工产品与在产品之间进行分配。⑦计算完工产品的成本。将完工产品的定额成本、定额差异和定额变动差异相加,就是完工产品的实际成本。

按定额法计算产品成本时,材料的日常核算一般都是按计划成本进行的,这样,在月末时,还应计算完工产品应负担的材料成本差异,将材料的计划成本调整为实际成本。其计算公式如下:

$$某产品应分配的材料成本差异 = \left(该产品直接材料的定额成本 + 直接材料脱离定额的差异\right) \times 材料成本差异分配率$$

$$完工产品实际成本 = 定额成本 + 定额差异 + 定额变动差异 + 材料成本差异$$

1. 登记本月发生的生产费用

根据本月实际发生的生产费用,将符合定额的费用和脱离定额的差异分别核算,编制有关会计分录,记入产品生产成本明细账(产品成本计算单)中的相应项目。

【案例9—12】 根据案例9—6和案例9—7,编制有关会计分录,记入华谊公司甲产品生产成本明细账。案例9—11月初在产品定额调整不属于实际发生费用,可以直接记入甲产品生产成本明细账相应栏内,不编制会计分录。有关会计分录如下:

(1)结转产品生产领用材料计划成本。

借:基本生产成本——甲产品(定额成本)	247 500
甲产品(脱离定额差异)	−5 000
贷:原材料	242 500

(2)分配职工薪酬。案例9—8中,华谊公司本月应付产品生产工人薪酬为820 800元(见表9—16)。

借:基本生产成本——甲产品(定额成本)	344 000
——甲产品(脱离定额差异)	9 680
——乙产品(定额成本)	220 000
——乙产品(脱离定额差异)	−14 800
——丙产品(定额成本)	256 000
——丙产品(脱离定额差异)	10 760
贷:应付职工薪酬	820 800

(3)分配结转制造费用。案例9—9中华谊公司本月实际制造费用413 000元(见表9—17)。

借:基本生产成本——甲产品(定额成本)	172 000
——甲产品(脱离定额差异)	3 525
——乙产品(定额成本)	110 000
——乙产品(脱离定额差异)	−6 750
——丙产品(定额成本)	128 000
——丙产品(脱离定额差异)	6 225
贷:制造费用	413 000

(4)分配结转材料成本差异。案例9—10中华谊公司甲产品应负担的材料成本差异为2 910元。

借:基本生产成本——甲产品(材料成本差异)　　　　　　　－2 910
　　贷:材料成本差异　　　　　　　　　　　　　　　　　　　　－2 910

2. 分配脱离定额差异

登记本月生产费用后,应将月初在产品成本、月初在产品定额变动和本月生产费用各相同项目分别汇总,计算出生产费用合计数(见表9－18)。生产费用合计数包括定额成本、脱离定额差异、材料成本差异和定额变动差异。为了简化计算,材料成本差异和定额变动差异可以全部由完工产品成本负担,脱离定额差异则要在本月完工产品与月末在产品之间进行分配。脱离定额差异一般按照本月完工产品和月末在产品定额成本的比例进行分配,具体方法和过程如下:

表9－18　　　　　　　　　　华谊公司产品成本计算单

产品:甲产品　　　　产量:120件　　　2017年7月　　　　　　　　单位:元

项目	行次	直接材料	直接人工	制造费用	合 计
一、月初在产品成本					
定额成本	1	46 875	31 000	15 500	93 375
脱离定额差异	2	－850	410	225	－215
二、月初在产品定额调整					
定额成本调整	3	－1 875	0	0	－1 875
定额变动差异	4	1 875	0	0	1 875
三、本月发生生产费用					
定额成本	5	247 500	344 000	172 000	763 500
脱离定额差异	6	－5 000	4 840	3 525	3 365
材料成本差异	7				－2 910
四、生产费用合计					
定额成本	8	375 000	187 500	855 000	292 500
脱离定额差异	9	5 250	3 750	3 150	－5 850
材料成本差异	10			－2 910	－2 910
定额变动差异	11	0	0	1 875	1 875
差异分配率	12	1.4%	2%		－2%
五、完工产品成本					
定额成本	13	360 000	180 000	810 000	270 000
脱离定额差异	14	5 040	3 600	3 240	－5 400
材料成本差异	15			－2 910	2 910
定额变动差异	16	0	0	1 875	1 875
实际成本	17	365 040	183 600	812 205	263 565

续表

项　目	行次	直接材料	直接人工	制造费用	合　计
六、月末在产品					
定额成本	18	15 000	7 500	45 000	22 500
脱离定额差异	19	210	150	－90	－450

(1)直接材料项目：
直接材料脱离定额差异分配率＝(－5 850)÷(270 000＋22 500)＝－2％
完工产品分配脱离定额差异＝270 000×(－2％)＝－5400(元)
月末在产品分配脱离定额差异＝22 500×(－2％)＝－450(元)
(2)直接人工项目：
直接人工脱离定额差异分配率＝5 250÷(360 000＋15 000)＝1.4％
完工产品分配脱离定额差异＝360 000×1.4％＝5 040(元)
月末在产品分配脱离定额差异＝30 000×1.4％＝210(元)
(3)制造费用项目：
制造费用脱离定额差异分配率＝3 750÷(180 000＋7 500)＝2％
完工产品分配脱离定额差异＝180 000×2％＝3 600(元)
月末在产品分配脱离定额差异＝7 500×2％＝150(元)
(4)本月在完工产品与在产品之间分配脱离定额差异：
本月完工产品分配脱离定额差异＝－5 400＋5 040＋3 600＝3 240(元)
月末在产品分配脱离定额差异＝－450＋210＋150＝－90(元)
上述计算结果在甲产品"产品成本计算单"中登记见表9－18。
3.计算结转完工产品实际成本
通过以上分配和计算，华谊公司本月完工甲产品120件的实际总成本为812 205元[810 000＋3 240＋(－2 910)＋1 875]。编制的会计分录如下：
　　借：库存商品——甲产品　　　　　　　　　　　　　　　812 205
　　　　贷：基本生产成本——甲产品(定额成本)　　　　　　810 000
　　　　　　　　　　　　——甲产品(脱离定额差异)　　　　3 240
　　　　　　　　　　　　——甲产品(材料成本差异)　　　　－2 910
　　　　　　　　　　　　——甲产品(定额变动差异)　　　　1 875

五、定额法的优缺点

由上可知，定额法是将产品成本的计划工作、核算工作和分析工作有机结合起来，将事前、事中、事后反映和监督融为一体的一种产品成本计算的方法和成本管理制度。
(一)定额法的优点
定额法的主要优点是：
(1)通过对生产耗费及其脱离定额差异的日常核算，能够及时反映和监督各项耗费发生脱离定额的差异，从而有利于加强成本控制，及时有效地促进生产耗费的节约，降低产品成本。
(2)由于产品实际成本是按照定额成本和各种差异分别核算的，因而，便于对各项生产耗

费和产品成本进行定期分析,有利于进一步挖掘降低产品成本的潜力。

(3)通过脱离定额差异和定额变动差异的核算,还有利于提高成本的定额管理和计划管理的水平。

(4)由于存在现成的定额成本资料,因而能够较为合理、简便地解决完工产品与月末在产品之间的分配费用问题。

(二)定额法的缺点

定额法的主要缺点是:计算产品成本的工作量较大。因为采用定额法必须制定定额成本,单独核算脱离定额差异。在定额变动时还必须修订定额成本,计算定额变动差异。

拓展阅读 9—1　　　定额成本制度与其他成本计算方法的区别

定额成本制度不是基本成本计算方法,它一般与企业的生产类型无关,它只是为了加强成本控制,及时揭露成本计划执行过程中存在的问题,及时采取措施,加以改进而采用的。虽然计算手续麻烦一些,但它对于企业的成本控制来说是非常重要的。

产品的定额成本与计划成本不同,虽然两者都是以定额为基础进行计算的,但还是有较大的区别,主要表现在计算的依据和用途不同。

定额成本计算的依据是现行消耗定额和费用预算,主要用于企业内部进行成本控制和成本考核。在现有技术条件下,它能反映企业当前所达到的成本水平,同时,又能衡量企业成本费用是节约了还是超支了。随着生产条件的变化,应随时对定额成本进行修改,为了及时反映定额的执行情况,应及时、经常地对定额的变动情况进行核算。

计划成本计算的依据是计划期内平均先进的消耗定额和费用预算,该项指标反映企业在计划期内应当达到的成本水平,其主要用途是为了进行成本考核,为企业进行经济预测和决策提供资料。在整个计划期内,计划成本一般不进行修改,因而不必经常核算,只有在变动时,才进行核算。

关键术语

分类法　定额法　联产品　副产品　定额差异　等级品

◎ 应知考核 ◎

一、单项选择题

1. 必须采用分类法计算成本的产品是(　　　)。
   A. 联产品　　　　B. 副产品　　　　C. 主产品　　　　D. 等级产品
2. 联产品在分离前计算出的总成本称为(　　　)。
   A. 直接成本　　　B. 间接成本　　　C. 联合成本　　　D. 分项成本
3. 分类法的成本计算对象是(　　　)。
   A. 产品品种　　　B. 产品类别　　　C. 产品规格　　　D. 产品加工步骤
4. 适合采用分类法计算产品成本的下列企业是(　　　)。
   A. 制鞋厂　　　　B. 小型水泥厂　　C. 造纸厂　　　　D. 精密仪器生产企业
5. 在计算类内各种产品成本时,分配标准应选择与产品成本高低有着直接联系的项目,通常采用的分配标准是(　　　)。
   A. 定额成本　　　B. 约当产量　　　C. 标准产量　　　D. 固定成本

6. 关于联产品,下列说法中正确的是( )。
   A. 联产品中各种产品的成本应该相等
   B. 可以按联产品中的每种产品归集和分配生产费用
   C. 联产品的成本应该包括其所应负担的联合成本
   D. 联产品的成本应该包括其所应负担的联合成本和分离后的继续加工成本
7. 联产品分离前的联合成本的计算,可采用分类法的原理进行。联合成本在各种联产品之间分配的常用方法是( )。
   A. 实际产量分配法   B. 约当产量分配法
   C. 标准产量分配法   D. 计划产量分配法
8. 副产品的计价可以根据不同情况分别采用不同方法,常见的方法是( )。
   A. 按上期成本计价   B. 按固定成本计价
   C. 按定额成本计价   D. 按实际成本计价
9. 副产品成本从联合成本中扣除的方法可以是( )。
   A. 从"直接材料"成本项目中扣除   B. 从"直接人工"成本项目中扣除
   C. 从"制造费用"成本项目中扣除   D. 由企业自行决定
10. 采用分类法按系数分配计算类内各种产品成本时,对于系数的确定方法是( )。
    A. 选择产量大的产品作为标准产品,将其分配标准数确定为 1
    B. 选择产量大、生产稳定的产品作为标准产品,将其分配标准数确定为 1
    C. 选择产量大、生产稳定或规格折中的产品作为标准产品,将其分配标准数定为 1
    D. 自行选择一种产品作为标准产品,将其分配标准数定为 1

二、多项选择题

1. 分类法下对于类内产品成本的计算,一般可以采用的方法是( )。
   A. 系数法   B. 按定额成本计价法
   C. 按定额比例法计算   D. 分批法
2. 联产品的生产特点是( )。
   A. 经过同一个生产过程进行生产   B. 利用同一种原材料加工生产
   C. 都是企业的主要产品   D. 有的是主要产品,有的是非主要产品
3. 联合成本的分配方法有( )。
   A. 实物量分配法   B. 系数分配法
   C. 相对售价比例分配法   D. 计划分配法
4. 副产品是指企业在生产主要产品的过程中附带生产出来的一些非主要产品。副产品的计价方法是( )。
   A. 副产品不计价
   B. 按销售价格扣除销售税金、销售费用后的余额计算
   C. 按固定价格计价
   D. 按计划单位成本计价
5. 可按分类法成本计算原理计算产品成本的等级品是( )。
   A. 由于材料质量原因造成等级品
   B. 由于工艺过程本身原因造成等级品
   C. 由于自然原因造成等级品
   D. 由于生产管理不当造成等级品

三、判断题

1. 采用分类法计算产品成本,不论选择什么作为分配标准,其产品成本的计算结果都有不同程度的假定性。（　　）
2. 由于分类法是为了简化成本核算工作而采用的方法,因此只要能简化成本核算,产品可以随意进行分类。（　　）
3. 采用分类法计算产品成本,对类内产品成本的分配,各成本项目可采用相同的分配标准,也可采用不同的分配标准。（　　）
4. 分类法适用于产品品种、规格较多,并可按一定标准进行分类的企业的成本计算,也是成本计算的一种基本方法。（　　）
5. 联产品是企业在生产过程中,利用同一种原材料,经过同一个生产过程,同时生产出几种产品,这些产品有的是主要产品,有的则是非主要产品。（　　）
6. 联产品的成本应该包括其所应负担的联合成本和分离后的继续加工成本。（　　）
7. 销售价值分配法是完工产品与在产品之间生产费用分配的一种方法。（　　）
8. 副产品的计价方法与联产品相同。（　　）
9. 在实际工作中,副产品可以不负担分离前的成本,其成本可由主要产品负担,这种方法一般适用于副产品分离后不再加工,而且其价值较低的情况。（　　）
10. 等级品可与联产品和副产品一样采用分类法计算产品成本。（　　）

四、简答题

1. 简述分类法的特点。
2. 简述分类法的成本核算程序。
3. 简述联产品成本的计算程序。
4. 简述副产品成本的计价方法。
5. 简述定额法的特点。

◎ 应会考核 ◎

★ 观念应用

【背景资料】

江林木材加工厂应该采用什么方法分配成本

江林木材加工厂在加工圆木时,会生产出一等品木材、二等品木材和三等品木材,另外还有副产品锯末和木片。2016年11月份,该企业共加工出一等品木材150立方米、二等品木材250立方米、三等品木材60立方米,并产生副产品锯末和木片10立方米。上述产品总成本为33万元,其中,圆木成本25万元,加工成本8万元。但企业将上述产品按照市场上同类产品销售价格出售后,账上出现了奇怪现象,即只有一等品木材盈利而且利润率很高,但二等品木材和三等品木材以及副产品却是亏损的,而且单位产品的亏损额逐渐加大。这是什么原因? 原来是企业将总成本按各种产品的数量平均分配给各产品的结果,即成本分配方法所致。

【考核要求】

该加工厂应该采用什么方法分配成本才合理呢?

★ 技能应用

技能1: 甲产品采用定额成本法计算成本。本月份有关甲产品原材料费用的资料如下:

(1)月初在产品原材料定额费用为2 000元,月初在产品原材料脱离定额的差异为超支50元。月初在产品定额费用调整为降低 40 元。定额变动差异全部由完工产品负担。

(2)本月原材料定额费用为 24 000 元,脱离定额的差异为节约 500 元。

(3)本月原材料成本差异率为节约 2%,材料成本差异全部由完工产品成本负担。

(4)本月完工产品的原材料定额费用为 22 000 元。

【技能要求 1】

(1)计算月末在产品的原材料定额费用;

(2)计算完工产品和月末在产品的原材料实际费用(原材料脱离定额差异,按定额成本比例在完工产品和月末在产品之间分配)(百分数保留 4 位小数)。

技能 2:某企业对甲产品进行分离加工,生产出 A、B、C 三种产品。其产量为:A 产品 100 千克,B 产品 600 千克,C 产品 400 千克。本月生产费用合计为:直接材料 5 090.40 元,直接人工 1 696.80 元,制造费用 3 393.60 元。产品全部完工。单位销售单价:A 产品 10 元,B 产品 8 元,C 产品 5 元。

【技能要求 2】 以 A 产品为标准产品,采用系数法分配计算三种产品成本(按售价折算系数)(写出计算过程)。

技能 3:某企业生产 A、B、C 三种产品,由于耗用的原材料和工艺过程基本相同,合并为一类(甲类)计算产品成本。本月生产 A 产品 500 件,B 产品 600 件,C 产品 100 件。公司规定原材料以 A 产品作为标准产品,按定额系数在三种产品之间分配,A 产品系数为 1,B 产品系数为 0.6,C 产品系数为 1.4;人工成本和制造费用按定额工时进行分配。单位产品定额工时为:A 产品 4 小时,B 产品 4.5 小时,C 产品 5 小时。本月完工的甲类产品成本总额为 135 280 元,其中:直接材料 50 000 元,直接人工 35 360 元,制造费用 49 920 元。

【技能要求 3】 按分类法计算 A、B、C 三种产品的成本,填写表 9-19。

表 9-19　　　　　　　　　　　甲类产品成本分配表

项目	产量	直接材料费用系数	直接材料费用总系数	工时消耗定额	定额工时总数	直接材料	直接人工	制造费用	合计
(1)	(2)	(3)	(4)=(2)×(3)	(5)	(6)=(2)×(5)	(7)=(4)×分配率	(8)=(6)×分配率	(9)=(6)×分配率	(10)
分配率									
A 产品									
B 产品									
C 产品									
合计									

★ 案例分析

【情景与背景】

某厂生产的产品品种规格很多,采用分类法进行成本计算。按照工艺过程的特点不同,将全部产品划分为甲、乙两大类。虽然每类产品的不同产品都有月末在产品,但是因其所占比重很小,企业为了进一步简化成本核算,对月末在产品成本不进行计算。每类产品的总成本在类内各种产品之间直接按各种产品实际产量为标准进行分配,因而使同类产品中各种产品的单位成本相同,也使成本计算工作量大大简化。该企业为每种产品制定了工时消耗定额,每种产品的加工时间差异较大。根据生产特点,每种产品消耗的材料品种相同,单位产品材料消耗量也相同,但其他各项费用与加工时间长短有关。甲类产品中 A 产品产量较大,生产比较稳定;乙类产品中 E 产品产量较大,生产比较稳定。有关资料及成本计算结果如表 9-20 至表 9-24 所示。

表 9－20　　　　　　　　　　　　　　产量和工时消耗

产品名称		产　量（件）	工时消耗（小时）
甲类产品	A产品	350	10
	B产品	200	12
	C产品	100	9
乙类产品	D产品	240	16.5
	E产品	400	15
	F产品	360	12

表 9－21　　　　　　　　　　　　甲类产品成本计算单　　　　　　　　　　　　单位：元

项　　目	直接材料	直接人工	制造费用	合　计
月初在产品成本	—	—	—	—
本月发生费用	266 500	45 500	41 600	353 600
完工产品成本	266 500	45 500	41 600	353 600
月末在产品成本	—	—	—	—

表 9－22　　　　　　　　　　　　甲类产品成本分配计算表　　　　　　　　　　单位：元

项　目	计量单位	产量	直接材料	直接人工	制造费用	总成本	单位成本
A产品	件	350	143 500	24 500	22 400	190 400	544
B产品	件	200	82 000	14 000	12 800	108 800	544
C产品	件	100	41 000	7 000	6 400	54 400	544
合　计	—	—	266 500	45 500	41 600	353 600	—

表 9－23　　　　　　　　　　　　乙类产品成本计算单　　　　　　　　　　　　单位：元

项　　目	直接材料	直接人工	制造费用	合　计
月初在产品成本	—	—	—	—
本月发生费用	90 500	30 500	28 000	149 000
完工产品成本	90 500	30 500	28 000	149 000
月末在产品成本	—	—	—	—

表 9－24　　　　　　　　　　　　乙类产品成本分配计算表　　　　　　　　　　单位：元

项　目	计量单位	产量	直接材料	直接人工	制造费用	总成本	单位成本
D产品	件	240	21 720	7 320	6 720	35 760	149
E产品	件	400	36 200	12 200	11 200	59 600	149
F产品	件	360	32 580	10 980	10 080	53 640	149
合　计	—	—	90 500	30 500	28 000	149 000	—

【分析要求】
(1)根据上述资料和成本计算过程,对该厂的成本计算方法进行评价,指出存在的问题,并说明原因。
(2)请按照你认为恰当的方法进行上述产品的成本计算,并将计算结果填入表9—25、表9—26和表9—27。

表9—25　　　　　　　　　　　产品工时系数计算表

产品名称		工时消耗(小时)	系　数
甲类产品	A产品		
	B产品		
	C产品		
乙类产品	D产品		
	E产品		
	F产品		

表9—26　　　　　　　　　　甲类产品成本分配计算表　　　　　　　　　　　　单位:元

项　目	产量	系数	总系数	直接材料	直接人工	制造费用	总成本	单位成本
分配率								
A产品								
B产品								
C产品								
合　计								

表9—27　　　　　　　　　　乙类产品成本分配计算表　　　　　　　　　　　　单位:元

项　目	产量	系数	总系数	直接材料	直接人工	制造费用	总成本	单位成本
分配率								
D产品								
E产品								
F产品								
合　计								

◎ 项目实训 ◎

【实训项目】
分类法和定额法的运用
【实训目的】
通过实训,使学生了解分类法和定额法及其成本核过程,加深学生对分类法和定额法的理解与运用。
【实训任务】

1. 企业基本情况

海西集团下属的建福公司第一分厂生产 A、B、C 三种产品,所用原材料和工艺过程相似,合并为甲类进行生产成本计算。该企业规定:该类产品的原材料费用随生产进度逐步投入,材料费用按照各种产品的原材料费用系数进行分配;加工费用按照各种产品的工时系数进行分配。同类产品内各种产品的原材料费用,按原材料费用定额确定系数;同类产品内各种产品之间的直接工资和制造费用,均按各种产品的定额工时计算确定系数;该公司规定 B 种产品为标准产品。

2. 成本计算的有关资料

海西集团下属的建福公司第一分厂 2017 年 11 月生产甲类(A、B、C 三种产品)产品,有关成本资料如下:

(1)甲类产品成本资料,如表 9－28 所示。

表 9－28　　　　　　　　　甲类产品期初在产品成本和本月生产费用

2017 年 11 月　　　　　　　　　　　　　　　　　　　　　　　单位:元

项　　目	直接材料	直接人工	制造费用	合　计
期初在产品成本(定额成本)	41 910	13 530	44 550	99 990
本月生产费用	53 340	18 500	60 090	131 930
生产费用合计	95 250	32 030	104 640	231 920

(2)甲类产品的工时定额和材料消耗定额分别为:①工时定额为:A 产品 16 小时,B 产品 10 小时,C 产品 11 小时。②材料消耗定额为:A 产品 212.80 元,B 产品 266.00 元,C 产品 345.80 元。

(3)该公司 11 月份各产品完工产品与在产品的实际产量分别为:①完工产品产量:A 产品 120 件,B 产品 90 件,C 产品 150 件。②在产品产量为:A 产品 100 件,B 产品 100 件,C 产品 50 件。

(4)甲类各种产品在产品单位定额成本资料,如表 9－29 所示。

表 9－29　　　　　　　　　甲类各种产品在产品单位定额成本　　　　　　　　　单位:元

甲类产品	直接材料	直接人工	制造费用	合　计
A 产品	120	50	165	335
B 产品	110	60	158	328
C 产品	149.60	34.20	191	374.80

3. 成本计算程序

(1)计算甲类完工产品的生产成本。

根据上述成本资料,运用品种法的成本计算原理,计算出本月甲类产品的本月完工产品成本和月末在产品成本,如表 9－30 所示。

表 9－30　　　　　　　　　　　　成本计算单

产品:甲类产品　　　　　　　　　　2017 年 11 月　　　　　　　　　　　　　　单位:元

2017 年		摘　　要	直接材料	直接人工	制造费用	合　计
月	日					
10	31	期初在产品成本(定额成本)				
11	30	本月发生的生产费用				

续表

2017年		摘　　要	直接材料	直接人工	制造费用	合　计
月	日					
	30	生产费用合计				
	30	本月完工甲类产品成本				
	30	期末甲类在产品成本(定额成本)				

(2)计算甲类产品的类内 A、B、C 产品的生产成本。

①根据各产品所耗各种原材料的消耗定额、计划单价、费用总定额以及工时定额编制系数计算表,如表 9－31 所示。

表 9－31　　　　　　　　　　**各种产品系数计算表**
产品:甲类产品　　　　　　　　　　2017 年 11 月

产品名称		加工费用系数		直接材料系数	
		单位产品工时定额	人工和制造费用系数	单位产品材料定额	原材料费用系数
甲类产品	A 产品				
	B 产品(标准产品)				
	C 产品				

②根据各种产品的产量、人工和制造费用分配总系数、材料费用分配总系数,编制产品总系数计算表,如表 9－32 所示。

表 9－32　　　　　　　　　　**产品总系数计算表**
产品:甲类产品　　　　　　　　　　2017 年 11 月

品　名	产品产量(件)	人工和制造费用分配总系数		材料费用分配总系数	
		系数	总系数	系数	总系数
A 产品					
B 产品					
C 产品					
合　计					

③根据甲类产品的生产成本明细账中 11 月份产成品的成本资料,编制该类各种产成品成本计算表,如表 9－33 所示。

表 9－33 　　　　　　　　　　　**甲类内的各种产品成本计算表**

产品类别:甲类产品　　　　　　　　　　　2017 年 11 月　　　　　　　　　　金额单位:元

项　目	产量（件）	原材料费用总系数	直接材料分配额	加工费用总系数	直接人工分配额	制造费用分配额	各种产品总成本	单位成本
甲类产品成本								
分配率								
A 产品								
B 产品								
C 产品								
合　计								

(3)根据表 9－33 的成本计算单和产品入库单,编制结转完工入库产品成本的会计分录。

项目十　标准成本法和作业成本法

【知识目标】

理解：标准成本法的概念及特点；作业成本法的概念及特点。

熟知：标准成本法的主要内容；作业成本法的理论基础；作业成本会计与传统成本计算方法的比较。

掌握：标准成本的差异计算与分析；作业成本法计算的一般程序。

【技能目标】

能够初步地掌握标准成本法和作业成本法的计算。

【素质目标】

能够了解成本会计发展的前沿动态及其对我国现行成本核算、成本控制和成本管理制度的影响。

【项目引例】

农机厂应用作业成本法

某农机厂是典型的国有企业，拥有以销定产、多品种小批量的生产模式。在传统成本法下，制造费用超过人工费用的200%，成本控制不力。为此，企业决定实施作业成本法。

根据企业的工艺流程，确定了32个作业，以及各作业的作业动因，作业动因主要是人工工时，其他作业动因有运输距离、准备次数、零件种类数、订单数、机器小时、客户数等。

通过计算，发现了传统成本法的成本扭曲：最大差异率达到46.5%。根据作业成本法提供的信息，为加强成本控制，针对每个作业制定目标成本，使得目标成本可以细化到班组，增加了成本控制的有效性。

通过对成本信息的分析，发现生产协调、检测、修理和运输作业不增加顾客价值，这些作业的执行人员归属一个分厂管理，但是人员分布在各个车间。通过作业分析，发现大量的人力资源的冗余。根据分析，可以裁减一半的人员，并减少相关的资源支出。分析还显示，运输作业由各个车间分别提供，但是都存在能力剩余，将运输作业集中管理，可以减少三四台叉车。

此外，正确的成本信息对于销售的决策也有重要的影响，根据作业成本信息以及市场行情，企业修订了部分产品的价格。修订后的产品价格更加真实地反映了产品的成本，具有更强的竞争力。

【讨论】　选择合适的成本计算方法的重要性？

【知识精讲】

任务一　标准成本法

一、标准成本的概念

"标准成本"一词准确来讲有两种含义：一种含义是指"单位产品的标准成本"，又被称为"成本标准"，它是根据产品的标准消耗量和标准单价计算出来的，即：

$$单位产品标准成本＝单位产品标准消耗量×标准单价$$

另一种含义是指"实际产量的标准成本"，它是根据实际产品产量和成本标准计算出来的，即：

$$标准成本＝实际产量×单位产品标准成本$$

标准成本是目标成本的一种。目标成本是一种预计成本，是指产品、劳务、工程项目等在生产经营活动前，根据预定的目标所预先制定的成本。这种预计成本与目标管理的方法结合起来，就称为目标成本。目标成本一般就单位成本而言的，它一般有计划成本、定额成本、标准成本和估计成本等，而标准成本相对来讲是一种较科学的目标成本。

二、标准成本的分类

（一）按制定依据不同划分：历史标准成本和预期标准成本

历史标准成本是指以某产品过去已实现的实际成本为标准确定的成本。历史成本可以选择历史平均成本，也可以选择历史最低成本

预期标准成本是指是以现有的技术水平为基础，考虑未来可能发生的变化而制定的标准成本，是企业短期内的目标成本。

（二）按使用期限不同划分：基本标准成本和现行标准成本

基本标准成本是指在制定后，只要基本生产条件不变，则不再变动的一种标准成本。

现行标准成本是指在企业现行的生产条件下有效经营可以达到的成本，该成本标准应随着企业生产条件的变化而调整，通常每年制定一次。

（三）按标准成本的水平不同划分：理想标准成本和正常标准成本

理想标准成本是指企业的生产经营条件达到最优水平时的成本。只在理论上存在，现实中不可能达到。

正常标准成本是指在合理的工作效率、正常的生产能力和有效的经营条件下所能达到的成本。经过生产经营者的努力是可以达到的。

三、标准成本法的概念和特点

（一）标准成本法的概念

标准成本法即通常所说的标准成本制度，是一种以成本控制为核心，把成本的事前计划、事中控制、事后计算分析考核相结合的一种成本控制系统。在标准成本法下，企业要为产品成本制定各种标准，并使之适用于生产管理并能进行有效的控制。其主要目的：在于尽可能地降

低成本,提高企业经营绩效。

(二)标准成本法的特点

标准成本法在西方国家及我国管理较为先进的企业中被广泛应用,因为它可以有效地进行成本控制,有利于正确评价业绩,增强员工的成本意识,最终提高企业经营的绩效。其主要特点如下:

(1)事先要为企业生产的各种产品制定各成本项目的标准,即衡量实际成本节约或超支的尺度(事前计划)。

(2)生产过程中将实际发生的成本与标准成本作比较,及时揭示并分析成本差异,并可以迅速采取有效措施加以改进(事中控制)。

(3)月末,将实际产量下的标准成本与实际成本作比较,揭示成本差异分析原因,查明责任,评估业绩,并指出降低成本的途径(事后分析考核)。

拓展阅读 10—1　　　　　标准成本法的适用性

标准成本法适用于产品品种较少的大批量生产企业,而对于单件、批量小和试制性生产的企业比较少用。

标准成本法可以简化存货核算的工作量,对于存货品种变动不大的企业尤为适用。

标准成本法关键在于标准成本的制定,标准成本制定的合理性、确实可行性,要求有高水平的技术人员和健全的管理制度。

标准成本法适用于标准管理水平较高而且产品的成本标准比较准确、稳定的企业。我国工业企业的产品成本不能采用标准成本法计算;如果平时按标准成本计算,月末必须调整为实际成本。

四、标准成本法的主要内容

标准成本法的主要内容包括:标准成本的制定、标准成本的差异计算和分析、标准成本差异的账务处理。其中,标准成本的制定是采用标准成本法的前提和关键,据此可以达到成本事前控制的目的;成本的差异计算和分析是标准成本法的重点,借此可以促成成本控制目标的实现,并据以进行经济业绩考评。

(一)标准成本的制定

产品成本一般由直接材料成本、直接人工成本和制造费用三大部分构成,标准成本也应由这三大部分分别确定。

1. 直接材料成本

直接材料成本是指直接用于产品生产的材料成本,它包括标准用量和标准单位成本两方面。材料标准用量,首先要根据产品的图纸等技术文件进行产品研究,列出所需的各种材料以及可能的替代材料,并要说明这些材料的种类、质量以及库存情况。其次,通过对过去用料经验的记录进行分析,采用其平均值,或最高与最低值的平均数,或最节省的数量,或通过实际测定,或技术分析等数据,科学地制定用量标准。

2. 直接人工成本

直接人工成本是指直接用于产品生产的人工成本。在制定产品直接人工成本标准时,首先要对产品生产过程加以研究,研究有哪些工艺,有哪些作业或操作、工序等。其次要对企业的工资支付形式、制度进行研究,以便结合实际情况来制定标准。

3. 制造费用

制造费用可以分为变动制造费用和固定制造费用两部分。这两部分制造费用都按标准用量和标准分配率的乘积计算，标准用量一般采用工时表示。

上述标准成本的制定，可以通过编制标准成本单来进行。在制定时，其中每一个项目的标准成本均应分为用量标准和价格标准。其中，用量标准包括单位产品消耗量、单位产品人工小时等，价格标准包括原材料单价、小时工资率、小时制造费用分配率等。具体如下：

(1)直接材料标准成本＝单位产品的用量标准×材料的标准单价

(2)直接工资标准成本＝单位产品的标准工时×小时标准工资率

(3)变动制造费用标准成本＝单位产品直接人工标准工时×每小时变动制造费用的标准分配率

其中：变动制造费用标准分配率＝变动制造费用预算总数/直接人工标准总工时

(4)固定制造费用标准成本＝单位产品直接人工标准工时×每小时固定制造费用的标准分配率

其中：固定制造费用标准分配率＝固定制造费用预算总数/直接人工标准总工时

(二)标准成本的差异计算和分析

1. 变动成本差异计算和分析

(1)直接材料成本差异分析

直接材料实际成本与标准成本之间的差额，是直接材料成本差异。该项差异形成的基本原因有两个：一个是材料价格脱离标准（价差），另一个是材料用量脱离标准（量差）。有关计算公式如下：

直接材料标准成本差异＝直接材料实际成本－直接材料标准成本
　　　　　　　　　　＝实际数量×实际价格－标准数量×标准价格

直接材料数量差异＝（实际数量－标准数量）×标准价格

直接材料价格差异＝（实际价格－标准价格）×实际数量

直接材料成本差异＝价格差异＋数量差异

其中：标准数量要以正常生产条件下构成产品实体的原材料消耗量为准，同时考虑合理的损耗和不可避免的废品对材料的消耗；标准价格是指材料的采购成本标准，包括买价和采购费用。

材料价格差异是在采购过程中形成的，采购部门未能按标准价格进货的原因主要有：供应厂家价格变动、未按经济采购批量进货、未能及时订货造成的紧急订货、采购时舍近求远使运费和途耗增加、不必要的快速运输方式、违反合同被罚款、承接紧急订货造成额外采购等。

材料数量差异是在材料耗用过程中形成的，形成的具体原因有：操作疏忽造成废品和废料增加、工人用料不精心、操作技术改进而节省材料、新工人上岗造成多用料、机器或工具不适用造成用料增加等。有时多用料并非生产部门责任，如购入材料质量低劣、规格不符也会使用料超过标准；又如工艺变更、检验过严也会使数量差异加大。

【案例10-1】 某产品生产过程耗用A材料，A材料的标准消耗量为600千克，标准单价为8元，实际消耗量为700千克，实际单价为7.5元。则A材料成本差异计算如下：

A材料成本差异＝700×7.5－600×8＝450(元)

其中：数量差异＝(700－600)×8＝800(元)　　(不利差异)

价格差异＝(7.5－8)×700＝－350(元)　　(有利差异)

(2)直接人工成本差异分析

直接人工成本差异，是指直接人工实际成本与标准成本之间的差额。它也被区分为"价差"和"量差"两部分。价差是指实际工资率脱离标准工资率,其差额按实际工时计算确定的金额,又称为工资率差异。量差是指实际工时脱离标准工时,其差额按标准工资率计算确定的金额,又称人工效率差异。有关计算公式如下:

$$直接人工成本差异=实际工时×实际工资率-标准工时×标准工资率$$

$$工时(效率)差异=(实际工时-标准工时)×标准工资率$$

$$工资率差异=(实际工资率-标准工资率)×实际工时$$

其中,标准工时即为标准数量,应考虑产品正常加工时间、必要停工时间和不可避免废品所耗时间等。标准工资率即为价格标准,计时工资制下为标准小时工资率,计件工资制下为标准计件单价。

工资率差异形成的原因,包括直接生产工人升级或降级使用、奖励制度未产生实效、工资率调整、加班或使用临时工、出勤率变化等。直接人工效率差异形成的原因,包括工作环境不良、工人经验不足、劳动情绪不佳、新工人上岗太多、机器或工具选用不当、设备故障较多、作业计划安排不当、产量太少无法发挥批量节约优势等。

【案例10-2】 生产甲产品200件,单位产品消耗的标准工时为5小时,标准工资率为2.5元/小时,实际消耗的工时为1 200小时,实际支付工资2 880元。则该产品的直接人工成本差异计算如下:

直接人工成本差异=2 880-200×5×2.5=380(元)

其中:效率差异=(1 200-200×5)×2.5=500(元)　　(不利差异)

工资率差异=(2.4-2.5)×1 200=-120(元)　　(有利差异)

(3)变动制造费用的差异分析

变动制造费用的差异,是指实际变动制造费用与标准变动制造费用之间的差额。它也可以分解为"价差"和"量差"两部分。价差是指变动制造费用的实际小时分配率脱离标准,按实际工时计算的金额,又称为耗费差异。量差是指实际工时脱离标准工时,按标准的小时费用率计算确定的金额,又称为变动费用效率差异。有关计算公式如下:

$$变动制造费用成本差异=实际变动制造费用-标准变动制造费用$$

$$变动制造费用效率差异=(实际工时-标准工时)×标准变动制造费用分配率$$

$$变动制造费用开支差异=(实际变动制造费用分配率-标准分配率)×实际工时$$

变动制造费用的耗费差异是部门经理的责任,他们有责任将变动费用控制在弹性预算限额之内。变动制造费用效率差异形成原因与人工效率差异相同。

【案例10-3】 某车间本月变动制造费用实际发生额为2 680元,实际消耗工时为1 500小时。标准工时为1 400小时,变动制造费用标准分配率为1.8。则变动制造费用成本差异计算如下:

变动制造费用成本差异=2 680-1 400×1.8=160(元)

效率差异=(1 500-1 400)×1.8=180(元)　　(不利差异)

分配率差异=(2 680÷1500-1.8)×1 500=-20(元)　(有利差异)

2.固定制造费用成本差异的计算与分析

(1)二因素分析法

二因素分析法是将固定制造费用差异分为耗费差异和能量差异。有关计算公式如下:

$$固定制造费用耗费差异=固定制造费用实际数-固定制造费用预算数$$

$$固定制造费用能量差异=固定制造费用预算数-固定制造费用标准成本$$

$$=(生产能量-实际产量标准工时)×固定制造费用标准分配率$$

(2)三因素分析法

三因素分析法是将固定制造费用的成本差异分为耗费差异、效率差异和闲置能量差异三部分。耗费差异的计算与二因素分析法相同。不同的是将二因素分析法中的"能量差异"进一步分解为两部分：一部分是实际工时未达到标准能量而形成的闲置能量差异；另一部分是实际工时脱离标准工时而形成的效率差异。有关计算公式如下：

耗费差异＝固定制造费用实际数－固定制造费用预算数

＝固定制造费用实际数－固定制造费用标准分配率×生产能量

闲置能量差异＝固定制造费用预算－实际工时×固定制造费用标准分配率

＝（生产能量－实际工时）×固定制造费用标准分配率

效率差异＝（实际工时－实际产量标准工时）×固定制造费用标准分配率

【案例10－4】 某车间本月生产甲产品200件，本月实际耗用工时3 000个，实际固定制造费用9 600元。单位产品标准工时20小时。本月固定制造费用分配率为3元/小时。

标准固定制造费用：200×20×3＝12 000（元）

固定制造费用差异：9 600－12 000＝－2 400（元）

固定制造费用开支差异：(3.2－3)×3 000＝600（元）　　　（不利差异）

固定制造费用效率差异：(3 000－200×20)×3＝－3 000（元）　（有利差异）

（三）标准成本差异的账务处理

为了同时提供标准成本、成本差异和实际成本三项成本资料，标准成本系统的账务处理具有以下特点：

1. "原材料"、"生产成本"和"产成品"账户登记标准成本

无论是借方和贷方均登记实际数量的标准成本，其余额也反映这些资产的标准成本。

2. 设置成本差异账户分别记录各种成本差异

在需要登记"原材料"、"生产成本"和"产成品"账户时，应将实际成本分离为标准成本和有关的成本差异，标准成本数据记入"原材料"、"生产成本"和"产成品"账户，而有关的差异分别记入各成本差异账户。各差异账户借方登记超支差异，贷方登记节约差异。

3. 各会计期末对成本差异进行处理

各成本差异账户的累计发生额，反映了本期成本控制的业绩。在月末（或年末）对成本差异的处理方法有两种：

(1)结转本期损益法

按照这种方法，在会计期末将所有差异转入"利润"账户，或者先将差异转入"主营业务成本"账户，再随同已销产品的标准成本一起转至"利润"账户。采用这种方法的依据是确信标准成本是真正的正常成本，成本差异是不正常的低效率和浪费造成的，应当直接体现在本期损益之中，使利润能体现本期工作成绩的好坏。此外，这种方法的账务处理比较简便。但是，如果差异数额较大或者标准成本制定得不符合实际的正常水平，则不仅使存货成本严重脱离实际成本，而且会歪曲本期经营成果，因此，在成本差异数额不大时采用此种方法为宜。

(2)调整销货成本与存货法

按照这种方法，在会计期末将成本差异按比例分配至已销产品成本和存货成本。采用这种方法的依据是税法和会计制度均要求以实际成本反映存货成本和销货成本。本期发生的成本差异，应由存货和销货成本共同负担。当然，这种做法会增加一些计算分配的工作量。此外，有些费用计入存货成本不一定合理，例如闲置能量差异是一种损失，并不能在未来换取收

益,作为资产计入存货成本明显不合理,不如作为期间费用在当期参加损益汇总。

成本差异的处理方法选择要考虑许多因素,包括差异的类型(材料、人工或制造费用)、差异的大小、差异的原因、差异的时间(如季节性变动引起的非常性差异)等。因此,可以对各种成本差异采用不同的处理方法,如材料价格差异多采用调整销货成本与存货法,闲置能量差异多采用结转本期损益法,其他差异则可因企业具体情况而定。值得强调的是,差异处理的方法要保持历史的一致性,以便使成本数据保持可比性,并防止信息使用人发生误解。

六、标准成本法的应用案例

【案例10—5】 某公司本月生产甲产品200件,全部完工,且全部出售,每件售价500元。"在产品"和"产成品"账户期初均无余额,本月有关费用资料如下:

(1)本月采购部门采购A材料3 000千克,实际采购价格为4.3元/千克,标准价格为5元/千克。

(2)甲产品耗用A材料,标准耗用量为10千克/件。

(3)实际耗用工时3 000小时,实际工资总额42 000元,标准工资率10元/时,单位产品标准工时20小时。

(4)本月变动制造费用15 000元,变动制造费用标准分配率为4元/时。固定制造费用9 600元,固定制造费用标准分配率为3元/时。

要求:按标准成本法计算甲产品的实际成本和标准成本,并对成本差异进行分析。编制成本差异汇总表。

1. 编制采购材料成本差异计算及分析、会计分录

材料采购标准成本:3 000×5=15 000(元)

材料采购实际成本:3 000×4.3=12 900(元)

材料采购价格差异:(4.3−5)×3 000=−2 100(元) (有利差异)

借:原材料	15 000
贷:银行存款	12 900
材料价格差异	2 100

2. 编制领用材料成本差异计算及分析、会计分录

材料用量差异:(2 100−200×10)×5=500(元) (不利差异)

借:原材料	15 000
材料用量差异	500
贷:原材料	10 500

3. 编制直接人工成本差异计算及分析、会计分录

直接人工标准成本:200×20×10=40 000(元)

直接人工实际成本:42 000元

直接人工实际工资率:42 000÷3 000=14(元/小时)

直接人工工资率差异:(14−10)×3 000=12 000(元) (不利差异)

直接人工效率差异:(3 000−200×20)×10=−10 000(元) (有利差异)

借:在产品	40 000
直接人工工资率差异	12 000
贷:应付职工薪酬	42 000

| 直接人工效率差异 | 10 000 |

4. 编制变动制造费用成本差异计算及分析、会计分录

标准变动制造费用：200×20×4＝16 000(元)

实际变动制造费用：15 000元

实际变动制造费用分配率：15 000÷3 000＝5(元/小时)

变动制造费用开支差异：(5－4)×3 000＝3 000(元)　　　(不利差异)

变动制造费用效率差异：(3 000－200×20)×4＝－4 000(元)　(有利差异)

借：在产品	16 000
变动制造费用开支差异	3 000
贷：变动制造费用	15 000
变动制造费用效率差异	4 000

5. 编制固定制造费用成本差异计算及分析、会计分录

标准固定制造费用：200×20×3＝12 000(元)

实际固定制造费用：9 600(元)

实际固定制造费用分配率：9 600÷3 000＝3.2(元/小时)

固定制造费用开支差异：(3.2－3)×3 000＝600(元)　　　(不利差异)

固定制造费用效率差异：(3 000－200×20)×3＝－3 000(元)　(有利差异)

借：在产品	12 000
固定制造费用开支差异	600
贷：固定制造费用效率差异	3 000
固定制造费用	9 600

6. 编制完工入库的会计分录

直接材料：　10 000元

直接人工：　40 000元

变动制造费用：16 000元

固定制造费用：12 000元

合　　　计：78 000元

| 借：产成品 | 78 000 |
| 　　贷：在产品 | 78 000 |

7. 编制销售会计分录

| 借：银行存款 | 100 000 |
| 　　贷：销售收入 | 100 000 |

8. 编制结转产品销售成本的会计分录

| 借：销售成本 | 78 000 |
| 　　贷：产成品 | 78 000 |

9. 编制结转本期各项成本差异的会计分录

编制成本差异汇总表，如表10－1所示。

表 10—1　　　　　　　　　　　成本差异汇总表

账户名称	不利差异	有利差异
直接材料价格差异		2 100
直接材料用量差异	500	
直接人工效率差异		10 000
直接人工工资效率差异	12 000	
变动制造费用效率差异		4 000
变动制造费用开支差异	3 000	
固定制造费用开支差异	600	
固定制造费用效率差异		3 000
合　计	16 100	19 100
差异净额		−3 000

借：直接材料价格差异　　　　　　　　　　　　　　　　　　2 100
　　直接人工效率差异　　　　　　　　　　　　　　　　　　10 000
　　变动制造费用效率差异　　　　　　　　　　　　　　　　4 000
　　固定制造费用效率差异　　　　　　　　　　　　　　　　3 000
　贷：直接材料用量差异　　　　　　　　　　　　　　　　　　500
　　　直接人工工资效率差异　　　　　　　　　　　　　　　　12 000
　　　变动制造费用开支差异　　　　　　　　　　　　　　　　3 000
　　　固定制造费用开支差异　　　　　　　　　　　　　　　　600

任务二　作业成本法

一、作业成本法的概念

作业成本法简称 ABC 法，即以作业为基础的成本计算方法。作业成本法的基本理论认为，企业的全部经营活动是由一系列相互关联的作业组成的，企业每进行一项作业都要耗用一定的资源；而企业生产的产品（包括提供的服务）需要通过一系列的作业来完成。因而，产品的成本实际上就是企业全部作业所消耗资源的总和。在计算成本时，首先按经营活动中发生的各项作业来归集成本，计算作业成本；然后再按各项作业成本与成本对象（产品或服务）之间的因果关系，将作业成本追溯到成本对象，最终完成成本计算过程。

不同目的，有不同的成本。比如，为了进行战略性盈利分析，人们会计算和使用企业在全部经营活动中发生的成本，即价值链成本。价值链成本是指产品的设计、开发、生产、营销、配送和售后服务耗用作业成本的总和。价值链成本的计算，首先是将企业发生的全部资源耗费分配到价值链的一系列作业上，然后再将各项作业成本分配到产品。又如，为了进行短期的战术盈利分析，决策是否接受某一项订单等，则需要计算经营成本。产品的经营成本一般包括生产、销售和售后服务等项作业的成本，而不包括产品设计、开发等成本。再如，企业为了对外提供财务报告，则应按对外报告的要求，计算产品的生产成本。我们知道，生产成本即制造成本，包括直接材料、直接人工和制造费用；而经营成本是制造成本加上销售费用；价值链成本则是企业某一时期发生的全部成本，包括管理费用、销售费用和制造成本。运用作业成本法，我们可以将制造成本、销售费用、管理费用等间接成本，更加准确地分配到有关产品，从而得到满足不同需要的成本信息。不过，在运用作业成本法计算产品成本时，人们通常关注的重点是制造成本，强调制造费用的分配。在作业成本法下，直接成本（如直接材料成本）可以直接计入有关产品，而其他间接成本（制造费用等）则首先分配到有关作业，计算作业成本，然后再将作业成本分配到有关产品。作业成本法仍然可以分为品种法、分批法和分步法等成本计算基本方法，或者说作业成本法可与品种法、分批法和分步法结合起来运用。

二、作业成本法的有关概念

作业成本法涉及下列概念：作业和作业链、价值链、成本动因等。

（一）作业和作业链

作业是指企业在经营活动中的各项具体活动，如签订材料采购合同、将材料运达仓库、对材料进行质量检验、办理入库手续、登记材料明细账等；又如机加工车间所进行的车、铣、刨、磨等加工活动；再如产品的质量检验、包装、入库等。其中每一项具体活动就是一项作业。一项作业对于任何加工或服务对象，都必须是重复执行特定的或标准化的过程和办法。如轴承制造企业的车工作业，无论加工何种规格型号的轴承外套，都须经过将加工对象（工件）的毛坯固定在车床的卡盘上，开动机器进行切削，然后将加工完毕的工件从卡盘上取下等相同的特定动作和方法。执行任何一项作业都需要耗费一定的资源。如上述车工作业，需要耗费人工、材料（如机物料等）、能源（电力）和资本（车床和厂房等）。一项作业可能是一项非常具体的活动，如车工作业；也可能泛指一类活动，如机加工车间的车、铣、刨、磨等所有作业可以统称为机加工作业；甚至可以将机加工作业、产品组装作业等统称为生产作业（相对于产品研发、设计、销售等作业而言）。

作业有三个基本特征：首先，作业是投入产出因果连动的实体，即作业是一种资源的投入和另一种效果的产出的过程，如产品设计，投入的是智慧、技术、工具等，产出的是产品设计图案；其次，作业活动贯穿于公司经营的全过程，产品从设计到最终销售出去是由各种作业的行使而完成的；最后，作业是可量化的，即作业可以采用一定的计量标准计量。作业是计算成本过程中的一个元素，必须具有可量化性，同时又是计算成本的客观依据。

作业成本法的基本思想是在资源和产品之间引入一个中介即作业。把企业看作是为满足客户需要而设计的作业集合体。从产品设计到产品售出的整个生产经营过程，由一系列前后有序的作业构成，将它们由此及彼、由内到外连接起来，就形成一条作业链。作业链（activity chain）是指企业为了满足顾客需要而建立的、一系列前后有序的作业集合体。

（二）价值链

在作业链上，存在这样一种关系：资源→作业→产品，即产品耗用作业，作业耗用资源。于是就有下述关系：每完成一项作业就要消耗一定量的资源，同时又有一定价值量的产出转移到下一项作业，照此逐步结转下去，直至最后一个步骤形成产品提供给客户。作业的转移同时伴随着价值的转移，最终产品是全部作业的集合，同时也表现为全部有关作业的价值的集合。因此,价值在作业链上各作业之间的转移就形成一条价值链(value chain)。

价值链的概念是一位杰出的公司战略研究专家迈克尔·波特(Michael Porter)于1985年提出的。它是分析企业竞争优势的根本思路,它紧紧地与服务于客户需求的作业链相联系,是作业链的货币表现。对价值链的分析,可以从产品环节一直追查到产品设计环节,其目的在于两个方面:第一是筛选作业,即发现和消除对价值链无所贡献的作业,如消除存货积压;第二是改善作业,即提高作业环节的工作效率,如改善客户服务质量。因此,对价值链进行分析,可以为企业改善成本管理指明方向,是企业挖掘降低成本潜力、加强全面质量管理、减少资源浪费的有效途径。

(三)成本动因

在作业成本法中,大量地使用着成本动因这一概念。成本动因也称成本驱动因素,是指引起相关成本对象的总成本发生变动的因素。在作业成本计算中,成本动因可分为资源动因和作业动因。

1. 资源动因

资源动因被用来计量各项作业对资源的耗用,运用资源动因可以将资源成本分配给各有关作业。例如,产品质量检验工作(作业)需要有检验人员、专用的设备,并耗用一定的能源(电力)等。检验作业作为成本对象,耗用的各项资源,构成了检验作业的成本。其中,检验人员的工资、专用设备的折旧费等成本,一般可以直接计入检验作业;而能源成本往往不能直接计入(除非为设备专门安装电表进行电力耗费记录),需要根据设备额定功率(或根据历史资料统计的每小时平均耗电数量)和设备开动时间来分配。这里,"设备的额定功率乘以开动时间"就是能源成本的动因。设备开动导致能源成本发生,设备的功率乘以开动时间的数值(即动因数量)越大,耗用的能源越多。按"设备的额定功率乘以开动时间"这一动因作为能源成本的分配基础,可以将检验专用设备耗用的能源成本分配到检验作业当中。

2. 作业动因

作业动因计量各种产品对作业耗用的情况,并被用来作为作业成本的分配基础。比如,某车间生产若干种产品,每种产品又分若干批次完成,每批产品完工后都需进行质量检验。假定对任何产品的每一批次进行质量检验所发生的成本相同,则检验的"次数"就是检验成本的作业动因,它是引起产品检验成本变动的因素。某一会计期间发生的检验作业总成本(包括检验人工成本、设备折旧、能源成本等)除以检验的次数,即为每次检验所发生的成本。某种产品应承担的检验作业成本,等于该种产品的批次乘以每次检验发生的成本。产品完成的批次越多,则需要进行检验的次数越多,应承担的检验作业成本越多;反之,则应承担的检验作业成本越少。

成本动因按其性质不同还可以分为积极性成本动因(positive cost driver)和消极性成本动因(negative cost driver)。积极性成本动因是能够产生收入、产品或利润的作业,如销售订单、生产通知单等。消极性成本动因是引起不必要的工作和利润减少的作业,如重复运送产品等。

(四)作业中心和成本库

作业中心是一系列相互联系、能够实现某种特定功能的作业集合。例如,原材料采购作业中,材料采购、材料检验、材料入库、材料仓储保管等都是相互联系的,并且都可以归于材料处理作业中心。

成本库(cost pool)是指由若干个同一(同质)成本动因导致的费用项目归集在一起的特定的集合体,成本库的建立将间接费用的分配与产生这些费用的原因——成本动因联系起来。

例如,质量控制部门可按"外购材料的检验"、"在产品的检验"和"产成品的检验"三个成本库,并分别以"材料订购次数"、"设备调整与准备次数"和"销售产品数量"作为其成本动因,以它们作为分配标准,对各个成本库所汇集的成本、费用进行分配。在作业成本法下,通过设置各种各样的成本库,并按多样化的成本动因对间接费用进行分配,使成本计算的过程大大明细化,同时,也使成本计算的正确性和成本的有效性大大提高。

三、作业成本法的理论基础

作业成本法主张对成本性态进行再认识,突破了传统管理会计对成本性态的划分,认为传统的按产品成本与产品产量是否相关作为研究成本性态的标准是有缺陷的,从多维角度来看,企业的产品制造成本全是变动的。因此,作业成本法将成本划分为短期变动成本和长期变动成本。短期变动成本是指随产品产量直接变动的成本,如直接人工、直接材料等;长期变动成本是指传统管理会计中的固定成本,它是以作业为基础,随作业消耗量的变动而变动。间接制造成本的发生受企业产品多样化、生产管理复杂化的影响,所以与企业生产、管理、服务等部门的作业直接相关。由此,作业成本法提出了成本动因理论,即企业间接制造成本的发生是企业产品生产所必需的各种作业所驱动的,其发生的多少与产品产量无关,而只与驱动其发生的作业量相关。

作业成本计算的思想是要以作业为制造费用的分配基础,而不再仅仅以单一的传统的直接人工、机器小时等数量作为分配的基础。这里所说的"作业"不是一般理解的数量(如生产工时等),而是包括各种产品的生产批次、接受货物订单的数目、发送货物订单数目以及采购、供应订单的数目等。以上这些方面的作业分别驱动了生产计划制订、产品检验、材料管理、设备调试、收货部门及发货部门成本的发生。作业成本法的理论基础是成本动因理论,这种理论提出分配间接费用应着眼于费用、成本的来源,把间接费用的分配与产生这些费用的原因联系起来,如对动力成本的发生可以追溯到产品耗用的机器小时,因为是机器小时驱动了动力消耗,所以用机器小时去分配动力费是合理的。作业成本计算着眼于分析成本产生的动因,由于成本产生的原因不同,控制、汇集和分配费用的方法也不同。

成本行为(cost behavior)是由成本驱动因素所支配的,要把间接成本分配到各种产品上去,首先要了解成本行为,以便认识出恰当的成本动因。按照这种观点,对短期变动成本应该利用"数量相关成本动因"(volume-related cost driver),如直接材料成本、机器小时和直接人工小时等,而对于长期变动成本中的绝大部分采用与数量相关的成本动因是不合适的,因为这些成本是由各种各样、复杂多变的因素所驱动的,而并非由数量因素驱动。如果用数量相关的成本动因对这些成本进行分配,势必歪曲成本信息,这就是传统成本法致命的缺陷。

库珀和卡普兰曾举例证实了这一情况。设甲、乙两家企业生产规模完全相同,甲企业生产100万单位的 A 产品,乙企业生产10万单位的 A 产品和90万单位的其他同类产品。显然,甲企业属于最典型的大规模生产,生产环境简单,生产准备、存货收发、制订计划等作业都可限定在较小的范围之内;乙企业的生产环境比较复杂,需要制订更多的计划,进行经常性的生产准备及产品检验等作业。这个例子证实了许多成本的变动并非是由产量变动引起的,而是由生产的品种范围决定的。上例中,如果乙企业生产 B 种产品800 单位,若按产量比例大约只分配到 0.08% 的制造费用,产品 A 则要负担 10% 的制造费用,这显然是不合理的,因为产量低的产品 B 同样要驱使各类支援性作业的发生。因此,按"与产量相关的成本动因"分配制造费用将低于其实际耗费,而产量高的产品则与之相反。显然 B 产品的产量较低,但应分摊的制造费用要高。

产生这种情况的根本原因就在于：许多间接成本是被各种作业所驱动的，这些作业主要表现为各服务部门为产品提供的劳务。一般来说，那些具有专门用途的低产量产品，实际耗费的制造费用较高，在以数量为基础的分配体系下，却被分配较少的制造费用，而将低于实际耗费的部分转嫁到产量高的产品负担，从而造成成本信息的歪曲，不利于管理决策。

综上所述，作业成本法的理论基础是成本动因理论，该理论的着眼点在于研究成本费用产生的原因。

四、作业成本法的主要特点

作业成本法的主要特点，是相对于以产量为基础的传统成本计算方法而言的。

（一）成本计算分为两个阶段

作业成本法的基本指导思想是产品消耗作业、作业消耗资源。根据这一指导思想，作业成本法把成本计算过程划分为两个阶段：第一阶段，将作业执行中耗费的资源追溯到作业，计算作业的成本并根据作业动因计算作业成本分配率；第二阶段，根据第一阶段计算的作业成本分配率和产品所耗费作业的数量，将作业成本追溯到各有关产品。具体如图10-1所示。

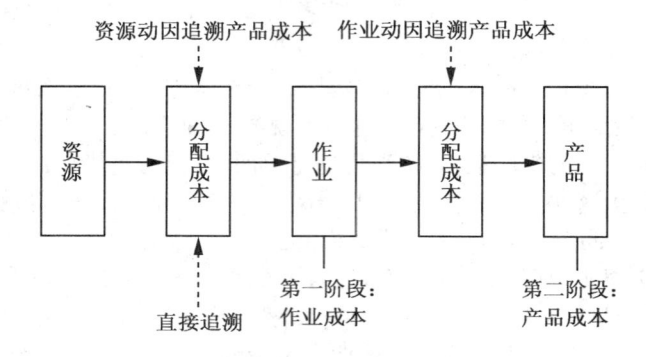

图10-1 作业成本法分两阶段分配成本

传统的成本计算方法，首先是将直接成本追溯到产品，同时将制造费用追溯到生产部门（如车间、分厂等）；然后将制造费用分摊到有关产品。传统的成本计算方法分两步进行：第一步除了把直接成本追溯到产品之外，还要把不同性质的各种间接费用按部门归集在一起；第二步是以产量为基础，将制造费用分摊到各种产品。传统方法下的成本计算过程，虽然也分为两步，但实际上，是把生产活动中发生的资源耗费，通过直接计入和分摊两种方式计入产品成本，即"资源→产品"。而作业成本法下成本计算的第一阶段，除了把直接成本追溯到产品以外，还要将各项间接费用分配到各有关作业，并把作业看成是按产品生产需求重新组合的"资源"；在第二阶段，按照作业消耗与产品之间不同的因果关系，将作业成本分配到产品。因此，作业成本法下的成本计算过程可以概括为：资源→作业→产品。作业成本法经过两个阶段的计算，把在传统成本计算方法下的"间接成本"变成了直接成本。

（二）成本分配强调可追溯性

作业成本法的成本分配主要使用直接追溯和动因追溯。

1. 直接追溯

直接追溯是指将成本直接确认分配到某一成本对象的过程。这一过程是可以实地观察的。例如，确认一台电视机耗用的显像管、集成电路板、扬声器及其他零部件的数量是可以通

过观察实现的。再比如,确认某种产品专用生产线所耗用的人工工时数,也是可以通过观察投入该生产线的工人人数和工作时间而实现的。显然,使用直接追溯方式最能真实地反映产品成本。

2. 动因追溯

动因追溯是指根据成本动因将成本分配到个成本对象的过程。生产活动中耗费的各项资源,其成本并非都能直接追溯成本对象。对不能直接追溯的成本,作业成本法则强调使用动因(包括资源动因或作业动因)追溯方式,将成本分配到有关成本对象(作业或产品)中。采用动因追溯方式分配成本,首先必须找到引起成本变动的真正原因,即成本与成本动因之间的因果关系。如前面所说到的检验作业应承担的能源成本,以设备单位时间耗电数量和设备开动时间(即耗电量)作为资源动因进行分配,是因为设备单位时间耗电量和开动时间与检验作业应承担的能源成本之间存在着因果关系。又如各种产品应承担的检验成本,以产品投产的批次数(即质量检验次数)作为作业动因进行分配,是因为检验次数与产品应承担的检验成本之间存在着因果关系。动因追溯虽然不像直接追溯那样准确,但只要因果关系建立恰当,成本分配的结果同样可以达到较高的准确程度。

作业成本法强调使用直接追溯法和动因追溯法来分配成本,尽可能避免使用分摊方式,因此能够提供更加真实、准确的成本信息。在这里之所以使用"强调"一词,而不使用"要求"或"必须",是因为在实务中,存在着少数作业成本不能采用直接追溯或动因追溯方式进行分配。但由于这部分成本所占比重较小,不会对产品成本的准确性产生较大影响,因而不会导致成本严重扭曲。

(三)成本追溯使用众多不同层面的作业动因

一个企业仅以员工的工龄长短来确定工薪等级,并据以向员工分配薪酬,往往会造成分配上的不合理。如果同时考虑员工工龄的长短、技术水平的高低、工作能力的大小、创造财富的多少等因素来确定员工的工薪,就会使情况得到明显的改善,使分配更加合理,也更能充分反映员工对企业的贡献。同样道理,在传统的成本计算方法下,产量被认为是能够解释产品成本变动的唯一动因,并以此作为分配基础进行间接费用的分配。而制造费用是一个有多种不同性质的间接费用组成的集合,这些性质不同的费用有些是随产量变动的,而多数则并不随产量变动,因此用单一的产量作为分配制造费用的基础显然是不合适的。

作业成本法的独到之处,在于它把资源的消耗首先追溯到作业,然后使用不同层面和数量众多的作业动因将作业成本追溯到产品。不同层面的作业动因包括:单位水准动因(即以单位产品或其他单位产出物为计量单位的作业动因)、批次水准动因(即以"批"或"次"为计量单位的作业动因)以及产品水准动因(即以产品的品种数为计量单位的作业动因)等,而且每一层面的动因远不止1~2个。从运用作业成本法计算产品成本的企业实践来看,一般使用的动因在30~50个。采用不同层面的、众多的成本动因进行成本分配,要比采用单一分配基础更加合理,更能保证成本的准确性。

五、作业成本法与传统成本法的比较

(一)作业成本法与传统成本法的区别

1. 成本计算对象不同

传统成本法都是以企业最终产出的各种产品作为成本计算对象的。作业成本法则不仅关注产品成本,而且更多关注产品成本产生的原因及其形成的全过程。因而,它的成本计算对象是多层次的,不但把最终产出的各种产品作为成本计算对象,而且把资源、作业作为成本计算对象。

2. 间接费用归集和分配的理论基础不同

传统成本法的理论基础是:企业的产品按照其耗费的生产时间或按照其产量线性地消耗各项间接费用。在这种理论支持下,传统成本法将间接费用按与"产量关联"的标准来分配间接费用,如材料耗用量、直接工时等。因而成本计算程序如图10-2所示:

资源 —→ 成本 —→ 产品

图 10-2

在传统成本法下,将资源归集在统一的成本库里,然后按照某一分配标准把成本分配到产品成本中。

作业成本法的理论基础是"成本驱动因素论",即产品耗用作业,作业耗用资源。作业成本计算方法的程序如图10-3所示:

资源 —→ 作业 —→ 产品

图 10-3

在作业成本法下,将资源按一定的资源动因归集在作业库里,形成作业成本,然后将作业成本库的成本按作业动因分配到产品成本中。作业成本法通过选择多样化的分配标准来分配间接费用,从而使成本的可归属性大大提高,并将按人为标准分配间接费用;计算产品成本的比重缩减到最低限度,从而提高了成本信息的准确性。

3. 成本计算的侧重点不同

传统成本法以产品为成本计算对象,成本计算过程中侧重点自然放在了能构成产品成本的直接材料和直接人工成本上,而对于制造费用只是笼统计算。作业成本法以作业为成本计算对象,是以作业成本为侧重点的。由于制造费用在作业成本法下同样要以作业形式存在,加之制造费用的作业数量众多,因此制造费用就成为作业成本法成本计算的侧重点。

4. 成本内涵不同

传统成本观认为,成本是企业生产经营过程中所耗资金的对象化。这一观点尽管对成本的经济实质进行了概括性,但没有揭示成本在管理方面的内涵。而作业成本法将成本定义为资源的耗费,而不是为获得资源而发生的支出。在作业观念下,把作业作为费用发生与成本形成的中介,成本是一个与作业相关的多层次的概念。

5. 对成本经济内容的认识不同

在传统成本观念下,产品成本是指产品的制造成本,只包括与生产产品直接相关的费用(直接材料、直接人工、制造费用等)。在作业成本观念下,作业成本只强调费用的合理性、有效性,而不论费用是否与生产产品有直接关联,因此,与产品生产没有直接关系的一些合理、有效的费用(如采购人员工资、质量检验费、物料搬运费等)同样也要计入产品成本。

6. 成本信息资料的详细程度不同

传统成本法只是按产品提供最终成本信息。而作业成本法的成本信息资料除包括产品成本外,还可以包括各作业的成本,包括各作业的资源投入与产出状况等。显然,作业成本法的成本资料包括了产品生产各个环节的成本形成过程,其详细程度高于传统成本法。

7. 适用环境不同

传统成本法适用于与传统推进式生产管理系统相结合的手工制造系统和固定自动制造系统的经营环境。它应用在大批量生产和产品品种少、寿命周期长、工艺不复杂、制造费用比重较低的企业中。作业成本法则适用于实时生产系统与高度自动化制造系统相结合的经营环境。它应用在小批量、多品种、技术复杂、高度自动化生产,制造费用比重相对较高的现代企业中。

(二)作业成本法与传统成本法的联系

1. 目的相同

目的都是计算最终产品成本。传统成本法是将各项费用在各成本计算对象之间进行分配,计算出产品成本;而作业成本法是将各项费用先在各作业中心之间分配,再按照各种产品耗用作业的数量,把各作业成本计入各种产品成本,计算出产品成本的方法。

2. 对直接费用的确认和分配相同

二者都依据受益性原则,对发生的直接费用予以确认。

3. 性质相同

作业成本法与传统成本法都是成本计算系统。它们的功能都是将企业一定期间所发生的与生产有关系的资源耗用信息加工整理为企业成本信息,最终输出给管理者。从性质上来说,它们都是成本信息系统。

六、作业成本法计算的一般程序

(一)选择作业,归集作业成本

该步骤是对耗费的资源价值按照作业进行归集的过程。企业在生产过程中消耗的各种资源,首先要合理分配归集到作业中,按照资源消耗与作业的关系,选择主要作业,归集作业,形成作业成本库。

(二)识别成本动因

成本动因即成本驱动因素,是对导致成本发生或增加的具有相同性质的某一类重要事项进行的量度,如电力消耗的用电度数、订单处理的批次、材料搬运的数量等。

(三)计算单位作业成本

在确定作业成本库及其成本动因后,用各作业成本库的作业成本除以该作业中心的成本动因总数,即可得到各个作业成本库的单位作业成本,也就是成本的分配率。计算公式如下:

$$某成本库单位作业成本=该作业成本库成本总额÷该成本动因总数$$

(四)将作业成本分配到产品上

这是作业成本计算的最后一步。它是以每个作业成本库的单位作业成本乘以该批产品或劳务的成本动因数,即得到该批产品或劳务应承担的作业成本,将该批产品或劳务所承担的各项作业成本加总即为该批产品或劳务的总成本,再除以产品或劳务的数量即为其单位成本。

七、作业成本法的应用举例

【案例 10-6】 某企业同时生产 A、B 两种产品,A 产品每批 1 000 件,年产量 10 000 件;B 产品每批 200 件,年产 5 000 件。有关成本动因资料如下:

A、B 产品单位机器工时比例为 1∶6。

A、B 产品每批材料移动次数分别为 10 次、20 次。

每批检验单位为 A 产品每批 50 件，B 产品每批 10 件。

A 产品直接材料 20 000 元，直接人工 30 000 元；B 产品直接材料 40 000 元，直接人工 15 000 元。

依据不同的成本库，归集的制造费用如表 10—2 所示，要求按作业成本法计算 A、B 产品成本。

表 10—2　　　　　　　　　　制造费用(成本库)资料

项　目	数　额	作业层次成本动因
材料处理	12 000	批作业层次
产品检验	15 000	批作业层次
车间管理	18 000	能量作业层次
取暖照明	4 000	能量作业层次
厂房折旧	30 000	能量作业层次
机器能量	11 000	单位作业层次
合　计	90 000	

解析：按传统成本法计算产品总成本、单位成本及毛利如表 10—3 和表 10—4 所示。

表 10—3　　　　　　　　　　产品生产总成本计算表

产品名称	直接材料	直接人工	制造费用	合　计
A 产品	20 000	30 000	60 000	110 000
B 产品	40 000	15 000	30 000	85 000
合　计	60 000	45 000	90 000	195 000

注意：表 10—3 中制造费用按照直接人工比例分配。

表 10—4　　　　　　　　　　产品单位成本及毛利计算表

产品名称	直接成本	直接人工	制造费用	合　计	售　价	毛　利
A 产品(10 000 件)	2	3	6	11	13	2
B 产品(5 000 件)	8	3	6	17	22	5

在作业成本法下，根据以上资料，计算步骤如下：

1. 按照作业层次分配制造费用

(1) 单位作业层次(机器能量按机器工时比例分配，计算过程如表 10—5 所示。

表 10—5　　　　　　　　　　机器能量成本分配表

产品名称	数量	机器工时	合　计	分配率	分配额
A 产品	10 000	1	10 000		2 750

续表

产品名称	数量	机器工时	合计	分配率	分配额
B产品	5 000	6	30 000		8 250
合计			40 000	0.275	11 000

(2)批作业层次(材料处理成本与检验成本分别按移动次数与检验次数比例分配,见表10—6和表10—7)。

表10—6　　　　　　　　　材料处理成本分配表

产品名称	批数	每批移动次数	合计	分配率	分配额
A产品	10	10	100		2 000
B产品	25	20	500		10 000
合计	—	—	600	20	12 000

表10—7　　　　　　　　　检验成本分配表

产品名称	批数	每批检验数	合计	分配率	分配额
A产品	10	50	500		10 000
B产品	25	20	250		5 000
合计	—	—	750	20	15 000

(3)能量作业层次(管理人员成本、取暖照明、厂房折旧按照直接材料成本比例分配,见表10—8)。

表10—8　　　　　　　其他作业(全面管理)成本分配表

产品名称	直接材料成本	分配率	分配额
A产品	20 000		17 400
B产品	40 000		34 600
合计	60 000	0.87	52 000

2.综合上述计算结果,编制A、B产品总成本和单位成本汇总表,如表10—9所示。

表10—9　　　　　　　　　产品成本计算表

项目	A产品(10 000件) 总成本	A产品(10 000件) 单位成本	B产品(5 000件) 总成本	B产品(5 000件) 单位成本
单位工作成本				
直接材料	20 000	2	40 000	8
直接人工	30 000	3	15 000	3
机器能量	2 750	0.28	8 250	1.65

续表

项 目	A产品(10 000件) 总成本	A产品(10 000件) 单位成本	B产品(5 000件) 总成本	B产品(5 000件) 单位成本
小 计	52 750	5.28	63 250	12.65
批作业层次				
材料处理	2 000	0.2	10 000	2
检验成本	10 000	1	5 000	1
小 计	12 000	1.2	15 000	3
能量作业层次				
全面管理	17 400	1.74	34 600	6.92
小 计	17 400	1.74	34 600	6.92
合 计	82 150	8.22	112 850	22.57

作业成本法下,单位成本与毛利如表10—10所示。

表10—10　　　　　　　　产品单位成本及毛利计算表

产品名称	直接成本	直接人工	制造费用	合计	售价	毛利
A产品(10 000件)	2	3	3.22	8.221	13	4.78
B产品(5 000件)	8	3	11.57	22.57	22	−0.57

以上通过运用传统成本法与作业成本法,对A、B产品成本计算结果可做以下比较:

在传统成本法下,A、B产品的单位成本均低于单位售价,给管理者提供的信息是A、B产品都是盈利产品,而B产品的盈利要大于A产品。

在作业成本法下,A产品的单位成本低于单位售价,而B产品的毛利为负数,给管理者提供的信息是A产品为盈利产品,B产品为亏损产品。

上例采用不同的成本计算方法,得出了截然不同的成本信息,其原因:

在传统成本法下,制造费用是以工时或人工费用这单一标准为基础进行分配的(A产品负担制造费用6元,B产品也负担6元),这样一方面高估了产量较高、复杂程度较低的产品的成本,同时也低估了产量较低而复杂程度较高的产品的成本,给管理者提供的成本信息是不真实的,会导致管理者做出错误决策。

在作业成本法下,制造费用是以作业为基础,按成本动因来分配的(A产品负担制造费用3.22元,B产品负担11.57元),使成本计算的合理性、准确性大大提高,给管理者提供了真实、可靠的成本信息,有助于管理者做出正确决策。

七、作业成本法的适用范围

作业成本法不仅可以用于事后成本核算,还可以用于事前的计划,有助于成本管理。但其使用需要在数据来源较广、分类较细。所以,作业成本法一般适用于生产自动化程度较高、制造费用在成本中所占比重较大、作业种类多,而且会计电算化程度比较高的企业。

除制造业外,其他行业如零售业、服务业等也可以采用作业成本法计算和管理成本。这样,既可以提供有关成本信息,又能有效地提高资源的利用率。

关键术语

标准成本法　作业成本法

◎ 应知考核 ◎

一、单项选择题

1. 作业成本法的成本计算是以(　　)为中心的。
   A. 产品　　　　　B. 作业　　　　　C. 费用　　　　　D. 资源
2. 下列属于增值作业的是(　　)。
   A. 原材料储存作业　B. 原材料等待作业　C. 包装作业　　　D. 质量检查作业
3. (　　)是作业成本法的核心内容。
   A. 作业　　　　　B. 产品　　　　　C. 资源　　　　　D. 成本动因
4. 使用作业成本法计算技术含量较高、生产量较小的产品,其单位成本与使用传统成本法计算相比要(　　)。
   A. 高　　　　　　B. 低　　　　　　C. 两者一样　　　D. 以上都可以
5. 传统成本法的计算对象为(　　)。
   A. 资源　　　　　B. 作业中心　　　C. 费用　　　　　D. 最终产品
6. 在标准成本控制下的成本差异是指(　　)。
   A. 实际成本与标准成本的差异　　　B. 实际成本与计划成本的差异
   C. 预算成本与标准成本的差异　　　D. 实际成本与预算成本的差异
7. 在下列选项中,属于标准成本控制系统前提和关键的是(　　)。
   A. 标准成本的制定　　　　　　　　B. 成本差异的分析
   C. 成本差异的计算　　　　　　　　D. 成本差异账务处理
8. 标准成本控制的重点是(　　)。
   A. 标准成本的制定　　　　　　　　B. 成本差异的计算分析
   C. 成本控制　　　　　　　　　　　D. 成本差异账务处理
9. 实际工作中运用最广泛的一种标准成本是(　　)。
   A. 理想标准成本　　　　　　　　　B. 宽松标准成本
   C. 现实标准成本　　　　　　　　　D. 正常标准成本
10. 在标准成本制度下,分析计算各成本项目价格差异的用量基础是(　　)。
    A. 标准产量下的标准用量　　　　　B. 实际产量下的标准用量
    C. 标准产量下的实际用量　　　　　D. 实际产量下的实际用量

二、多项选择题

1. 标准成本制度的优点是(　　)。
   A. 有利于成本控制　　　　　　　　B. 有利于成本核算
   C. 有利于简化会计工作　　　　　　D. 有利于正确评价业绩
2. 按制定标准成本依据的资料分类,标准成本可以分为(　　)。
   A. 理想标准成本　　　　　　　　　B. 正常标准成本

C. 历史标准成本　　　　　　　　　　D. 预期标准成本
3. 标准成本差异是实际成本与标准成本之间的差额，具体包括（　　）。
   A. 直接材料数量差异　　　　　　　　B. 固定制造费用生产能力利用差异
   C. 固定制造费用耗费差异　　　　　　D. 直接材料分配率差异
4. 与作业成本法相比，关于传统成本法下列说法中错误的是（　　）。
   A. 传统成本法低估了产量大而技术复杂程度低的产品成本
   B. 传统成本法高估了产量大而技术复杂程度低的产品成本
   C. 传统成本法低估了产量小而技术复杂程度高的产品成本
   D. 传统成本法高估了产量小而技术复杂程度高的产品成本
5. 关于作业成本法的优点，下面说法正确的是（　　）。
   A. 有利于提高成本信息质量，完全克服传统成本法分配主观因素影响
   B. 有利于分析成本升降的原因
   C. 有利于完善成本责任管理
   D. 有利于成本的预测和决策

三、判断题

1. 制造费用标准成本的制定，应以各责任部门为单位，但不需要区分固定费用和变动费用来编制费用预算。（　　）
2. 直接材料三因素分析法，在将影响材料成本差异的因素分为数量和价格差异的基础上，将数量差异进一步区分为产出差异和耗费差异。（　　）
3. 固定制造费用差异的三因素分析法，将固定制造费用差异分为效率差异、耗费差异和生产能力利用差异。（　　）
4. 材料价格差异产生的原因是由于市场价格、采购地点、运输方式变动，以及生产技术上产品设计的变更造成的。（　　）
5. 在标准成本制度下，材料数量差异和材料价格差异都属于材料成本差异，可计入"材料成本差异"科目进行核算。（　　）
6. 在标准成本制度下，为了正确计算各种产品实际成本，应选择恰当的分配标准将各种成本差异在各种产品之间进行分配。（　　）
7. 对于标准成本差异的处理方式是将其结转至下期，或是将差异在存货及销售成本之间按比例分摊，也可以将差异转入损益或销售成本科目。（　　）
8. 我国企业实行标准成本制度时，对于成本差异的处理方式与西方企业完全相同。（　　）
9. 在标准成本制度下，各种成本差异的处理有不同方式可供选择；而在定额成本制度下，各种成本差异一般应在各种产品之间进行分配。（　　）
10. 标准成本制度并非一种单纯的成本计算方法，它是把成本计划、控制、计算和分析相结合的一种会计信息系统和成本控制系统。（　　）

四、简答题

1. 简述标准成本法的特点。
2. 简述标准成本法的主要内容。
3. 简述标准成本差异的账务处理。
4. 简述作业成本计算的主要特点。
5. 简述作业成本会计与传统成本计算方法的比较。

◎ 应会考核 ◎

★ 观念应用

【背景资料】

速达快递公司成本管理遇到的问题

速达快递公司负责财务的王经理手持文件夹准时来到 CEO 的办公室汇报。"从报告上看来，公司的业绩不错，正处于快速增长时期，但是我有一个问题，"CEO 突然问道，"我想知道，快递员从北京国贸大厦取一个银行的快件寄到厦门，这个单子的真实成本是多少？"

王经理有些诧异，还是第一次有人问这样的问题，一时不知如何回答。

"我们公司共有多少家分公司？"CEO 又问。

"90 多家。"王经理回答说。

"各分公司的盈利情况如何？"

"我们目前的成本核算方法都是以分公司为单位，按分公司归集成本费用，然后得到公司的总成本。至于分公司盈利，因为长期以来我们都关注公司的整体业绩，没有做这方面的工作。"无法让领导满意，王经理有些沮丧。

"如果我们不能算出每个单子的真实成本，也不能很好地计算各分公司的成本，将使公司进行盈利能力分析、产品定价决策、路线优化分析等受到限制。"

"这个，这个……"王经理有些不知所措。

"改革迫在眉睫，我们必须尽快找到合适的成本核算方法。你去想想办法。"CEO 的语气很肯定。

为此，需要一套能解决问题的成本核算方法和成本管理工具，来解决如何把高额的间接费用准确分配到复杂多样的产品，如何把多个分支机构的成本串联为产品的成本，如何衡量单一产品和客户的营利性……以便于公司进行成本管理。

【考核要求】

快递公司可以采用哪种成本核算方法进行改革，需要做哪些准备工作？

★ 技能应用

技能 1：某企业生产甲产品，单位产品耗用的直接材料标准成本资料如表 10—11 所示。

表 10—11

成本项目	价格标准	用量标准	标准成本
直接材料	0.5 元/千克	6 千克/件	3 元/件

直接材料实际购进量是 4 000 千克，单价 0.55 元/千克；本月生产产品 400 件，使用材料 2 500 千克。

【技能要求 1】

(1) 计算该企业生产甲产品所耗用直接材料的实际成本与标准成本的差异。

(2) 将差异总额进行分解。

技能 2：某企业月固定制造费用预算总额为 100 000 元，固定制造费用标准分配率为 10 元/小时，本月制造费用实际开支额为 88 000 元，生产 A 产品 4 000 个，其单位产品标准工时为 2 小时/个，实际用工 7 400 小时。

【技能要求 2】

用两差异分析法和三差异分析法进行固定制造费用差异分析。

★案例分析
【情景与背景】

WK公司的标准成本处理

WK公司生产和销售甲产品。甲产品生产需要耗用A、B两种材料,只经过一个生产加工过程,本月预计生产1 000件。本月预算固定制造费用为40 000元,预算变动制造费用为60 000元,预算工时为20 000工时。变动制造费用分配率和固定制造费用分配率均按直接人工工时计算。甲产品的标准成本资料如表10-12所示。

表10-12　　　　　　　　　　　单位产品标准成本

项　目	标准消耗量	标准单价(元)	金额(元)
直接材料			
A材料	20千克	10	200
B材料	30千克	9	270
直接人工	20千克	5	100
变动制造费用	20千克	3	60
固定制造费用	20千克	2	40
单位产品标准成本			670
变动制造费用预算分配率	60 000÷20 000＝3	固定制造费用预算分配率	40 000÷20 000＝2

甲产品月初没有在产品,本月投产900件,并于当月全部完工;本月销售甲产品800件,每件售价950元。本月其他有关实际资料如表10-13所示,本期所购材料货款已全部支付,所发生的各项制造费用均通过应付款科目核算。

表10-13　　　　　　　　　　　甲产品生产费用表

项　目	采购材料数量	实际耗用量	实际单价(元)	实际成本(元)
直接材料				
A材料	20 000千克	19 800千克	9	178 200
B材料	25 500千克	25 200千克	9.5	239 400
直接人工		19 800工时	5.2	102 960
变动制造费用			2.8	55 440
固定制造费用			2.1	41 580
实际产品成本总额				617 580

【分析要求】

如果WK企业请你根据上述资料为之进行标准成本的会计处理,那么你将怎样来做?并请根据处理结果进行评价。

◎ 项目实训 ◎

【实训项目】
作业成本法和标准成本法的运用

【实训目的】
通过实训,使学生了解成本报表的编制依据,熟悉成本报表的编制程序,掌握产品生产成本报表、主要产品单位产品成本表的编制方法。

【实训任务】

【实训1】 资料:某企业生产甲、乙两种产品,其中甲产品900件,乙产品300件,其作业情况数据如表10—14所示。

表10—14　　　　　　　　　　　　　　　　　　　　　　　　　　　　　　　　　　　单位:元

作业中心	资源耗用(元)	动因	动因量(甲产品)	动因量(乙产品)	合　计
材料处理	18 000	移动次数	400	200	600
材料采购	25 000	订单件数	350	150	500
使用机器	35 000	机器小时	1200	800	2 000
设备维修	22 000	维修小时	700	400	1 100
质量控制	20 000	质检次数	250	150	400
产品运输	16 000	运输次数	50	30	80
合　计	136 000				

要求:按作业成本法计算甲、乙两种产品的成本,并填制表10—15。

表10—15　　　　　　　　　　　　　　　　　　　　　　　　　　　　　　　　　　　单位:元

作业中心	成本库(元)	动因量	动因率	甲产品	乙产品
材料处理	18 000	600			
材料采购	25 000	500			
使用机器	35 000	2 000			
设备维修	22 000	1100			
质量控制	20 000	400			
产品运输	16 000	80			
合计总成本	136 000				
单位成本					

【实训2】 某企业生产甲产品,本月预计生产量250件,其他有关资料如表10—16和表10—17所示。
(1)产品标准成本和费用预算资料:

表 10-16　　　　　　　　　　　　　甲产品标准成本表　　　　　　　　　　　　　单位:元

直接材料	标准单价	标准消耗量	金　额
A 材料	20	200 千克	4 000
B 材料	10	40 千克	400
小　计	—	—	4 400
直接人工	10	80	800
制造费用			
变动制造费用	4	80	320
固定制造费用	12	80	960
小　计	—	—	1 280
单位产品标准成本	—	—	6 480

表 10-17　　　　　　　　　　　　　　费用预算表　　　　　　　　　　　　　　单位:元

项　目	每小时费用	总费用 20 000 小时	项　目	每小时费用	总费用 20 000 小时
变动费用:			固定费用:		
消耗材料	2.00	20 000	折旧费	3.00	80 000
消耗动力	0.40	36 000	办公费	0.80	50 000
修理费	1.00	5 000	设计费	0.30	30 000
…	…	…	…	…	…
变动费用总计	4.00	80 000	固定费用总计	12	240 000
			费用总计	—	320 000

(2)本月实际发生有关业务内容如下:

购进 A 材料 24 000 千克,单价为 19 元;购入 B 材料 6 000 千克,购进单价为 12 元。生产甲产品领用 A 材料 42 000 千克,B 材料 8 600 千克。材料款项已通过银行支付。

本月发生生产工人实际工时数 18 000 小时,预算总工时为 20 000 小时,应付工资总额 171 000 元,实际工资率为 9.5 元。

本月制造费用实际发生额为 316 000 元,其中固定制造费用为 250 000 元,变动制造费用为 66 000 元,假设全部费用均以银行存款支付。

本月生产甲产品 200 件,期初和期末均无在产品。本月出售该产品 160 件,单价 8 000 元,收入确认的条件已具备,但货款尚未收到。

要求:根据本例所给资料,计算甲产品标准成本,填列下列有关计算表(表 10-18~表 10-23),并进行账务处理(本月发生的成本差异全部计入销售成本)。

表10-18　　　　　　　　　购入材料标准和价格差异计算表　　　　　　　　　单位:元

材料名称	购入数量	标准		实际		价格差异
		单价	成本	单价	成本	
A材料						
B材料						
合　计						

表10-19　　　　　　　　实际产量直接材料标准成本和数量差异　　　　　　　　单位:元

材料名称	标准单价	标准		实际		价格差异
		单位用量	总耗用量	总成本	总耗用量	总成本	
A材料							
B材料							
合　计							

表10-20　　　　　　　　实际产量直接人工标准成本和差异　　　　　　　　单位:元

标准			实际		差异	
单位工时	总工时	小时工资率	总成本	总工时	小时工资率	总成本	效率差异	工资率差异

表10-21　　　　　　　实际产量变动制造费用标准成本和差异(1)　　　　　　　单位:元

预算分配率	标准		实际		差异	
	总工时	总成本	总工时	总成本	效率差异	耗费差异

表10-22　　　　　　　实际产量变动制造费用标准成本和差异(2)　　　　　　　单位:元

预算		标准		实际		差异		
总工时	分配率	总成本	总工时	总成本	总工时	总成本	效率差异	能力利用差异	耗费差异

表10-23　　　　　　　　　产品入库和销售标准成本计算　　　　　　　　　单位:元

完工产品标准成本	单位产品标准成本	完工产品标准成本		销售产品标准成本	
		入库数量	总成本	销售数量	总成本
甲产品					

模块三

成本会计报表与分析

项目十一　成本报表与成本分析

【知识目标】

理解:成本报表的概念和特点;成本报表的分类、编制要求;成本分析的概念、影响产品成本的因素。

熟知:成本分析的任务、成本分析评价标准、基本程序、方法;成本分析报告。

掌握:主要成本报表的编制与分析。

【技能目标】

能够掌握产品成本报表、主要产品单位成本报表、制造费用明细表、期间费用明细表的填列方法及编制;掌握成本分析方法在实际中的运用。

【素质目标】

能够运用所学的理论与实务知识研究相关案例,培养和提高学生在特定业务情境中分析问题与决策设计能力,分析企业与会计人员行为的善恶,强化学生的职业道德素质。

【项目引例】

在企业管理中发挥经营成本分析的作用

企业管理是永恒的主题。坚持经常性的企业经济运行分析,发现问题,解决问题,这是全面提高企业经营管理水平的重要手段。从 2016 年 5 月份以来,阳邑矿业有限公司(以下称"公司")每月初定期召开经营成本分析会。由财务等部门对企业的经济运行作量化的、有比较、有针对性的经营成本分析,对全方位提高企业经营管理水平起到十分重要的推动作用。一年多来,公司自身共进行了 15 次经营成本分析,共提出和解决企业经营管理中的重大问题 25 项,减少决策失误和堵塞管理漏洞 6 次,提出合理化建议 86 条;对企业坚持正确的经营方向、开拓销售市场、促进专销结合、活化企业资金、压缩经营费用、避免和减少企业损失、提高企业经营效益起到了很大的作用。公司全面完成了集团公司下达的各项任务指标,压缩费用开支 150 万元,较同期降低了 2.6 个百分点,为集团公司做大做强做出了重要贡献。企业基层也形成了制度,建立了规范,企业管理者和广大职工对这项制度十分满意,运行操作的效果也十分明显。

【讨论】　成本分析在企业管理中有何作用?

【知识精讲】

任务一　成本报表

一、成本报表的概念和特点

(一)成本报表的概念

成本报表是根据产品成本和期间费用的核算资料以及其他有关资料编制的,用来反映企业一定时期产品成本和期间费用水平及其构成情况的报告文件。成本报表是用以考核、分析各项费用与生产成本计划执行结果的内部会计报表,是会计报表体系的重要组成部分。

(二)成本报表的特点

成本报表作为内部会计报表与对外报送的财务报表相比较,主要有以下特点:

1. 成本报表是为企业内部经营管理的需要而编制的

正确、及时编制成本报表,可以考核企业成本计划的完成情况,分析成本管理工作中的成绩和问题,以便挖掘降低成本、节约费用的潜力,及时做出生产决策,保持成本领先的优势。因此,为企业内部经营管理的需要而编制,是成本报表的主要特点。

2. 成本报表编制的时间、种类、格式、项目和内容等由企业自行决定

成本的核算方法,与企业的生产工艺过程、生产组织特点及其成本管理的要求密切相关。各个企业成本核算方法不同,所需成本信息也各有侧重点。因此,企业自行设计和编制成本报表,具有较大的灵活性和实用性。这是成本报表区别于财务会计报表的一个重要特点。

3. 成本报表提供的成本信息(成本指标)反映企业各方面的工作质量

成本资料所提供的信息最具综合性和全面性。企业产品产量的多少,质量的高低,原材料、燃料的节约与浪费,工人劳动生产率的高低和平均工资水平的变动,固定资产的利用程度,废品率的变化以及管理水平的高低等都会或多或少、直接或间接地反映到成本、费用上来。因此,成本报表提供的信息可以综合反映企业经营管理工作的质量和管理水平的好坏。

二、成本报表的作用

成本报表主要向企业的各级管理部门、企业领导、企业职工以及有关部门提供成本信息。成本报表的作用主要有:

(1)提供企业在一定时期内的产品成本水平及费用支出情况。

(2)可据以分析成本计划或预算的执行情况、考核成本计划的完成情况,并查明产品成本升降的原因等。

(3)本期成本报表的成本资料是编制下期成本计划的重要参考依据。

(4)企业主管部门把所属非独立核算单位的成本报表资料和其他报表资料等结合起来运用,可以有针对性地对其进行指导和监督。

三、成本报表的分类

成本报表主要是为满足企业内部经营管理的需要而编制的报表,一般不对外公布,因此,

无论是报表种类、格式内容、编制方法还是编报时间,通常都由企业根据自身的特点及管理的需要而定。成本报表主要有以下几种常见的分类方法:

(一)按成本报表反映的经济内容分类

成本报表按其反映的经济内容可分为:产品成本类报表、费用类报表以及其他生产经营情况报表。

1. 产品成本类报表

产品成本类报表侧重于揭示企业为生产一定种类和数量产品所花费的成本是否达到了预定的目标,通过分析比较,找出差距,明确薄弱环节,进一步采取有效措施,为挖掘降低成本的内部潜力提供有效的资料,主要包括产品生产成本表、主要产品单位成本表。

2. 费用类报表

费用类报表主要包括制造费用明细表、销售费用明细表和管理费用明细表等。通过这类报表可以了解到企业在一定期间费用的支出总额及其构成,并可以考核费用支出合理性、分析费用支出变动的趋势,有利于企业正确制定费用预算,控制费用支出,考核费用支出指标完成情况,明确有关部门和人员的经济责任,防止随意扩大费用开支范围。

3. 其他生产经营情况报表

该类报表主要是指除了上述成本费用类报表外,企业为更详细、全面地提供相关成本费用信息而编制的成本报表。该类报表一般属于专题报表,用于反映在生产过程中能够影响产品成本的某些特定重要问题,如材料耗用表、材料差异分析表、人工成本报告、质量成本报告等。这些报表通常体现出灵活性、多样性、及时性等特点。

(二)按成本报表编制的范围分类

成本报表按其编制的范围可分为:全厂成本报表、车间成本报表、班组成本报表、责任岗位成本情况报表等。

(三)按成本报表编制的时间分类

成本报表按期编制的时间可分为:年报、季报、月报、旬报、日报等。

成本报表根据管理上的要求一般可按月、按季、按年编报。但针对内部管理的特殊需要,也可以按日、按旬、按周,甚至按工作班来编报,目的在于满足日常、临时、特殊任务的需要,使成本报表资料及时服务于生产经营的全过程。

四、成本报表编制要求

为了充分发挥成本报表的作用,必须做到数字准确、内容完整和编制及时。

(一)数字真实,内容完整

企业在编制成本报表之前,应将所有经济业务全部登记入账,并认真审核成本核算的账簿记录,做到账账相符、账实相符,以确保各项数据的真实准确,以便为成本报表使用者做出正确决策提供依据。另外,企业编制的成本报表种类要齐全,表内的各个项目、指标及表外补充资料要填写完整,不得任意取舍。

(二)编制指标一致,具有可比性

成本报表提供的资料要尽可能做到口径一致,以方便报表使用者对不同时期的经营状况和生产水平进行比较,做出分析判断。这就要求企业在对同类经济业务进行计量和填报时方法要一致,以确保资料的一贯性与可比性。如因客观条件变化确需改变原有指标的计算原则、方法等,应对变更原因及变化结果做出充分说明,以帮助报表使用者正确理解报表内容,合理分析报表中有关项目变化对决策的影响。

（三）编报及时，具有实用性

成本报表是对已经发生的生产成本、费用所做的总结，在保证资料真实、准确的同时还应考虑信息传达的时效性，企业管理部门如不能及时了解和掌握成本费用的实际发生情况，就无法做出正确的分析与判断，从而就会影响到企业决策的方向，那么即便再真实全面的报表资料也失去了应有的作用。

出于不同的管理需要，成本报表的指标设计应贯彻有用性原则，可以是总括数字，也可以是明细数字；可以是预算数字，也可以是实际数字；可以是完全成本，也可以是变动成本、标准成本、责任成本或作业成本等，以满足报表使用者决策的需要。

此外，在保证上述编制要求的前提下，还应对报表资料中反映的成本费用的升降情况及原因进行具体分析，并提出有针对性的措施与对策，为报表资料的阅读者提供更多的参考。

五、成本报表编制依据

（一）相关的法律法规制度

成本报表作为反映企业成本费用水平及构成情况的内部报表，虽然在格式与内容上可以根据企业的需要自行进行设置，但仍应符合《企业会计准则》、《企业财务通则》等重要会计法规、制度关于成本核算的规范和要求。

（二）企业内部管理要求

成本报表主要是为满足企业内部管理的要求而编制的，因此，其指标的设置、内容的编制等应以符合内部管理需要为原则。通过对报表内各项指标的分析，了解到影响成本费用变化原因，从而揭示出企业在生产、经营、管理等各方面存在的问题，并采取有针对性的措施，加强管理，提高经济效益。

（三）真实准确的数据资料

成本报表编制的最主要依据是实际的生产成本及费用资料，要真实反映企业成本管理的水平。因此，在编制过程中一定要保证相关资料的真实、准确。这样，才能检查成本计划的执行情况，并进一步分析完成或未完成计划的具体原因，从而为制订下期的成本计划提供重要依据。

（四）企业有关的统计资料和其他资料等

为了便于比较分析，还需要提供企业以前年度的会计报表资料，以及提供其他相关部门的生产基本情况等。

任务二　成本分析

成本分析是按照一定的原则，采用一定的方法，利用成本计划、成本核算和其他有关资料，控制实际成本的支出，揭示成本计划完成情况，查明成本升降的原因，寻求降低成本的途径和方法，以达到用最少的劳动消耗取得最大的经济效益的目的。

一、成本分析的概念

成本分析是利用成本核算及其他相关资料，对成本水平及其构成的变动情况进行分析评

价,以揭示影响成本升降的各种因素及其变动的原因,寻找降低成本的潜力。成本分析是成本管理的重要组成部分,其作用是正确评价企业成本计划的执行结果,揭示成本升降变动的原因,为编制成本计划和制定经营决策提供重要依据。

广义来说,成本分析可以在成本形成前后进行事前、事中和事后分析。①在成本形成之前,为了选择降低成本的最佳方案,确定目标成本,编制成本计划,需要对成本进行预测分析,即事前分析。②在成本形成的过程中,为了随时检查各项定额和成本计划的执行情况,控制各种消耗、费用支出,保证目标成本的实现,需要进行成本控制分析,即事中分析。③在成本形成之后,把成本核算数据与其他资料结合起来,评价成本计划的执行结果,揭露矛盾,总结经验教训,指导未来,需要进行成本考核分析,即事后分析。所以,成本分析贯穿于成本会计的全过程,对充分发挥成本会计的积极作用具有重要意义。

狭义来说,成本分析主要是指事后成本分析。事后成本分析是以成本核算提供的数据为主,结合有关的计划、定额、统计、技术和其他调查资料,按照一定的原则,运用一定的方法,对影响成本和成本效益升降的各种因素进行科学的分析,查明成本和成本效益变动的原因,制定降低成本的措施,以便充分挖掘企业内部降低成本和提高成本效益的潜力,用较少的消耗取得较大的经济效益。

二、影响产品成本的因素

企业产品成本的提高或者降低,是各种因素共同影响、综合作用的结果。这些因素概括起来,可以分为固有因素、宏观因素和微观因素三大类。所谓固有因素,就是指企业创建时先天条件的好坏对企业产品成本影响的因素;所谓宏观因素,就是从整个国民经济活动的宏观方面来观察的因素;所谓微观因素,就是从企业本身的经济活动的微观方面来观察的因素。下面我们分别来说明影响企业产品成本的一些主要因素。

(一)固有因素

1. 企业地理位置和资源条件

企业成本的高低,在许多方面受到企业所处的地理位置和资源条件的影响。例如,由于地理位置和气候条件的不同,会影响到企业所用固定资产的结构,从而引起固定费用水平的不同。又如,如果企业地处经济落后或者交通闭塞的地区,与其他企业协作困难,那么势必会迫使企业什么都得自己生产,从而也就会引起产品成本的提高。另外,企业距离原材料产地和燃料产地以及销售市场的远近,不仅会造成运费、包装费、在途运输损耗的不同,而且会影响到原材料、燃料的储备数量,从而引起这些原材料、燃料储存成本的差别。对于采掘工业来说,开采还有难易之分,矿石有品位高低的差别,这些自然资源的条件不同,也在很大程度上影响了企业产品成本的高低。

2. 企业规模和技术装备水平

企业规模的大小,对产品成本水平有一定的影响。一般来说,生产规模大的企业,技术装备水平比较先进,产量大,消耗低,原材料资源利用充分,产品质量好,劳动生产率高。所以,它的产品成本比规模小的企业要低。例如,一个大型钢铁企业的产品成本要比中小型企业低20%以上。企业的技术装备水平对产品成本也有很大影响,技术装备水平高,有利于提高劳动生产率和节约物资,从而有利于降低产品成本。但这并不是说,生产规模越大,技术装备水平越高,产品成本必然越低。这里有一个前提,必须处于合理的经济结构之中。同样,企业技术装备水平的先进与落后也是相对的,它必须有利于提高经济效益。有些技术设备虽然先进,但价格昂贵,发挥作用不大,并不利于经济效益的提高。总之,我们在分析企业规模和技术装备水平时,必须从提高经济效益的前提出发,这也是我们进行各项分析的一个基本原则。

3. 企业的专业化协作水平

工业生产专业化是社会分工的表现形式和结果,协作是随工业生产专业化的发展而发展起来的。生产力越是发展,越需要专业化协作的充分发展。专业化协作可以发挥各方面的作用。它可以组织成批生产和大量生产;可以做到投资少,见效快;可以提高经营管理水平;能充分合理地利用设备和人力,不断改进生产技术和生产工艺。因而,便能够不断地提高产品质量,节约活劳动和物化劳动的消耗,促进产品成本大幅度降低。反之,如果盲目追求生产的"大而全"、"小而全",不仅会造成投资浪费,而且不能充分利用设备和人力,势必导致产品成本的提高。

(二)宏观因素

1. 宏观经济政策的调整

在社会经济的不同时期,经济工作的重心也不相同,国家总是通过及时调整各项政策,以保证各个时期经济目标的实现。例如,通过提高贷款的利率,促使企业减少资金占用,以提高资金利用效率;为了促进技术进步,调整固定资产折旧率等。这些虽属宏观经济政策的调整,但却会对成本产生直接的影响。

2. 成本管理制度的改革

在社会主义市场经济体制下,成本管理制度应由企业根据企业会计准则和相关规章制度的要求,并结合企业自身的特点来制定。但是,对产品成本应包括的内容、费用开支标准和开支限额等一些重大问题,仍应由国家按照合理补偿的原则统一规定,作为企业产品成本管理的依据。当然,根据不同时期宏观管理的要求,国家所做的一些统一规定也会有所调整。例如,在1993年会计改革之前,管理费用在产品成本中列支,现在改为直接计入企业当期损益等。这种成本宏观管理上的改革,显然会对产品成本产生影响。

3. 市场需求和价格水平

随着社会主义市场经济体制的建立,企业的生产经营活动必须面向市场。产品的生产方向、品种结构、生产任务必须根据市场的需求来确定。企业能否依靠自身的应变能力,根据市场需求变化趋势和用户意图,制订生产计划,使企业生产能力得到最大程度的发挥,将直接影响产品成本水平。在生产资料市场逐步完善的条件下,企业的物资供应由国家计划调拨转向市场交换,物资价格在价值规律的作用之下发生波动,这种变化将对企业产品成本水平产生影响。

(三)微观因素

1. 劳动生产率水平

劳动生产率是影响成本变动的重要因素之一。它的提高不仅可以减少单位产品的工时消耗,而且有可能减少单位产品成本中的工资费用支出,同时还可能引起产量的增加,进而导致单位产品成本中的固定费用的降低。此外,劳动生产率的提高往往是与技术进步、劳动组织的改善密切相关的,通常会连带地促进固定资产、原材料、燃料动力等利用程度的改善,从而减少单位产品中物化劳动的消耗。所以,提高劳动生产率几乎可以促进单位产品中的各个成本项目的降低,这是在微观方面影响成本高低的决定性因素。

2. 生产设备利用效果

生产设备是企业进行生产的主要的物质技术手段,因而它的利用情况必然影响到产品成

本水平的高低。提高生产设备的利用率和生产效率,会使同等数量的生产设备生产出较多的有用产品,从而减少分摊在单位产品中的折旧费和修理费。生产设备利用情况的改善,还会影响其他成本项目的支出。例如,生产设备利用效率的提高,有利于提高劳动生产率,增加产量,这就会减少单位产品中分摊的工资额。另外,生产设备利用情况的改善、产量的增加,也会使单位产品中原材料和燃料动力的消耗降低。

3. 原材料和燃料动力的利用情况

原材料和燃料动力消耗在产品成本中往往会占有很大的比重,是影响产品成本的重要因素。原材料和燃料动力消耗直接取决于产品设计和生产工艺的合理程度。如果产品设计和生产工艺先进合理,就可以用较少的原材料和燃料动力消耗,制造出质量高、效能好的产品,从而有助于产品成本的降低。反之,如果产品设计不当、生产工艺落后,就可能引起原材料和燃料动力消耗的增加,从而提高产品成本。此外,各种不同质量、不同型号、不同价格的原材料和燃料动力在生产过程中的消耗和使用比例以及它们的综合利用情况,也会在一定程度上影响产品成本的升降。

4. 产品生产的工作质量

产品生产的工作质量一般是通过"废品率"、"返修率"等指标来反映的。废品成本由同类合格品负担。工作质量越高,废品就越少,合格品也就越多,产品单位成本也就越低;反之,就会提高产品单位成本。如果废品是可修复的,在修复过程中所发生的加工费用,也要由同类合格品负担,从而引起产品单位成本的提高。此外,工作质量的提高还会通过提高产品质量,节约原材料、燃料动力的消耗等方面表现出来,从而影响产品成本水平。

5. 企业的成本管理水平

企业产品成本的高低除了取决于材料、能源、设备等硬资源的利用情况外,还与成本管理等软资源的开发和利用有关。成本管理从根本上说是以生产耗费合理化为目的的活动,其基本任务就是把对成本的预测、决策、计划、控制、核算、分析和考核科学地组织起来,以达到降低成本的目的。企业的成本管理水平提高,产品成本水平就降低。在生产条件、技术水平基本相同的企业中,由于成本管理水平不同,产品单位成本相差很大的例子是屡见不鲜的。

6. 企业文化建设

企业文化是企业全体职工在长期的生产经营活动中培育形成并共同遵守的最高目标、价值标准、基本信念和行为规范。企业文化的结构可分为三个层次:一是精神层,包括企业精神、企业最高目标、企业风气等;二是制度层,包括一般制度、特殊制度和企业风俗;三是物质层,包括企业标志、厂容厂貌、产品特色、企业文化传播网络等。企业文化具有导向功能,能把职工个人的目标引导到企业目标上来,有助于形成企业的长期竞争力;企业文化具有激励功能,如果职工为企业作出了贡献,就会得到鼓励和奖励,从而使职工对企业产生了强烈的主人翁责任感,使企业职工从内心产生一种奋发进取的效应。广大职工往往在企业的生产第一线,如果人人都以企业为家,为企业献计献策,那将会对企业的各项管理工作产生不可估量的影响。所以,企业应注重文化建设,以激发广大职工的生产热情,这对于降低产品成本、提高经济效益具有重要意义。

三、成本分析的任务

企业成本分析的任务,从事后成本分析来看主要有以下几个方面。

(一)揭示成本差异原因,掌握成本变动规律

成本计划在执行过程中受到多方面因素的影响,有技术因素和经济因素、宏观因素和微观因素、人的因素和物的因素。成本分析运用科学的方法,从指标、数据入手,找出差距,揭露矛盾,查明各种积极因素和消极因素及其对经济指标的影响程度,并分清主观原因和客观原因,从而逐步认识和掌握成本变动的规律,以便采取措施,不断提高企业经营管理水平。

(二)合理评价成本计划完成情况,正确考核成本责任单位的工作业绩

成本分析应通过系统、全面地分析成本计划完成或没有完成的原因,对成本计划本身及其执行情况进行合理的评价,总结本期实施成本计划的经验教训,以便今后更好地完成计划任务,并为下期成本计划的编制提供重要依据。同时,通过分析,还要有根据地评价成本责任单位的成绩或不足,查明哪里先进、何处落后,分析先进的原因、落后的理由。这样才可以正确考核成本责任单位的工作业绩,为落实奖惩制度提供可靠依据,从而调动各责任单位和职工提高成本效益的积极性和主动性。

(三)检查企业是否贯彻执行国家有关的方针、政策和财经纪律

企业的生产经营活动必须遵守国家有关的方针、政策和财经纪律,以保证国家利益和人民利益不受损害。因此,分析企业是否降低成本和提高成本效益,就必须以国家有关的方针、政策和财经纪律为依据,及时纠正违纪的不合理行为。例如,企业有无通过压低产品质量、牺牲消费者利益来降低产品成本;企业有无任意缩小或扩大成本开支范围;企业有无该摊提费用而未摊提等。通过成本分析,能促使企业微观效益与社会宏观效益的提高协调起来。

(四)挖掘降低成本的潜力,不断提高企业经济效益

成本分析的根本任务是为了挖掘降低成本的潜力,促使企业以较少的劳动消耗生产出更多更好的使用价值,实现更快的价值增值。因而,成本分析的核心就是围绕着提高经济效益不断挖掘降低成本的潜力,充分认识未被利用的劳动和物质资源,寻找利用不完善的部分及其原因,发现进一步提高利用效率的可能性,以便从各方面揭露矛盾,找出差距,制定措施,使企业经济效益越来越好。

四、成本分析的原则

(一)全面分析与重点分析相结合的原则

这里的所谓全面分析,并非完全是指分析内容的全面性,而是说成本分析要着眼整体,树立全局观念,切忌片面性,必须以有关的方针、政策、法令为依据,企业成本效益要与社会效益结合起来进行分析;要运用一分为二的观点来进行分析,对成绩和缺点、经验和存在问题、有利因素和不利因素、主流和支流,必须坚持实事求是的态度,不能强调一个方面而忽视另一个方面,这样才能得出正确的结论。此外,要以产品成本形成的全过程为对象,结合生产经营各阶段的不同性质和特点进行成本分析。

必须指出,全面分析并不意味着要对与成本有关的生产经营活动进行面面俱到、事无巨细的分析,而要按照例外管理原则抓住重点,找出关键性问题,深入剖析。一般来说,企业日常出现的成本差异繁多,管不胜管。为了提高成本分析的工作效率,分析人员要把精力集中在例外差异上,即对那些差异率或差异额较大、差异持续时间较长、差异影响了企业长期赢利能力的项目进行重点分析,并及时反馈给有关责任单位,迅速采取措施予以消除。

(二)专业分析与群众分析相结合的原则

成本涉及企业所有部门及全体职工的工作业绩,为了使成本分析能够做到经常性和有效

性,真正达到成本分析的目的,必须发动群众,将分析化为广大群众的自觉性行动。这就要求成本分析上下结合,专群结合,充分发挥每个部门和广大群众分析成本、挖掘降低成本潜力的积极性,把专业分析建立在群众分析的基础上。这样才能充分揭露矛盾,深挖提高成本效益的潜力,把成本分析搞得生机勃勃,充分发挥其应有的作用。

（三）经济分析与技术分析相结合的原则

成本的高低既受经济因素影响,又受技术因素影响,在一定程度上技术因素起决定性作用。所以,成本分析如果只停留在对经济指标的分析,而不深入技术领域,不结合技术指标进行分析,就不能达到其目的。为此,必须要求分析人员通晓一些技术知识,并注意发动技术人员参与成本分析,把经济分析与技术分析结合起来。所谓经济分析与技术分析相结合,就是通过经济分析为技术分析提供课题,增强技术分析的目的性;而技术分析又可反过来提高经济分析的深度,并从经济效益角度对所采取的技术措施加以评价,从而通过改进技术来提高经济效益。这两方面分析的结合,能防止片面性,并能结合技术等因素查明成本指标变动的原因,以全面改进工作,提高效益。

（四）纵向分析与横向分析相结合的原则

纵向分析是指企业内部范围内的纵向对比分析,包括本期实际与上期实际比较,与上年同期实际比较,与历史最好水平比较,与有关典型意义的时期比较等。这种纵向对比,是成本分析的主要内容,可以观察企业成本的变化趋势。但在市场经济体制下,企业必须面向市场、面向世界,所以,要收集和掌握国内外同类型企业成本的先进水平资料,广泛开展横向厂际对比分析。这种横向对比,有助于企业在更大范围内发现差距,促使企业产生紧迫感,增强竞争能力。

（五）事后分析与事前、事中分析相结合的原则

现代成本分析不能局限于事后分析,还应包括事前分析和事中分析,特别是要开展事前分析。这三个阶段的分析,是相互联系的,各有其特定作用。只有在成本发生之前开展预测分析,在成本发生过程中,实行控制分析,在成本形成之后,搞好考核分析,把事前分析、事中分析和事后分析结合起来,建立起完整的分析体系,将成本分析贯穿于企业再生产全过程,才能做到事前发现问题,事中及时揭示差异,事后正确评价业绩。这对于提前采取相应措施,把影响成本升高的因素消灭在发生之前或萌芽状态之中,以及时总结经验教训,指导下期成本工作等,都具有明显的积极意义。

（六）报表数据分析与实地分析相结合的原则

成本分析必须系统掌握和充分利用报表数据,这是做好分析工作的基础。但是要完整了解实际情况,真正弄清问题的实质,从复杂因素中找出关键因素,得出全面的分析结论,只凭报表数据是不够充分的,还必须深入实践,有的放矢地进行必要的调查研究,把报表数据和实际情况结合起来,才能加深认识,进一步提高分析的质量。

五、成本分析评价标准

成本分析评价标准主要有历史标准、行业标准和预算标准等。所谓历史标准,是指企业在以前年度中某项成本指标的最低水平。历史标准不会一直保持不变,如果企业以后年度中成本指标有了新的突破,历史标准将被更新、更好的指标所代替,直到企业重新产生新的标准。根据历史标准,可以判断企业现时的工作与以前相比,是取得了成绩,还是退步了,使企业看到自己的差距。所谓行业标准,是指由企业主管部门根据所属行业的生产经营的实际情况所制

定的同行业的成本指标水平。行业标准应是体现全行业平均水平的成本指标,一般情况下,大多数企业经过努力可以达到这一标准。根据这一指标,企业可以了解自己在同行业中所处的水平,是超过同行业平均水平,还是未达到同行业平均水平,从而可以促使企业努力采取措施,赶超先进。所谓预算标准(或称计划标准、目标标准),是指企业预先规定的在计划期内产品生产耗费和各种产品的成本水平。预算标准具体包括主要产品单位成本预算、商品产品成本预算、制造费用预算、销售费用预算、管理费用预算和财务费用预算等。根据预算标准,企业可以分析其实际生产消耗水平与预算之间的差异,并通过分析差异原因,使之在以后的经营管理中,力争成本消耗不突破预算,使成本水平不断降低,从而增加企业经济效益。

六、成本分析的基本程序

(一)成本分析准备阶段

1. 明确成本分析目的

成本分析的主要目的是全面分析成本水平与构成的变动情况,研究影响成本升降的各种因素及其变动原因,以便挖掘降低成本的潜力,控制成本,提高经济效益。为了达到这一目的,必须制订成本分析计划。制订成本分析计划是为了保证分析工作有目的、有步骤地进行,并且不致因遗漏任何重要问题而影响分析效果。分析计划应确定分析的目的、要求、范围,分析的主要课题,分析工作的组织分工、进度安排、资料来源等。分析工作要按计划进行,但也应根据分析过程中的实际情况修改补充计划,以提高分析质量。

2. 确立成本分析标准

进行成本分析,通常情况下是以企业制订的成本计划指标作为成本分析标准。具体做法是将企业的实际成本指标与计划指标进行对比,找出差异,并分析原因,也可将企业的实际成本指标与历史标准、同行业标准等进行对比。

3. 收集成本分析资料

占有大量完备的各种资料,是进行正确成本分析的基础。在进行成本分析时,必须首先收集内容真实、数据正确的资料。分析所需要的资料是多方面的,不仅需要收集各种核算的实际资料,还要收集有关的计划、定额资料;不仅要收集有关的数据资料,而且还要收集会议记录、决议、报告、备忘录等文字资料;不仅需要国内同行业先进企业的有关资料,而且需要国际先进企业的资料。收集资料要注意日常积累,才能对企业工作逐步形成概念;必须实事求是,并且进行必要的去粗取精、去伪存真的整理工作,以筛选真实反映经营状况的资料,才有可能得出正确的结论和提出切实可行的建议。

(二)成本分析实施阶段

1. 报表整体分析

工业企业编制的成本报表,主要有商品产品成本表、主要产品单位成本表和制造费用明细表等。进行成本分析时,首先要对成本报表整体进行分析。例如,对商品产品成本表,可按产品类别和成本项目对全部商品产品成本进行分析,将商品产品的实际成本与计划成本进行对比分析,对其中的可比产品,可将实际成本与计划成本进行比较,还可以与上年实际比较;对主要产品单位成本表,可将产品单位成本分别与上年或与计划进行比较;对制造费用明细表,可将实际费用与计划或与上年同期水平进行比较,以说明有关成本费用的升降情况。

2. 成本指标分析

成本指标分析,或称成本指标对比,是在已经核实资料的基础上,对成本的各项指标的实

际数进行各种形式、各个方面的比较。经过比较,就可以确定差异,揭露矛盾。这样,一方面可以明确必须深入进行分析的问题,寻找产生问题的原因,另一方面又为挖掘潜力指出了方向和途径。

3. 基本因素分析

通过对比,揭露矛盾,只能看出数量上、现象上的差异,不能反映差异的根源。因此,还要相互联系地研究各项成本指标发生差异的原因。影响成本指标差异的原因是多种多样的,既有人的因素,也有物的因素;既有技术因素,也有生产组织因素;既有经济方面的因素,也有非经济方面的因素;既有企业内部的因素,也有企业外部的因素。因此,只有运用对立统一的方法来分析,才能查明成本指标的差异原因。

(三)成本分析报告阶段

1. 得出成本分析结论

在实际工作中,首先,要在研究有关成本指标差异形成过程的基础上,进行因素分析。其次,将有关因素加以分类,衡量各个因素对指标差异产生的影响程度和影响方式,在相互联系中,找出起决定作用的主要因素。最后,综合分析各方面因素对指标差异的影响程度。有分析还要有综合,这是密不可分的两个过程。其中,分析是基础,综合是分析的概括和提高。如果只重分析,忽视综合,最后只能得出个别的和部分的结论,看不出影响指标差异的各个因素的内在联系。因此,只有把分析和综合正确地结合起来,才能在多种矛盾中找出主要矛盾,从复杂因素中找出决定性因素,对企业成本和成本效益由感性认识上升到理性认识,抓住问题的关键,得出成本分析的结论。

2. 提出可行的措施和建议

成本分析在揭露矛盾和分析矛盾以后,要对企业成本工作做出评价,提出解决矛盾的可行措施。分析工作的最后阶段,应根据分析的结果,认真总结经验教训,发扬成绩,克服缺点。要依靠群众,针对生产实践中的关键问题和薄弱环节,提出措施,挖掘潜力,改进工作,提高成本效益。同时,必须注意抓好措施的实施与检查,继续开展成本分析工作。只有不断地发现、分析、解决实践中出现的新矛盾与新问题,才能不断提高企业的科学管理水平。

3. 编写成本分析报告

成本分析报告是在完成了成本分析全部程序之后,对成本分析结果作出的文字报告。成本分析报告的内容见本任务的有关内容。

七、成本分析的方法

(一)成本报表整体分析方法

1. 水平分析法

水平分析法,是指将反映企业报告期成本的信息(特别指成本报表信息资料)与反映企业前期或历史某一种成本状况的信息进行对比,研究企业经营业绩或成本状况发展变动情况的成本分析方法。水平分析法所进行的对比,一般来说,不是指单指标对比,而是对反映某方面情况报表的全面、综合的对比分析。

2. 垂直分析法

垂直分析与水平分析不同,它是通过计算成本报表中各项目占总体的比重或结构,反映报表中的项目与总体的关系及其变动情况。会计报表经过垂直分析法处理后,通常称为同度量报表,或称总体结构报表、共同比报表等。

3. 趋势分析法

趋势分析法是根据企业连续几年或几个时期的分析资料,运用指数或完成率的计算,确定分析期各有关项目的变动情况和变动趋势的一种成本分析方法。趋势分析法既可用于对会计报表的整体分析,即研究一定时期报表各项目的变动趋势,也可用于对某些主要指标的发展趋势进行分析。

(二)指标分析法

1. 指标对比分析法

指标对比分析法是对经济指标的实际数作各种各样的比较,从数量上确定差异的一种分析方法。指标对比分析法的作用在于揭露矛盾,评价业绩,揭示不足,挖掘潜力。目前,进行经济指标的对比主要有以下几种形式:

(1)实际指标与计划指标对比。首先要将企业实际指标与计划指标进行比较,为进一步分析指明方向。但在比较时,必须检查计划本身质量,如果计划保守或冒进,就失去了可比的客观依据。

(2)本期实际指标与以前(上期水平、上年同期水平或历史最好水平)实际指标的对比。这种比较方法可以观察企业成本的变化趋势,以及企业经营管理的改善情况等。另外,有些经济技术指标未规定计划数,则可将其实际数与前期实际数进行对比,以便找出差距,从中吸取经验,改进工作。

(3)本期实际指标与国内外同类型企业的先进指标对比,或者在企业内部开展与先进车间、班组和个人的指标对比。这种对比方法,可以扩大眼界,防止骄傲自满,在更大范围内发现先进与后进的差距,学人之长,补己之短,以提高经营管理水平。在我国进行的成本分析实践中,这种对比形式得到了蓬勃发展。在一些同类型企业中,通过交换成本核算资料,自动开展成本指标对比活动。有些行业由个别企业的简单对比,发展成为主管部门有组织、有准备的定期对比评比会的形式,从而将指标对比与经验交流会相结合,与赶超先进的竞赛相结合。

开展成本指标的对比,要考虑指标的内容、计价标准、时间长度和计算方法的可比性。在同类型企业进行成本指标对比时,还要考虑客观条件是否基本接近,在技术上、经济上是否具有可比性。

2. 比率分析法

比率分析法,是将反映成本状况或与成本水平相关的两个因素联系起来,通过计算比率,反映它们之间的关系,借以评价企业成本状况和经营情况的一种成本分析方法。根据分析的不同内容和不同要求,比率分析主要包括相关比率分析、趋势比率分析和构成比率分析等。

(1)相关比率分析。它是以某个项目和其他有关但又不同的项目加以对比,求出比率,以便更深入地认识某方面的生产经营情况。如将利润项目与销售成本项目对比,求出成本利润率,从而可以观察比较企业成本效益水平的高低。

(2)趋势比率分析。它是将几个时期同类指标的数字进行对比以求出比率,分析该项指标增减速度和发展趋势,以判断企业某方面业务的变化趋势,并从其变化中发现企业在经营方面所取得的成果或存在的不足。

【案例 11—1】 假设某电机厂在某一时期中连续四年铸件单位成本和趋势比率如表 11—1所示。

表 11-1　　　　　　　　　　　　产品单位成本和趋势比率表

指　标	年　度			
	第一年	第二年	第三年	第四年
铸件单位成本(元/吨)	382	423	489	675
基期指数(%)	100	111	128	176
环比指数(%)		111	116	138

通过表 11-1，可以看出该电机厂铸件成本逐年提高，而且提高的比率逐年上升，这说明该厂铸造车间在生产和管理上存在严重问题，必须采取及时有力的措施扭转这一不良趋势。

(3)构成比率分析。这是确定某一经济指标各个组成部分占总体的比重，观察其构成内容及变化，以掌握该项经济活动的特点和变化趋势的一种方法。例如，计算各成本项目在成本总额中所占的比重，并与其他各种标准进行比较，可据以了解成本构成的变化，明确进一步降低成本的重点所在。

利用比率分析法计算简便，而且对其结果也比较容易判断；可以使某些指标在不同规模的企业之间进行比较，甚至也能在一定程度上超越行业间的差别进行比较。

(三)因素分析法

因素分析法是依据分析指标与其影响因素之间的关系，按照一定的程序和方法，确定各因素对分析指标差异影响程度的一种技术分析方法。根据其分析特点，因素分析法可分为连环替代法和差额计算法两种。

1. 连环替代法

这种方法是从数值上测定各个相互联系的因素对有关经济指标的差异影响程度的一种分析方法。通过这种计算，可以衡量各项因素影响程度的大小，有利于分清原因和责任，使评价工作更有说服力，并可作为制定措施、挖掘潜力的参考。这种分析方法的计算程序如下：

(1)根据影响某项经济指标完成情况的因素，按其依存关系将经济指标的基数(计划数或上期数等)和实际数分解为两个指标体系。

(2)以基数指标体系为计算的基础，用实际指标体系中每项因素的实际数逐步顺序地替换其基数；每次替换后，实际数就被保留下来，有几个因素就替换几次；每次替换后计算出由于该因素变动所得的新结果。

(3)将每次替换所算的结果，与这一因素被替换前的结果进行比较，两者的差额，就是这一因素变化对经济指标差异的影响程度。

(4)将各个因素的影响数值相加，其代数和应同该经济指标的实际数与基数之间的总差异数相符。

假设某一经济指标 N 由相互联系的 A、B、C 三个因素组成，则计划指标和实际指标的公式是：

$$计划指标：N_0 = A_0 \times B_0 \times C_0$$
$$实际指标：N_1 = A_1 \times B_1 \times C_1$$

该指标实际脱离计划的差异 $(N_1 - N_0 = D)$ 可能是上列三个因素同时变动的影响。在测定各个因素的变动对指标 N 的影响程度时可顺序计算如下：

$$计划指标：N_0 = A_0 \times B_0 \times C_0$$

①

第一次替代：$N_2 = A_1 \times B_0 \times C_0$　　　　　　　　　　　②

第二次替代：$N_3 = A_1 \times B_1 \times C_0$　　　　　　　　　　　③

第三次替代：$N_1 = A_1 \times B_1 \times C_1$　　　　　　　　　　　④

（实际指标）

据此测定的结果：

②－①＝$N_2 - N_0$……是由 $A_0 \to A_1$ 变动的影响

③－②＝$N_3 - N_2$……是由 $B_0 \to B_1$ 变动的影响

④－③＝$N_1 - N_3$……是由 $C_0 \to C_1$ 变动的影响

把各因素变动的影响程度综合起来，即：

$$(N_1 - N_3) + (N_3 - N_2) + (N_2 - N_0) = N_1 - N_0 = D$$

【案例11－2】 现举例说明连环替代法的运用，资料如表11－2所示。

表11－2　　　　　　　　　材料费用分析资料表

项　目	计划数	实际数
产品产量（件）	100	110
单位产品材料消耗量（千克/件）	8	7
材料单价（元/千克）	5	6
材料费用（元）	4 000	4 620

材料费用的实际数超过计划数620元（4 620－4 000），形成这一差异的因素有三个，即产品产量、单位产品材料消耗量、材料单价。运用连环替代法，就可以确定各因素变化对其差异的影响程度，计算如下：

计划指标：100×8×5＝4 000(元)

第一次替代：110×8×5＝4 400(元)　　＋400元，由于产量增加导致

第二次替代：110×7×5＝3 850(元)　　－550元，由于材料节约导致

第三次替代：110×7×6＝4 620(元)　　＋770元，由于价格提高导致

2. 差额计算法

这种分析方法是连环替代法的一种简化形式，它是利用各个因素的实际数与基数之间的差额，直接计算各个因素对经济指标差异的影响数值。这一方法的特点在于运用数学提取因数的原理，来简化连环替代法的计算程序。应用这种方法与应用连环替代法的要求相同，只是在计算上简化一些。所以，在实际工作中应用比较广泛。

这种分析方法的计算程序如下：

(1)确定各因素的实际数与基数的差额。

(2)以各因素的差额，乘上计算公式中该因素前面的各因素的实际数，以及列在该因素后面的其余因素的基数，就可求得各因素的影响值。

(3)将各个因素的影响值相加,其代数和应同该项经济指标的实际数与基数之差相符。

八、技术经济指标变动对产品单位成本的影响

(一)技术经济指标变动对产品单位成本的影响概述

1. 技术经济指标的定义

所谓技术经济指标,是指与企业的生产技术特点有内在联系的各种经济指标,如酿酒生产的出酒率指标、造纸生产的成纸率指标、铸造生产的成品率指标等。可见,企业的生产技术特点不同,用来考核自身经济活动的技术经济指标也不同。也就是说,每个企业都有一套反映自身生产技术特点的技术经济指标体系。

2. 技术经济指标的分类

企业的各项技术经济指标对产品成本的影响,主要体现在对产品单位成本的影响上,但影响途径各不相同。按照技术经济指标对产品单位成本的影响途径,通常可以将其归纳为三大类。

第一类技术经济指标:该类指标通过影响产量变动,间接地影响单位成本中的固定费用水平,如设备利用率等。

第二类技术经济指标:该类指标通过自身耗用量的变动直接影响原材料、燃料、动力费用水平,如原材料利用率等。

第三类技术经济指标:该类指标不但直接影响原材料、燃料等的消耗,而且通过影响产量变动间接地影响产品的单位成本中的固定费用水平,如成品率等。

从以上分类可以看出,企业各项技术经济指标的变动都会对产品的单位成本产生直接或间接的影响。

3. 技术经济指标的作用

进行技术经济指标分析,主要有以下作用:

(1)可以促使经济分析和技术分析相结合,具体查明影响成本升降的各个生产技术因素,有效地控制产品成本。

(2)可以将技术经济指标分解落实到各个生产技术岗位,促使职工关心生产技术、工艺操作的质量和效果,不断研究改进、提高生产技术水平。

(3)可以将成本分析与日常的生产技术和专业管理工作相结合,以便随时发现存在的问题,及时采取有效措施。

(二)技术经济指标变动对产品单位成本的影响分析

下面就常见的一些技术经济指标,如原材料耗用量、产品产量、产品质量、劳动生产率、能源利用程度等,说明它们的变动对产品单位成本影响的一般分析方法。

1. 原材料耗用量变动对产品单位成本的影响分析

(1)改进产品设计使产品重量改变

在保证产品质量和市场需要的前提下,改进产品设计,使产品体积更小、重量更轻、结构更简化,从源头上节约材料消耗,是降低产品单位成本的重要途径。

由于改进产品设计,减轻产品重量对产品单位成本的影响程度,可按下式计算:

$$\text{产品重量变动对单位产品原材料费用的影响} = \text{变动前单位产品原材料费用} \times \left(1 - \frac{\text{变动后产品重量}}{\text{变动前产品重量}}\right)$$

【案例 11-3】 假设企业生产的某单位产品原来净重 10 千克,耗用 A 材料 500 元,现在改

进设计,使产品净重缩减为 9.5 千克。则产品重量变动对单位产品原材料费用的影响为:

$$\text{产品重量变动对单位产品原材料费用的影响} = 500 \times \left(1 - \frac{9.5}{10}\right) = 25(元)$$

(2)原材料加工方法的变化

原材料在加工过程中有各种损耗,使其投入生产的量总比生产中实际利用的量要大。两者之间的差距越小,说明原材料的利用程度越高,也就意味着用等量的原材料能生产出更多数量的产品,从而降低单位产品负担的原材料费用。

采用新的工艺技术或改进加工方法,提高原材料的利用率,是削减成本的一个有效措施。比如在一些机械企业里,采用了能使零件毛坯成形后少余量或无余量的精密铸造、精密锻造等新工艺技术,减少了原材料消耗量,提高了原材料的利用率。

原材料利用率是反映原材料有效使用程度的指标,通常用加工以后实际形成产品实体的原材料的有效重量与投入生产的原材料重量的比率来表示,即:

$$\text{原材料利用率} = \frac{\text{加工以后产品的有效重量}}{\text{投入生产的原材料重量}} \times 100\%$$

在其他条件不变的情况下,原材料利用率变动对单位产品原材料费用的影响,按下式计算:

$$\text{原材料利用率对单位产品原材料费用的影响} = \text{变动前单位产品原材料费用} \times \left(1 - \frac{\text{变动前原材料利用率}}{\text{变动后原材料利用率}}\right)$$

【案例 11-4】 假设企业改进某产品的设计,简化了产品结构,减轻了产品重量,提高了原材料的利用率。改进前后的有关资料如表 11-3 所示。

表 11-3　　　　　　　　　　　　　原材料利用率分析表

项　目	计数单位	改进加工方法前	改进加工方法后
材料总费用	元	100 000	96 530
材料消耗总量	千克	5 000	4 826.5
材料平均单价	元/千克	20	20
单位产品材料费用	元	800	772.24
产品产量	件	125	125
加工后产品净重	千克	4 629.5	4 536.91

注:废料无残值。

原材料利用率变动对单位产品原材料费用的影响,计算如下:

$$\text{改进加工方法前原材料利用率} = \frac{4\ 629.5}{5\ 000} \times 100\% = 92.59\%$$

$$\text{改进加工方法后原材料利用率} = \frac{4\ 536.5}{4\ 826.5} \times 100\% = 94\%$$

$$\text{原材料利用率变动对单位产品原材料费用的影响} = 800 \times \left(1 - \frac{92.59\%}{94\%}\right) \times 100\% = 12(元)$$

本例并非是单纯的原材料利用率变动,注意到改进产品设计后单位产品重量减轻了,因此还要计算产品重量变动对产品单位成本的影响程度。

$$\begin{aligned}产品重量变动对单位\\产品原材料费用的影响\end{aligned} = 800 \times \left(1 - \frac{4\ 536.91}{4\ 629.5}\right) = 16(元)$$

(3)原材料质量的变化

原材料质量的优劣直接影响产品的成品率和产品质量。使用劣质材料,造成废品增加、成品率低,不但会加大原材料的耗用量,而且会增加生产加工的时间,产品质量难以得到保证。因此要加强原材料质量管理,采用质量符合生产要求的材料。

(4)采用代用材料

在保证产品质量的前提下,合理使用廉价材料代用高价材料,既能扩大材料来源,又能节约原材料消耗,降低原材料费用。

$$\begin{aligned}由于材料代用而\\形成的节约或超支\end{aligned} = \sum\left(\begin{aligned}原先使用的\\原材料消耗量\end{aligned} \times \begin{aligned}该材料的\\计划单价\end{aligned}\right) - \sum\left(\begin{aligned}代用材料\\的消耗量\end{aligned} \times \begin{aligned}该材料的\\计划单价\end{aligned}\right)$$

【案例11—5】 假设企业生产某单位产品使用A材料20千克,计划单价10元/千克,因A材料突然发生短缺改用C材料代替进行生产,C材料用量20千克,计划单价9.4元/千克,采用代用材料对产品单位成本的影响:

由于材料代用而形成的节约或超支 = 20×10 - 20×9.4 = 12(元)

由以上分析可知,由于合理使用代用材料,使单位成本节约12元。

如果采用代用材料不但直接影响原材料费用,还影响到产品的加工费用的话,那么在考虑代用材料对产品单位成本的影响时,要包括加工费用的变动情况。即:

$$\begin{aligned}材料代用对产品\\单位成本的影响\end{aligned} = \begin{aligned}由于材料代用而\\形成的节约或超支\end{aligned} + \begin{aligned}采用材料代用而引起的\\加工费用的节约或超支\end{aligned}$$

(5)原材料综合利用

有些企业在利用原材料生产主产品的同时,还生产副产品,这是综合利用原材料的良好形式。用等量的原材料生产出更多品种和数量的产品,必然使主产品的原材料费用降低。

在其他条件不变的情况下,原材料综合利用对产品单位成本的影响,按下式计算:

$$\begin{aligned}原材料综合利用以后对产品单\\位成本中原材料降低率的影响\end{aligned} = \left(1 - \begin{aligned}综合利用以后\\费用的分配率\end{aligned}\right) \times \begin{aligned}综合利用以前原材料费用在\\单位产品成本中所占的比重\end{aligned}$$

$$\begin{aligned}原材料综合利用以后对产品单\\位成本中原材料降低额的影响\end{aligned} = \begin{aligned}原材料综合利用以后对产品单\\位成本中原材料降低率的影响\end{aligned} \times \begin{aligned}综合利用以前\\产品单位成本\end{aligned}$$

$$\begin{aligned}原材料综合利用以后对产品单\\位成本中加工费用降低率的影响\end{aligned} = \left[1 - \left(1 + \begin{aligned}加工费用\\增长率\end{aligned}\right) \times \begin{aligned}综合利用以后\\费用的分配率\end{aligned}\right]$$
$$\times \begin{aligned}综合利用前加工费用在单\\位产品成本中所占的比重\end{aligned}$$

$$\begin{aligned}原材料综合利用以后对产品单\\位成本中加工费用降低额的影响\end{aligned} = \begin{aligned}原材料综合利用以后对产品单\\位成本中加工费用降低率的影响\end{aligned} \times \begin{aligned}综合利用以前\\产品单位成本\end{aligned}$$

$$\begin{aligned}原材料综合利用以后对产\\品单位成本降低率的影响\end{aligned} = \begin{aligned}原材料综合利用以后对产品单\\位成本中原材料降低率的影响\end{aligned} + \begin{aligned}原材料综合利用以后对产品单\\位成本中加工费用降低率的影响\end{aligned}$$

$$\begin{aligned}原材料综合利用以后对产\\品单位成本降低额的影响\end{aligned} = \begin{aligned}原材料综合利用以后对产品单\\位成本中原材料降低额的影响\end{aligned} + \begin{aligned}原材料综合利用以后对产品单\\位成本中加工费用降低额的影响\end{aligned}$$

【案例11—6】 假设某企业原材料综合利用以前,A产品产量500千克,其成本费用中原材料费用6 000元,加工费用(工资及福利费与制造费用合称为加工费用)4 000元,原材料综合利用以后,在生产同样数量的A产品外,还同时生产出一种B产品50千克,加工费用增加到

5 000元。假设成本费用按90%与10%的比例在A、B两种产品之间进行分配,分析原材料综合利用对产品单位成本的影响。综合利用前后有关成本费用资料分析如表11—4所示。

表11—4　　　　　　　　综合利用后A、B产品成本表　　　　　　　　单位:元

项目	综合利用前A产品成本（产量500千克）			综合利用后A产品成本（产量500千克）		综合利用后B产品成本（产量500千克）		综合利用后A、B产品成本合计
	总成本	单位成本	成本构成	总成本	单位成本	总成本	单位成本	
原材料	6 000	12	60	5 400	10.8	600	12	6 000
加工费用	4 000	8	40	4 500	9.0	500	10	5 000
合计	10 000	20	100	9 900	19.8	1 100	22	11 000

综合利用后A产品单位成本降低了0.2元,降低率为1%,其中:

原材料综合利用以后对产品单位成本中原材料降低率的影响 $=(1-90\%)\times 60\%=6\%$

原材料综合利用以后对产品单位成本中原材料降低额的影响 $=6\%\times 20=1.2(元)$

原材料综合利用以后对产品单位成本中加工费用降低率的影响 $=[1-(1+25\%)\times 90\%]\times 40\%=-5\%$

原材料综合利用以后对产品单位成本中加工费用降低额的影响 $=(-5\%)\times 20=-1(元)$

原材料综合利用以后对产品单位成本降低率的影响 $=6\%+(-5\%)=1\%$

原材料综合利用以后对产品单位成本降低额的影响 $=1.2+(-1)=0.2(元)$

由以上分析可知,对材料进行综合利用以后,使A产品单位成本节约0.2元。

(6) 边角余料、废料回收利用情况的变化

各种原材料加工后产生的废料和边角余料,应积极组织回收利用,以减少材料的耗用量,节约材料费用。若边角余料、废料回收利用数量低于定额或计划数量,不能直接作出"这是不利因素"的评价。因为造成这种情况可能有两种原因:一是回收利用工作没有组织好,很明显,边角余料、废料回收利用不足将造成单位产品原材料费用升高,应该采取措施纠正;二是加工方法改进了,这样虽然回收利用的边角余料、废料比以前要少,但是原材料的利用率提高了,生产的产品数量增加了,最终会使单位产品原材料费用降低,这种就是有利因素。

此外,原材料消耗量的变动还受到生产工人的操作技术水平、劳动态度、设备性能、材料管理等多方面的影响,要结合生产经营管理的具体情况进行分析。

2. 产品产量变动对产品单位成本的影响分析

我们知道,按照生产费用与产品产量的依存关系(即成本性态),可以将其分为变动费用和固定费用。变动费用总额随着产量的变动成正比例地变动,而固定费用总额在一定时期和产量范围内(指在产量的增长尚未超过企业生产能力,无须增加新的机器设备的情况下),不随着产量的变动而变动。也就是说,产量的变动不会影响单位产品中的变动费用,但会影响分摊到单位产品中的固定费用,从而使得产品单位成本发生变动。可见,产品产量的变动对产品单位成本的影响是间接的。

测定产量变动对产品单位成本的影响,可在其他条件不变的情况下,按照下式计算:

$$\begin{matrix}产量变动对产品单位\\成本降低率的影响\end{matrix} = \left(1 - \frac{1}{1+产量的增长率}\right) \times \begin{matrix}计划单位成本中固\\定费用所占的比重\end{matrix}$$

$$\begin{matrix}产量变动对产品单位\\成本降低额的影响\end{matrix} = \left(1 - \frac{1}{1+产量的增长率}\right) \times \begin{matrix}计划单位成本\\中的固定费用\end{matrix}$$

需要说明的是:当产量降低时,产量增长率应以负数表示。

【案例 11—7】 假设 E 产品成本资料如表 11—5 所示。

表 11—5　　　　　　　　　　　　E 产品成本资料　　　　　　　　　　　单位:元

项目	产量/件			单位成本				总成本		
	计划	实际	增长率	计划	比重	实际	增长率	计划	实际	增长率
固定费用				20	40	16	−20%	4 000	4 000	0
变动费用				30	60	30	0	6 000	7 500	25%
合计	200	250	25%	50	100	46	−8%	10 000	11 500	15%

$$\begin{matrix}产量变动对产品单位\\成本降低率的影响\end{matrix} = \left(1 - \frac{1}{1+25\%}\right) \times 40\% = 8\%$$

$$\begin{matrix}产量变动对产品单位\\成本降低额的影响\end{matrix} = \left(1 - \frac{1}{1+25\%}\right) \times 20 = 4(元)$$

可见,当 E 产品的产量从 200 件增长到 250 件,增长率为 25% 时,总成本中的变动费用也同比例增长到 7 500 元,而总成本中的固定费用保持不变,仍为 4 000 元。因为产量的增长,E 产品单位成本中的固定费用从 20 元下降到 16 元,降低了 4 元,降低率为 20%,最终使单位成本降低了 8%。

有一个与产品产量的变动密切相关的技术经济指标称作设备利用率,该指标通过影响产量变动来间接地影响单位成本中的固定费用水平。设备利用率在不同的行业企业里有着不同的表现形式,其中一种形式是以单位设备在单位作业时间的产品产量来表示,即:

$$设备利用率 = \frac{产品产量}{作业时间}$$

可见,当作业时间以及其他条件都不变时,单纯设备利用率指标的增减变动,将使产量发生同比例的增减变动。假设设备利用率比计划提高 10%,作业时间以及其他条件不变,若计划单位成本中的固定费用仍为 20 元,计划单位成本中固定费用所占的比重仍为 40%,那么设备利用率变动对产品单位成本的影响,可以用产量变动对产品单位成本的影响表示,公式计算如下:

$$\begin{matrix}设备利用率变动对产品\\单位成本降低率的影响\end{matrix} = \left(1 - \frac{1}{1+10\%}\right) \times 40\% = 3.64\%$$

$$\begin{matrix}设备利用率变动对产品\\单位成本降低额的影响\end{matrix} = \left(1 - \frac{1}{1+10\%}\right) \times 20 = 1.82(元)$$

计算结果说明,设备利用率提高 10%,单位成本降低 1.82 元,降低率为 3.64%。

3. 产品质量变动对产品单位成本的影响分析

工业企业生产的产品种类繁多,不同的产品有着不同的生产特点和质量要求,因而用来表示产品质量的指标也不同。根据产品是否符合质量技术标准,可将产品分为合格品和废品,一般用合格品率、废品率、返修率、废品损失率等指标来反映产品的质量。有些合格品还可以按照质量水平高低,划分为不同的等级,一般用产品等级系数等指标来表示产品的质量。因此,分析产品质量变动对产品单位成本的影响,主要是分析合格品率、废品率、返修率、废品损失率、产品等级系数等有关指标对产品单位成本的影响。下面以废品率和产品等级系数这两个指标为例进行分析。

(1)废品率变动对产品单位成本的影响分析

废品率是指废品数量占产品总产量的比重。在生产耗费水平不变的前提下,废品率降低,会使相同生产条件下的合格品数量增加,从而降低产品的单位成本。

$$废品率 = \frac{废品数量}{合格品数量+废品数量} \times 100\%$$

在其他条件不变的情况下,废品率变动对产品单位成本的影响,可按照下式计算:

$$废品率变动对产品单位成本降低率的影响 = \left(1 - \frac{\frac{实际废品率}{1-实际废品率}}{\frac{计划废品率}{1-计划废品率}}\right) \times 计划单位成本中废品损失所占的比重$$

$$废品率变动对产品单位成本降低额的影响 = \left(1 - \frac{\frac{实际废品率}{1-实际废品率}}{\frac{计划废品率}{1-计划废品率}}\right) \times 计划单位成本中废品损失$$

【案例 11-8】 假设某产品的有关资料如表 11-6 所示,在总产量和生产费用不变的前提下,分析废品率变动对产品单位成本的影响,如表 11-7 所示。

表 11-6　　　　　　　　　　合格品、废品数量资料　　　　　　　　　　单位:件

项目	计划 数量	计划 比率	实际 数量	实际 比率
合格品	1 200	95%	1 323	98%
废品	50	4%	27	2%
合计	1 250	100%	1 350	100%

表 11-7　　　　　　废品变动对产品单位成本的影响分析表

项目	计划	实际	降低额	降低率(%)
产量(件)	1 000	1 000	0	0
合格品(件)	980	990	-10	-1.02
废品(件)	20	10	10	50
废品率(%)	2	1	1	
生产费用合计(元)	200 000	200 000	0	0
废品单位成本(元)	$\frac{200\,000}{1\,000}=200$	$\frac{200\,000}{1\,000}=200$		
单位废品残值(残值率2%)(元)	200×10%=20	200×10%=20	0	0
废品损失(元)	20×(200-20)=3 600	10×(200-20)=1 800	1 800	50

续表

项 目	计 划	实 际	降低额	降低率(%)
单位产品中的废品损失(元)	$\frac{3\ 600}{980}=3.67$	$\frac{1\ 800}{990}=1.82$	1.85	50
合格品单位成本(元)	200+3.67=203.67	200+1.82=201.82	1.85	0.91

$$\text{计划单位成本中废品损失所占的比重} = \frac{3\ 600}{980 \times 203.67} = 1.80\%$$

$$\text{废品率变动对产品单位成本降低率的影响} = \left(1 - \frac{\frac{1\%}{1-1\%}}{\frac{2\%}{1-2\%}}\right) \times 1.80\% = 0.91\%$$

$$\text{废品率变动对产品单位成本降低额的影响} = \left(1 - \frac{\frac{1\%}{1-1\%}}{\frac{2\%}{1-2\%}}\right) \times 3.67\% = 1.85(元)$$

由以上分析可知,实际废品率比计划降低了1%,使产品单位成本降低了1.85元,降低率为0.91%。

(2)产品等级系数变动对产品单位成本的影响分析

在产品可以按照质量技术标准划分为不同等级的企业中,等级产品的平均质量水平一般可以用产品等级系数来表示。产品等级系数是指将各个等级产品的产量折合成一级品的产量占折合前各个等级产量综合的比重。计算公式为:

$$\text{产品等级系数} = \frac{\sum(各个等级产量 \times 该等级折合率)}{\text{折合前各个等级产量总和}}$$

式中,折合率一般是按单价折合计算,就是将各个等级的单价分别与一级品的单价相比得出的比值。产品等级系数越高,说明各个等级产品折合为一级品的产量越多,折合产量的单位成本也就越低,等级产品的质量也就越好。

在其他条件不变的情况下,产品等级系数变动对产品单位成本的影响,可按照下式进行计算:

$$\text{等级系数变动对产品单位成本降低率的影响} = \left(1 - \frac{\text{计划等级系数}}{\text{实际等级系数}}\right) \times 100\%$$

$$\text{等级系数变动对产品单位成本降低额的影响} = \text{折合为一级品的计划单位成本} \times \text{等级系数变动对产品单位成本降低率的影响}$$

【案例11-9】假设企业的某等级产品的产量和成本资料如表11-8所示,在其他条件不变的情况下,分析产品等级系数变动对产品单位成本的影响。

表11-8　　　　　　　　　　某等级产品的产量和成本资料

等 级	单价(元)	折合率	产量(件) 计划	产量(件) 实际	折合为一级品的产量(件) 计划	折合为一级品的产量(件) 实际	总成本(元) 计划	总成本(元) 实际
一级品	10	1	600	700	600	700		
二级品	8	0.8	400	370	320	296		

续表

等 级	单价(元)	折合率	产量(件) 计划	产量(件) 实际	折合为一级品的产量(件) 计划	折合为一级品的产量(件) 实际	总成本(元) 计划	总成本(元) 实际
三级品	5	0.5	1 200	180	100	90		
合 计			1 200	1 250	1 020	1 086	51 000	53 125

总成本的实际数为 53 125 元 $\left(\dfrac{51\ 000}{1\ 200}\times 1\ 250\right)$，实际上是将计划数按产量计划完成的百分比修正后的数值。在本例中，为了分析单纯等级系数变动对产品单位成本的影响，就要假设其他因素均不变。

按上述公式对本例进行分析。

计划等级系数 $=\dfrac{1\ 020}{1\ 200}=0.85$

实际等级系数 $=\dfrac{1\ 080}{1\ 250}=0.864$

等级系数变动对产品单位成本降低率的影响 $=\left(1-\dfrac{0.85}{0.864}\right)\times 100\% \approx 1.62\%$

等级系数变动对产品单位成本降低额影响 $=50\times 1.62\%=0.81(元)$

由以上分析可知，实际等级系数比计划提高 0.014(0.864－0.85)，使产品单位成本比计划降低了 0.81 元，降低率为 1.62%。

对以上分析结果，可以进行如下验证：

折合为一级品的计划单位成本 $=\dfrac{51\ 000}{1\ 020}=50(元)$ 折合为一级品的实际单位成本 $=\dfrac{53\ 125}{1\ 086}\approx 48.92(元)$

可见，产品单位成本比计划降低了 0.81 元，降低率为 1.62%，分析结果与前面分析相符。

4. 劳动生产率变动对产品单位成本的影响分析

劳动生产率是反映劳动者的劳动成果与劳动消耗量之间的对比关系，一般有两种表现形式：一种是用单位劳动时间平均生产的产品数量来表示的，计算公式为：

$$劳动生产率=\dfrac{产品数量}{劳动时间}$$

另外一种是用单位产品平均所耗用的劳动时间来表示的，计算公式为：

$$劳动生产率=\dfrac{劳动时间}{产品数量}$$

不管劳动生产率的表现形式是哪一种，劳动生产率的提高都表示劳动时间的节约以及劳动效率的提高。可见，在其他条件不变时，劳动生产率的提高，意味着生产单位产品所耗用的工时减少，从而引起单位产品负担的直接人工费用的减少；但是劳动生产率的提高，也意味着单位时间所生产的产品数量的增加，从而引起单位时间负担的直接人工费用的增加。也就是说，劳动生产率的提高往往伴随着工人平均工资（或小时工资率）的增长，只有在工人平均工资（或小时工资率）的增长速度不超过劳动生产率的增长速度的情况下，才能使产品的单位成本降下来。

在企业只生产一种产品时,计入该产品单位成本中的直接人工费用为:

$$\frac{产品单位成本中}{的直接人工费用}=\frac{直接人工费用总额}{产品数量}=\frac{每人平均直接人工费用(即平均工资)}{每人平均产量(即劳动生产率)}$$

所以,在整个企业或车间只生产一种产品时,劳动生产率变动对产品单位成本降低额和降低率的影响,其计算公式如下:

$$\frac{劳动生产率变动对产品}{单位成本降低率的影响}=\left(1-\frac{1+平均工资增长率}{1+劳动生产率提高率}\right)\times\frac{计划单位成本中直接}{人工费用所占的比重}$$

$$\frac{劳动生产率变动对产品}{单位成本降低额的影响}=\left(1-\frac{1+平均工资增长率}{1+劳动生产率提高率}\right)\times\frac{计划单位成本中}{的直接人工费用}$$

【案例 11-10】 假设企业只生产 M 产品,在产品的计划单位成本中,直接人工费用占 15 元,比重为 30%,其余资料如表 11-9 所示。

表 11-9　　　　　　　　　　　某企业 M 产品资料

指标	计划(元)	实际(元)	增长额(元)	增长率(%)
平均工资	1 500	1 800	300	20
平均产量	100	150	50	50
单位产品的直接人工费用	15	12	-3	-20

则劳动生产率变动对产品单位成本降低额和降低率的影响,计算如下:

$$\frac{劳动生产率变动对产品}{单位成本降低率的影响}=\left(1-\frac{1+20\%}{1+50\%}\right)\times 30\%=6\%$$

$$\frac{劳动生产率变动对产品}{单位成本降低额的影响}=\left(1-\frac{1+20\%}{1+50\%}\right)\times 15=3(元)$$

在企业生产多种产品时,按照工时比例分配计入产品成本中的直接人工费用为:

$$\frac{产品单位成本中}{的直接人工费用}=\frac{单位产品}{所耗工时}\times\frac{小时}{工资率}=\frac{小时工资率}{单位工时平均产量(即劳动生产率)}$$

所以,整个企业或车间生产多种产品时,劳动生产率变动对产品单位成本降低额和降低率的影响的计算公式如下:

$$\frac{劳动生产率变动对产品}{单位成本降低率的影响}=\left(1-\frac{1+小时工资增长率}{1+劳动生产率提高率}\right)\times\frac{计划单位成本中直接}{人工费用所占的比重}$$

$$\frac{劳动生产率变动对产品}{单位成本降低额的影响}=\left(1-\frac{1+小时工资增长率}{1+劳动生产率提高率}\right)\times\frac{计划单位成本中}{的直接人工费用}$$

【案例 11-11】 假设企业生产多种产品,在 N 产品的计划单位成本中,直接人工费用占 200 元,比重为 10%,其余资料如表 11-10 所示。

表 11-10　　　　　　　　　　　N 产品资料

指标	计划(元)	实际(元)	增长额(元)	增长率(%)
小时工资率	2	2.2	0.2	10
单位产品所耗工时	100	80	-20	-20
单位产品的直接人工费用	200	176	-24	-12

因为产品的单位工时产量与其单位产品所耗工时互为倒数,所以在本例中,可以先通过单位产品所耗工时的增长率计算出单位工时产量的增长率,即劳动生产率提高率,然后将算出的劳动生产率提高率代入上述公式,计算劳动生产率变动对产品单位成本降低额和降低率的影响,即:

$$\begin{matrix}\text{单位工时产量的增长率}\\\text{(即劳动生产率提高率)}\end{matrix} = \left(\frac{1}{1-20\%}-1\right) \times 100\% = 25\%$$

$$\begin{matrix}\text{劳动生产率变动对产品}\\\text{单位成本降低率的影响}\end{matrix} = \left(1 - \frac{1+10\%}{1+25\%}\right) \times 10\% = 1.2\%$$

$$\begin{matrix}\text{劳动生产率变动对产品}\\\text{单位成本降低额的影响}\end{matrix} = \left(1 - \frac{1+10\%}{1+25\%}\right) \times 200 = 24(元)$$

当然,也可以直接计算劳动生产率变动对产品单位成本降低额和降低率的影响,即:

$$\begin{matrix}\text{劳动生产率变动对产品}\\\text{单位成本降低率的影响}\end{matrix} = [1 - (1+10\%) \times (1-20\%)] \times 10\% = 1.2\%$$

$$\begin{matrix}\text{劳动生产率变动对产品}\\\text{单位成本降低额的影响}\end{matrix} = [1 - (1+10\%) \times (1-20\%)] \times 200 = 24(元)$$

5. 能源利用程度变动对产品单位成本的影响分析

企业在工业生产中会消耗各种各样的能源,如石油、煤炭、水、电等,节约能源消耗是降低产品单位成本的一条有效途径。

反映工业生产中能源利用程度的指标很多,在不同行业里各不相同,如在热电厂是用标准煤耗量,在炼铁厂是用焦比等重要经济指标来反映能源利用程度。下面以焦比为例进行分析。

焦比是反映每炼一吨合格生铁所消耗的焦炭量。降低焦比、节约焦炭的消耗量,能提高生铁的产量,降低生铁的单位成本。

焦比指标变动对产品(生铁)单位成本降低额和降低率的影响,其计算公式如下:

$$\begin{matrix}\text{焦比变动对产品单位}\\\text{成本降低率的影响}\end{matrix} = \left(1 - \frac{\text{实际焦比}}{\text{计划焦比}}\right) \times \begin{matrix}\text{计划单位成本中焦}\\\text{炭费用所占的比重}\end{matrix}$$

$$\begin{matrix}\text{焦比变动对产品单位}\\\text{成本降低额的影响}\end{matrix} = \left(1 - \frac{\text{实际焦比}}{\text{计划焦比}}\right) \times \begin{matrix}\text{计划单位成本}\\\text{中焦炭费用}\end{matrix}$$

【案例 11—12】 某炼铁厂炼一吨生铁计划要消耗焦炭 400 千克,实际消耗 385 千克,一吨生铁计划单位成本为 108 元,其中焦炭成本比重占 20%,分析焦比指标变动对生铁单位成本的影响。

解:很明显,焦比实际比计划降低 15 千克,即降低 3.75%。

对生铁单位成本降低额的影响为:

$$\left(1 - \frac{385}{400}\right) \times 20\% \times 108 = 0.81(元)$$

对生铁单位成本降低率的影响为:

$$\left(1 - \frac{385}{400}\right) \times 20\% = 0.75\%$$

可见,焦比降低 3.75%,使生铁的单位成本降低 0.81 元,降低率为 0.75%。也就是说,焦比每降低 1%,会使生铁的单位成本降低 0.216 元,降低率为 0.2%。

九、成本分析报告

（一）成本分析报告的内容

成本分析报告是在各部门、各级成本分析的基础上，由成本部门写成的文字报告。它是作为向企业领导和广大群众说明成本情况的书面汇报材料。成本分析报告是成本分析结果的反映，其主要内容如下：

1. 情况反映

用成本相关的主要经济技术指标的本期实际数与计划数相比较，说明成本计划的完成情况，并做出分析评价。

2. 成绩说明

实事求是地把职工在降低成本、提高成本效益活动中所取得的成果反映出来，使职工了解成功的经验。

3. 问题分析

客观地把成本计划执行中存在的问题揭示出来，并分析原因，划清责任。

4. 提出建议

针对取得的经验和存在的问题，提出改进成本工作、提高成本效益潜力的建议和措施，以及下一期企业成本工作的要求和目标。

（二）成本分析报告的要求

成本分析报告的基本要求如下：

1. 观点要明确

成绩是什么，缺点是什么，都要中肯、确切。

2. 原因要分析清楚

分析原因要准确、具体，责任要明确，以便改进工作。

3. 建议要切实可行

改进建议要具体，便于检查，促进责任部门认真贯彻执行；对于某些重要问题，还要经过可行性研究，以保证建议能够取得实效。

4. 报告要简练

撰写成本分析报告，应做到抓住关键、中心突出、文字简练流畅、图表形象鲜明，使人看了一目了然。

任务三　成本报表的编制与分析

一、产品生产成本表的编制

（一）产品生产成本表的概念

产品生产成本表是反映企业在报告期内生产的全部产品生产总成本和各种主要产品单位成本的会计报表。该表可以用于揭示企业产品成本计划的执行情况以及可比产品成本降低任务的完成情况，也可以作为评价企业成本管理工作水平和成本控制工作业绩的依据，同时还可通过对报表数据的分析找出成本升降变化的原因，为进一步降低产品成本、提高成本管理水平提供有效途径。

(二)产品生产成本表的结构和内容

产品生产成本表分为报表正表和补充资料两部分。

1. 报表正表部分

报表正表部分包括五个栏目：

(1)"产品名称"栏。将全部商品产品分为可比产品和不可比产品两部分，并按产品品种逐一列报。可比产品是指以前年度正式生产、报告年度继续生产、有完整的成本资料可以比较的产品。不可比产品是指本年度初次生产，或虽然本年度不属于初次生产，但以前年度属于试制生产，缺乏可比成本资料的产品。

(2)"实际产量"栏。该栏分"本月"与"本年累计"两栏分别列报。

(3)"单位成本"栏，分为"上年实际平均"、"本年计划"、"本月实际"和"本年累计实际平均"四栏列报。"上年实际平均"是指上年累计实际平均单位成本；"本年计划"是指报告年度成本计划规定的单位产品成本；"本月实际"是指本月完工产成品成本计算单确定的实际单位成本；"本年累计实际平均"是指报告年度1月份至编报月份止累计产品生产总成本与累计实际产量平均计算确定的单位成本。

(4)"本月总成本"栏，分为"按上年实际平均单位成本计算的本月总成本"、"按本年计划单位成本计算的本月总成本"和"按本月实际单位成本计算的总成本"三栏列报，各栏均按本月实际产量计算确定本月总成本。

(5)"本年累计总成本"栏，分为"按上年实际平均单位成本计算的本年累计总成本"、"按本年计划单位成本计算的本年累计总成本"和"按本年累计实际单位成本计算的本年累计总成本"三栏列报，各栏均按本年累计实际产量计算确定本年累计总成本。

2. 补充资料部分

补充资料部分包括两个方面：

(1)可比产品实际成本降低额，是指各品种可比产品报告年度实际产量按上年实际平均单位成本计算的本年累计总成本与报告年度实际产量累计实际总成本的差额之和，反映可比产品成本在报告年度产量一定的条件下，可比产品成本总额的实际降低情况，超支额用"一"表示。

$$\begin{aligned}可比产品实际\\成本降低总额\end{aligned} = \sum \begin{pmatrix} 某可比产品按上年平均单位 \\ 成本计算的本年累计总成本 \end{pmatrix} - \begin{pmatrix} 该可比产品按本年平均单位 \\ 成本计算的本年累计总成本 \end{pmatrix}$$

$$= \sum \begin{pmatrix} 本年累计 \\ 实际产量 \end{pmatrix} \times \begin{pmatrix} 上年实际累计 \\ 平均单位产品 \end{pmatrix} - \sum \begin{pmatrix} 本年累计 \\ 实际产量 \end{pmatrix} \times \begin{pmatrix} 本年实际累计 \\ 平均单位产品 \end{pmatrix}$$

(2)可比产品实际成本降低率，是指可比产品实际成本降低额与按上年实际累计平均单位成本计算的累计总成本的百分比例，反映可比产品成本实际降低的程度，超支率用"一"表示。

$$\begin{aligned}可比产品实际\\成本降低率\end{aligned} = \frac{可比产品成本降低总额}{\sum \begin{pmatrix} 本年累计 \\ 实际产量 \end{pmatrix} \times \begin{pmatrix} 上年实际累计 \\ 平均单位产品 \end{pmatrix}} \times 100\%$$

由于不可比产品缺乏基期成本资料，无法对比研究，因此，在成本计划中，不可比产品只规定本年度计划成本数，而可比产品除规定本年度计划成本指标外，还规定本年度成本降低指标，包括计划成本降低额和计划成本降低率两个方面，它是考核可比产品成本降低任务完成情况的重要依据。

产品生产成本表的格式和内容见表11—11。

表11—11　　　　　　　　　　　　　　　　**成本报表**

编制单位：××公司　　　　　　　　　　　××××年×月　　　　　　　　　　　　金额单位：元

产品名称	规格	计量单位	实际产量 本月累计	实际产量 本年累计	单位成本 上年实际平均	单位成本 本年计划	单位成本 本月实际	单位成本 本年累计实际平均	本月总成本 按上年实际平均单位成本计算	本月总成本 按本年计划单位成本计算	本年累计总成本 按上年实际平均单位成本计算	本年累计总成本 按本年计划单位成本计算	本年累计总成本 本年实际
可比产品合计	×	×	(1)	(2)	(3)	(4)	(5)=(9)÷(1)	(6)=⑫÷(2)	(7)=(1)×(3)	(8)=(1)×(4)	(10)=(2)×(3)	(11)=(2)×(4)	⑫
其中：甲产品													
乙产品													
…	…	…	…	…	…	…	…	…	…	…	…	…	…
不可比产品合计	×	×			×	×	×	×	×	×	×	×	…
其中：丙产品													
…	…	…	…	…	…	…	…	…	…	…	…	…	…
全部产品生产成本	×	×			×	×	×	×	×	×	×	×	…

补充资料（本年累计实际数）：

1. 可比产品实际成本降低额为：＿＿＿＿＿＿＿

2. 可比产品实际成本降低率为：＿＿＿＿＿＿＿　（本年计划成本降低率为：＿＿＿＿＿＿＿）

(三)产品生产成本表的编制方法

"产品名称"栏。根据主要商品产品的品种,区分可比产品与不可比产品分项列示,注明各种产品的名称、规格和计量单位。

"实际产量"栏。其中,"本月"栏,根据相关产品成本明细账填列;而"本年累计"则是指从年初起到本月末止的累计实际产量,应根据本月实际产量加上上月本表的"本年累计"栏实际产量数字计算填列。

"单位成本"栏。其中,"本年计划"栏,应根据本年度成本计划填列;"本月实际"栏,应根据表中本月实际总成本除以本月实际产量计算填列;"本年累计实际平均"栏,应根据表中本年累计实际总成本除以本年累计实际产量计算填列。对于可比产品而言,因需要与上年度实际成本作比较,所以表中不仅要列示本期计划成本和实际成本,还需要列出上年度实际平均单位成本;"上年实际平均"栏,应根据上年度本表所列全年累计实际平均单位成本填列。而对于不可比产品,因没有上年的实际单位成本可比,所以只需列示本年的计划成本和实际成本。

"本月总成本"栏。其中,"按上年实际平均单位成本计算"栏,根据本月实际产量乘以上年实际平均单位成本计算填列;"按本年计划单位成本计算"栏,根据本月实际产量乘以本年计划单位成本计算填列;"本月实际"栏,本月实际产量乘以本月实际单位成本计算填列。

"本年累计总成本"栏。其中,"按上年实际平均单位成本计算"栏,根据本年累计实际产量乘以上年实际平均单位成本计算填列;"按本年计划单位成本计算"栏,根据本年累计实际产量乘以本年计划单位成本计算填列;"本年实际"栏,根据本年累计实际产量乘以本年累计实际单位成本计算填列。

【案例 11—13】 星海机械制造有限责任公司 2017 年 12 月份生产甲、乙、丙三种产品,其中,甲产品和乙产品为可比产品,丙产品为不可比产品;可比产品成本全年计划成本降低率为 2.65%;甲产品销售单价为 500 元,乙产品销售单价为 450 元,丙产品销售单价为 520 元。该公司各种产品单位成本资料整理见表 11—12。该公司 1~11 月份各种产品累计的产量、总成本、平均单位成本等资料见表 11—13,12 月份各种产品产量、总成本、单位成本等资料如表 11—14 所示。

表 11—12　　　　　　　　　　各种产品单位成本资料　　　　　　　　　　单位:元

成本项目	历史先进水平		上年实际平均		本年计划		
	甲产品	乙产品	甲产品	乙产品	甲产品	乙产品	丙产品
直接材料	312	254	320	280	315	275	340
直接人工	54	46	60	58	56	53	86
制造费用	63	45	68	52	69	47	60
合　计	429	345	448	390	440	375	486

表 11—13　　　　　　　　2017 年 1~11 月份各种产品产量、成本资料　　　　　　　　单位:元

成本项目	甲产品累计产量 350 台		乙产品累计产量 300 台		丙产品累计产量 120 台	
	累计总成本	平均单位成本	累计总成本	平均单位成本	累计总成本	平均单位成本
直接材料	100 877	288.22	79 380	264.30	37 896	315.80
直接人工	22 890	65.40	17 526	58.42	12 618	105.15

续表

成本项目	甲产品累计产量350台		乙产品累计产量300台		丙产品累计产量120台	
	累计总成本	平均单位成本	累计总成本	平均单位成本	累计总成本	平均单位成本
制造费用	17 710	50.60	16 395	54.65	9 390	78.25
合 计	141 477	404.22	113 301	377.67	59 904	499.20

表 11—14　　　　　　　　　12月份各种产品产量、成本资料　　　　　　　　　单位：元

成本项目	甲产品实际产量50台		乙产品实际产量40台		丙产品实际产量20台	
	总成本	单位成本	总成本	单位成本	总成本	单位成本
直接材料	14 925	298.50	11 200	280	5 600	280
直接人工	2 600	52	2 400	60	1 810	90.50
制造费用	3 580	71.60	2 084	52.10	1 600	80
合 计	21 105	422.10	15 684	392.10	9 010	450.50

要求：根据案例资料，编制该公司2017年12月份产品生产成本表（见表11—15）。

分析：产品生产成本表编制如下：

(1)根据表11—13、表11—14有关产量资料，列报各种产品"本月产量"和"本年累计产量"。

(2)根据表11—12资料列报各种产品的"上年实际平均单位成本"、"本年计划单位成本"，根据表11—13、表11—14列报各种产品的"本月实际单位成本"和"本年累计实际平均单位成本"，其中：

甲产品本年累计实际平均单位成本＝(141 477＋21 105)÷400＝406.455(元/台)

乙产品本年累计实际平均单位成本＝(113 301＋15 684)÷340＝379.368(元/台)

丙产品本年累计实际平均单位成本＝(59 904＋9 010)÷140＝492.243(元/台)

(3)根据表11—14列报各种产品的"本月实际总成本"，并结合有关资料计算填列"按上年实际平均单位成本计算的本月总成本"和"按本年计划单位成本计算的本月总成本"，其中：

甲产品按上年实际平均单位成本计算的本月总成本＝50×448＝22 400(元)

乙产品按上年实际平均单位成本计算的本月总成本＝40×390＝15 600(元)

可比产品按上年实际平均单位成本计算的本月总成本合计＝22 400＋15 600＝38 000(元)

甲产品按本年计划单位成本计算的本月总成本＝50×440＝22 000(元)

乙产品按本年计划单位成本计算的本月总成本＝40×375＝15 000(元)

可比产品按本年计划单位成本计算的本月总成本合计＝22 000＋15 000＝37 000(元)

丙产品按本年计划单位成本计算的本月总成本＝20×486＝9 720(元)

全部产品按本年计划单位成本计算的本月总成本合计＝37 000＋9 720＝46 720(元)

全部产品本月实际总成本合计＝21 105＋15 684＋9 010＝45 799(元)

(4)根据表11—13列报各种产品的"本年实际总成本"，并结合有关资料计算填列"按上年实际平均单位成本计算的本年总成本"和"按本年计划单位成本计算的本年总成本"，其中：

甲产品按上年实际平均单位成本计算的本年总成本＝400×448＝179 200(元)

乙产品按上年实际平均单位成本计算的本年总成本＝340×390＝132 600(元)

表 11—15

产品生产成本表

编制单位：星海机械制造有限责任公司　　2017 年 12 月　　金额单位：元

产品名称	规格	计量单位	实际产量 本月 (1)	实际产量 本年累计 (2)	单位成本 上年实际平均 (3)	单位成本 本年计划 (4)	单位成本 本月实际 (5)=(9)÷(1)	单位成本 本年累计实际平均 (6)=(12)÷(2)	本月总成本 按上年实际平均单位成本计算 (7)=(1)×(3)	本月总成本 按本年计划单位成本计算 (8)=(1)×(4)	本月实际 (9)	本年累计总成本 按上年实际平均单位成本计算 (10)=(2)×(3)	本年累计总成本 按本年计划单位成本计算 (11)=(2)×(4)	本年实际 (12)
可比产品合计	×	×	×	×	×	×	×	×	38 000	37 000	36 789	311 800	303 500	291 567
其中：甲产品	×	台	50	400	448	440	422.10	406.455	22 400	22 000	21 105	179 200	176 000	162 582
乙产品	×	台	40	340	390	375	392.10	379.368	15 600	15 000	15 684	132 600	127 500	128 985
不可比产品合计	×	×	×	×	×	×	×	×	×	9 720	9 010	×	68 040	68 914
其中：丙产品	×	台	20	140	×	486	450.50	492.243	×	9 720	9 010	×	68 040	68 914
全部产品生产成本	×	×	×	×	×	×	×	×	38 000	46 720	45 799	×	371 540	360 481

补充资料（本年累计实际数）：

1. 可比产品实际成本降低额为：__20 233__。
2. 可比产品实际成本降低率为：__6.49%__（本年计划成本降低率为：__2.65%__）。

注：表 11—15 中补充资料的计算：

1. 可比产品实际成本降低额＝311 800－291 567＝20 233（元）
2. 可比产品实际成本降低率＝20 233÷311 800×100%＝6.49%

可比产品按上年实际平均单位成本计算的本年总成本＝179 200＋132 600＝311 800(元)
甲产品按本年计划单位成本计算的本年总成本年 400×440＝176 000(元)
乙产品按本年计划单位成本计算的本年总成本＝340×375＝127 500(元)
可比产品按本年计划单位成本计算的本年总成本合计＝176 000＋127 500＝303 500(元)
丙产品按本年计划单位成本计算的本年总成本＝140×486＝68 040(元)
全部产品按本年计划单位成本计算的本年总成本合计＝303 500＋68 040＝371 540(元)

二、编制主要产品单位产品成本表

(一)主要产品单位成本表的概念

主要产品单位成本表是反映企业在报告期内所生产的各种主要产品单位成本的构成情况及其水平的成本报表。产品生产成本表从成本总额角度揭示了主要产品的成本状况,但不能提供成本构成情况的信息,不便于进行成本分析。本表的编制弥补了产品生产成本表的不足,起到了补充说明的作用。另外,通过本表所提供的资料,可以分析考核各主要产品单位成本计划的执行情况,可以按成本项目将本月实际成本与上年同期实际成本、本年累计实际成本和历史先进成本水平进行比较,有利于揭示各成本项目的增减变动情况、变动趋势及变动原因,可以考核各种主要产品的主要技术经济指标的执行情况,有利于从技术与经济的结合上寻求降低产品成本的途径,挖掘内部潜力,促进降低成本计划的完成和超额完成。

(二)主要产品单位成本表的结构和内容

本表按产品品种分别设置,分为产量、单位成本、主要技术经济指标三部分。

产量部分主要包括产品名称、产品规格、计量单位、单位售价、本月计划产量、本月实际产量、本年计划产量和本年实际产量等。

单位成本部分以"历史先进水平"、"上年实际平均"、"本年计划"、"本年实际"、"本年实际平均"五个栏目,分别反映直接材料、直接人工、制造费用等成本项目的金额及其合计数。

主要技术经济指标部分包括各种主要材料和工时的历史先进水平耗用量、上年实际平均耗用量、本年计划耗用量、本年实际耗用量、本年实际平均耗用量等。

主要产品单位成本表格式和内容如表11－16所示。

表11－16　　　　　　　　　　主要产品单位成本表

××××年×月

产品名称：　　　　计量单位：　　　　　　本月计划产量：　　　本年累计计划产量：
产品规格：　　　　销售单价：　　　　　　本月实际产量：　　　本年累计实际产量

成本项目	行次	历史先进水平	上年实际平均	本年计划	本年实际	本年实际平均
直接材料						
直接人工						
制造费用						
单位产品成本						
主要经济技术指标						
单位产品物耗：						
1.A材料						

续表

成本项目	行次	历史先进水平	上年实际平均	本年计划	本年实际	本年实际平均
⋮						
单位产品耗用工时						

(三)主要产品单位成本表的编制方法

1. 产量

(1)本月及本年累计计划产量根据有关生产计划填列。

(2)本月及本年累计实际产量根据有关产成品汇总表填列。

(3)销售单价根据产品售价表填列。

2. 单位成本

(1)"历史先进水平"栏,根据本企业历史成本资料中该产品最低实际单位成本数填列。

(2)"上年实际平均"栏,根据本企业上年度该产品本表的"本年实际累计平均"栏的数字填列。

(3)"本年计划"栏,根据本年该产品计划单位成本数填列。

(4)"本年实际"栏,根据本年产成品汇总表中该产品的实际单位成本数填列。

(5)"本年实际累计平均"栏,根据该产品本年年初至本月止的累计总成本除以累计产量后的商数填列。

3. 主要技术经济指标

该指标主要反映该产品单位产量的主要原材料、燃料、工时等的耗用量。

(1)历史先进水平耗用量,应根据该企业历史上该种产品成本最低年度本表的实际单位耗用量填列。

(2)上年实际平均耗用量,应根据上年度本表的累计实际平均耗用量填列。

(3)本年计划耗用量,应根据本年度成本计划中的资料填列。

(4)本月实际耗用量,应根据产品成本明细账或产成品成本汇总表中的资料填列。

(5)本年累计实际平均耗用量,应根据本年年初起至报告期末止,该产品成本明细账完工入库产品的本年累计实际耗用量与本年累计实际产量之商填列。

不可比产品不用填列本表中的"历史先进水平"和"上年实际平均"这两栏的单位成本和主要技术经济指标。

【案例11—14】 资料续案例11—13,上述星海机械制造有限责任公司2017年其他有关资料补充如下:

1. 各种产品主要技术经济指标如表11—17所示。

2. 各种产品2017年度计划产量如表11—18所示。

表11—17　　　　　　　　各产品主要技术经济指标

项　　目	产品	历史先进水平	上年实际平均	本年计划	本月实际	本年累计实际平均
单位产品材料物耗:		×	×	×	×	×
1. A材料	甲	100	105	101	98	103
2. B材料		80	92	90	91	94

续表

项　目	产品	历史先进水平	上年实际平均	本年计划	本月实际	本年累计实际平均
3. C材料	乙	25	27	26	26.2	25.8
4. D材料	丙	30	32	31	30.8	30.5
单位产品工时消耗	甲	3.6	4.2	4	3.7	3.8
	乙	×	×	3.6	3.8	3.4
	丙	×	×	8	7.9	8.2

表 11－18　　　　　　　　　　各产品 2017 年度计划产量

产品	甲	乙	丙
计划产量	365	310	150

要求：结合案例 11－13 有关资料，编制星海机械制造有限责任公司甲、乙、丙三种产品的单位成本表(见表 11－19、表 11－20 和表 11－21)。

(一)甲产品单位成本表的编制

1. 根据表 11－17 填列甲产品主要技术经济指标。

2. 根据表 11－18 并结合案例 11－13 资料填列甲产品有关产量数据(本月计划产量按平均数填列)。

3. 根据案例 11－13 有关资料，填列甲产品各项单位成本数额，完成表 11－19。其中：

单位甲产品本年累计实际平均直接材料＝(100 877＋14 925)÷400＝289.505(元/台)
单位甲产品本年累计实际平均直接人工＝(22 890＋2 600)÷400＝63.725(元/台)
单位甲产品本年累计实际平均制造费用＝(17 710＋3 580)÷400＝53.225(元/台)
甲产品本年累计实际平均成本单位＝289.505＋63.725＋53.225＝406.455(元/台)

表 11－19　　　　　　　　　　主要产品单位成本表
2017 年 12 月

产品名称：甲产品　　　计量单位：台　　　本月计划产量：31　　　本年计划产量：365
产品规格：　　　　　　单价：500　　　　　本月实际产量：50　　　本年实际产量：400

成本项目	行次	历史先进水平	上年实际平均	本年计划	本月实际	本年累计实际平均
直接材料		312	320	315	298.50	289.505
直接人工		54	60	56	52	63.725
制造费用		63	68	69	71.60	53.225
单位产品成本		429	448	440	422.10	406.455
主要经济技术指标		×	×	×	×	×
单位产品物耗：		×	×	×	×	×
1. A材料		100	105	101	98	103
2. B材料		80	92	90	91	94
单位产品耗用工时		3.6	4.2	4	3.7	3.8

(二)乙产品单位成本表的编制

1. 根据表11—17填列乙产品主要技术经济指标。

2. 根据表11—18并结合案例11—13资料填列乙产品有关产量数据(本月计划产量按平均数填列)。

3. 根据案例11—13有关资料,填列乙产品各项单位成本数额,完成表11—20。其中:

单位乙产品本年累计实际平均直接材料=(79 380+11 200)÷340≈266.41(元/台)
单位乙产品本年累计实际平均直接人工=(17 526+2 400)÷340≈58.61(元/台)
单位乙产品本年累计实际平均制造费用=(16 395+2 084)÷340=54.35(元/台)
乙产品本年累计实际平均成本单位=266.41+58.61+54.35=379.37(元/台)

表 11—20　　　　　　　　　　　主要产品单位成本表
2017 年 12 月

产品名称:乙产品　　计量单位:台　　本月计划产量:26　　本年计划产量:310
产品规格:　　　　　单价:450　　　本月实际产量:40　　本年实际产量:340

成本项目	行次	历史先进水平	上年实际平均	本年计划	本月实际	本年累计实际平均
直接材料		254	280	275	280	266.41
直接人工		46	58	53	60	58.61
制造费用		45	52	47	52.10	54.35
单位产品成本		345	390	375	392.10	379.37
主要经济技术指标		×	×	×	×	×
单位产品物耗:		×	×	×	×	×
1.C 材料		25	27	26	26.2	25.8
单位产品耗用工时		3.5	4	3.6	3.8	3.4

(三)丙产品单位成本表的编制

1. 根据表11—17填列丙产品主要技术经济指标。

2. 根据表11—18并结合案例11—13资料填列丙产品有关产量数据(本月计划产量按平均数填列)。

3. 根据案例11—13有关资料,填列丙产品各项单位成本数额,完成表11—21。其中:

单位丙产品本年累计实际平均直接材料=(37 896+5 600)÷140=310.69(元/台)
单位丙产品本年累计实际平均直接人工=(12 618+1 810)÷140=103.06(元/台)
单位丙产品本年累计实际平均制造费用=(9 390+1 600)÷140=78.5(元/台)
丙产品本年累计实际平均成本单位=310.69+103.06+78.5=492.25(元/台)

表 11—21　　　　　　　　　　　主要产品单位成本表
2017 年 12 月

产品名称：丙产品　　　计量单位：台　　　本月计划产量：13　　　本年计划产量：150
产品规格：　　　　　　单价：520　　　　　本月实际产量：20　　　本年实际产量：140

成本项目	行次	历史先进水平	上年实际平均	本年计划	本月实际	本年累计实际平均
直接材料		×	×	340	280	310.69
直接人工		×	×	86	90.50	103.06
制造费用		×	×	60	80	78.5
单位产品成本		×	×	486	450.50	492.25
主要经济技术指标		×	×	×	×	×
单位产品物耗：		×	×	×	×	×
1. D 材料		×	×	31	30.8	30.5
单位产品耗用工时		×	×	8	7.9	8.2

三、编制制造费用明细表

（一）编制制造费用明细表的概念

制造费用明细表是反映报告年度内发生的各项制造费用及其总额构成情况的一种成本报表。本表可用于分析制造费用的构成及其增减变动情况，考核制造费用预算的执行结果，为加强制造费用控制管理、节约开支、不断降低产品成本提供依据。

（二）制造费用明细表格式和内容

制造费用明细表格式和内容如表 11—22 所示。

表 11—22　　　　　　　　　　　制造费用明细表
××××年××月
单位：元

项　目	行次	本年计划	上年同期实际	本月实际	本年累计实际
职工薪酬	1				
折旧费	2				
办公费	3				
水电费	4				
机物料消耗	5				
低值易耗品摊销	6				
劳动保护费	7				
租赁费	8				
运输费	9				
保险费	10				

续表

项 目	行次	本年计划	上年同期实际	本月实际	本年累计实际
设计制图费	11				
试验检验费	12				
在产品盘亏及毁损(一盘盈)	13				
停工损失	14				
其他支出	19				
合　计	20				

制造费用明细表一般按照制造费用的明细项目分别反映各项费用的本年计划数、上年同期实际数、本月实际数和本年累计实际数。利用制造费用明细表,可以分析制造费用的构成和增减变动情况,考核制造费用预算的执行情况。具体编制方法如下：

(1)"本年计划"栏,应该根据本年制造费用的预算资料填列；

(2)"上年同期实际"栏,应根据上年同期本表的"本月实际"数额填列；

(3)"本月实际"栏,应根据"制造费用"总账科目所属各基本生产车间制造费用明细账各费用项目本月发生额合计的累计数汇总计算填列。

(4)"本年累计实际"栏,应根据本月本表"本月实际"加上月本表"本年累计实际"计算填列。

如果需要,也可以根据制造费用的分月计划,在表中加列本月计划数。

【案例 11—15】　资料仍续接案例 11—13、案例 11—14,补充资料如下：

1. 星海机械制造有限责任公司 2017 年制造费用月度计划和上年同期实际资料如表 11—23 所示。

表 11—23　　　　　　月度计划和上年同期制造费用有关资料　　　　　　单位：元

项目	职工薪酬	折旧费	办公费	水电费	机物料消耗	低值易耗品摊销	劳动保护费	租赁费	运输费	保险费	实验检验费	其他	合计
本年各月计划	1 400	1 200	500	200	400	200	1 500	580	500	270	200	120	7 070
上年同期实际	1 200	1 000	600	240	420	180	1 400	500	600	250	300	200	6 890

2. 该公司 2016 年 1～11 月份制造费用累计实际资料如表 11—24 所示。

表 11—24　　　　　　2017 年 1～11 月份制造费用累计实际资料　　　　　　单位：元

项目	职工薪酬	折旧费	办公费	水电费	机物料消耗	低值易耗品摊销	劳动保护费	租赁费	运输费	保险费	实验检验费	其他	合计
本年累计实际	12 400	13 200	4 800	1 500	2 800	1 200	16 500	4 580	5 100	4 000	2 200	1 520	69 800

3. 该公司 2017 年 12 月份制造费用实际资料如表 11—25 所示。

表 11－25   12 月份制造费用有关资料   单位:元

项目	职工薪酬	折旧费	办公费	水电费	机物料消耗	低值易耗品摊销	劳动保护费	租赁费	运输费	保险费	实验检验费	其他	合计
本月实际	1 800	1 200	850	320	450	380	2 200	600	480	270	320	300	9 170

要求:编制星海机械制造有限责任公司 2017 年 12 月份的制造费用明细表。

根据案例 11－15 有关资料,编制完成星海机械制造有限责任公司 2017 年 12 月份制造费用明细表如表 11－26 所示。

(1)根据表 11－23 资料,填列"本年计划"数额(按月度计划数×12 计算确定)和"上年同期实际"数额。

(2)根据表 11－25 资料,填列"本月实际"数额。

(3)根据表 11－23 和表 11－25 资料,计算填列"本年累计实际"数额(即:1～11 月制造费用累计实际＝＋12 月份制造费用)。

表 11－26   制造费用明细表

2017 年 12 月   单位:元

项目	行次	本年计划	上年同期实际	本月实际	本年累计实际
职工薪酬	1	16 800	1 200	1 800	14 200
折旧费	2	14 400	1 000	1 200	14 400
办公费	3	6 000	600	850	5 650
水电费	4	2 400	240	320	1 820
机物料消耗	5	4 800	420	450	3 250
低值易耗品摊销	6	2 400	180	380	1 580
劳动保护费	7	18 000	1 400	2 200	18 700
租赁费	8	6 960	500	600	5 180
运输费	9	6 000	600	480	5 580
保险费	10	3 240	250	270	4 270
实验检验费	12	2 400	300	320	2 520
其他支出	19	1 440	200	300	1 820
合 计	20	84 840	6 890	9 170	78 970

由于辅助生产车间的制造费用平时不独立核算,并且作为辅助生产费用的构成内容,已通过辅助生产费用的分配转入到基本生产车间、管理部门等受益单位,因而制造费用明细表只反映基本生产车间的制造费用,不包括辅助生产车间的制造费用。但是,如果辅助生产车间制造费用单独核算并在管理上要求进行预算控制,有不同的预算标准,为了反映、分析其发生情况和预算执行结果,也应另行编制辅助生产的制造费用明细表。此外,还应编制期间费用明细表,可按销售费用、管理费用和财务费用分别编制,通过此类报表可以考核企业各项期间费用的构成和变动情况。各项期间费用明细项目按会计制度的规定,结合企业的具体情况确定,但

不宜经常变化,以保持各报告期会计数据的可比性。若明细项目有调整,则报表相应数据也应调整,并在表后的附注中加以说明。

四、编制期间费用明细表

期间费用明细表一般包括三张表:管理费用明细表、销售费用明细表和财务费用明细表。这三张表在结构、编制和分析方法上都颇为相似。比如,对各种费用支出情况都是按照费用项目分别反映各项费用的本年计划数、上年同期实际数、本月实际数和本年累计实际数,因此把它们归在一起进行讲述。

（一）管理费用明细表的结构和编制

管理费用明细表是反映企业行政管理部门在一定时期内,为组织和管理生产经营活动而发生的各项费用的总和及其构成情况的报表。

假定某企业 2017 年 12 月份的管理费用明细表,其格式如表 11－27 所示。

表 11－27　　　　　　　　　　　　管理费用明细表
2017 年 12 月　　　　　　　　　　　　　　　　　　元

项　目	行次	本年计划数	上年同期实际数	本月实际数	本年累计实际数
公司经费	1	略	略	略	略
工资	2				
职工福利费	3				
折旧费	4				
修理费	5				
物料消耗	6				
低值易耗品摊销	7				
办公费	8				
差旅费	9				
…	10				
其他	11				
工会经费	12				
待业保险费	13				
劳动保险费	14				
董事会费	15				
董事会成员津贴	16				
会议费	17				
差旅费	18				
…	19				
其他	20				
聘请中介机构费	21				
咨询费(含顾问费)	22				
诉讼费	23				

续表

项 目	行次	本年计划数	上年同期实际数	本月实际数	本年累计实际数
业务招待费	24				
税金	25				
房产税	26				
车船使用税	27				
土地使用税	28				
印花税	29				
技术转让费	30				
矿产资源补偿费	31	略	略	略	略
无形资产摊销	32				
职工教育经费	33				
研究开发费	34				
排污费	35				
绿化费	36				
保险费	37				
租赁费	38				
递延费用摊销	39				
计提的坏账准备	40				
存货跌价准备	41				
材料、产成品盘亏和损毁（减盘盈）	42				
…	43				
…	44				
…	45				
其他	46				
管理费用合计	47				

管理费用明细表按管理费用项目分别反映各项费用的本年计划数、上年同期实际数、本月实际数和本年累计实际数。其中：

(1)本年计划数，应根据本年的管理费用计划填列。

(2)上年同期实际数，应根据上年同期管理费用明细表的本年累计实际数填列。

(3)本月实际数，应根据管理费用明细账的本月合计数填列。

(4)本年累计实际数，应根据管理费用明细账本年年初起至本月月末止的本年累计发生额填列。

(二)销售费用明细表的结构和编制

销售费用明细表是反映一定时期内，企业在销售产品过程中发生的费用以及为销售本企业产品而专设的销售机构的经营费用总和及其构成情况的报表。

假定某企业 2017 年 12 月份的销售费用明细表，其格式如表 11－28 所示。

表 11－28　　　　　　　　　　　　销售费用明细表
2017 年 12 月　　　　　　　　　　　　元

项　　目	行次	本年计划数	上年同期实际数	本月实际数	本年累计实际数
专设销售机构费用	1				
工资	2				
职工福利费	3				
办公费	4				
…	5	略	略	略	略
差旅费	6				
业务费	7				
租赁费	8				
折旧费	9				
低值易耗品摊销	10				
…	11				
其他	12				
运输费	13				
装卸费	14				
包装费	15				
保险费	16	略	略	略	略
展览费	17				
广告费	18				
	19				
	20				
	21				
其他	22				
销售费用合计	23				

销售费用明细表按销售费用项目分别反映各项费用的本年计划数、上年同期实际数、本月实际数和本年累计实际数。其中：

(1)本年计划数，应根据本年的销售费用计划填列。

(2)上年同期实际数，应根据上年同期销售费用明细表的本年累计实际数填列。

(3)本月实际数，应根据销售费用明细账的本月合计数填列。

(4)本年累计实际数，应根据销售费用明细账本年年初起至本月月末止的本年累计发生额填列。

(三)财务费用明细表的结构和编制

财务费用明细表是反映企业在一定时期内,为筹集生产经营所需资金而发生的费用总和及其构成情况的报表。

假定某企业2017年12月份的财务费用明细表,其格式如表11—29所示。

表11—29　　　　　　　　　　　财务费用明细表
2017年12月　　　　　　　　　　　　　　　　　元

项　目	行次	本年计划数	上年同期实际数	本月实际数	本年累计实际数
利息支出(减利息收入)	1				
汇兑损失(减汇兑收益)	2				
调剂外汇手续费	3				
金融机构手续费	4	略	略	略	略
	5				
	6				
	7				
其他	8				
财务费用合计	9				

财务费用明细表按财务费用项目分别反映各项费用的本年计划数、上年同期实际数、本月实际数和本年累计实际数。

(1)本年计划数,应根据本年的财务费用计划填列。

(2)上年同期实际数,应根据上年同期财务费用明细表累计实际数填列。

(3)本月实际数,应根据财务费用明细账的本月合计数填列。

(4)本年累计实际数,应根据财务费用明细账本年年初起至本月月末止的本年累计发生额填列。

拓展阅读11—1　　　　　　　　费用报表的分析

费用报表的分析主要是分析各项费用的变动情况和费用预算(或计划)执行情况。

为了分析各项费用的变动情况,应以各种费用明细表等有关资料为依据,将本月实际数与上年同期实际数相比,确定两者之间的差异,并分析产生差异的原因。

如果有本月计划数,可以将本月实际数与之相比,分析和考核月份费用预算的执行情况。如果该表为12月份的费用明细表,就可以将累计实际数与本年计划数相比,分析和考核年度费用预算的执行情况。

特别是对变动较大、数额较大的成本项目要进行重点分析。

分析时要注意以下事项:

(1)要按各个费用项目分别进行分析,不能只对费用总额的预算完成情况进行分析。因为费用总额完成了预算,不代表各个费用项目也完成了预算。只对费用总额的预算完成情况进行分析,易使一些费用项目的超支被一些费用项目的节约所掩盖,或是出现各个费用项目预算完成情况的平均化。而不同的费用项目具有不同的经济性质和经济用途,发生差异的原因也各不相同,分析时应采用不同的程序分别进行分析。

(2)各种费用的明细项目很多,要对其中费用比重大的、与预算偏差大的、非生产性的存货盘亏或损毁等一些费用项目进行重点分析,并从动态上观察比较其变动情况和变动趋势,以了解企业成本管理工作的改进情况。因为像制造费用中的"在产品盘亏和损毁"、管理费用中的"材料、产成品盘亏和损毁"等非生产性费用的发生,一般都与企业生产经营管理不善有关,避免这些损失就可以大大降低成本,所以分析时要作为重点项目来抓。在分析变动情况时要注意费用指标口径前后期是否一致、是否可比。如不一致,应经过调整以后再进行比较。

(3)分析时要与经济效益联系,注意具体费用项目的支出特点,不能按照比较结果简单地认为:一切费用支出的超支都是不好的,一切费用支出的节约都是好的。比如说,因超额完成全年销售计划而相应增加销售费用中的工资及福利费、运输费、广告费、差旅费等项目的支出,这种超支就是合理的。再比如说,制造费用中的修理费的减少,就可能会带来因不按计划进行维修,而影响机器设备的正常运转和缩短机器设备使用寿命的不良后果,这种节约就不是好现象。

(4)应注意费用预算(计划)的合理性,这也很重要,可以将本期实际与上期实际或历史先进水平对比分析。

(5)将费用分为固定费用、变动费用,还有同时包括固定费用与变动费用的混合费用(或半变动成本)等,分别进行分析。固定费用在相关范围内不受业务量变动的影响,可以直接用实际数与预算数对比,确定差异,如按直线法计算的管理费用中的折旧费;而变动费用随着业务量的变动成正比地变动,应联系业务量的变动,计算相对的节约或超支差异,如销售费用中的运输费、装卸费和包装费会随着销售量的变动而变动,就应与销售量相联系进行分析。有些费用项目如机器设备的维护保养费,在业务量一定的范围内固定,超过这一范围后,随着业务量的增加而增加,就属于混合成本。掌握有关费用项目的这些特点,对于正确分析各种费用十分重要。

关键术语

成本报表　成本分析　水平分析法　垂直分析法　趋势分析法　指标对比分析法　比率分析法　因素分析法　连环替代法　差额计算法　技术经济指标　产品生产成本表　制造费用明细表　主要产品单位成本表

◎ 应知考核 ◎

一、单项选择题

1. 下列不属于成本报表的是(　　)。

A. 商品产品成本表　　　　　　　　B. 主要产品单位成本表

C. 现金流量表　　　　　　　　　　D. 制造费用明细表

2. 成本报表属于(　　)。

A. 对外报表　　　　　　　　　　　B. 对内报表

C. 既是对内报表,又是对外报表　　D. 对内还是对外由企业决定

3. 下列不属于成本分析的基本方法是(　　)。

A. 对比分析法　　B. 产量分析法　　C. 因素分析法　　D. 比率分析法

4. 根据实际指标与不同时期的指标对比来揭示差异、分析差异产生原因的分析方法称为(　　)。

A. 因素分析法　　　　　　　　　　B. 差量分析法

C. 对比分析法　　　　　　　　　　　　D. 相关分析法
5. 在进行全部商品产品成本分析时,计算成本降低率时,是用成本降低额除以(　　)。
   A. 按计划产量计算的计划总成本　　　B. 按计划产量计算的实际总成本
   C. 按实际产量计算的计划总成本　　　D. 实际产量计算的实际总成本
6. 对可比产品成本降低率不产生影响的因素是(　　)。
   A. 产品品种结构　　　　　　　　　　B. 产品产量
   C. 产品单位成本　　　　　　　　　　D. 产品总成本
7. 一定时期销售一定数量产品的产品销售成本与产品销售收入的比率是(　　)。
   A. 成本费用利润率　　　　　　　　　B. 销售利润率
   C. 销售成本率　　　　　　　　　　　D. 产值成本率
8. 采用连环替代法,可以揭示(　　)。
   A. 产生差异的因素和各因素的影响程度　　B. 产生差异的因素
   C. 产生差异的因素和各因素的变动原因　　D. 实际数与计划数之间的差异
9. 可比产品降低额与可比产品降低率之间的关系是(　　)。
   A. 成反比　　　　B. 成正比　　　　C. 同方向变动　　　　D. 无直接关系
10. 填制商品产品成本表必须做到(　　)。
    A. 可比、不可比产品须分别填列　　　B. 可比、不可比产品可合并填列
    C. 既可分别,也可合并填列　　　　　D. 填制时无须划分可比、不可比产品

二、多项选择题

1. 工业企业编制的成本报表有(　　)。
   A. 商品产品成本表　　　　　　　　　B. 主要产品单位成本表
   C. 制造费用明细表　　　　　　　　　D. 成本计算单
2. 工业企业编报的成本报表必须做到(　　)。
   A. 数字准确　　　B. 内容完整　　　C. 字迹清楚　　　D. 编报及时
3. 生产多品种的情况下,影响可比产品成本降低额的因素有(　　)。
   A. 产品产量　　　B. 产品单位成本　　C. 产品价格　　　D. 产品品种结构
4. 影响可比产品降低率变动的因素可能有(　　)。
   A. 产品产量　　　B. 产品单位成本　　C. 产品价格　　　D. 产品品种结构
5. 成本报表分析常用的方法有(　　)。
   A. 对比分析法　　B. 比例分析法　　　C. 因素分析法　　D. 趋势分析法

三、判断题

1. 成本报表是一种内部管理会计报表,一般不对外报送和公开。　　　　　　　(　　)
2. 成本报表的格式和内容应当具有统一性,以便统计、汇总和社会公众理解。　(　　)
3. 产品生产成本表只能按成本项目编制。　　　　　　　　　　　　　　　　(　　)
4. 制造费用明细表只汇总企业基本生产单位的制造费用,不包括辅助生产单位的制造费用。
   　　　　　　　　　　　　　　　　　　　　　　　　　　　　　　　　　(　　)
5. 制造费用明细表与期间费用明细表的编制方法类似。　　　　　　　　　　(　　)
6. 成本分析只需根据成本核算资料进行分析。　　　　　　　　　　　　　　(　　)
7. 主要产品成本降低额和降低率的计算,依据的是对比分析法的原理。　　　(　　)
8. 采用因素分析法,改变因素的排列顺序,计算结果会有所不同。　　　　　(　　)

9. 差额计算法是连环替代法的一种简化形式。　　　　　　　　　　　　　　（　　）
10. 在进行单位产品计划完成情况的分析时，只能采用因素分析法。　　　　（　　）

四、简答题
1. 简述成本报表的概念和特点。
2. 简述成本报表的作用和编制要求。
3. 简述成本报表编制依据。
4. 简述成本分析的原则。
5. 简述成本分析的基本程序。

◎ 应会考核 ◎

★ 观念应用

【背景资料】

大发服装厂是否可以不编制成本报表

大发服装厂是一家刚刚成立的服装制造企业，该厂负责财务的厂长认为既然成本报表是一种内部报表，不必对外报送，而企业现在又刚刚成立，又没有那么多种类的产品，那么根据管理需要，可以在未来需要的时候再进行报表编制和分析就可以了。

【考核要求】

你认为企业领导的这种想法否正确？

★ 技能应用

表11－30　　　　　　　　　甲产品材料消耗资料表

项　　目	计量单位	计划指标	实际指标
产品产量	吨	200	190
材料单耗	千克	300	320
材料单价	元	15	20

【技能要求】

根据上面表11－30中资料，运用连环替代法和差额计算法计算确定各有关因素变动对材料成本的影响。

★ 案例分析

【情景与背景】

报表设置是否重复

丁力同学在学习完报表编制与分析后认为，产品单位成本表既分析了单位产品成本降低额和降低率，又进一步分析了每个因素的影响程度，已经较为全面，既然这样，就没有必要再编制产品成本表使工作量重复。

【分析要求】

请分析上述说法，你认为正确吗？产品成本表和单位产品成本表各自的作用是什么？

◎ 项目实训 ◎

【实训项目】
成本报表的编制

【实训目的】
通过实训,使学生了解成本报表的编制依据,熟悉成本报表的编制程序,掌握产品生产成本报表、主要产品单位产品成本表的编制方法。

【实训任务】
根据下列资料,编制产品生产成本表和主要产品单位成本表。

某公司 2017 年主要生产 A、B、C 三种产品,其中 A、B 产品是可比产品,C 产品为不可比产品;A 产品销售单价为 220 元,B 产品销售单价为 350 元,C 产品销售单价为 200 元。编制成本报表的有关账簿资料和预算资料如下:

(1)2017 年度的成本计划及实际产量资料如表 11—31 所示。

表 11—31　　　　　　　　　2017 年度的成本计划及实际产量资料

产品名称	规格	计量单位	上年实际平均单位成本	本年计划单位成本	全年计划产量	1～11 月份实际产量	12 月份实际产量
A 产品	略	台	104	100	1 200	1 100	150
B 产品		件	210	200	600	550	80
C 产品		台		130	2 600	2 400	200

(2)A、B、C 三种产品 2017 年 12 月的生产成本明细分类账如表 11—32、表 11—33、表 11—34 所示。

表 11—32　　　　　　　　　　　生产成本明细账

产品名称:A 产品　　　　　　　　　　　　　　　　　　　　　　　　　完工产量:150 件

年 月	日	凭证号数	摘　要	成本项目 直接材料	直接人工	制造费用	合　计
12	1		月初在产品成本	800	230	150	1 180
12	31	略	分配材料费	7 800			7 800
	31		分配工资		5 500		5 500
	31		提取福利费		770		770
	31		分配制造费用			1 950	1 950
	31		生产费用合计	8 600	6 500	2 100	17 200
	31		结转完工产品成本	8 600	6 500	2 100	17 200
			月末在产品成本	—	—	—	—

表 11-33　　　　　　　　　　　　　　　生产成本明细账
产品名称:B产品　　　　　　　　　　　　　　　　　　　　　　　　　完工产量:80 件

年		凭证号数	摘　要	成本项目			合　计
月	日			直接材料	直接人工	制造费用	
12	31	略	分配材料费	9 300			9 300
	31		分配工资		5 000		5 000
	31		提取福利费		700		700
	31		分配制造费用			3 500	3 500
	31		生产费用合计	9 300	5 700	3 500	18 500
	31		结转完工产品成本	7 745	5 000	3 000	15 745
	31		月末在产品成本	1 555	700	500	2 755

表 11-34　　　　　　　　　　　　　　　生产成本明细账
产品名称:C产品　　　　　　　　　　　　　　　　　　　　　　　　　完工产量:200 件

年		凭证号数	摘　要	成本项目			合　计
月	日			直接材料	直接人工	制造费用	
12	1		月初在产品成本	1 600	888	500	2 988
12	31	略	分配材料费	10 500			10 500
	31		分配工资		5 800		5 800
	31		提取福利费		812		812
	31		分配制造费用			3 980	3 980
	31		生产费用合计	12 100	7 500	4 480	24 080
	31		结转完工产品成本	12 100	7 500	4 480	24 080
	31		月末在产品成本	—	—	—	—

(3)各种产品的其他资料如表 11-35 所示。

表 11-35　　　　　　　　　　　　　　　各产品的其他资料　　　　　　　　　　　　　　　单位:元

项　目		单位产品成本				主要技术经济指标		
		直接材料	直接人工	制造费用	合计	单位产品材料消耗定额		单位产品工时
						甲材料	乙材料	
本年计划	A 产品	60	34	16	100	3.60	2.35	1.32
	B 产品	90	64	36	200	2.5	2.5	2.20
	C 产品	65	40	25	130	1.5	3	0.60

续表

项　目		单位产品成本				主要技术经济指标		
		直接材料	直接人工	制造费用	合计	单位产品材料消耗定额		单位产品工时
						甲材料	乙材料	
历史先进水平	A产品	56	30	15	97	3.4	2.2	1.25
	B产品	88	62	35	185	2.3	2.3	2.00
	C产品	—	—	—	—	—	—	—
上年实际平均	A产品	62	35	17	114	3.7	2.5	1.35
	B产品	91	65	37	193	2.4	2.4	2.05
	C产品	—	—	—	—	—	—	—
本年累计实际	A产品					3.59	2.40	1.35
	B产品					2.42	2.60	2.01
	C产品					1.55	3	0.64

(4)2017年度1～11月份各种产品累计实际成本资料如表11－36所示。

表11－36　　　　　　　　2016年度1～11月份各种产品累计实际成本　　　　　　　　单位：元

产　品	直接材料	直接人工	制造费用	合　计
A产品	66 180	30 884	13 236	110 300
B产品	55 600	33 360	22 240	111 200
C产品	167 400	93 000	49 600	310 000

要求：

①编制A、B、C产品单位成本表(分别见表11－37、表11－38、表11－39)，列示"本年累计实际平均单位成本"的计算过程。

②编制产品生产成本表(见表11－40)。

③列示可比产品计划成本降低率、实际成本降低额和实际成本降低率的计算过程。

表11－37　　　　　　　　　　　　　主要产品单位成本表

　　　　　　　　　　　　　　　　　　　____年____月

产品名称：_____　　计量单位：_____　　本月计划产量：_____　　本月实际产量：_____
产品规格：_____　　单价：_____　　本年计划产量：_____　　本年实计划产量：_____

成本项目	行次	历史先进水平	上年实际平均	本年计划	本月实际	本年累计实际平均
直接材料						
直接人工						
制造费用						
单位产品成本						

续表

成本项目	行次	历史先进水平	上年实际平均	本年计划	本月实际	本年累计实际平均
主要经济技术指标						
单位产品物耗:						
1. A 材料						
2. B 材料						
单位产品耗用工时						

其中:本年累计实际平均单位成本:
直接材料＝
直接人工＝
制造费用＝
合计＝

表 11－38　　　　　　　　主要产品单位成本表
　　　　　　　　　　　　　_____年_____月

产品名称:_____　　　计量单位:_____　　　本月计划产量:_____　　　本月实际产量:_____
产品规格:_____　　　单价:_____　　　　　本年计划产量:_____　　　本年实计划产量:_____

成本项目	行次	历史先进水平	上年实际平均	本年计划	本月实际	本年累计实际平均
直接材料						
直接人工						
制造费用						
单位产品成本						
主要经济技术指标						
单位产品物耗:						
1. A 材料						
2. B 材料						
单位产品耗用工时						

其中:本年累计实际平均单位成本:
直接材料＝
直接人工＝
制造费用＝
合计＝

表 11－39　　　　　　　　　　　　主要产品单位成本表
　　　　　　　　　　　　　　　　　　____年____月

产品名称：____　　计量单位：____　　本月计划产量：____　　　　本月实际产量：____
产品规格：____　　单价：____　　　　本年计划产量：____　　　　本年实计划产量：____

成本项目	行次	历史先进水平	上年实际平均	本年计划	本月实际	本年累计实际平均
直接材料						
直接人工						
制造费用						
单位产品成本						
主要经济技术指标						
单位产品物耗：						
1. A 材料						
2. B 材料						
单位产品耗用工时						

其中：本年累计实际平均单位成本：
直接材料＝
直接人工＝
制造费用＝
合计＝

成本会计基础

表11—40

产品生产成本表

编制单位：_____ 　　　_____年_____月　　　金额单位：元

产品名称	规格	计量单位	实际产量 本月	实际产量 本年累计	单位成本 上年实际平均	单位成本 本年计划	单位成本 本月实际	单位成本 本年累计实际平均	本月总成本 按上年实际平均单位成本计算	本月总成本 按本年计划单位成本计算	本月总成本 本月实际	本年累计总成本 按上年实际平均单位成本计算	本年累计总成本 按本年计划单位成本计算	本年实际
			(1)	(2)	(3)	(4)	(5)=(9)÷(1)	(6)=(12)÷(2)	(7)=(1)×(3)	(8)=(1)×(4)	(9)	(10)=(2)×(3)	(11)=(2)×(4)	(12)
可比产品合计	×	×	×	×		×		×			×			
其中：甲产品														
乙产品														
不可比产品合计	×	×	×	×	×	×	×	×			×	×	×	
其中：丙产品														
全部产品生产成本	×	×	×	×	×	×	×	×			×	×	×	

补充资料（本年累计实际数）：
1. 可比产品实际成本降低额为：_____
2. 可比产品实际成本降低率为：_____（本年计划成本降低率为：_____）。

注：补充资料的计算：
1. 可比产品实际成本降低额＝
2. 可比产品实际成本降低率＝
3. 可比产品计划成本降低率＝

342

参考文献

[1]周云凌.成本会计[M].大连:东北财经大学出版社,2016.
[2]周列平,孙雅丽,兰霞.成本会计实务[M].大连:东北财经大学出版社,2013.
[3]任月君.成本会计[M].上海:上海财经大学出版社,2013.
[4]鲁亮升.成本会计[M].大连:东北财经大学出版社,2015.
[5]鲁亮升.成本会计习题与实训[M].大连:东北财经大学出版社,2015.
[6]李孔月,白洁,闫光荣.成本会计实务.[M].上海:上海财经大学出版社,2013.
[7]高翠.成本会计[M].大连:大连出版社,2011.
[8]高翠.成本会计习题与实训[M].大连:大连出版社,2011.
[9]朱小英.成本会计[M].上海:上海财经大学出版社,2010.
[10]马力等.新编成本会计实务[M].北京:电子工业出版社,2015.
[11]万寿义.任月君.成本会计[M].大连:东北财经大学出版社,2016.
[12]林莉.成本会计[M].北京:中国财经经济出版社,2010.
[13]褚文凤,李慧锋.成本会计[M].上海:上海财经大学出版社,2011.
[14]乐艳芬.成本会计[M].上海:上海财经大学出版社,2013.
[15]于冬梅.成本会计[M].上海:上海财经大学出版社,2013.
[16]中国注册会计师协会.财务成本管理[M].北京:中国财政经济出版社,2016.
[17]李会青.成本会计[M].上海:上海财经大学出版社,2012.
[18]于富生,黎来芳,张敏.成本会计[M].北京:中国人民大学出版社,2015.
[19]郑艳秋,王玲玉,潘淑范.成本会计[M].北京:清华大学出版社,2013.
[20]杨应杰,韩爱玲等.成本会计[M].北京:清华大学出版社,2013.